国家出版基金项目
NATIONAL PUBLICATION FOUNDATION

國家出版基金項目

教育部哲學社會科學研究重大課題攻關項目

「十一五」國家重點圖書出版規劃項目·重大工程出版規劃

國家社會科學基金重大項目

北京大學「九八五工程」重點項目

儒藏

精華編二一一册上

集部

儒藏

精華編

北京大學《儒藏》編纂與研究中心

《儒藏》精華編第二一一册

首席總編纂　季羡林

項目首席專家　湯一介

總編纂　湯一介　龐樸　孫欽善　安平秋（按年齡排序）

本册主編　陳俊民

《儒藏》精華編凡例

一、中國傳統文化以儒家思想爲中心。《儒藏》爲儒家經典和反映儒家思想、體現儒家經世做人原則的典籍的叢編。收書時限自先秦至清代結束。

二、《儒藏》精華編爲《儒藏》的一部分，選收《儒藏》中的精要書籍。

三、《儒藏》精華編所收書籍，包括傳世文獻和出土文獻。傳世文獻按《四庫全書總目》經史子集四部分類法分類，大類、小類基本參照《中國叢書綜録》和《中國古籍善本書目》，於個别處略作調整。凡單書已收入入選的個人叢書或全集者，僅存目録，並注明互見。出土文獻單列爲一個部類，原件以古文字書寫者一律收其釋文文本。韓國、日本、越南儒學者用漢文寫作的儒學著作，編爲海外文獻部類。

四、所收書籍的篇目卷次，一仍底本原貌，不選編，不改編，保持原書的完整性和獨立性。

五、對入選書籍進行簡要校勘。以對校爲主，確定内容完足、精確率高的版本爲底本，精選有校勘價值的版本爲校本。出校堅持少而精，以校正誤爲主，酌校異同。校記力求規範、精煉。

六、根據現行標點符號用法，結合古籍標點通例，進行規範化標點。專名號除書名號用角號（《》）外，其他一律省略。

七、對較長的篇章，根據文字内容，適當劃分段落。正文原已分段者，不作改動。千字以内的短文一般不分段。

八、各書卷端由整理者撰寫《校點説明》，簡要介紹作者生平、該書成書背景、主要内容及影響，以及整理時所確定的底本、校本（舉全稱後括注簡稱）及其他有關情況。重複出現的作者，其生平事蹟按出現順序前詳後略。

九、本書用繁體漢字豎排，小注一律排爲單行。

《儒藏》精華編第二一一册

集部

上册

臨川先生文集（卷一至卷五十）〔北宋〕王安石 …… 1

下册

臨川先生文集（卷五十一至卷一百）〔北宋〕王安石 …… 729

《儒藏》精華編第二二一册

集部

上册

臨川先生文集（卷一至卷五十）〔北宋〕王安石 …… 1

臨川先生文集

〔北宋〕王安石　撰
李劍雄　校點

目録

上册

校點説明……一
臨川先生文集卷第一……一
古詩……一
元豐行示德逢……一
後元豐行……一
夜夢與和甫别如赴北京時和甫作詩覺而有作因寄純甫……二
純甫出釋惠崇畫要予作詩……二
徐熙花……三
燕侍郎山水……三
陶縝菜……三
己未耿天騭著作自烏江來予逆沈氏妹于白鷺洲遇雪作此詩寄天騭……四
招約之職方并示正甫書記……四
同王濬賢良賦龜得升字……五
示元度……六
仲明父至宿明日遂行……六
杏花……七
奉酬約之見招……七
寄吴氏女子……七
贈約之……八
寄楊德逢……八
再次前韻寄楊德逢……八
仲明父不至……九
與吕望之上東嶺……九
與望之至八功德水……九
要望之過我廬……九
聞望之解舟……一〇
法雲……一〇
彎碕……一〇

月夜二首……一一
兩山閒……一一

臨川先生文集卷第二……一二

古詩……一二
題南康晏使君望雲亭……一二
滸亭……一二
光宅寺……一三
春日晚行……一三
新花……一三
四皓二首……一四
真人……一四
寄蔡氏女子二首……一四
夢黄吉甫……一五
遊土山示蔡天啓秘校……一五
再用前韻寄蔡天啓……一七
用前韻戲贈葉致遠直講……一八
白鶴吟示覺海元公……一九
示安大師……二〇
示寶覺……二〇
定林示道原……二〇
我所思寄黄吉甫……二〇
寄朱昌叔……二一
與僧道昇二首……二一
贈彭器資……二二
贈王居士……二二
贈李士雲……二二

臨川先生文集卷第三……二三

古詩……二三
題半山寺壁二首……二三
定林寺……二三
題定林壁……二三
移桃花示俞秀老……二四
對棊與道源至草堂寺……二四
書八功德水庵……二四
放魚……二四
飉風……二五

偶書……二五
即事二首……二五
擬寒山拾得二十首……二五
自遣……三〇
自喻……三〇
古意……三〇
吾心……三〇
無營……三〇
病起……三一
獨歸……三一
獨卧有懷……三一
無動……三一
夢……三二
車載板二首……三二
跋黄魯直畫……三三
過楊德逢莊……三三
秋熱……三三
秋早……三三

臨川先生文集卷第四……三四

古詩……三四
同沈道源遊八功德水……三四
望鍾山……三四
思北山……三四
上南崗……三四
謝公墩……三五
秋夜泛舟……三五
和耿天騭同遊定林……三五
次韻約之謝惠詩……三五
次韻舍弟江上……三六
酬王濬賢良松泉二詩……三六
答俞秀老……三八
清凉寺送王彦魯……三八
送惠思上人……三八
老景……三八
雜詠八首……三八
張良……四〇

司馬遷……四一
諸葛武侯……四一
讀墨……四一
讀秦漢間事……四二
幽谷引……四二
明妃曲二首……四二
桃源行……四三
食黍行……四三
歎息行……四四
送春……四四
兼并……四四

臨川先生文集卷第五……四六

古詩……四六

和吳御史汴渠……四六
酬王詹叔奉使江南訪茶利害……四六
酬王伯虎……四七
答虞醇翁……四八
送潮州吕使君……四八
寄曾子固二首……四八
虎圖……四九
次韻信都公石枕蘄簟……四九
和吳沖卿雪……五〇
和沖卿雪詩并示持國……五一
送石賡歸寧……五一
送張拱微出都……五二
寄題睡軒……五二
沖卿席上得作字……五三
塞翁行……五三
白溝行……五三
河間……五四
陳橋……五四
澶州……五四

臨川先生文集卷第六……五五

古詩……五五

北客置酒……五五
奉使道中寄育王山長老常坦……五五

送李屯田守桂陽二首……五六
送吴仲庶出守潭州……五七
雜詠三首……五七
即事三首……五八
送鄭叔熊歸閩……五九
寄二弟時往臨川……五九
李氏沅江書堂……五九
休假大佛寺……六〇
别謝師宰……六〇
解使事泊棠陰時三弟皆在京師二首……六〇
騂騮……六一
寄朱氏妹……六一
贈陳君景初……六一
贈張康……六二
送程公闢守洪州……六二
鳳凰山……六三
夢中作……六三
彭蠡……六四
牛渚……六四
東門……六四
和王微之登高齋三首……六五

臨川先生文集卷第七

古詩……六八
董伯懿示裴晉公平淮右題名碑詩用其韻和酬……六八
用王微之韻和酬即事書懷……六九
和仲求即席分題得庶字……七〇
出鞏縣……七〇
書任村馬鋪……七〇
葛蘊作巫山高愛其飄逸因亦作兩篇……七一
西風……七一
久雨……七一
和王勝之雪霽借馬入省……七二
和吴沖卿鵶鳴樹石屏……七二
送李宣叔倅漳州……七三
送裴如晦宰吴江……七四

韓持國從富并州辟……七四
寄吴沖卿……七五
韓持國見訪……七六
思王逢原……七六
登景德塔……七七
和劉貢甫燕集之作……七七
寄王逢原……七八
寄正之……七八
思古……七八
惜日……七九
送裴如晦即席分題三首……七九

臨川先生文集卷第八……八一

古詩……八一
兩馬齒俱壯……八一
春從沙磧底……八一
晨興望南山……八一
結屋山澗曲……八二
朝日一暴背……八二
黄菊有至性……八二
少狂喜文章……八二
三戰敗不羞……八三
少年見青春……八三
白日不照物……八三
草端無華滋……八三
一日不再飯……八四
秋枝如殘人……八四
青青西門槐……八四
天下不用車……八四
山田久欲拆……八五
聖賢何常施……八五
散髮一扁舟……八五
道人北山來……八五
今日非昨日……八六
秋日不可見……八六
騏驥在霜野……八六
悲哉孔子没……八六

秋庭午吏散……八七
秋日在梧桐……八七
我欲往滄海……八七
前日石上松……八七
日出堂上飲……八七

臨川先生文集卷第九……八九

古詩……八九
孔子……八九
楊雄二首……八九
漢文帝……九〇
秦始皇……九〇
韓信……九〇
叔孫通……九一
東方朔……九一
楊劉……九一
臧倉……九一
田單……九二
戴不勝……九二
陸忠州……九二
開元行……九二
相送行效張籍……九三
陰漫漫行……九三
一日歸行……九三
汴水……九三
陰山畫虎圖……九四
杜甫畫像……九四
吴長文新得顔公壞碑……九五
答揚州劉原甫……九五
寄鄂州張使君……九六
送元厚之待制知福州……九六
悼四明杜醇……九六
哭梅聖俞……九七
遊章義寺……九七
飯祈澤寺……九八
答瑞新十遠……九八
送文學士倅邛州……九八

送宋中道倅洺州……九八
送張公儀宰安豐……九九
送陳諤……九九
送孫長倩歸輝州……九九
送喬執中秀才歸高郵……九九
雲山詩送正之……一〇〇

臨川先生文集卷第十……一〇一

古詩……一〇一
和甫如京師微之置酒……一〇一
別孫莘老……一〇一
寄丁中允……一〇二
示平甫弟……一〇二
憶北山送勝上人……一〇三
相國寺啓同天節道場行香院觀戲者……一〇三
馬上轉韻……一〇三
乙巳九月登冶城作……一〇三
過劉貢甫……一〇三
估玉……一〇四
信都公家白兔……一〇四
車螯二首……一〇五
與平甫同賦槐……一〇五
甘棠梨……一〇五
獨山梅花……一〇六
同昌叔賦鴈奴……一〇六
老樹……一〇六
賦棗……一〇七
飛鴈……一〇七
寓言九首……一〇七
舟中讀書……一〇九
和王樂道讀進士試卷……一一〇
自訟……一一〇
彼狂……一一〇
衆人……一一一

臨川先生文集卷第十一……一一二

古詩……一一二
寄題郢州白雪樓……一一二

聖俞爲狄梁公孫作詩要予同作……一一二
蒙亭……一一二
和王樂道烘蝨……一一三
和聖俞農具詩十五首……一一四
次韻酬微之贈池紙并詩……一一七
酬沖卿月晦夜有感……一一七
送子思兄參惠州軍……一一八
送董伯懿歸吉州……一一八
八月十九日試院夢沖卿……一一九
平甫歸飲……一一九
答陳正叔……一一九
過食新城藕……一二〇
明州錢君倚衆樂亭……一二〇
愛日……一二一
答裴煜道中見寄……一二一
餘寒……一二一
孤城……一二二
和微之藥名勸酒……一二二
客至當飲酒二首……一二二
乙未冬婦子病至春不已……一二三
强起……一二三
飲裴侯家……一二三
送謝師宰赴任楚州二首……一二四
次韻遊山門寺望文脊山……一二四
車螯……一二五
疥……一二五
臨川先生文集卷第十二……一二六
古詩……一二六
和平甫舟中望九華山二首……一二六
和中甫兄春日有感……一二八
信陵坊有籠山樂官……一二八
收鹽……一二九
省兵……一二九
發廩……一二九
感事……一三〇
美玉……一三〇

寄曾子固……一三〇
同杜史君飲城南……一三二
有感……一三二
送孫叔康赴御史府……一三三
別馬祕丞……一三三
到郡與同官飲……一三三
自舒州追送朱氏女弟憇獨山館宿木瘤僧舍明日度長安嶺至皖口……一三四
招同官遊東園……一三四
九日隨家人遊東山遂遊東園……一三四
秋懷……一三四
既別羊王二君與同官會飲于城南因成寄……一三五
試茗泉……一三五
躍馬泉……一三五
白紵山……一三六
七星硯……一三六
九鼎……一三六
九井……一三七
寄題衆樂亭……一三七
書會別亭……一三八
題舒州山谷寺石牛洞泉穴……一三八
臨川先生文集卷第十三……一三九
古詩……一三九
泊舟姑蘇……一三九
崑山慧聚寺次孟郊韻……一三九
如歸亭順風……一三九
垂虹亭……一三九
張氏静居院……一四〇
丙戌五日京師作二首……一四一
答客……一四一
次韻唐彦猷華亭十詠……一四一
太白嶺……一四四
禿山……一四四
贈曾子固……一四四
鮑公水……一四五

寄李士寧先生……一四五
僧德殊家水簾求予詠……一四五
杭州修廣師法喜堂……一四五
復至曹娥堰寄剡縣丁元珍……一四六
答曾子固南豐道中所寄……一四六
寄贈胡先生……一四七
得曾子固書因寄……一四八
寄虔州江陰二妹……一四八
登越州城樓……一四八
憶昨詩示諸外弟……一四九

臨川先生文集卷第十四……一五一
律詩……一五一
欣會亭……一五一
東臯……一五一
歲晚……一五一
半山春晚即事……一五二
歆眠……一五二
露坐……一五二
山行……一五二
題雱祠堂……一五三
定林……一五三
送張甥赴青州幕……一五三
送張宣義之官越幕二首……一五三
送贊善張軒民西歸……一五四
送鄧監簿南歸……一五四
秋夜二首……一五四
即事……一五五
晝寢……一五五
過故居……一五五
鴈……一五五
與道原過西莊遂遊寶乘二首……一五六
送陶氏婦兼寄純甫……一五六
自府中歸寄西庵行詳……一五六
贈上元宰梁之儀承議……一五七
贈殊勝院簡道人……一五七
懷吳顯道……一五七

靜照堂……一五七
重遊草堂寺次韻三首……一五八
題齊安寺山亭……一五八
自白門歸望定林有寄……一五九
宿定林示無外……一五九
宿北山示行詳上人……一五九
獨飯……一五九
草堂……一五九
示耿天騭……一六〇
光宅……一六〇
示無外……一六〇
北山暮歸示道人……一六一
懷古二首……一六一
與寶覺宿精舍……一六一
中書偶成……一六二
華藏寺會故人……一六二
求全……一六二
秋風……一六二
次韻昌叔歲暮……一六二
次韻酬昌叔羈旅之作……一六三

臨川先生文集卷第十五

律詩……一六四
次韻唐公三首……一六四
烏塘……一六五
欲歸……一六五
發館陶……一六五
王村……一六五
長垣北……一六五
冬日……一六六
壬辰寒食……一六六
雨中……一六六
宿雨……一六六
乘日……一六七
秋露……一六七
還自河北應客……一六七
將次洺州憩漳上……一六七

和仲庶夜過新開湖憶沖之仲涂共泛……一六七
送契丹使還次韻答净因長老……一六八
送吴叔開南征……一六八
遊棲霞庵約平甫至因寄……一六八
和棲霞寂照庵僧雲渺……一六八
宜春苑……一六八
春日……一六九
癸卯追感正月十五事……一六九
晚興和沖卿學士……一六九
秋興和沖卿……一六九
次韻沖卿除日立春……一六九
題友人郊居水軒……一七〇
遊賞心亭寄虔州女弟……一七〇
江亭晚眺……一七〇
金山寺……一七〇
揖仙閣……一七〇
舟夜即事……一七一
何處難忘酒二首……一七一
送孫子高……一七一
送董傳……一七一
寄深州晁同年……一七二
白雲然師……一七二
自白土村入北寺二首……一七二
題朱郎中白都莊……一七二
史教授獨善堂……一七二
寄福公道人……一七三
身閑……一七三
還家……一七三
題湯泉壁示諸子有欲閑之意……一七三
和唐公舍人訪净因……一七四
沂溪懷正之……一七四
答許秀才……一七四
臨川先生文集卷第十六……一七五
律詩……一七五
次韻景仁雪霽……一七五
次韻范景仁二月五日夜風雪……一七五

次韻沖卿過睢陽……一七五
答沖卿……一七五
得書知二弟附陳師道舟上汴……一七六
初憩和州……一七六
瘧起舍弟尚未已示道原……一七六
送杜十八之廣南……一七六
崑山慧聚寺次張祜韻……一七六
吴江……一七七
江……一七七
江南……一七七
賈生……一七七
還自舅家書所感……一七七
世事……一七八
寄純甫……一七八
招丁元珍……一七八
遊杭州聖果寺……一七八
京兆杜嬰大醇能讀書其言近莊其爲
人曠達而廉清自託於醫無貴賤請
之輒往卒也以詩二首傷之……一七八
江上二首……一七九
夏夜舟中頗涼因有所感……一七九
孤桐……一八〇
遲明……一八〇
陪友人中秋夕賞月……一八〇
慎縣修路者……一八〇
河勢……一八〇
送河間晁寺丞……一八一
暮春……一八一
遊北山……一八一
吴正仲謫官得故人寄蟹以詩謝之余
次其韻……一八一
陳師道宰烏程縣……一八一
冬至……一八二
湯泉……一八二
讀鎮南邸報癸未四月作……一八二
擬和御製賞花釣魚……一八二

和吴沖卿雪霽紫宸朝 …… 一八二
和吴沖卿集禧齋祠 …… 一八三
送周都官通判湖州 …… 一八三
雙廟 …… 一八三
和子瞻同王勝之游蔣山 …… 一八三
送鄆州知府宋諫議 …… 一八四
見遠亭上王郎中 …… 一八五

臨川先生文集卷第十七 …… 一八六

律詩 …… 一八六
歲晚懷古 …… 一八六
段約之園亭 …… 一八六
又段氏園亭 …… 一八六
回橈 …… 一八七
酴醾金沙二花合發 …… 一八七
次韻公闢正議書公戲語申之以祝助發一笑 …… 一八七
次韻致遠木人洲二首 …… 一八七
次韻酬龔深甫二首 …… 一八八
次葉致遠韻 …… 一八九
次韻酬朱昌叔五首 …… 一八九
次韻送程給事知越州 …… 一九一
次韻酬徐仲元 …… 一九一
詩奉送覺之奉使東川 …… 一九一
次韻奉酬覺之 …… 一九二
送程公闢得謝歸姑蘇 …… 一九二
送項判官 …… 一九二
次韻張德甫奉議 …… 一九三
北山三詠 …… 一九三
登寶公塔 …… 一九四
重登寶公塔復用前韻二首 …… 一九四
紙暖閣 …… 一九四
雨花臺 …… 一九五
北牕 …… 一九五
小姑 …… 一九五
榮上人遽欲歸以詩留之 …… 一九五
呈陳和叔 …… 一九六

招吕望之使君……一九六
公闢枉道見過獲聞新詩因叙歎仰……一九七
全椒張公有詩在北山西菴僧者墁之悵然有感……一九七
嶺雲……一九七
蓼蟲……一九七
莫疑……一九八

臨川先生文集卷第十八……一九九

律詩……一九九
示俞秀老……一九九
外厨遺火示公佐……一九九
讀眉山集次韻雪詩五首……一九九
讀眉山集愛其雪詩能用韻復次韻一首……二〇一
八功德水……二〇一
寄題程公闢物華樓……二〇一
酬俞秀老……二〇二
次韻吴沖卿召赴資政殿聽讀詩義感事……二〇二
張侍郎示東府新居詩因而和酬二首……二〇二
次韻沖卿上元從駕至集禧觀偶成……二〇三
次韻陪駕觀燈……二〇三
和吴相公東府偶成……二〇三
和蔡樞密孟夏旦日西府書事……二〇四
和蔡副樞賀平戎慶捷……二〇四
次韻奉和蔡樞密南京種山藥法……二〇四
次韻元厚之平戎慶捷……二〇五
謁曾魯公……二〇五
駕自啓聖還内……二〇五
集禧觀池上詠野鵝……二〇五
次韻東廳韓侍郎齋居晚興……二〇六
酬和甫祥源觀醮罷見寄……二〇六
和御製賞花釣魚二首……二〇六
次楊樂道韻六首……二〇七
詳定幕次呈聖從樂道……二〇八
崇政殿詳定幕次偶題……二〇八
詳定試卷二首……二〇九
奉酬楊樂道……二〇九

奉酬聖從待制……二〇九
次韻吳仲庶省中畫壁……二一〇
夜讀試卷呈君實待制景仁内翰……二一〇
答張奉議……二一〇

臨川先生文集卷第十九……二一一
律詩……二一一
次韻和吳仲庶池州齊山畫圖……二一一
次韻祖擇之登紫微閣二首……二一一
送沈興宗察院出使湖南……二一二
春風……二一二
永濟道中寄諸舅弟……二一二
道逢文通北使歸……二一三
將次相州……二一三
次韻平甫喜唐公自契丹歸……二一三
尹村道中……二一三
次韻王勝之詠雪……二一四
次韻酬府推仲通學士雪中見寄……二一四
次韻宋次道憶太平早梅……二一四
和曾子翊授舒掾之作……二一五
送劉和父奉使江西……二一五
次韻張子野竹林寺二首……二一五
送吳龍圖知江寧……二一六
送直講吳殿丞宰鞏縣……二一六
送真州吳處厚使君……二一六
送李質夫之陝府……二一六
題儀真致政孫學士歸來亭……二一七
次韻吳季野題岳上人澄心亭……二一七
送彥珍……二一七
寄張先郎中……二一八
汜水寄和甫……二一八
寄黃吉甫……二一八
次韻平甫村墅春日……二一八
即席次韻微之泛舟……二一九
示長安君……二一九
和平甫招道光法師……二一九
和祖仁晚過集禧觀……二一九

程公闢轉運江西……二二〇
次韻微之即席……二二〇
和王微之秋浦望齊山感李太白杜牧之……二二〇
次韻王微之登高齋……二二〇
和微之重感南唐事……二二一
李君昺弟訪别長蘆至淮陰追寄……二二一
貴州虞部使君訪及道舊竊有感惻因成小詩……二二一
沖卿席上得行字……二二二
示董伯懿……二二二

臨川先生文集卷第二十……二二三

律詩……二二三
思王逢原三首……二二三
和吴御史臨淮感事……二二四
和文淑湓浦見寄……二二四
次韻吴季野再見寄……二二四
次韻平甫贈三靈山人程惟象……二二四
次韻和甫詠雪……二二五
次韻張氏女弟詠雪……二二五
次韻徐仲元詠梅二首……二二五
詩呈節判陸君……二二六
留題曲親盆山……二二六
不到太初兄所居遂已十年以詩攀寄……二二六
偶成二首……二二六
雨過偶書……二二七
季春上旬苑中即事……二二七
上西垣舍人……二二八
退朝……二二八
與微之同賦梅花得香字三首……二二八
和晚菊……二二九
景福殿前栢……二二九
四月果……二二九
牆西樹……二三〇
度麾嶺寄莘老……二三〇
狄梁公陶淵明俱爲彭澤令至今有廟在焉刁景純作詩見示繼以一篇……二三〇

寄沈鄱陽……二三〇
送裴如晦宰吴江……二三一
次韻樂道送花……二三一
籌思亭……二三一
愁臺……二三一
和正叔懷其兄草堂……二三二
鄭子憲西齋……二三二
寄題思軒……二三二
陳君式大夫恭軒……二三二
寄黄吉甫……二三三
高魏留……二三三
丁年……二三三

臨川先生文集卷第二十一……二三四

律詩……二三四
送王詹叔利州路運判……二三四
送周仲章使君……二三四
送王蒙州……二三四
送龐簽判……二三五
送潘景純……二三五
送僧無惑歸鄱陽……二三五
送遜師歸舒州……二三五
寄育王大覺禪師……二三六
寄無爲軍張居士……二三六
次韻酬鄧子儀二首……二三六
送李璋……二三七
送章宏……二三七
别葛使君……二三七
送王龍圖守荆南……二三七
次韻酬宋中散二首……二三八
和宋太博服除還朝簡諸朋舊……二三八
次韻酬宋玘六首……二三八
寄吴正仲却蒙馬行之都官梅聖俞太博和寄依韻酬之……二四〇
寄平甫……二四〇
次韻舍弟常州官舍應客……二四〇
舟還江南阻風有懷伯兄……二四一

同陳伯通錢材翁遊山二君有詩因次
元韻……二四一
夢張劍州……二四一
酬慕容員外……二四二
次韻張唐公馬上……二四二
和王司封會同年……二四二
次韻酬子玉同年……二四三
和舍弟舟上示沈道源……二四三
過山即事……二四三
酬裴如晦……二四三
酬鄭閎中……二四四
寄余温卿……二四四
寄郎侍郎……二四四
送道光法師住持靈巖……二四四
臨川先生文集卷第二十二……二四五
律詩……二四五
奉酬永叔見贈……二四五
送陳舜俞制科東歸……二四五
送何正臣主簿……二四五
與舍弟華藏院此君亭詠竹……二四六
上元戲呈貢父……二四六
次韻楊樂道述懷之作……二四六
和楊樂道見寄……二四六
寄吴沖卿二首……二四七
酬沖卿見別……二四七
次御河寄城北會上諸友……二四八
寄友人三首……二四八
寄張襄州……二四九
次韻昌叔懷灊樓讀書之樂……二四九
酬净因長老樓上翫月見懷有「疑君魂
夢在清都」之句……二四九
寄張諤招張安國金陵法曹……二五〇
欲往净因寄涇州韓持國……二五〇
送別韓虞部……二五〇
懷舒州山水呈昌叔……二五〇
呈柳子玉同年……二五一

次韻陸定遠以謫往來求詩……二五一
李璋下第……二五一
送楊驥秀才歸鄱陽……二五一
平山堂……二五二
示德逢……二五二
示四妹……二五二
寄酬曹伯玉因以招之……二五二
次韻奉酬李質夫……二五三
寄袁州曹伯玉使君……二五三
邢太保有鶴折翼以詩傷之客有記翎
經冥三韻而忘其詩者因作四韻……二五三
寄致政吴虞部……二五三
再至京口寄漕使曹郎中……二五四
次韻平甫金山會宿寄親友……二五四
送何聖從龍圖……二五四
送趙學士陝西提刑……二五四
丙申八月作……二五五
登西樓……二五五
即事……二五五

臨川先生文集卷第二十三……二五六

律詩……二五六
酬吴仲庶小園之句……二五六
始與韓玉汝相近居遂相與遊今居復
相近而兩家子唱和詩相屬因有
此作……二五六
春寒……二五六
次韻再遊城西李園……二五七
予求守江陰未得酬昌叔憶江陰見及
之作……二五七
送蘇屯田廣西轉運……二五七
酬淮南提刑邵不疑學士……二五七
酬王太祝……二五八
出城訪無黨因宿齋館……二五八
寄張氏女弟……二五八
奉寄子思以代别……二五八
次韻劉著作過茆山今平甫往遊因寄……二五九

次韻十四叔賜詩留别……二五九
次韻耿天騭大風……二五九
法喜寺……二五九
長干寺……二六〇
落星寺在南康軍江中……二六〇
清風閣……二六〇
留題微之廨中清輝閣……二六〇
次韻和甫春日金陵登臺……二六一
慶老堂……二六一
寄陳宣叔……二六一
寄張劒州并示女弟……二六一
元珍以詩送緑石硯所謂玉堂新樣者……二六二
和微之林亭……二六二
酬微之梅暑新句……二六二
平甫與寶覺遊金山思大覺并見寄及
相見得詩次韻二首……二六二
金陵懷古四首……二六三
次韻舍弟遇子固憶少述……二六四
次韻昌叔詠塵……二六四
石竹花……二六四
古松……二六五
玉晨大檜鶴廟古松最爲佳樹……二六五
次韻董伯懿松聲……二六五
次韻答平甫……二六五
次韻質夫兄使君同年……二六六

臨川先生文集卷第二十四……二六七

律詩……二六七
金明池……二六七
葛溪驛……二六七
泛舟青溪入水門登高齋奉呈康叔……二六七
爲裴使君賦擬峴臺……二六七
送李才元校理知邛州……二六八
送張頡仲舉知奉新……二六八
張劒州至劒一日以親憂罷……二六八
次韻子履遠寄之作……二六八
送李太保知儀州……二六九

送西京簽判王著作……二六九
送劉貢父赴秦州清水……二六九
送純甫如江南……二六九
送郊社朱兄除郎東歸……二七〇
送沈康知常州……二七〇
安豐張令修芍陂……二七〇
送復之屯田赴成都……二七〇
送經臣富順寺丞……二七一
送張卿致仕……二七一
送梅龍圖……二七一
送李祕校南歸……二七一
送蕭山錢著作……二七二
送靈山裴太博……二七二
送趙燮之蜀永康簿……二七二
酬吴季野見寄……二七二
和平甫寄陳正叔……二七三
送王太卿致政歸江陵……二七三
送叔康侍御……二七三
寄朱昌叔……二七三
九日登東山寄昌叔……二七四
到舒次韻答平甫……二七四
舒州七月十一日雨……二七四
次韻答丁端州……二七四
答劉季孫……二七五
次韻酬王太祝……二七五
寄吴成之……二七五
寄曾子固……二七五
至開元僧舍上方次韻舍弟二月一日之作……二七六
寄王回深甫……二七六
次韻答彦珍……二七六
寄闕下諸父兄兼示平甫兄弟……二七六

臨川先生文集卷第二十五……二七八

律詩……二七八
鍾山西庵白蓮亭……二七八
贈老寧僧首……二七八

次韻舍弟賞心亭即事二首……二七八
次韻陳學士小園即事……二七九
寄友人……二七九
登大茅山……二七九
登中茅山……二八〇
登小茅山……二八〇
送張仲容赴杭州孫公辟……二八〇
贈李士寧道人……二八〇
次韻春日即事……二八一
次韻答陳正叔二首……二八一
送崔左藏之廣東……二八一
苦雨……二八二
江上……二八二
午枕……二八二
寄石鼓寺陳伯庸……二八二
送熊伯通……二八三
送王覃……二八三
送明州王大卿……二八三
姑胥郭……二八三
嚴陵祠堂……二八四
藏春塢詩獻刁十四丈學士……二八四
太湖恬亭……二八四
蒙城清燕堂……二八四
次韻酬吴彦珍見寄二首……二八五
自金陵如丹陽道中有感……二八五
初去臨川……二八五
讀史……二八六
讀詔書……二八六
每見王太丞邑事甚冗而剸劇之暇能過訪山館兼出佳篇爲贈仰嘆才力因成小詩……二八六
王浮梁太丞之聽訟軒有水禽三巢于竹林之上恬而自得邑人作詩以美之因次元韻……二八七
寄虞氏兄弟……二八七
除夜寄舍弟……二八七

答熊本推官金陵寄酒……二八七
和錢學士喜雪……二八八
送江寧彭給事赴闕……二八八

臨川先生文集卷第二十六……二九〇

律詩……二九〇
聊行……二九〇
染雲……二九〇
溝港……二九〇
霹靂溝……二九〇
午睡……二九一
題齊安壁……二九一
昭文齋……二九一
臺上示吴顧……二九一
示道原……二九一
傳神自讚……二九二
題何氏宅園亭……二九二
草堂一上人……二九二
題黄司理園……二九二
北山洊亭……二九二
題永昭陵……二九三
詠穀……二九三
池上看金沙花數枝過酴醿架盛開……二九三
五柳……二九三
移松皆死……二九三
山中……二九四
送王補之行風忽作因題四句於舟中……二九四
被召作……二九四
再題南澗樓……二九四
南浦……二九四
題定林壁懷李叔時……二九五
離蔣山……二九五
江上……二九五
春雨……二九五
歸燕……二九五
和惠思波上鷗……二九六
秣陵道中口占二首……二九六

次青陽……二九六
代陳景元書于太一宮道院壁……二九六
山雞……二九七
雜詠四首……二九七
卧聞……二九八
秋興有感……二九八
題八功德水……二九八
口占……二九八
偶書……二九八
送陳景初金陵持服舉族貧病煩君藥石之功……二九九
泊姚江……二九九
樓上……二九九
春晴……二九九
净相寺……二九九
將母……三〇〇
朱朝議移法雲蘭……三〇〇
晚歸……三〇〇
題舫子……三〇〇
惠崇畫……三〇〇
蒲葉……三〇一
芳草……三〇一
與徐仲元自讀書臺上定林……三〇一
病中睡起折杏花數枝二首……三〇一
送望之赴臨江……三〇二
送丁廓秀才歸汝陰……三〇二
送王彦魯……三〇二
送吕望之……三〇二
别方劭祕校……三〇二
梅花……三〇二
紅梅……三〇三
病起過寶覺……三〇三
書定林院牎……三〇三
題徐浩書《法華經》……三〇三
碧蕪……三〇三
夢長……三〇四

迸月……三〇四
泊鴈……三〇四
題西太一宮壁二首……三〇四
西太一宮樓……三〇五

臨川先生文集卷第二十七……三〇六

律詩……三〇六
歌元豐五首……三〇六
碁……三〇七
題畫扇……三〇七
夢……三〇七
清明……三〇七
東岡……三〇八
春郊……三〇八
元日……三〇八
九日……三〇八
初晴……三〇八
南蕩……三〇九
芙蕖……三〇九
溝西……三〇九
東皐……三〇九
一陂……三一〇
園蔬……三一〇
翛然……三一〇
杖藜……三一〇
圖書……三一一
老嫌……三一一
移柳……三一一
誰將……三一一
雪乾……三一二
南浦……三一二
竹裏……三一二
隨意……三一二
秋雲……三一三
春風……三一三
陂麥……三一三
木末……三一三

進字說二首……三一四
窺園……三一四
嘲白髮……三一四
代白髮答……三一四
外厨遺火二首……三一五
初夏即事……三一五
千蹊……三一五
和陳輔秀才金陵書事……三一五
和耿天騭以竹冠見贈四首……三一六
和郭公甫……三一六
葉致遠置洲田以詩言志次其韻二首……三一七
又次葉致遠韻二首……三一七
次昌叔韻……三一七
次張唐公韻……三一八
次俞秀老韻……三一八
酬宋廷評請序經解……三一八
送耿天騭至渡口……三一八
永慶院送道原還儀真作詩要之……三一八
送方劭秘校……三一九
芙蓉堂二首……三一九
長干釋普濟坐化……三一九

臨川先生文集卷第二十八……三二〇

律詩……三二〇
送黄吉甫入京題清涼寺壁……三二〇
與道原自何氏宅步至景德寺……三二〇
過法雲寺……三二〇
光宅寺……三二〇
題勇老退居院……三二一
與寶覺宿龍華院三絶句……三二一
清涼寺白雲庵……三二一
自定林過西庵……三二二
歸庵……三二二
雪中遊北山呈廣州使君和叔同年……三二二
謝安墩二首……三二二
東陂二首……三二三
山陂……三二三

欲往北山以雨止……三二三
耿天騭惠梨次韻奉詶三首……三二三
北山有懷……三二四
定林院……三二四
封舒國公三首……三二四
北陂杏花……三二五
五更……三二五
與薛肇明奕棊賭梅花詩輸一首……三二五
又代薛肇明一首……三二六
溝上梅花欲發……三二六
江梅……三二六
耿天騭許浪山千葉梅見寄……三二六
與天騭宿清涼廣惠僧舍……三二六
池上看金沙花數枝過酴醿架盛開二首……三二七
北山……三二七
詠菊二首……三二七
楊柳……三二八
北山道人栽松……三二八
山櫻……三二八
償薛肇明秀才榿木……三二八
馬斃……三二八
出郊……三二九
懷府園……三二九
江寧夾口二首……三二九
蔣山手種松……三二九
中年……三二九
寄四姪旊二首……三三〇
寄吴氏女子……三三〇
寄蔡天啓……三三〇
呈陳和叔二首……三三一
招葉致遠……三三一
招楊德逢……三三一
和叔招不往……三三二
和叔雪中見過……三三二
俞秀老忽然不見……三三二
與耿天騭會話……三三二

臨川先生文集卷第二十九 …… 三三三
律詩 …… 三三三
與道原過西莊遂遊寶乘 …… 三三三
庚申正月遊齊安 …… 三三三
庚申正月遊齊安有詩云「水南水北重重柳」壬戌正月再遊 …… 三三三
壬戌正月晦與仲元自淮上復至齊安 …… 三三四
壬戌五月與和叔同遊齊安 …… 三三四
成《字説》後與曲江譚君丹陽蔡君同遊齊安 …… 三三四
元豐二年十月政公改路故作此詩 …… 三三四
書定林院牕 …… 三三五
同熊伯通自定林過悟真二首 …… 三三五
悟真院 …… 三三五
傳神自讚 …… 三三五
定林院昭文齋 …… 三三六
經局感言 …… 三三六
鍾山晚步 …… 三三六
散策 …… 三三六
書静照師塔 …… 三三六
記夢 …… 三三七
勘會賀蘭溪主 …… 三三七
書湖陰先生壁二首 …… 三三七
過劉全美所居 …… 三三八
書何氏宅壁 …… 三三八
題永慶壁有雱遺墨數行 …… 三三八
江寧府園示元度 …… 三三八
金陵郡齋 …… 三三八
戲示蔣穎叔 …… 三三九
遊城東示深之德逢 …… 三三九
麗澤門 …… 三三九
示公佐 …… 三三九
示俞秀老二首 …… 三三九
示李時叔二首 …… 三四〇
示寶覺二首 …… 三四〇
仲元女孫 …… 三四一

示永慶院秀老……三四一
示王鐸主簿……三四一
戲城中故人……三四一
戲贈段約之……三四一
示俞處士……三四一
懷張唐公……三四二
憶金陵三首……三四二
離昇州作……三四二
望淮口……三四三
入瓜步望揚州……三四三
泊船瓜洲……三四三
重過余婆岡市……三四三
秦淮泛舟……三四三
中書即事……三四三
萬事……三四四
寄金陵傳神者李士雲……三四四
贈外孫……三四四
東流頓令罷官阻風示文有「按風伯奏天閽」之語答以四句……三四四
楊德逢送米與法雲二老作此詩……三四四
送黄吉父將赴南康官歸金谿三首……三四五

臨川先生文集卷第三十……三四六

律詩……三四六
金陵即事三首……三四六
烏塘……三四六
柘岡……三四七
城北……三四七
金陵……三四七
午枕……三四七
州橋……三四七
觀明州圖……三四八
九日賜宴瓊林苑作……三四八
壬子偶題……三四八
和張仲通憶鍾陵二首……三四八
送和甫至龍安暮歸……三四九
鍾山即事……三四九

南澗樓……三四九
京城……三五〇
隴東西二首……三五〇
斜徑……三五〇
暮春……三五〇
雨晴……三五一
日西……三五一
禁直……三五一
御柳……三五一
祥雲……三五一
題中書壁……三五二
禁中春寒……三五二
試院中……三五二
學士院燕侍郎畫圖……三五二
道旁大松人取以爲明……三五二
見鸜鵒戲作四句……三五三
池鴈……三五三
六年……三五三
世故……三五三
邵平……三五三
中牟……三五四
王章……三五四
神物……三五四
文成……三五四
讀漢書……三五四
賜也……三五五
重將……三五五
載酒……三五五
楚天……三五五
江上……三五六
春江……三五六
春雨……三五六
初到金陵……三五六
送和甫至龍安微雨因寄吴氏女子……三五六
與北山道人……三五七
過外弟飲……三五七

若耶溪歸興……三五七
烏石……三五七
定林……三五八
定林所居……三五八
臺城寺側獨行……三五八
遊鍾山……三五八
松間……三五八
雨未止正臣欲行以詩留之……三五九

臨川先生文集卷第三十一……三六〇

律詩……三六〇
題張司業詩……三六〇
同陳和叔遊北山……三六〇
次吴氏女子韻……三六〇
再次前韻……三六〇
即席……三六一
遊城南即事二首……三六一
寄沈道原……三六一
哭張唐公……三六一
生日次韻南郭子二首……三六二
八公山……三六二
過徐城……三六二
送丁廓秀才歸汝陰二首……三六二
和惠思韻二首……三六三
送王石甫學士知湖州……三六三
懷鍾山……三六三
江寧夾口三首……三六四
寄碧巖道光法師……三六四
省中二首……三六四
崇政殿後春晴即事……三六五
省中沈文通廳事……三六五
吴任道説應舉時事……三六五
送河中通判朱郎中迎母東歸……三六五
寄題杭州明慶院修廣師明碧軒……三六六
夜直……三六六
試院中四首……三六六
人間……三六七

後殿牡丹未開……三六七
春日……三六七
寄韓持國……三六七
答韓持國……三六八
出城……三六八
涿州……三六八
出塞……三六八
入塞……三六八
書汜水關寺壁……三六九
題北山隱居王閑叟壁……三六九
和惠思歲二日二絶……三六九
赴召道中……三六九
江東召歸……三六九
平甫如通州寄之……三七〇
寄顯道……三七〇
和平父寄道光法師……三七〇
三品石……三七〇
和崔公度家風琴八首……三七〇
送陳靖中舍歸武陵……三七二
北山……三七二
適意……三七二
辱井……三七二
題金沙……三七三
夜聞流水……三七三
詠月三首……三七三

臨川先生文集卷第三十二

……三七四
律詩……三七四
次韻杏花三首……三七四
杏園即事……三七四
宋城道中……三七四
對客……三七五
愍儒坑……三七五
遇雪……三七五
殊勝淵師八十餘因見訪問之近來如何答曰隨緣而已至示寂作是詩……三七五
懷舊……三七五

訪隱者……三七六
海棠花……三七六
證聖寺杏接梅花未開……三七六
雜詠五首……三七六
書陳祈兄弟屋壁……三七七
郊行……三七七
破冢二首……三七七
題景德寺試院壁……三七八
金陵報恩大師西堂方丈二首……三七八
題正覺院籜龍軒二首……三七八
相州古瓦硯……三七九
望夫石……三七九
山前……三七九
江雨……三七九
揚子二首……三七九
獨卧二首……三八〇
孟子……三八〇
商鞅……三八〇
蘇秦……三八〇
范雎……三八一
張良……三八一
曹參……三八一
韓信……三八一
伯牙……三八一
范增二首……三八二
賈生……三八二
兩生……三八二
謝安……三八二
世上……三八二
讀後漢書……三八三
讀蜀志……三八三
讀唐書……三八三
讀開成事……三八三
别和甫赴南徐……三八三
寄茶與和甫……三八三
寄茶與平甫……三八四

戲長安嶺石……三八四
代答……三八四
促織……三八四
臘享……三八四
臨川先生文集卷第三十三……三八五
律詩……三八五
杏花……三八五
城東寺菊……三八五
拒霜花……三八五
燕……三八五
吐綬雞……三八六
黄鸝……三八六
蝶……三八六
暮春……三八六
真州東園作……三八六
過皖口……三八七
發粟至石陂寺……三八七
別皖口……三八七
別灊皖二山……三八七
舒州被召試不赴偶書……三八七
舟過長蘆……三八八
金山三首……三八八
泊姚江……三八八
遊鍾山……三八九
龍泉寺石井二首……三八九
興國樓上作……三八九
別灊閣……三八九
杭州望湖樓回馬上作呈玉汝樂道……三九〇
奉和景純十四丈三絶……三九〇
臨津……三九〇
汀沙……三九一
西山……三九一
和文淑……三九一
春入……三九一
暮春……三九一
烏江亭……三九二

漢武……三九二
諸葛武侯……三九二
望越亭……三九二
春日席上……三九二
句容道中……三九三
晏望驛釋舟走信州……三九三
祈澤寺見許堅題詩……三九三
送陳景初……三九三
巫峽……三九三
徐秀才園亭……三九四
中茅峯石上徐鍇篆字題名……三九四
欲雪……三九四
上元夜戲作……三九四
石竹花……三九四
黄花……三九五
木芙蓉……三九五
精衛……三九五
戲贈育王虚白長老……三九五
黄河……三九五
東江……三九五
北望……三九六
驪山……三九六
縣舍西亭二首……三九六
鐵幢浦……三九六
臨吴亭作……三九七
蘇州道中順風……三九七

臨川先生文集卷第三十四……三九八

律詩……三九八
送僧惠思歸錢塘……三九八
松江……三九八
秋日……三九八
中秋夕寄平甫諸弟……三九八
靈山……三九九
荷花……三九九
殘菊……三九九
竹窗……三九九

出定力院作……三九九
寄育王大覺禪師……四〇〇
送僧遊天台……四〇〇
次韻張仲通水軒……四〇〇
送陳令……四〇〇
無錫寄正之……四〇〇
謾成……四〇一
初晴……四〇一
釣者……四〇一
將次鎮南……四〇一
出金陵……四〇一
酬王微之……四〇一
題玉光亭……四〇二
贈僧……四〇二
嘲叔孫通……四〇二
和浄因有作……四〇二
張工部廟……四〇二
次韻和張仲通見寄三絶句……四〇三
宣州府君喪過金陵……四〇三
觀王氏雪圖……四〇三
韓子……四〇三
宰嚭……四〇四
郭解……四〇四
古寺……四〇四
越人以幕養花因遊其下二首……四〇四
魚兒……四〇五
離鄞至菁江東望……四〇五
信州迴車館中作二首……四〇五
天童山溪上……四〇五
鄞縣西亭……四〇六
寄和甫……四〇六
寄伯兄……四〇六
别鄞女……四〇六
真州馬上作……四〇六
登飛來峯……四〇七
讀漢功臣表……四〇七

詠月……四〇七
金山……四〇七
疊翠亭……四〇七
默默……四〇八
達本……四〇八
寓言二首……四〇八
偶書……四〇九
揚子……四〇九
讀《維摩經》有感……四〇九
春日即事……四〇九
贈安大師……四〇九
送李生白華巖修道……四一〇
寄道光大師……四一〇
示報寧長老……四一〇
紅梨……四一〇
鴟……四一〇
驢二首……四一一
臨川先生文集卷第三十五……四一二
挽辭……四一二
仁宗皇帝挽辭四首……四一二
英宗皇帝挽辭二首……四一三
神宗皇帝挽辭二首……四一三
慈聖光獻皇后挽辭二首……四一三
正肅吴公挽辭三首……四一四
文元賈公挽辭二首……四一五
元獻晏公挽辭三首……四一五
忠獻韓公挽辭二首……四一六
正憲吴公挽辭……四一七
孫威敏公挽辭……四一七
崇禧給事同年馬兄挽辭二首……四一七
陳動之祕丞挽辭二首……四一七
贈工部侍郎鄭公挽辭……四一八
致仕虞部曲江譚君挽辭……四一八
馬玘大夫挽辭……四一八
宋中道挽辭……四一九
王中甫學士挽辭……四一九

王逢原挽辭……四一九
葛興祖挽辭……四一九
河中使君修撰陸公挽辭三首……四一九
王子直挽辭……四二〇
孫君挽辭……四二〇
處士葛君挽辭……四二一
永壽縣太君周氏挽辭二首……四二一
致仕邵少卿挽辭二首……四二一
葛郎中挽辭二首……四二二
悼王致處士……四二二
蘇才翁挽辭二首……四二二
悼慧休……四二三

臨川先生文集卷第三十六……四二四

集句……四二四
送吴顯道五首……四二四
送吴顯道南歸……四二五
送劉貢甫謫官衡陽……四二六
贈寶覺……四二六
金山寺……四二七
化城閣……四二七
明妃曲……四二八
懷元度四首……四二八
招元度……四二九
示黄吉甫……四二九
送張明甫……四三〇
贈張軒民贊善……四三〇
望之將行……四三〇
招葉致遠……四三〇
獨行……四三〇
江口……四三一
戲贈湛源……四三一
與北山道人……四三一
梅花……四三一
即事五首……四三二
春風……四三三
春雪……四三三

花下……四三三
春山……四三三
金陵懷古……四三三
沈坦之將歸溧陽值雨留吾廬久之三首……四三四
示蔡天啓三首……四三四
烝然來思……四三五
示楊德逢……四三五
示道光及安大師……四三六
老人行……四三六
離昇州作……四三六
倉頡……四三七
臨川先生文集卷第三十七
臨川先生文集卷第三十七……四三八
集句……四三八
胡笳十八拍十八首……四三八
虞美人……四四三
甘露歌……四四三
歌曲……四四三
桂枝香……四四三
菩薩蠻……四四四
漁家傲二首……四四四
清平樂……四四五
浣溪沙……四四五
浪淘沙令……四四五
南鄉子二首……四四五
訴衷情五首……四四六
望江南·歸依三寶贊……四四七
臨川先生文集卷第三十八
臨川先生文集卷第三十八……四四八
四言詩……四四八
潭州新學詩……四四八
新田詩……四四九
獵較詩……四五〇
雲之祁祁答董傳……四五〇
古賦……四五一
龍賦……四五一
歷山賦……四五一
思歸賦……四五二

釋謀賦……四五二
樂章……四五二
明堂樂章二首……四五二
上梁文……四五三
景靈宫修蓋英宗皇帝神御殿上梁文……四五三
銘……四五四
蔣山鐘銘……四五四
明州新修刻漏銘……四五四
伍子胥廟銘……四五五
璨公信心銘……四五六
讚……四五六
蔣山覺海元公真讚……四五六
梵天畫讚……四五六
維摩像讚……四五六
空覺義示周彦真……四五七
臨川先生文集卷第三十九……四五八
書疏……四五八
上仁宗皇帝言事書……四五八
上時政疏……四七六
進戒疏……四七八
臨川先生文集卷第四十……四八〇
奏狀……四八〇
乞免就試狀……四八〇
辭集賢校理狀四……四八〇
辭同修起居注狀七……四八三
再辭同修起居注狀五……四八八
辭赴闕狀三……四九二
辭知江寧府狀……四九三
舉陳樞充錢穀職司狀……四九三
舉錢公輔自代狀……四九四
舉吕公著自代狀……四九四
舉謝卿材充升擢任使狀……四九四
舉屯田員外郎劉彝狀……四九四
勑舉兵官未有人堪充狀……四九五
舉渭州兵馬都監蓋傳等充邊上任使狀……四九五
舉古渭寨都監段充充兵官任使狀……四九五

臨川先生文集卷第四十一 …… 四九七
劄子 …… 四九七
擬上殿劄子 …… 四九七
上五事劄子 …… 四九九
議入廟劄子 …… 五〇一
言尊號劄子 …… 五〇一
論罷春燕劄子 …… 五〇二
論館職劄子二 …… 五〇二
本朝百年無事劄子 …… 五〇五
臨川先生文集卷第四十二 …… 五〇九
劄子 …… 五〇九
相度牧馬所舉薛向劄子 …… 五〇九
論許舉留守令勑劄子 …… 五一〇
乞朝陵劄子 …… 五一一
乞免修實録劄子 …… 五一一
乞改科條制劄子 …… 五一二
廟議劄子 …… 五一二
議服劄子 …… 五一三
議南郊三聖並侑劄子 …… 五一四
議郊祀壇制劄子 …… 五一四
議郊廟太牢劄子 …… 五一五
議皇地示神州地示不合燎燔事劄子 …… 五一六
進鄴侯遺事劄子 …… 五一七
臨川先生文集卷第四十三 …… 五一八
劄子 …… 五一八
辭男雱説書劄子 …… 五一八
辭男雱授龍圖劄子三 …… 五一八
進字説劄子 …… 五二〇
乞改三經義誤字劄子二道 …… 五二〇
論改詩義劄子 …… 五二四
答手詔言改經義事劄子 …… 五二四
改撰詩義序劄子 …… 五二五
乞以所居園屋爲僧寺并乞賜額劄子 …… 五二五
乞將荒熟田割入蔣山常住劄子 …… 五二六
謝宣醫劄子 …… 五二六
臨川先生文集卷第四十四 …… 五二七

劄子……五二七
乞解機務劄子……五二七
謝手詔慰撫劄子……五三〇
謝手詔訓諭劄子……五三一
答手詔封還乞罷政事表劄子……五三一
答手詔令就職劄子……五三二
答手詔留居京師劄子……五三二
辭僕射劄子……五三三
乞宫觀劄子……五三四
求退劄子……五三七
已除觀使乞免使相劄子……五三七
宣諭蘇子元劄子……五四〇

臨川先生文集卷第四十五……五四一

内制……五四一
郊祀昊天上帝册文……五四一
郊祀皇地祇册文……五四一
郊祀配帝太祖皇帝册文……五四一
朝享景靈宫聖祖大帝册文……五四一
朝享仁宗皇帝册文……五四二
朝享英宗皇帝册文……五四二
皇后册文……五四二
先天節皇帝謝内中露香表……五四三
天貺節皇帝謝内中露香表……五四三
降聖節皇帝謝内中露香表……五四三
冬至節皇帝謝内中露香表……五四四
南郊青城皇帝問太皇太后皇太后聖體表……五四四
太皇太后回答皇帝問聖體書……五四四
皇太后回答太廟皇帝問聖體書……五四四
寒食節起居永定陵宣祖諸陵等處表……五四四
寒食節起居諸陵昭憲等諸后表……五四五
中元節三陵起居諸后表……五四五
八月一日永昭陵旦表……五四五
十月一日永昭陵奏告仁宗皇帝旦表……五四五
十月一日起居永安陵等處諸陵表……五四六
十月一日起居永安陵等處諸后陵表……五四六

冬至節上諸陵表……五四六
冬至節上諸皇后陵表……五四六
寒食節上南京鴻慶宮等處太祖諸帝表……五四七
中元節起居外州諸宮觀諸帝神御殿表……五四七
中元節起居諸陵表……五四七
十月一日起居揚州太祖諸帝神御殿表……五四八
冬至節上南京鴻慶宮等諸帝表……五四八
先天節奏告仁宗皇帝表……五四八
南郊下元節更不於景靈宮朝拜奏告聖祖大帝表……五四八
南郊禮畢皇帝謝内中功德表……五四九
南郊禮畢福寧殿奏謝英宗皇帝表……五四九
真宗皇帝忌辰奏告永定陵景靈宮慈德殿表……五四九
集禧觀開啓爲民祈福祈晴道場默表……五四九
南京鴻慶宮開啓皇帝本命道場青詞……五四九
延祥觀開啓太皇太后本命道場青詞二道……五五〇
崇先觀奉元殿開啓皇太后本命靈寶道場青詞……五五〇
靈鼇内殿開啓太皇太后生辰道場青詞……五五〇
靈鼇内殿開啓皇太后生辰道場青詞……五五〇
西太一宮開啓皇太后生辰道場青詞……五五一
龍圖閣開啓皇太后生辰道場青詞……五五一
廣聖宮開啓真宗皇帝忌辰道場青詞……五五一
福寧殿罷散三長月祝聖壽道場青詞……五五一
福寧殿開啓三長月道場青詞……五五一
福寧殿罷散三長月道場青詞……五五二
福寧殿開啓三長月道場青詞……五五二
福寧殿罷散三長月道場青詞……五五二
福寧殿開啓南郊道場青詞……五五二
臨川先生文集卷第四十六……五五三
内制……五五三
景靈宮三殿看經堂開啓中元節道場青詞……五五三
景靈宮保寧閣下元節道場青詞……五五三

醴泉觀寧聖殿開啓爲民祈福保夏道場青詞……五五三
醴泉觀寧聖殿開啓年交道場青詞……五五三
集禧觀洪福殿開啓謝雨道場青詞……五五四
在京諸宮觀景靈宮等處祈雪青詞……五五四
謝晴青詞……五五四
坊州秋祭聖祖大帝青詞……五五四
滄瀛州地震設醮青詞……五五四
北嶽廟爲定州地震開啓祭禱道場青詞……五五五
集禧觀開啓保夏祝聖壽金籙道場密詞……五五五
崇先觀開啓保夏祝聖壽金籙道場密詞……五五五
延福宮開啓皇后生辰道場密詞……五五五
延福宮開啓皇太后生辰道場密詞……五五六
金明池開啓謝雨道場密詞……五五六
興國寺開先殿奏告太祖皇帝孝明皇后祝文……五五六
西京應天禪院奏告太祖太宗真宗皇帝御容祝文……五五六
啓聖院永隆殿奏告太宗皇帝元德皇后祝文……五五六
太廟八室奉慈諸廟奏告南郊等處祝文……五五七
諸皇后陵奏告謝南郊禮畢祝文……五五七
景靈宮英德殿奉安英宗皇帝御容祝文……五五七
天章閣延昌殿權奉安英宗皇帝御容祝文……五五七
西京應天禪院拆修太祖神御殿祭告祝文……五五七
景靈宮修蓋英宗皇帝神御殿上梁祭告太歲已下諸神祝文……五五八
慈孝寺崇真彰德殿爲經霖雨垂脊脱落奏告祝文……五五八
太廟后廟奉慈廟雅飾告祝文……五五八
西太一宮立秋祝文……五五八
中太一宮立冬祝文……五五九
九宮貴神祝文……五五九
景靈宮里域真官祝文……五五九

天地社稷宮觀等處祈晴青詞祝文……五五九
五嶽四瀆諸廟祈晴祝文……五五九
定州北嶽爲地震祭禱祝文……五六〇
文德殿告遷御容祝文……五六〇
南郊青城綵内畢功大殿上開啓保安祝壽諷孔雀明王經齋文……五六〇
南郊青城綵内畢功大殿上開啓保安祝壽諷法華經齋文……五六〇
五臺開啓南郊禮畢道場齋文……五六〇
内中延福宮性智殿開啓太皇太后生辰道場齋文……五六一
十月一日永昭陵下宮開啓資薦仁宗皇帝道場齋文……五六一
福寧殿開啓資薦英宗皇帝道場齋文……五六一
中元節福寧殿水陸道場資薦英宗皇帝道場齋文……五六一
萬壽觀廣愛殿資薦章惠皇太后忌辰道場齋文……五六二
天章閣延昌殿開啓權奉安英宗皇帝御容道場齋文……五六二
温成皇后陵獻殿内開啓冬節道場齋文……五六二
金明池上開啓祈雨粉壇道場齋文……五六二
金明池上開啓謝雨道場齋文……五六三
龍圖天章寶文閣接續開啓祈雪道場齋文……五六三
泗州塔謝晴齋文……五六三
後苑天王殿拆修了畢齋文……五六三
臨川先生文集卷第四十七……五六四
内制……五六四
勑牓交趾……五六四
提轉考課勑詞……五六四
韓琦加恩制……五六五
李璋加恩制……五六六
皇伯祖威德軍節度使榮國公承亮加恩制……五六七
李日尊加恩制……五六七

馮翊郡君連氏等賀皇帝南郊禮畢表……五六七
德妃苗氏上賀皇帝南郊禮畢表……五六八
賜太子太傅致仕梁適太子太師致仕張昇特赴闕南郊陪位詔……五六八
賜允太子太傅致仕梁適陳乞不赴南郊陪位詔……五六八
賜允太子太師致仕張昇不赴南郊陪位詔……五六八
賜宣徽北院使判大名府王拱辰乞南郊赴闕不允詔……五六九
賜允守司徒兼檢校太師兼侍中韓琦乞相州詔……五六九
賜守司徒兼檢校太師兼侍中判永興軍韓琦再乞相州詔……五六九
賜守司徒檢校太師兼侍中韓琦詔……五七〇
賜韓琦依所乞詔……五七〇
賜守司徒檢校太師兼侍中判永興軍韓琦乞相州舊任不允詔三道……五七〇
賜守司徒檢校太師兼侍中判永興軍韓琦乞致仕不允詔……五七一
賜判永興軍韓琦湯藥詔……五七一
賜允觀文殿學士尚書左僕射新除集禧觀使富弼辭免乞判汝州詔……五七一
賜判汝州富弼乞致仕不允詔……五七二
賜判汝州富弼乞假養疾詔……五七二
賜判汝州富弼乞赴汝州避災養疾詔……五七二
賜判汝州富弼赴闕詔二道……五七三
賜富弼赴闕并茶藥詔……五七三
賜判汝州富弼辭免南郊禮畢支賜詔……五七三
賜宰相曾公亮已下辭南郊賜賚不允詔……五七三
賜觀文殿學士新除刑部尚書知大名府陳升之辭免恩命不允詔……五七四
賜觀文殿學士刑部尚書知大名府陳升之赴闕朝見茶藥詔……五七四
賜觀文殿學士刑部尚書知亳州歐陽脩上表奏乞致仕不允詔……五七四

賜知亳州歐陽脩陳乞致仕第二表不允詔……五七五
賜知亳州歐陽脩第三表并劄子陳乞致仕不允詔……五七五
賜觀文殿學士兵部尚書歐陽脩辭知青州不允詔二道……五七五
賜答曾公亮詔……五七六
賜張方平免特支請俸詔……五七六
賜樞密副使右諫議大夫邵亢乞郡詔……五七六
賜皇伯新除彰化軍節度觀察留後安定郡王從式乞免新命不允詔……五七七
賜涇原路經略使蔡挺茶藥詔……五七七
賜天章閣待制知渭州蔡挺獎諭詔……五七七
賜知唐州光禄卿高賦獎諭詔……五七七
臨川先生文集卷第四十八……五七八
內制……五七八
賜天章閣待制知審刑院齊恢獎諭詔……五七八
又賜知審刑院齊恢獎諭詔……五七八
賜勑獎諭審刑院詳議官大理寺詳斷官等……五七八
又賜獎諭審刑院詳議官大理寺詳斷官等……五七九
賜勑獎諭權大理寺少卿蔡冠卿……五七九
賜特放諫議大夫知潭州燕度待罪詔……五七九
賜外任臣寮進奉功德疏……五七九
賜特放知成德軍韓贄待罪詔……五八〇
賜特放懷州傅卞待罪詔……五八〇
賜答德妃苗氏賀南郊禮畢詔……五八〇
賜答修儀楊氏等馮翊郡君連氏等賀南郊禮畢詔……五八〇
賜大遼賀正旦人使茶藥詔……五八〇
賜大遼賀正旦副使茶藥詔……五八一
賜大遼皇太后賀正旦人使茶藥詔……五八一
賜大遼皇太后賀正旦副使茶藥詔……五八一
皇帝問候大遼皇帝書……五八一
皇帝賀大遼皇太后生辰書……五八一

賜南平王李日尊加恩告勑書……………五八二
賜溪洞知蔣州田元宗等進奉助南郊
并賀冬賀正勑書………………五八二
賜占城蕃王楊卜尸利律陁般摩提婆
勑書………………………五八二
批答文武百寮曾公亮已下上尊號第
一表不允……………………五八二
批答文武百寮曾公亮已下上尊號第
二表不允……………………五八三
批答宰臣曾公亮已下賀壽星見………五八三
批答樞密使文彦博等賀壽星見………五八三
批答富弼………………………五八三
批答不允皇伯祖威德軍節度使榮國
公承亮辭免恩命第一表…………五八四
批答不允承亮辭免恩命第二表仍斷
來章…………………………五八四
批答不允承亮辭免………………五八四
批答不允承亮辭免………………五八四
批答樞密副使韓絳邵亢知樞密院事
陳升之等辭免恩命仍斷來章………五八五
批答韓絳邵亢陳升之等辭恩命不允
仍斷來章……………………五八五
宣答文武百寮稱賀宣德門肆赦………五八五
宣答文武百寮稱賀南郊禮畢…………五八五
宣答樞密使以下賀南郊禮畢…………五八五
賜皇伯祖東平郡王允弼生日口宣……五八六
賜皇伯祖威德軍節度使榮國公承亮
加恩口宣……………………五八六
賜皇弟岐王顥生日禮物口宣…………五八六
賜皇弟高密郡王生日禮物口宣………五八六
賜淮南節度使守司徒兼侍中判相州
韓琦加恩口宣…………………五八六
賜判永興軍韓琦生日禮物口宣………五八七
賜樞密使西川節度使守司空兼侍中
文彦博生日差内臣賜羊酒米麵等
口宣…………………………五八七

賜文彦博生日差男押賜生日禮物口宣……五八七
賜樞密使吕公弼生日禮物口宣……五八七
賜觀文殿大學士尚書左僕射富弼赴闕茶藥口宣……五八七
賜觀文殿大學士尚書左僕射富弼湯藥并賜詔口宣……五八八
賜觀文殿學士刑部尚書知大名府陳升之赴闕朝見并賜茶藥口宣……五八八
賜觀文殿大學士尚書左僕射判汝州富弼加恩口宣……五八八
撫問判永興軍韓琦口宣……五八八
撫問觀文殿學士陳升之兼賜夏藥口宣……五八八
撫問鄜延路臣寮口宣……五八九
撫問延州沿邊臣寮口宣……五八九
撫問河北西路臣寮兼賜夏藥口宣……五八九
撫問并代州路臣寮并將校口宣……五八九
撫問高陽關路俵散諸軍特支銀鞋錢并傳宣撫問臣寮口宣……五八九
撫問送伴大遼賀正旦人使副沿路相逢賀大遼皇太后皇帝生辰使副口宣……五九〇
撫問雄州白溝驛賜北朝賀正旦人使御筵口宣……五九〇
賜大遼國賀正旦人使已下生餼口宣……五九〇
賜大遼國賀正旦人使却迴瀛州御筵口宣……五九〇
賜大遼國賀正旦人使見訖就驛賜酒果口宣……五九〇
北京賜大遼賀正旦人使却迴御筵口宣……五九一
雄州賜大遼賀同天節人使却迴御筵兼撫問口宣……五九一
就驛賜大遼賀同天節人使却迴朝辭訖酒果口宣……五九一
賜真定府路臣寮等初冬衣襖口宣……五九一
賜召學士馮京入院口宣……五九一

賜召滕甫入院口宣……五九二

臨川先生文集卷第四十九……五九三

外制……五九三
召試三道……五九三
皇姪右衛大將軍岳州團練使宗實可起復舊官泰州防禦使知宗正寺制……五九五
皇姪右衛大將軍泰州防禦使知宗正寺宗實可岳州刺史充本州團練使制……五九六
起居舍人直祕閣同修起居注司馬光知制誥制……五九六
起居舍人直祕閣同修起居注司馬光改天章閣待制制……五九六
翰林侍讀學士右正言馮京改翰林學士知制誥權知開封府制……五九七
范鎮加修撰制……五九七
右司諫趙抃禮部員外郎兼侍御史知雜事制……五九八
屯田員外郎韓縝改殿中侍御史制……五九八
兵部郎中沈立可依前官充三司户部判官制……五九八
度支員外郎充祕閣校理李大臨三司度支判官制……五九九
金部郎中朱壽隆三司鹽鐵判官制……五九九
度支員外郎李壽朋開封府推官制……六〇〇
殿中丞充集賢校理陸經開封府推官制……六〇〇
太常博士充祕閣校理張洞開封府推官制……六〇〇
左司諫王陶皇子伴讀制……六〇〇
樞密直學士施昌言知渭州制……六〇一
知制誥沈遘知杭州制……六〇一
龍圖閣直學士知河陽李兑給事中依前龍圖閣直學士知鄧州制……六〇二
龍圖閣直學士李柬之刑部侍郎充集賢院學士判西京留守司御史臺制……六〇二
知雜王綽吏部郎中直龍圖閣知徐州制……六〇二

集賢校理鞠真卿可光禄寺丞依舊充集賢校理知壽州制 …… 六〇三
何郯知永興軍制 …… 六〇三
潘夙轉官知桂州制 …… 六〇四
尚書左丞余靖制 …… 六〇四
天章閣待制司馬光制 …… 六〇四
尚書户部郎中知制誥張瓌制 …… 六〇五
翰林學士知制誥賈黯轉官加勳邑制 …… 六〇五
翰林學士知制誥權三司使蔡襄轉官加食邑制 …… 六〇五
翰林學士兼侍讀學士知制誥充史館修撰王珪轉官加食邑制 …… 六〇六
翰林學士知制誥充史館修撰范鎮轉官加勳邑制 …… 六〇六
翰林學士知制誥權知開封府馮京轉官加勳邑制 …… 六〇六
集賢院學士余靖轉官加勳邑制 …… 六〇七
集賢院學士李柬之轉官加勳邑制 …… 六〇七
龍圖閣直學士給事中吕公弼改工部侍郎制 …… 六〇七
待制司馬光禮部郎中制 …… 六〇八
周沆右諫議大夫制 …… 六〇八
右正言知制誥知越州沈遘起居舍人制 …… 六〇九
掌禹錫趙良規並祕書監制 …… 六〇九
王綽祕書少監制 …… 六〇九
光禄少卿李丕緒少府監制 …… 六一〇
司封郎中宋任太常少卿制 …… 六一〇
江南西路轉運使吕公孺太常少卿制 …… 六一〇
職方郎中通判太原府馬從先太常少卿制 …… 六一〇
解賓王太常少卿制 …… 六一一
臨川先生文集卷第五十 …… 六一二
外制 …… 六一二
三司鹽鐵副使陳述古衛尉少卿制 …… 六一二
郭永可光禄少卿制 …… 六一二
林億司封郎中制 …… 六一二

薛求司勳郎中制 …… 六一二
權提點成都府路刑獄齊恢度支郎中制 …… 六一三
淮南轉運副使張景憲金部郎中制 …… 六一三
三司鹽鐵副使陳述古朝奉大夫司封郎中三司度支副使趙抃户部員外郎加上輕車都尉權三司户部副使張燾朝散大夫刑部郎中制 …… 六一三
朱處約祠部郎中制 …… 六一四
孫抗孫琳祠部郎中制 …… 六一四
提點福建路諸州刑獄公事王陶祠部郎中制 …… 六一四
權提點廣南西路刑獄杜千能祠部郎中制 …… 六一四
三司户部副使張燾兵部郎中制 …… 六一五
苗振職方郎中制 …… 六一五
王舉元刑部郎中制 …… 六一五
侍御史知雜事判都水監王綽刑部郎中制 …… 六一五
胡況都官郎中制 …… 六一六
周燮都官郎中制 …… 六一六
宋孝孫比部郎中制 …… 六一六
監在京都鹽院錢暄比部郎中制 …… 六一六
三司户部判官充祕閣校理王繹工部郎中制 …… 六一七
李章屯田郎中制 …… 六一七
周延儁屯田郎中制 …… 六一七
職方員外郎竇綱可屯田郎中制 …… 六一八
職方員外郎卜紳可屯田郎中制 …… 六一八
職方員外郎朱從道可屯田郎中制 …… 六一八
晁仲綽鄭隨可屯田郎中制 …… 六一八
太常博士權御史臺推官杜訢可屯田員外郎制 …… 六一九
駕部員外郎薛仲孺可虞部郎中制 …… 六一九
提刑楚建中可司封員外郎制 …… 六一九
侍御史邢夢臣可司封員外郎制 …… 六一九
都官員外郎充祕閣校理王異可司封

員外郎制……六二〇
權梓州路提刑都官員外郎張師顏可
　司封員外郎制……六二〇
度支員外郎充崇文院檢討晏成裕可
　司封員外郎制……六二〇
祠部員外郎充祕閣校理蔡抗可度支
　員外郎制……六二〇
權利州路轉運使度支員外郎蘇寀可
　兵部員外郎制……六二一
三司鹽鐵判官度支員外郎集賢校理
　王益柔可兵部員外郎制……六二一
太常博士充集賢校理同脩起居注判
　三司度支句院錢公輔可祠部員外
　郎制……六二一
國子博士朱延世可虞部員外郎制……六二二
比部員外郎鄭伸可駕部員外郎制……六二二
都官員外郎許遵可職方員外郎制……六二二
都官員外郎陳汝羲可職方員外郎制……六二二
都官員外郎章俞可職方員外郎制……六二三
韓繹可職方員外郎制……六二三
都官員外郎劉牧可職方員外郎制……六二三
都官員外郎王易知可職方員外郎制……六二三
屯田員外郎謝景初可都官員外郎制……六二四
屯田員外郎何世昌可都官員外郎制……六二四
屯田員外郎陳安道可都官員外郎制……六二四
屯田員外郎晁仲約可都官員外郎制……六二四
屯田員外郎唐諲可都官員外郎制……六二五
屯田員外郎林大年可都官員外郎制……六二五
太常博士胥元衡可屯田員外郎制……六二五
太常博士李處厚可屯田員外郎制……六二五
比部員外郎呂元規可駕部員外郎制……六二六
吳充轉官制……六二六
劉敞轉官制……六二六
劉覺等轉員外郎制……六二七
王伯恭轉官制……六二七
王允轉官制……六二七

李正臣轉官制……六二八
劉叔寶轉官制……六二八

下册

臨川先生文集卷第五十一……六二九
外制……六二九
樞密院編脩周革轉官制……六二九
屯田員外郎任迥等加勳制……六二九
張慎修等改官制……六二九
徐師回等改官制……六三〇
磨勘轉官制二道……六三〇
明堂宗室加恩制……六三一
皇姪孫左屯衛大將軍登州防禦使世永改隴州防禦使制……六三一
皇姪右衛大將軍蘄州防禦使從古登州防禦使制……六三二
皇姪曾孫太子右内率府率令磋右千牛衛將軍制……六三二
鄭穆太常博士制……六三二
錢衮授太常博士制……六三三
集賢校理周豫太常博士餘如故制……六三三
楊南仲太常博士制……六三三
姚原道太常博士制……六三三
晏崇讓太常博士制……六三四
劉温太常博士制……六三四
柴餘慶國子博士制……六三四
邵亢太常丞制……六三四
蔡説殿中丞制……六三五
晁仲熙殿中丞制……六三五
王元甫殿中丞制……六三五
高應之國子博士張俅太常丞范褒殿中丞制……六三五
胡掖殿中丞制……六三六
王介祕書丞制……六三六
毛篪祕書丞制……六三六
許懋傅顔並祕書丞制……六三七

陳舜俞祕書丞制 …… 六三七
句士良秘書丞制 …… 六三七
國子監直講商傅光禄寺丞制 …… 六三七
張璘光禄寺丞制 …… 六三八
王峋光禄寺丞制 …… 六三八
王佺光禄寺丞制 …… 六三八
奏舉人前陝州節推郎凡衛尉寺丞制 …… 六三八
孫琪衛尉寺丞張次元大理評事制 …… 六三九
柴元謹衛尉寺丞制 …… 六三九
奏舉人前梓州郪縣主簿陳巨卿衛尉寺丞奏舉人前權復州軍事推官孫琬大理寺丞制 …… 六三九
張服尹忠恕張慎言孫昱太子中舍制 …… 六四〇
薛昌弼雷宋臣太子中舍劉師旦殿中丞制 …… 六四〇
方蘋高安世張湜傅充並太子中舍制 …… 六四〇
黄汾太子中舍制 …… 六四一
王塾太子中舍制 …… 六四一
奏舉人前永興軍節度掌書記王中等太子中允制 …… 六四一
雷宋臣太子洗馬制 …… 六四一
熊本著作佐郎制 …… 六四二
高旦可著作佐郎制 …… 六四二
國子監直講孫思恭著作佐郎制 …… 六四三
奏舉人前祁州深澤縣令王廣廉著作佐郎制 …… 六四三
奏舉人編校昭文館書籍孫覺著作佐郎制 …… 六四三
奏舉人姚闢著作佐郎制 …… 六四三
奏舉人游烈等著作佐郎制 …… 六四四
奏舉人張公庠著作佐郎制 …… 六四四
高膚敏崇大年並著作佐郎制 …… 六四四
潘及甫著作佐郎制 …… 六四四
奏舉人阮逸著作佐郎馬好賢大理寺丞制 …… 六四四
直講劉仲章大理寺丞制 …… 六四五

施遜可大理寺丞制……六四五
奏舉人周同大理寺丞制……六四五
吳安操大理寺丞制……六四六
高定大理寺丞制……六四六
林宗言大理寺丞制……六四六
徐縝大理寺丞制……六四六
李文卿大理寺丞制……六四六
奏舉人陳仲成大理寺丞制……六四七
張諲大理寺丞制……六四七
鄭民表韓燁大理寺丞制……六四七
吳太元大理寺丞制……六四七
奏舉人劉公臣白贄並大理寺丞制……六四八
國子監直講編校集賢院書籍錢藻大理寺丞制……六四八
段叔獻大理寺丞制……六四八
奏舉人于觀大理寺丞制……六四八
馮翊辛景賢大理寺丞制……六四九
試大理司直兼監察御史朱柬之大理寺丞制……六四九
陳確大理寺檢法官制……六四九
魏絪大理評事制……六四九
石祖良大理評事制……六五〇
應才識兼茂明於體用科守河南府福昌縣主簿蘇軾大理評事制……六五〇
何景先何景元並大理評事制……六五〇
張瑲大理評事制……六五〇
前鄉貢進士許將大理評事簽書昭慶軍節度判官廳公事制……六五一
臨川先生文集卷第五十二……六五二
外制……六五二
孫寔大理評事制……六五二
韓鐸試大理評事充天平軍節度推官知遂州遂寧縣制……六五二
王任試大理評事充節推知縣制……六五二
徐瑗試大理評事充保信軍節推知梓州射洪縣制……六五三

王夢易試大理評事充永興軍節推知
遂州青石縣事制……六五三
縣尉廖君玉太常寺奉禮郎制……六五三
陳周翰太常寺奉禮郎制……六五三
太常寺太樂署副樂正李允恭可太常
寺太樂署太樂正太常寺攝樂正耿
允恭包文顯可並太常寺太樂署副
樂正制……六五四
英宗即位覃恩轉官龍圖閣學士至龍
圖閣直學士制……六五四
發運轉運提刑判官等制……六五四
卿監館職制……六五四
京官館職制……六五五
分司致仕正郎以下京官等制……六五五
諸司使副至崇班内常侍帶遥郡不帶
遥郡制……六五五
皇兄叔大將軍以下制……六五六
皇弟姪大將軍以下制……六五六
覃恩昭憲杜皇后孝惠賀皇后淑德尹
皇后孫姪等轉官制……六五六
中書提點堂後官制……六五七
李端卿等舊官服闋制……六五七
前太常寺太祝張德温舊官服闋制……六五七
前屯田員外郎任迥舊官服闋制……六五七
前太常寺奉禮郎宋輔國等並舊官服
闋制……六五八
前太理寺丞劉辯前衛尉寺丞孫公亮
並舊官服闋制……六五八
前大理寺丞王忠臣舊官服闋制……六五八
前太子中舍張諷舊官服闋制……六五八
前職方員外郎元居中舊官服闋制……六五九
前太常博士張詵舊官服闋制……六五九
前將作監主簿張扶舊官服闋制……六五九
前駕部員外郎李安期前殿中丞張德
淳並舊官服闋制……六五九
前内殿崇班馬文德舊官服闋制……六六〇

供備庫副使康璹舊官服闋制……………六六〇
皇姪右監門衛大將軍仲礬服闋舊官制……六六〇
同中書門下平章事韓琦奏親姪孫恬
守祕校同中書門下平章事曾公亮
親男孝純將作監主簿姪孫諶試祕
校樞密使張昪奏親孫男戒守祕校
參知政事歐陽脩奏男辨太常寺太
祝參知政事趙槩奏孫男尤緒太常
寺太祝樞密副使吴奎奏長男璟守
太常寺太祝次男瓌試祕校制…………六六〇
同中書門下平章事韓琦奏親姪女之
子曹復真定府户曹制……………………六六一
樞密副使胡宿奏親兄亶守祕校制 ………六六一
天章閣待制司馬光親兄之子宏試將
作監主簿制………………………………六六一
廣南東路轉運使祕閣校理蔡抗男潛
試將作監主簿制 …………………………六六一
故贈司空兼侍中龐籍遺表男太常博
士元英可屯田員外郎制…………………六六二
龐籍遺表男内殿崇班元常大理寺丞制……六六二
龐籍遺表孫保孫寅孫並將作監主簿制……六六二
龐籍外孫陳仲師試將作監主簿制 ………六六二
太子少傅致仕田況遺表男守祕校至
安太常寺太祝制 …………………………六六三
故資政殿大學士知河南府吴育遺表
孫男儼俅並守將作監主簿制……………六六三
翰林學士承旨宋祁遺表男俊國廣國
守祕書省正字令持服制…………………六六三
宋祁遺表孫松年延年頤年並守將作
監主簿制…………………………………六六三
刑部侍郎致仕崔嶧遺表親孫男俞將
作監主簿制………………………………六六四
户部郎中直龍圖閣知明州范師道遺
表第三男世文守將作監主簿制 …………六六四
光禄卿直龍圖閣張旨遺表親男平易
守將作監主簿制 …………………………六六四

光禄少卿知單州吕師簡遺表次男昌
宗試將作監主簿制……六六五
故光禄卿致仕張鑄遺表親次孫彩試
將作監主簿制……六六五
司農卿致仕余良孺遺表曾孫渙試將
作監主簿制……六六五
故光禄卿致仕張昷之孫基試將作監
主簿制……六六五
客省使眉州防禦使張亢遺表孫在至
輩並將作監主簿制……六六六
司農卿致仕魏琰男太廟齋郎紓守將
作監主簿制……六六六
虞部員外郎致仕張應符男遘試將作
監主簿制……六六六
職方員外郎致仕徐仲容男公輔試將
作監主簿制……六六七
虞部員外郎致仕李卓男元之試將作
監主簿制……六六七
諸州軍并轉運提刑弟姪男恩澤等並
試監簿制……六六七
王孝叔充春州軍事推官通判春州兼
知本州制……六六七
縣尉李執中可察推制……六六八
吕開權淄州軍事推官依前充鎮南軍
節度推官制……六六八
蘇州長洲縣尉富翱潤州丹徒縣令制……六六八
晉州襄陵縣尉葛頤單州武成縣令制……六六八
杭州於潛縣令趙君序虢州玉成縣令制……六六九
信州鉛山縣尉齊景甫杭州餘杭縣令制……六六九
單州成武縣令李燾江陰軍録事參軍制……六六九
潞州屯留縣尉李昌言徐州録事參軍制……六六九
殿前都虞候利州觀察使賈逵依前官
充侍衛親軍步軍副指揮使制……六七〇
衛州防禦使錢晦霸州防禦使制……六七〇
東上閤門使陵州團練使李端慤眉州
防禦使制……六七〇

捧日左廂都指揮使嘉州團練使周翰制……六七〇
天武左第三軍都指揮使封州刺史程榮可蒙州刺史充御前忠佐馬步軍副都軍頭制……六七一
轉員制……六七一
落權團練刺史制……六七一
單州團練使劉永年可齊州防禦使知代州制……六七一
捧日天武四廂都指揮使端州防禦使趙滋可依前充侍衛親軍步軍都虞候制……六七二

臨川先生文集卷第五十三……六七三

外制……六七三
李端愨東上閤門使制……六七三
石遇四廂都指揮使制……六七三
竇舜卿四廂都指揮使制……六七四
甘昭吉入內副都知制……六七四
入內內侍省內東頭供奉官宋有志東染院副使制……六七四
李用和六宅副使制……六七五
內殿承制閤門祗候宋良禮賓副使制……六七五
內殿承制閤門祗候王嵩禮賓副使制……六七五
西京左藏庫副使李景賢文思副使制……六七五
西京左藏庫副使穆遂文思副使制……六七六
西京左藏庫副使石用休文思副使制……六七六
西染院副使兼閤門通事舍人夏偉內園副使依舊閤門通事舍人制……六七六
內殿承制譚德潤供備庫副使制……六七六
內殿承制楊宗禮供備庫副使制……六七七
內殿承制朱漸供備庫副使制……六七七
樞密院副承旨張繼渥供備庫副使制……六七七
承制王欽李惟正並供備庫副使制……六七七
崇班胡珙等改官制……六七八
軍員等換諸司使副承制崇班制……六七八
王保常內殿承制制……六七八
靳宗永內殿承制制……六七八

閤門祗候狄詢内殿崇班依前職制……六七九
楊元内殿崇班制……六七九
張建中内殿崇班制……六七九
慶州肅遠寨蕃官都巡檢崇儀使慕恩
北作坊使制……六七九
陳奇太子中允致仕制……六七九
孫戾太子中允致仕制……六八〇
樞密副使吴奎父太常丞致仕制……六八〇
江陰軍録事參軍李燾父文俊守祕書
省校書郎致仕制……六八〇
工部侍郎充集賢院學士崔嶧刑部侍
郎致仕制……六八一
前著作佐郎周濤太常太祝梁搆光禄
寺丞致仕制……六八一
殿中丞致仕郝中和國子博士致仕制……六八二
前荆門軍當陽縣令商瑗太子中舍致
仕制……六八二
處州録事參軍趙九言太子中舍致仕制……六八二
鼎州録事參軍張搆太子中舍致仕制……六八二
前江寧府觀察推官試大理評事董安
太子中舍致仕制……六八二
舒州録事參軍龍與太子中舍致仕制……六八三
復州録事參軍鄭旦太子中舍致仕制……六八三
前南儀州推官試大理評事馬房衛尉
寺丞致仕制……六八三
前知連州連山縣袁仲友太子洗馬致
仕制……六八三
縣令東野瓘太子中舍致仕制……六八三
主簿王正臣守祕書省校書郎致仕制……六八四
主簿孫檢守祕書省校書郎致仕制……六八四
主簿李琳國子監丞致仕制……六八四
縣令郭震太子中允致仕制……六八四
李日新左清道率府副率致仕制……六八五
右侍禁王餘慶率府副率致仕制……六八五
右侍禁段獻右清道率府副率西頭供
奉官劉友俊右清道率府率並致仕制……六八五

文思副使陳惟信左驍衛將軍致仕制 …… 六八五
内殿崇班袁政李周道並左監門衛將軍致仕制 …… 六八六
西京左藏庫副使馮維禹文思副使前行漢陽軍録事參軍兼司法事施章
于太子中舍致仕制 …… 六八六
東頭供奉官趙伯世左清道率府率致仕制 …… 六八六
主簿朱涇等太子洗馬致仕制 …… 六八六
李昌言可許州司馬致仕制 …… 六八七
皇太后三代制九道 …… 六八七
皇后三代制十道 …… 六八九

臨川先生文集卷第五十四 …… 六九三

外制 …… 六九三
宰相富弼三代制六道 …… 六九三
參知政事歐陽脩三代制六道 …… 六九四
樞密使張昪封贈三代制八道 …… 六九七
樞密副使胡宿封贈三代制六道 …… 七〇一
樞密副使吴奎封贈制二道 …… 七〇二
皇故第十三女追封楚國公主制 …… 七〇三
故充媛董氏贈婉儀制 …… 七〇三
樞密副使吴奎亡妻趙氏追封信都郡夫人制 …… 七〇四
樞密副使胡宿亡妻崇仁縣君吴氏追封蘭陵郡夫人制 …… 七〇四
故董淑妃養女御侍張氏安福縣君依舊御侍制 …… 七〇四
故董淑妃養女御侍李氏仁和縣君依舊御侍制 …… 七〇四
聽宣蔣氏張氏並司言制 …… 七〇五
淑妃董氏遺表父右侍禁安内殿崇班制 …… 七〇五
德妃沈氏姪孫獻卿可試大理評事制 …… 七〇五
沂國公主趙氏奏苗賢妃親姊永安縣君苗氏男張士端試將作監主簿制 …… 七〇五
右監門衛大將軍令襄故母錢氏可追封仁和縣君制 …… 七〇六

大將軍從信故所生母許氏追封平原縣太君制……………………七〇六
大理寺丞蘇唐卿母孫氏萬年縣君制 ……七〇六
試監簿祁元振亡母丁氏追封昭德縣太君制…………………………七〇六
參知政事歐陽脩女樂壽縣君制…………七〇七
同中書門下平章事文彦博女大理評事龐元直妻特封安福縣君制…………七〇七
同中書門下平章事宋庠親孫女特封永寧縣君制……………………………七〇七
故贈司空兼侍中龐籍遺表長女南安縣君冀州支使陳琪妻安康郡君制 ……七〇七
第五女大理評事趙彦若妻德安縣君制……七〇八
第七女壽安縣君制 ……………………七〇八
節度使允初長女殿直梁鑄妻特封嘉興郡君制…………………………………七〇八
宗説第十八女右班殿直楚奎妻永泰縣君制…………………………………七〇八
右屯衛大將軍茂州刺史克洵第二女右班殿直宋玘妻等並特封縣君制 ……七〇九
右屯衛大將軍登州防禦使邢國公世永第三女左班殿直徐鎮妻特封金城縣君制……………………………………七〇九
右監門衛大將軍仲勸新婦陳氏封邑制……七〇九
皇兄故保康軍節度觀察留後承簡贈彰化軍節度追封安定郡王制…………七〇九
皇弟故右屯衛大將軍霸州防禦使承俊贈崇信軍節度觀察留後追封樂平郡公制…………………………………七一〇
皇姪孫世芬贈洺州防禦使追封廣平侯制 ………………………………………七一〇
供備庫副使李誂父皇任鎮潼軍節度觀察留後贈威德軍節度使兼侍中端懿贈司空兼侍中制 …………………七一〇
武勝軍節度觀察留後王凱贈節度使制……七一一
太常少卿權判太僕寺馬從先父震贈

右領軍衛大將軍特贈尚書工部侍郎制……七一一
屯田員外郎句諶父希仲已贈吏部侍郎贈金紫光禄大夫工部尚書制……七一二
都官員外郎何若谷亡兄若沖追贈試大理評事制……七一二
故崇儀使康州刺史内侍押班盧昭序贈正刺史制……七一二
故内殿承制宋士堯等贈官制……七一二
臨川先生文集卷第五十五……七一四
外制……七一四
建州敦遣進士彭彝特授將仕郎祕書省校書郎制……七一四
新授齊州章丘縣尉鄭珪瀛州司户參軍制……七一四
御前五經及第劉元規通利軍司法參軍制……七一四
敕賜同進士出身顧立守漢陽軍司理參軍制……七一五
高州茂名縣尉兼主簿李伯英永州録事參軍兼司户參軍制……七一五
御前尚書學究及第張宗臣亳州司法參軍制……七一五
御前三禮及第韓伯莊海州東海縣尉兼主簿制……七一五
敕賜同進士出身王祁試祕校守青州益都縣主簿制……七一六
太廟齋郎黄景先守常州宜興縣主簿制……七一六
李資濰州北海縣主簿制……七一六
皇姪信州團練使宗懿改郢州防禦使制……七一六
邢王孫右武衛大將軍道州團練使宗望舒州防禦使餘如故制……七一七
未復舊官人兵部員外郎知池州吕溱吏部郎中制……七一七
追官人前司封員外郎蕭固司封員外郎制……七一七

追官人前都官員外郎陳昭素都官員外郎制……七一七
陳憲臣屯田員外郎制……七一八
孫夷甫屯田員外郎制……七一八
安保衡都官員外郎制……七一八
未復舊官人殿中丞王超太常博士制……七一八
追官勒停人國子博士沈扶國子博士制……七一八
追官人前太常博士王拱已太常博士制……七一九
追官人著作佐郎沈士龍祕書丞制……七一九
未復舊官人檢校水部員外郎懷州團練副使任慶之大理寺丞制……七一九
未復舊官人光禄寺丞趙瑾改大理寺丞制……七一九
特勒停人前西京左藏庫副使劉起西京左藏庫副使制……七二〇
特勒停人試將作監主簿郭慶基將作監主簿制……七二〇
特勒停人前守將作監主簿張及孫復舊官制……七二〇
追官人徐并太常寺奉禮郎制……七二〇
特勒停人光禄寺丞周延年光禄寺丞制……七二一
建州管内觀察使李瑋安州管内觀察使制……七二一
檢校水部員外郎充秦州團練副使不簽書本州公事蕭注依前檢校水部員外郎充奉寧軍節度副使不簽書本州公事制……七二一
蕭注責授團練副使制……七二一
儀鸞使英州刺史張師正落刺史依舊儀鸞使制……七二二
皇城使巴州刺史宋安道落巴州刺史制……七二二
皇城使宋安道責授檢校水部員外郎充衛州團練副使不簽書本州公事制……七二二
追官人文思副使王用内殿承制制……七二三

未復舊官人劉舜臣禮賓副使制……七二三
追官人前供備庫副使崔懷忠内殿承制制……七二三
特勒停人守祕校胡柬之守祕校制……七二三
堂後官大理寺丞張慶隨右贊善大夫餘如故制……七二三
右班殿直彭士方容州別駕制……七二四
攝荆南文學張鋭守荆南府參軍制……七二四
單州文學周大亨密州司馬制……七二四
廣南東路經略安撫使余靖奏高郵軍醫博王沂試國子四門助教不理選限制……七二四
蔡襄奏醫人李端試國子四門助教不理選限制……七二四
程戡奏延州醫助教房用和試國子四門助教不理選限制……七二五
胡宿奏醫人夏日宣試國子四門助教不理選限制……七二五
范鎮奏成都府醫人王獻臣試國子四門助教不理選限制……七二五
歐陽脩奏醫人夏日華試國子四門助教不理選限制……七二五
趙概奏醫人武世安試國子四門助教不理選限制……七二六
贈安遠軍節度使馬懷德遺表門客吴戛試將作監主簿不理選限制……七二六
河東都轉運使龍圖閣直學士何郯奏梓州醫博士謝愈試國子四門助教不理選限制……七二六
殿中省尚藥奉御直醫官院仇鼎充翰林醫官副使制……七二七
學士院孔目官梓州司户參軍周元亨成都府温江縣主簿制……七二七
昭文館正名守當官陳旦利州司户參軍依前充職制……七二七
朝堂知班引贊官遊擊將軍守右金吾

衛長史魏昭永恩州録事參軍制……七二七
朝堂正名知班驅使官楊忠信吴安期何惟慶並特授將仕郎制……七二八
都省正名驅使官袁士宗守蓬州蓬山縣主簿依前充職制……七二八
中書守當官鄆州司户參軍衛進之青州司户參軍制……七二八
朝堂知班驅使官張歸一李汶並開州開江縣主簿依前充職制……七二八
三司開拆司守闕前行滑州別駕王亨鄭州司馬制……七二九
學士院勸留官遂州司户參軍莊詡青州壽光縣尉制……七二九
中書録事守成都府別駕魏貫游擊將軍充中書守闕主事中書守闕録事守大名府別駕張世長中書録事制……七二九
客省承受李懷曦秦宗古遂州司户參軍制……七二九
沿堂五院副行首左千牛衛長史周成務金吾衛長史制……七三〇
沿堂五院正名驅使官鄭州司户參軍吕昭序常州宜興縣尉制……七三〇
祕閣選滿楷書充編修院權書庫官袁舜卿濰州北海縣尉制……七三〇
尚書都省額外正名年滿令史邊士寧青州益都縣尉制……七三〇
太常寺太樂署院官郭餘慶應州金城縣主簿制……七三一
右街司正名孔目官張文仲蓬州蓬山縣主簿依前充職制……七三一
吏部侍郎平章事曾公亮奏句當人趙化基制……七三一
青州奏壽光縣豐城村張贊獨孤用和各年一百一歲並本州助教制……七三一
安化中下州北遐鎮蠻人一百一十人並銀酒監武制……七三一

壽州税户李仲宣李仲淵本州助教制……七三二
宿州臨涣縣柳子鎮市户進納斛斗人
朱億弟傑本州助教制……七三二
空名助教并試監簿制……七三二
臨川先生文集卷第五十六……七三三
表……七三三
百寮賀復熙河路表……七三三
賜玉帶謝表……七三四
詔進所著文字謝表……七三四
進熙寧編敕表……七三五
賜元豐敕令格式表……七三六
賜弟安國及弟謝表……七三六
除弟安國館職謝表……七三七
除雱中允崇政殿説書謝表……七三八
除雱正言待制謝表……七三九
進字説表……七三九
進洪範表……七四一
進修南郊敕式表……七四一
除知制誥謝表……七四二
知制誥知江寧府謝上表……七四三
除翰林學士謝表……七四四
賜衣帶等謝表……七四五
敕設謝表……七四五
臨川先生文集卷第五十七……七四六
表……七四六
辭免參知政事表……七四六
除參知政事謝表……七四六
辭免平章事監修國史表二道……七四七
除平章事監修國史謝表……七四九
遷入東府賜御筵謝表……七五〇
觀文殿學士知江寧府謝上表……七五一
辭免除平章事昭文館大學士表二道……七五一
除平章事昭文館大學士謝表……七五三
辭左僕射表二道……七五四
除左僕射謝表……七五五
辭免使相判江寧府表二道……七五六

除集禧觀使乞免使相表……………………七五七
進聖節功德疏右語四……………………七五八

臨川先生文集卷第五十八……………………七六〇

表……………………七六〇
封舒國公謝表……………………七六〇
除依前左僕射觀文殿大學士集禧觀使謝表……………………七六〇
朱炎傳聖旨令視府事謝表……………………七六一
差弟安上傳旨令授勑命不須辭免謝表……七六一
孫珪傳宣許罷節鉞謝表……………………七六二
封荆國公謝表……………………七六三
賀貴妃進位表……………………七六三
賀生皇子表六道……………………七六四
賀魏國大長公主禮成表……………………七六七
賀冀國大長公主出降表……………………七六七
賀魯國大長公主出降表……………………七六八
賀康復表……………………七六八
賀南郊禮畢肆赦表二道……………………七六九
賀明堂禮畢肆赦表……………………七七〇

臨川先生文集卷第五十九……………………七七一

表……………………七七一
賀冬表八道……………………七七一
賀正表五道……………………七七四
辭免南郊陪位表……………………七七六
辭免明堂陪位表……………………七七七
詔免南郊陪位謝表……………………七七七
詔免明堂陪位謝表……………………七七八
加食邑謝表二道……………………七七八
賜生日禮物謝表五道……………………七七九
給蔡卞假傳宣撫問謝表……………………七八二
甘師顔傳宣撫問并賜藥謝表……………………七八二
李舜舉賜詔書藥物謝表……………………七八二
中使撫問謝表……………………七八三
賜湯藥謝表……………………七八四
中使傳宣撫問并賜湯藥及撫慰安國弟亡謝表……………………七八四

李友詢傳宣撫問及賜湯藥謝表……七八五
賜衣服銀絹等謝表……七八五
中使宣醫謝表……七八六
差張謂醫男雱謝表……七八六
賜曆日謝表二道……七八七

臨川先生文集卷第六十……七八八

表……七八八
兩府待皐表……七八八
請皇帝御正殿復常膳表二道……七八八
乞罷政事表三道……七九〇
乞出表二道……七九二
乞退表四……七九三
乞宮觀表四道……七九六
手詔令視事謝表……七九八
添差男旁句當江寧府糧料院謝表……七九九
詔以所居園屋爲僧寺及賜寺額謝表……七九九
依所乞私田充蔣山太平興國寺常住謝表……八〇〇
辭免司空表二道……八〇〇
乞致仕表……八〇一

臨川先生文集卷第六十一……八〇二

表……八〇二
賀冊仁宗英宗徽號禮成表……八〇二
賀景靈宮奉安列聖御容表……八〇二
賀哲宗皇帝登極表……八〇三
賀升祔禮成表……八〇三
英宗山陵禮畢慰皇帝表……八〇三
慰太皇太后表……八〇四
慰皇太后表……八〇四
英宗祔廟禮畢慰皇帝表……八〇四
慰太皇太后表……八〇五
慰皇太后表……八〇五
慈聖光獻皇后昇遐慰皇帝表……八〇六
慈聖光獻皇后啓殯及復土返虞慰皇帝表二道……八〇六
慈聖光獻皇后神主祔廟慰皇帝表……八〇七

慈聖光獻皇后朞祥除慰皇帝表……八〇七
正旦奉慰表……八〇七
魯國大長公主薨慰表……八〇八
八皇子薨慰皇帝表……八〇八
八皇子葬慰皇帝表……八〇八
謝宰相笏記……八〇八
謝翰林學士笏記……八〇九
知常州謝上表……八〇九
南郊進奉表……八一〇
代鄆州韓資政謝上表……八一〇
代王魯公乞致仕表三道……八一一
代人賀壽星表……八一二
代人上明州到任表……八一二
代王魯公德用乞罷樞密使表三道……八一三
臨川先生文集卷第六十二……八一五
論議……八一五
郊宗議……八一五
答聖問賡歌事……八一六
看詳雜議……八一八
詳定十二事議……八二三
臨川先生文集卷第六十三……八二五
論議……八二五
易泛論……八二五
卦名解……八二九
河圖洛書義……八三一
諫官論……八三二
伯夷……八三四
臨川先生文集卷第六十四……八三六
論議……八三六
三聖人……八三六
周公……八三八
子貢……八三九
楊孟……八四〇
材論……八四二
命解……八四五
對疑……八四六

臨川先生文集卷第六十五……八四八
論議……八四八
洪範傳……八四八
易象論解……八六四
臨川先生文集卷第六十六……八六八
論議……八六八
周南詩次解……八六八
禮論……八六九
禮樂論……八七〇
大人論……八七五
致一論……八七六
九卦論……八七八
臨川先生文集卷第六十七……八八〇
論議……八八〇
九變而賞罰可言……八八〇
夫子賢於堯舜……八八一
三不欺……八八三
非禮之禮……八八四
王霸……八八五
性情……八八六
勇惠……八八八
仁智……八八九
中述……八九〇
行述……八九一
臨川先生文集卷第六十八……八九二
論議……八九二
夔説……八九二
緜説……八九三
季子……八九四
荀卿……八九五
楊墨……八九六
老子……八九七
莊周上……八九八
莊周下……九〇〇
原性……九〇一
性説……九〇二

對難……九〇三
臨川先生文集卷第六十九……九〇六
論議……九〇六
禄隱……九〇六
太古……九〇七
原教……九〇八
原過……九〇九
進説……九一〇
取材……九一一
興賢……九一三
委任……九一三
知人……九一五
風俗……九一五
閔習……九一七
臨川先生文集卷第七十……九一八
論議……九一八
復讎解……九一八
推命對……九一九
使醫……九二〇
汴説……九二一
雜著……九二二
議茶法……九二二
茶商十二説……九二三
乞制置三司條例……九二四
相鶴經……九二五
策問……九二六
臨川先生文集卷第七十一……九三一
雜著……九三一
先大夫述……九三一
先大夫集序……九三三
題王逢原講孟子後……九三三
許氏世譜……九三四
傷仲永……九三八
同學一首別子固……九三九
書瑞新道人壁……九三九
讀孟嘗君傳……九四〇

讀柳宗元傳……九四〇
讀江南録……九四〇
書李文公集後……九四二
書刺客傳後……九四二
孔子世家議……九四三
書洪範傳後……九四三
題張忠定書……九四四
題燕華仙傳……九四五
書金剛經義贈吴珪……九四五
與妙應大師説……九四五
題旁詩……九四五
臨川先生文集卷第七十二……九四六
書……九四六
答韓求仁書……九四六
答龔深父書……九五一
再答龔深父論語孟子書……九五二
答王深甫書三……九五四
與王深父書二……九五七
答劉讀秀才書……九五八
臨川先生文集卷第七十三……九五九
書……九五九
答徐絳書……九五九
答李資深書……九六〇
答韶州張殿丞書……九六〇
答司馬諫議書……九六一
答曾公立書……九六二
答呂吉甫書……九六三
與王子醇書四……九六四
與趙卨書……九六六
回蘇子瞻簡……九六七
與陳和叔内翰簡……九六七
答許朝議書……九六八
答蔡天啓書……九六八
與參政王禹玉書二……九六八
答曾子固書……九六九
臨川先生文集卷第七十四……九七一

書……九七一
上相府書……九七一
上富相公書……九七二
上曾參政書……九七三
上執政書……九七四
上歐陽永叔書四……九七六
與劉原父書……九七九
答吴孝宗書……九七九
答吴孝宗論先志書……九八〇
答錢公輔學士書……九八〇
與崔伯易書……九八一
與郭祥正太博書三……九八二
與吴特起書……九八三
與曾子山書……九八三
與吴司録議王逢原姻事書二……九八三
臨川先生文集卷第七十五……九八五
書……九八五
與王逢原書七……九八五
與劉元忠待制書……九八九
與沈道原舍人書二……九八九
答黎檢正書……九八九
與丁元珍書……九九〇
上杜學士言開河書……九九一
與馬運判書……九九二
答王伯虎書……九九二
答段縫書……九九三
答姚闢書……九九四
答李參書……九九五
答史諷書……九九五
上邵學士書……九九六
臨川先生文集卷第七十六……九九八
書……九九八
上田正言書二……九九八
謝張學士書……一〇〇〇
答李秀才書……一〇〇一
答孫長倩書……一〇〇一

上杜學士書……一〇〇二
與孫莘老書……一〇〇三
上徐兵部書……一〇〇四
上宋相公書……一〇〇五
上富相公書……一〇〇五
上張樞密書……一〇〇六
上郎侍郎書二……一〇〇七
上運使孫司諫書……一〇〇八
上浙漕孫司諫薦人書……一〇一〇

臨川先生文集卷第七十七……一〇一一

書……一〇一一
上張太博書二……一〇一一
上人書……一〇一二
上凌屯田書……一〇一三
與祖擇之書……一〇一三
與孫子高書……一〇一四
與孫侔書三……一〇一五
請杜醇先生入縣學書二……一〇一七
答孫元規大資書……一〇一八
答孫少述書……一〇一九
答王該祕校書二……一〇一九
答張幾書……一〇二〇
答楊忱書……一〇二一
答陳梠書……一〇二一
答余京書……一〇二二
答王景山書……一〇二三

臨川先生文集卷第七十八……一〇二四

書……一〇二四
答郟大夫書……一〇二四
與章參政書……一〇二四
與王宣徽書三……一〇二四
與彭器資書……一〇二五
與程公闢書……一〇二五
與李修撰書……一〇二六
與徐賢良書……一〇二六
與楊蟠推官書二……一〇二七

與孟逸祕校手書九……一〇二七
與樓郁教授書……一〇三〇
答王逢原書……一〇三一
答王致先生……一〇三一
回文太尉書……一〇三一
回元少保書二……一〇三二
答范峋提刑書二……一〇三二
答孫莘老書……一〇三三
答俞秀老書……一〇三三
答宋保國書……一〇三三
答熊伯通書二……一〇三四
答蔣穎叔書……一〇三四

臨川先生文集卷第七十九……一〇三六

啓……一〇三六
賀韓魏公啓……一〇三六
賀致政文太師啓……一〇三七
賀留守侍中啓……一〇三七
賀留守王太尉啓……一〇三七
賀致政趙少保啓……一〇三八
賀呂參政啓……一〇三八
回謝王參政啓……一〇三九
賀章參政啓……一〇三九
免參政上兩府啓……一〇三九
答高麗國王啓……一〇四〇
罷相出鎮回謝啓……一〇四〇
謝皇親叔敖啓……一〇四〇
賀韓史館相公啓……一〇四一
回留守太尉賀生日啓……一〇四一
除參知政事謝執政啓……一〇四一
回王參政免啓……一〇四二
參知政事回宗室賀啓……一〇四二
回曾簽書免啓……一〇四二
上執政辭僕射啓……一〇四三
除宰相上兩府大王免啓二……一〇四三
回謝舍人啓……一〇四四
回韓相公啓……一〇四四

回文侍中啓……一〇四四

臨川先生文集卷第八十……一〇四五

啓……一〇四五
回賀冬啓三……一〇四五
回賀正啓三……一〇四六
賀文太師啓……一〇四七
謝知制誥啓……一〇四七
回謝館職啓……一〇四七
知常州上中書啓……一〇四八
知常州上監司啓……一〇四九
上揚州韓資政啓……一〇五〇
上郎侍郎啓二……一〇五〇
上田正言啓……一〇五一
上撫州知州啓……一〇五一
謝孫龍圖啓……一〇五二
謝王司封啓……一〇五二
謝提刑啓……一〇五三
謝夏噩察推啓……一〇五三
答交代張廷評啓……一〇五三
賀致政楊侍讀啓……一〇五四
答桂帥余侍郎啓……一〇五四
遠迎宣徽太尉狀……一〇五五
先狀上韓太尉……一〇五五
答程公闢議親書……一〇五六

臨川先生文集卷第八十一……一〇五七

啓……一〇五七
知常州謝運使元學士啓……一〇五七
賀慶州杜待制啓……一〇五七
賀運使轉官啓……一〇五八
賀鈐轄柴太保啓……一〇五八
賀知縣啓……一〇五八
上宋相公啓……一〇五九
上集賢相公啓……一〇五九
上梅户部啓……一〇六〇
上杭州范資政啓……一〇六〇
上江寧府王龍圖啓……一〇六一

上泉州畢少卿啓……一〇六一
上信州知郡大諫啓……一〇六二
上明州王司封啓……一〇六二
上運使孫司諫啓……一〇六二
上發運副使啓……一〇六三
上李仲偃運使啓……一〇六三
上通判啓……一〇六三
謝范資政啓……一〇六三
謝知州啓……一〇六四
謝隣郡通判啓……一〇六四
謝葛源郎中啓……一〇六四
謝林中舍啓……一〇六五
謝徐祕校啓……一〇六五
謝林肇長官啓……一〇六五
答林中舍啓二……一〇六六
答定海知縣啓……一〇六六
答戚郎中啓……一〇六六
上樞密王尚書啓……一〇六七
與交代趙中舍啓……一〇六七
與張護戎啓……一〇六七
與譚主簿啓……一〇六八
上范資政先狀……一〇六八
謝許發運啓……一〇六八
謝王供奉啓……一〇六八
答馬太博啓二……一〇六八
答沈屯田啓……一〇六九
答陳推官啓……一〇六九
賀集賢相公啓……一〇六九
賀樞密相公啓……一〇七〇
答福州知府學士啓……一〇七〇
賀鳳翔知府陳學士啓……一〇七一
賀昭文相公啓……一〇七一
謝及第啓……一〇七二
臨川先生文集卷第八十二……一〇七三
記……一〇七三
虔州學記……一〇七三

君子齋記……一〇七五
度支副使廳壁題名記……一〇七六
桂州新城記……一〇七七
太平州新學記……一〇七九
繁昌縣學記……一〇八〇
芝閣記……一〇八一
信州興造記……一〇八二
餘姚縣海塘記……一〇八四
通州海門興利記……一〇八五

臨川先生文集卷第八十三……一〇八七

記……一〇八七
鄞縣經遊記……一〇八七
遊褒禪山記……一〇八八
城陂院興造記……一〇八九
慈溪縣學記……一〇八九
萬宗泉記……一〇九一
揚州龍興講院記……一〇九二
撫州招仙觀記……一〇九三
石門亭記……一〇九三
撫州通判廳見山閣記……一〇九四
真州長蘆寺經藏記……一〇九六
漣水軍淳化院經藏記……一〇九六
大中祥符觀新修九曜閣記……一〇九七
揚州新園亭記……一〇九八
廬山文殊像現瑞記……一〇九九
撫州祥符觀三清殿記……一〇九九

臨川先生文集卷第八十四……一一〇〇

序……一一〇〇
周禮義序……一一〇〇
詩義序……一一〇一
書義序……一一〇二
熙寧字説……一一〇二
新秦集序……一一〇三
老杜詩後集序……一一〇四
靈谷詩序……一一〇四
送陳興之序……一一〇五

送李著作之官高郵序……一一〇六
石仲卿字序……一一〇六
伴送北朝人使詩序……一一〇七
唐百家詩選序……一一〇七
善救方後序……一一〇七
送陳升之序……一一〇八
張刑部詩序……一一〇八
送孫正之序……一一〇九
送胡叔才序……一一一〇
臨川先生文集卷第八十五……一一一二
祭文……一一一二
祭曾魯公文……一一一二
祭范潁州文……一一一二
祭周幾道文……一一一三
祭張左丞文……一一一四
祭高樞密若訥文……一一一四
群牧司祭高公文……一一一四
祭吕侍讀文……一一一五
祭馬龍圖文……一一一五
祭曾博士易占文……一一一六
祭蘇虞部文……一一一六
祭李省副文……一一一六
祭高師雄主簿文……一一一七
祭馬玘大夫文……一一一七
祭盛侍郎文……一一一七
祭杜待制文……一一一八
祭丁元珍學士文……一一一八
祭刁景純學士文……一一一九
祭韓欽聖學士文……一一一九
祭沈文通文……一一一九
祭杜慶州杞文……一一二〇
臨川先生文集卷第八十六……一一二一
祭文……一一二一
祭吴侍中沖卿文……一一二一
祭歐陽文忠公文……一一二一
祭張安國檢正文……一一二三

祭李審言文……一一二三
祭沈中舍文……一一二三
祭東向元道文……一一二三
祭陳浚宣叔文……一一二四
祭王回深甫文……一一二四
祭刁博士繹文……一一二四
祭虞靖之文……一一二五
祭北山元長老文……一一二五
祭吕望之母郡太文……一一二五
祭程相公琳文……一一二六
祭秦國夫人文……一一二六
祭鮑君永泰王文二……一一二六
祈雨文……一一二七
謝雨文……一一二八
哀辭……一一二八
李通叔哀辭……一一二八
泰興令周孝先哀辭……一一三〇
臨川先生文集卷第八十七……一一三一
神道碑……一一三一
贈司空兼侍中文元賈魏公神道碑……一一三一
檢校太尉贈侍中正惠馬公神道碑……一一三七
臨川先生文集卷第八十八……一一四三
神道碑……一一四三
護衛忠果功臣侍衛親軍步軍副都指揮使威塞軍節度新州管内觀察處置等使銀青光禄大夫檢校司空使持節新州刺史兼御史大夫上柱國始平郡開國公食邑二千一百户食實封二百户累贈太師中書令兼尚書令追封魯國公謚勤威馮公神道碑……一一四三
宋翰林侍讀學士知許州軍州事梅公神道碑……一一四六
司農卿分司南京陳公神道碑……一一四八
虞部郎中贈衛尉卿李公神道碑……一一五一
臨川先生文集卷第八十九……一一五四

神道碑……一一五四
廣西轉運使孫君墓碑……一一五四
故贈左屯衛大將軍李公神道碑銘……一一五七
故淮南江淛荆湖南北等路制置茶鹽礬酒税兼都大發運副使贈尚書工部侍郎蕭公神道碑……一一五八
尚書工部侍郎樞密直學士狄公神道碑……一一六〇
尚書屯田員外郎贈刑部尚書李公神道碑……一一六二
贈禮部尚書安惠周公神道碑……一一六三
臨川先生文集卷第九十……一一六六
行狀……一一六六
尚書兵部員外郎知制誥謝公行狀……一一六六
彰武軍節度使侍中曹穆公行狀……一一六七
魯國公贈太尉中書令王公行狀……一一七一
墓表……一一七六
寶文閣待制常公墓表……一一七六
太常博士鄭君墓表……一一七七
貴池主簿沈君墓表……一一七八
建昌王君墓表……一一七九
處士征君墓表……一一八〇
鄱陽李夫人墓表……一一八一
外祖母黄夫人墓表……一一八二
翁源縣令楊府君墓表……一一八三
臨川先生文集卷第九十一……一一八五
墓誌……一一八五
太子太傅致仕田公墓誌銘……一一八五
給事中贈尚書工部侍郎孔公墓誌銘……一一八八
司封員外郎秘閣校理丁君墓誌銘……一一九一
王平甫墓誌……一一九二
建安章君墓誌銘……一一九三
王補之墓誌銘……一一九四
尚書祠部員外郎祕閣校理張君墓誌銘……一一九五
臨川先生文集卷第九十二……一一九七

墓誌……………………………………一一九七
户部郎中贈諫議大夫曾公墓誌銘……一一九七
京東提點刑獄陸君墓誌銘……………一二〇一
廣西轉運使屯田員外郎蘇君墓誌銘…一二〇四
太子中舍沈君墓誌銘…………………一二〇六
祕書丞張君墓誌銘……………………一二〇七
司封郎中張君墓誌銘…………………一二〇八
葛興祖墓誌銘…………………………一二〇九

臨川先生文集卷第九十三……………一二一一
墓誌……………………………………一二一一
太常博士曾公墓誌銘…………………一二一一
内翰沈公墓誌銘………………………一二一三
王深父墓誌銘…………………………一二一五
叔父臨川王君墓誌銘…………………一二一七
虞部郎中刁君墓誌銘…………………一二一八
王會之墓誌銘…………………………一二一九
袁州軍事推官蕭君墓誌銘……………一二二〇
大理寺丞楊君墓誌銘…………………一二二〇
節度推官陳君墓誌銘…………………一二二一

臨川先生文集卷第九十四……………一二二三
墓誌……………………………………一二二三
尚書祠部郎中集賢殿修撰蕭君墓
誌銘……………………………………一二二三
贈光禄少卿趙君墓誌銘………………一二二五
朝奉郎守國子博士知常州李公墓
誌銘……………………………………一二二六
左班殿直楊君墓誌銘…………………一二二八
内殿崇班錢君墓碣……………………一二二九
吴處士墓誌銘…………………………一二三〇
尚書司封員外郎張君墓誌銘…………一二三二
尚書屯田員外郎仲君墓誌銘…………一二三三
臨川吴子善墓誌銘……………………一二三四

臨川先生文集卷第九十五……………一二三六
墓誌……………………………………一二三六
比部員外郎陳君墓誌銘………………一二三六
贈尚書吏部侍郎句公墓誌銘…………一二三八

山南東道節度推官贈尚書工部郎
中傅公墓誌銘……一二四〇
尚書度支員外郎郭公墓誌銘……一二四一
贈尚書刑部侍郎王公墓誌銘……一二四三
兵部員外郎馬君墓誌銘……一二四四
泰州海陵縣主簿許君墓誌銘……一二四五
漢陽軍漢川縣令陳君墓誌銘……一二四六
臨川先生文集卷第九十六……一二四八
墓誌……一二四八
亡兄王常甫墓誌銘……一二四八
主客郎中知興元王公墓誌銘……一二四九
胡君墓誌銘……一二五一
屯田員外郎邵君墓誌銘……一二五一
馬漢臣墓誌銘……一二五二
贛縣主簿蕭君墓誌銘……一二五三
秘書丞謝師宰墓誌銘……一二五四
尚書刑部郎中周公墓誌銘……一二五四
右侍禁周君墓誌銘……一二五六
泰州司法參軍周君墓誌銘……一二五七
尚書屯田員外郎周君墓誌銘……一二五七
虞部郎中晁君墓誌銘……一二五八
度支郎中葛公墓誌銘……一二六〇
臨川先生文集卷第九十七……一二六二
墓誌……一二六二
王逢原墓誌銘……一二六二
宋尚書司封郎中孫公墓誌銘……一二六三
荊湖北路轉運判官尚書屯田郎中
劉君墓誌銘……一二六五
廣西轉運使李君墓誌銘……一二六七
國子博士致仕李君墓誌銘……一二七〇
朝奉郎守殿中丞前知興元府成固
縣楊君墓誌銘……一二七一
都官郎中致仕周公墓誌銘……一二七二
張常勝墓誌銘……一二七三
臨川先生文集卷第九十八……一二七四
墓誌……一二七四

尚書都官員外郎侍御史王公墓碣銘……一二七四
孔處士墓誌銘……一二七六
右領軍衛將軍致仕王君墓誌銘……一二七七
朝奉郎尚書司封員外郎張君墓誌銘……一二七八
謝景回墓誌銘……一二八〇
真州司法參軍杜君墓誌銘……一二八〇
金溪吴君墓誌銘……一二八一
太常少卿分司南京沈公墓誌銘……一二八二
吴録事墓誌……一二八三
宋贈保寧軍節度觀察留後追封東陽郡公宗辯墓誌銘……一二八四
贈虔州觀察使追封南康侯仲行墓誌銘……一二八五
贈華州觀察使追封華陰侯仲厖墓誌銘……一二八五
贈奉寧軍節度使追封祁國公宗述墓誌銘……一二八六
右千牛衛將軍仲夔墓誌銘……一二八六
贈右屯衛大將軍世仍墓誌銘……一二八七
臨川先生文集卷第九十九……一二八八
墓誌……一二八八
仙源縣太君夏侯氏墓碣……一二八八
揚州進士滿夫人楊氏墓誌銘……一二八九
曾公夫人萬年太君黄氏墓誌銘……一二八九
太常博士楊君夫人金華縣君吴氏墓誌銘……一二九〇
長安縣太君王氏墓誌……一二九二
永安縣太君蔣氏墓誌銘……一二九二
建陽陳夫人墓誌銘……一二九三
李君夫人盛氏墓誌銘……一二九四
金太君徐氏墓誌銘……一二九五
楚國太夫人陳氏墓誌銘……一二九五
寧國縣太君樂氏墓誌銘……一二九七
仙居縣太君魏氏墓誌銘……一二九八
宋右武衛大將軍黎州刺史世岳故妻安喜縣君李氏墓誌銘……一二九九

仁壽縣君楊氏墓誌銘……一二九九

臨川先生文集卷第一百……一三〇一

墓誌……一三〇一

鄞女墓誌銘……一三〇一

仙遊縣太君羅氏墓誌銘……一三〇一

壽安縣君王氏墓誌銘……一三〇二

河東縣太君曾氏墓誌銘……一三〇三

曾公夫人吴氏墓誌銘……一三〇四

故樂安郡君翟氏墓誌銘……一三〇四

故高陽郡君齊氏墓誌銘……一三〇六

同安郡君劉氏墓誌銘……一三〇七

仁壽縣太君徐氏墓誌銘……一三〇八

永嘉縣君陳氏墓誌銘……一三〇九

王夫人墓誌銘……一三〇九

宋右監門衛大將軍世耀故妻仁壽縣君康氏墓誌銘……一三一〇

壽安縣太君李氏墓誌銘……一三一〇

宋右千牛衛將軍仲焉故妻永嘉縣君武氏墓誌銘……一三一一

鄭公夫人李氏墓誌銘……一三一二

外集……一三一三

韻文　古詩　五言古詩……一三一三

揚雄……一三一三

澶州……一三一三

望皖山馬上作……一三一四

汝癭和王仲儀……一三一四

東城……一三一五

哀賢亭……一三一五

梁王吹臺……一三一五

靈山寺……一三一六

白鷗……一三一六

詠風……一三一六

寓言六首……一三一七

七言古詩……一三一八

寄平甫弟衢州道中……一三一八

寄慎伯筠……一三一九

三月十日韓子華招飲歸城……一三一九
鳳凰山……一三二〇
白雲……一三二〇
江鄰幾邀觀三館書畫……一三二〇
律詩　五言律詩……一三二一
次韻張子野秋中久雨晚晴……一三二一
次韻留題僧假山……一三二一
寄王補之……一三二一
寄謝師直……一三二二
射亭……一三二二
七言律詩……一三二二
和金陵懷古……一三二二
次韻王禹玉平戎慶捷……一三二三
豫章道中次韻答曾子固……一三二三
答孫正之……一三二三
送福建張比部……一三二三
送孫立之赴廣西……一三二四
送致政朱郎中東歸……一三二四
別雷周輔……一三二四
寄程給事……一三二五
寄勝之運使……一三二五
得孫正之詩因寄兼呈曾子固……一三二五
離北山寄平甫……一三二六
道中寄黄吉甫……一三二六
寄孫正之……一三二六
宿土坊驛寄孔世長……一三二七
將至丹陽寄表民……一三二七
寄國清處謙……一三二七
杭州呈勝之……一三二七
賓應二三進士見送乞詩……一三二八
聞和甫補池掾……一三二八
奉招吉甫……一三二八
謝郟亶秘校見訪於鍾山之廬……一三二八
同長安公鐘山望……一三二九
題正覺相上人籜龍軒……一三二九
垂虹亭……一三二九

題友人壁……一三二九
清明輦下懷金陵……一三三〇
松江……一三三〇
閒居遣興……一三三〇
西帥……一三三〇
到家……一三三一
五言絶句……一三三一
春怨……一三三一
七言絶句……一三三一
寄李道人……一三三一
謝微之見過……一三三一
樓上望湖……一三三二
蓬萊詩……一三三二
晚春……一三三二
惜春……一三三二
子貢……一三三二
憶江南……一三三三
雜詠絶句……一三三三
樂府……一三三三
勿去草……一三三三
河北民……一三三三
君難託……一三三四
詞曲……一三三四
宮詞……一三三四
雨霖鈴……一三三四
千秋歲引……一三三五
西江月……一三三五
傷春怨……一三三五
謁金門……一三三六
漁家傲……一三三六
集句……一三三六
菩薩蠻……一三三六
賦……一三三七
首善自京師賦……一三三七
文論書啓　制誥表劄……一三三八
沈德妃姪授監簿……一三三八

覃恩轉官一道……一三三八
吴省副轉官……一三三八
士度支轉官……一三三九
賀生皇子表……一三三九
賀正表……一三四〇
賀冬表……一三四〇
賀南郊禮畢表……一三四一
乞皇帝御正殿復常膳表……一三四一
辭使相第三表……一三四二
乞免使相充觀察使第一表……一三四二
乞免使相充觀察使第三表……一三四三
謝賜生日表……一三四三
進二經劄子……一三四四
論孫覺令吏人薦章疏劄子……一三四四
論議雜著……一三四五
性論……一三四五
性命論……一三四七
名實論上……一三四八
名實論中……一三四九
名實論下……一三五一
荀卿論……一三五二
周秦本末論……一三五三
國風解……一三五四
論舍人院條制……一三五六
祭先聖文……一三五八
祭先師文……一三五八
書啓……一三五八
上蔣侍郎書……一三五八
上龔舍人書……一三六〇
再上龔舍人書……一三六二
與沈道原書……一三六三
與沈道原第二書……一三六四
與沈道原第三書……一三六四
與耿天騭第一書……一三六四
與耿天騭第二書……一三六五
與郭祥正太博第四書……一三六五

與郭祥正太博第五書……一三六五
與孟逸秘校手書……一三六六
與柳承議書……一三六六
再答吕吉甫書……一三六六
答田仲通書……一三六七
答杭州張龍圖書……一三六七
賀杭州蔣密學啓……一三六七
回皇親謝及第啓……一三六八
請秀長老疏二……一三六八
賀太守正啓……一三六九
序……一三六九
送丘秀才序……一三六九
墓銘……一三七〇
屯田員外郎致仕虞君墓誌銘……一三七〇
附録……一三七三
一、傳記年譜……一三七三
王荆公安石傳……一三七三
王安石傳……一三七八
宋史王安石傳……一三八三
宋詹大和《王荆文公年譜》……一三九三
明王鳳翔光啟堂《新刊宋荆公王介甫先生事略》……一三九七
明撫州府誌書王文公祠記……一四〇四
二、序跋題記……一四〇五
宋王珏《臨川先生文集》題辭……一四〇五
宋黄岑父《紹興重刊臨川文集敘》……一四〇五
宋魏了翁《臨川詩注序》……一四〇六
元吴澄《臨川王文公集序》……一四〇八
元劉將孫《王荆文公詩注序》……一四〇九
元毋逢辰《王荆文公詩注序》……一四一〇
明章袞《書臨川文集後》……一四一〇
明陳九川《王臨川文集後序》……一四二〇
明應雲鸑《臨川先生文集跋》……一四二三
明王宗沐《臨川文集序》……一四二四

校點説明

王安石（一〇二一—一〇八六），北宋江南東路撫州臨川（今江西省撫州市臨川區）人，字介甫，號半山，小字獾郎，封舒國公、荆國公、舒王，謚曰「文」，後人尊稱爲荆公、文公、荆文公、舒王、半山老人等。

安石少時受過良好的家庭教育，博聞强記。慶曆二年（一〇四二），安石中進士，先後任簽書淮南節度判官廳公事、鄞縣知縣等地方官吏。因歐陽脩力薦，任開封府群牧司判官。多年地方官吏的歷練，使他更瞭解民間疾苦和社會問題，鍛鍊出練達的辦事能力。他結合平生所學，形成了致君堯舜、變革社會的政治思想和堅定信心。歐陽脩稱讚他「德行文章，爲衆所推，守道安貧，剛而不屈，久更吏事，兼有時才」（《歐陽文忠公文集》卷一〇一《薦王安石吕公著劄子》）。神宗熙寧元年（一〇六八），王安石受詔知江寧府，至翰林學士，次年被任命爲參知政事。從熙寧三年起，他兩任同中書門下平章事，在神宗支持下推行新法，並取得了一定的積極效果。然由於反對派的强烈反抗與攻擊，隨著變法派内部分裂及神宗的動摇與去世，王安石的變法事業終歸於式微。哲宗即位後，司馬光執政，推行「元祐新政」，徹底廢除新法，王安石亦於此年病逝。

王安石是傑出的政治改革家、思想家，同時也是優秀多産的文學家，爲唐宋八大家之一。其散文繼承了韓愈「文以載道」的文藝思想，主張文章「務爲有補於世」（《臨川先生文集》卷七十七《上人書》），作品多揭露社會時弊，風格雄挺練達，峭拔奇崛，結構謹嚴，深刻透徹，邏輯嚴密。詩作早年以反映社會問題、關心民衆疾苦爲主，抒發自己對社會歷史人物、事件的獨到新解，沉鬱深刻。山水田園詩則清新可誦，雅麗精絶，多有名句傳誦。其傳世詩文作品有煌煌百卷之多，今存刻本主要有《王文公文集》和《臨川先生文集》等數種，並有多篇散見於宋人著作的輯録或雜録，如吕祖謙《皇朝文鑑》等。

據葉夢得《石林詩話》等記載，王安石文集最早由薛昂奉旨編集，薛昂曾與王安石有過密切交往。此後安石族孫王棣亦曾奉旨編集。然二書均未完成，且毁於靖康兵火。流傳於後世的王安石詩文集，在南宋有三個版本：一是安石曾孫王珏任提舉兩浙西路常平茶鹽公事時刊於紹興二十一年（一一五一）的《臨川先生文集》一百卷，今稱紹興刻本，或杭州本、浙西本。此本今存者多爲元明遞修本，影印於《宋集珍本叢刊》、《中華再造善本》等叢書。一是紹興十年刻於撫州的《臨川先生文集》一百卷，由郡守詹大和主持，黄次山作序，今稱詹大和本或撫州本。經明人翻刻後，原刻反爲所掩，湮没無聞。三是發現於清代的宋刻《王文公文集》一百卷，與前兩本相較，此本在篇目、卷帙的分合、多寡，篇目編列次序等方面差異巨大。此本今存兩部，一部舊藏清内閣大庫，流出後爲光緒間劉嶽雲食舊德齋收藏，殘存七十六卷；一部藏於日本東京宫内省圖書寮，殘存七十卷。一九六二年，中華書局上海編輯所請趙萬里將兩本相配，合成百卷完璧影印出版。趙萬里考證此本即宋人所謂「龍舒刊」，故定名爲龍舒本。

明代刻本基本上據紹興十年詹刻本翻刻而來，其中最具代表性的是明嘉靖二十五年（一五四六）臨川知縣應雲鸑刻《臨川王荆公文集》和嘉靖三十九年江西巡撫何遷刻《臨川先生文集》，此二本皆爲一百卷，校刻精良，素爲衆家看重，此後明清刻本多據此二本翻刻，清《四庫全書》所收及近代《四部叢刊》據以影印的底本，也都是應、何等人的翻宋本。詹氏紹興本系統逐漸成爲主流版本。明代《臨川先生文集》見於著録和收藏的還有隆慶嘉靖十三年安正堂刻本、五年（一五七一）邵廉刻本、萬曆四十年（一六一二）王鳳翔光啓堂刻本等。

此外，還存在一個專門收録詩歌的文本，即宋李壁注《王荆文公詩注》，簡稱李壁注本。此本自成一系統，初刻於南宋寧宗嘉定七年（一二一四），紹定三年（一二三〇）及元大德五年（一三〇一）、十年又皆有翻刻。另有清人沈欽韓注本，爲《續修四庫全書》所收，亦名《王荆公詩集注》。近年，學者在日本蓬左文庫發現一部宋時朝鮮活字本《臨川先生詩注》，一九九三年上海古籍出版社影印出版，名《王荆文公詩李壁注》。

此次整理，鑒於明嘉靖三十九年何遷刻《臨川先生文集》繼承了兩種宋紹興刻本的面貌，故取爲底本。中華書局上海編輯所影印宋本《王文公文集》（簡稱「龍舒本」）保留了王安石詩文集較爲原始的面貌，可補紹興本篇目、文字之闕疑，有重要的文本價值，故取爲重要的校本。校本還有《中華再造善本》影印國家圖書館藏宋紹興二十一年兩浙西路刻元明遞修本《臨川先生文集》（簡稱「宋元遞修本」）、國家圖書館藏明嘉靖二十五年應雲鸞刻《臨川王荆公文集》（簡稱「應刻本」）、國家圖書館藏明萬曆四十年王鳳翔光啓堂刻《臨川文集》（簡稱「光啓堂本」）、上海古籍出版社影印宋時朝鮮活字本《王荆文公詩李壁注》（簡稱「李注本」）。收有一百多篇王安石詩文的南宋吕祖謙《皇朝文鑑》、中華書局一九五九年校排《臨川先生文集》（簡稱「中華校排本」），亦都在參校之列。中華校排本校記中舉列清人沈欽韓詩注、繆荃孫校，亦間有引述，省稱「沈氏注」、「繆氏校」。此外，尚有一些集外詩文，除見於《王文公文集》、《王荆文公詩注》、《皇朝文鑑》外，宋人筆記、文集中也偶有記載。中華校排本曾於書末輯録《補遺》一卷，然頗多失收、誤收者。今據上述各書，特别是龍舒本近百篇不見於紹興本的詩文，重加編輯，爲外集一卷。王安石傳記年譜及相關序跋題記、書目著録等資料，有助於我們對其作品的理解，此次亦擇其要者，編爲附録，附於全書之末。

校點者　李劍雄

臨川先生文集卷第一

古　詩

元豐行示德逢

四山翛翛映赤日，田背坼如龜兆出。湖陰先生坐草室，看踏溝車望秋實。雷蟠電掣雲滔滔，夜半載雨輸亭皐。旱禾秀發埋牛尻，豆死更蘇肥莢毛。倒持龍骨挂屋敖，買酒澆客追前勞。三年五穀賤如水，今見西成復如此。元豐聖人與天通，千秋萬歲與此同。先生在野故不窮，❶擊壤至老歌元豐。

後元豐行❷

歌元豐，十日五日一雨風。麥行千里不見土，連山没雲皆種黍。水秧綿綿復多稌，龍骨長乾挂梁梠。鰣魚出網蔽洲渚，荻筍肥甘勝牛乳。百錢可得酒斗許，雖非社日長聞鼓。吴兒蹋歌女起舞，但道快樂無所苦。老翁塹水西南流，楊柳中間杙小舟。乘興欹眠過白下，逢人歡笑得無愁。

❶「故」，龍舒本、李注本作「固」。
❷此題，龍舒本作「歌元豐」。

夜夢與和甫別如赴北京時和甫作詩覺而有作因寄純甫

水菽中歲樂，鼎茵暮年悲。同胞苦零落，會合尚悽其。❶況乃夢乖闊，傷懷而賦詩。詩言道路寒，乃似北征時。叔兮今安否，季也來何遲。中夜遂不眠，輾轉涕流離。老我孤主恩，結草以爲期。冀叔善事國，有知無不爲。千里永相望，昧昧我思之。幸唯季優游，歲晚相攜持。於焉可晤語，水木有茅茨。畹蘭佇歸憩，遶屋正華滋。❷

純甫出釋惠崇畫要予作詩❸

畫史紛紛何足數，❹惠崇晚出吾最許。旱雲六月漲林莽，移我翛然墮洲渚。❺黄蘆低摧雪翳土，❻鳧鴈静立將儔侶。往時所歷今在眼，沙平水澹西江浦。❼暮氣沈舟暗魚罟，欹眠嘔軋如聞櫓。❽頗疑道人三昧力，異域山川能斷取。方諸承水調幻藥，灑落生綃變寒暑。金坡巨然山數堵，粉墨空多真漫與。大梁崔白亦善畫，❾曾見桃花净初吐。酒酣弄筆起春風，便恐漂零作紅雨。

❶「悽其」，龍舒本作「棲遲」。
❷「遶」，龍舒本作「遠」。
❸「釋」，龍舒本、李注本作「僧」。
❹「何」，宋元遞修本作「莫」。
❺「翛」，龍舒本、宋元遞修本、李注本作「倏」。
❻「雪」，龍舒本作「雲」。
❼「西江」，龍舒本作「江西」。
❽「聞」，龍舒本、李注本作「鳴」。李注本有小注：「一作聞。」
❾「大」，龍舒本、李注本作「濠」。李注本有小注：「一作大。」

流鶯探枝婉欲語，❶蜜蜂掇蘂隨翅股。一時二子皆絶藝，裘馬穿羸久羇旅。華堂豈惜萬黄金，苦道今人不如古。

徐熙花❷

徐熙丹青蓋江左，杏枝偃蹇花婀娜。一見真謂值芳時，安知有人槃礴羸。同朝衆史共排媢，亦欲學之無自可。錦囊深貯幾春風，借問此木何時果？

燕侍郎山水❸

往時濯足瀟湘浦，獨上九疑尋二女。蒼梧之野煙漠漠，斷壠連岡散平楚。暮年傷心波浪阻，不意畫中能更覩。燕公侍書燕王府，王求一筆終不與。奏論讞死誤當赦，全活至今何可數。仁人義士埋黄土，秖有粉墨歸囊褚。

陶縝菜❹

江南種菜漫阡陌，紫芥緑菘何所直？陶生畫此共言好，一幅往往黄金百。北山老圃不外慕，❺但守荒畦斸荆棘。陶生養目渠養腹，各以所能爲物役。❻

---

❶「流鶯」，原作「鶯流」，據龍舒本、李注本改。
❷此題，龍舒本、李注本作「題徐熙花」。
❸此題，龍舒本、李注本作「題燕侍郎山水圖」。
❹此題，龍舒本、李注本作「陶縝菜示德逢」。
❺「外慕」，龍舒本作「慕此」。李注本有小注：「一作慕此。」
❻「能」，龍舒本作「長」。

己未耿天騭著作自烏江來予逆沈氏妹于白鷺洲遇雪作此詩寄天騭

辛酉冬，天騭復來誦之，遂書于壁，請天騭書所酬于右。

朔風積夜雪，明發洲渚净。開門望鍾山，松石皓相映。故人過我宿，未盡躋攀興。而我方渺然，長波一歸艇。款段庶可策，柴荆當未暝。與子出東岡，墻西掃新徑。

招約之職方并示正甫書記

往時江總宅，近在青溪曲。井滅非故桐，臺傾尚餘竹。池塘三四月，菱蔓芙蕖馥。蒲柳亦競時，冥冥一川緑。方坻最所愛，意謂可穿築。欲往無舟梁，長年寄心目。故人晚得此，心事付草木。消摇櫚宇新，攬結蹊隧熟。❶更能適我願，中水開茆屋。鬼營誅荒梗，人境掃喧黷。濠魚净留連，海鳥暖追逐。豈無方外客，於此停高躅？憶初桑落時，要我豈非夙。蠶眠忽欲老，一个未言速。❷當緣東門水，尚澀南浦舳。吾廬雖隱翳，賞眺還自足。横陂受後澗，直塹輸前瀆。跳鱗出重錦，舞羽墮輭玉。❸碧篛遞舒卷，紫角聯出縮。千枝孫嶧陽，萬本母淇澳。滿門陶令株，彌岸韓侯蔌。尚復有野物，與公新聽矚。金鈿擁蕪菁，翠被敷苜蓿。蝦蟆能作技，科斗似可

❶「結」，龍舒本作「䜌」。
❷「一个」，龍舒本、宋元遞修本作「一介」。
❸「墮」，李注本作「墜」。「輭」，李注本有小注：「一作煖。」

讀。檽軒俯北渚，花氣時度谷。耘耡聊效顰，❶締搆行可續。荒乘儻不倦，一晝敢辭卜。雖無北海酒，乃有平津肉。翛翛仙李枝，城市久煩促。寄聲與俱來，蔭我臺上穀。

同王濬賢良賦龜得升字❷

世傳一尾龜百齡，此龜逮見隋唐興。❸雖然天幸免焦灼，想屢縮頸愁嚴凝。前年赴海不量力，欲替鼇負三崚嶒。番禺使君邂逅見，知困簸蕩因嗟矜。疾呼余且設網取，以組系首轤穿繩。北歸與俱度大庾，兩夫贔屭苦不勝。艤船秦淮擔送我，云此一可當十朋。昔人寶龜謂神物，奉事槁骨尤兢兢。殘民滅國遞爭奪，有此乃敢司黎蒸。❹於時覯甲別貴賤，太卜藏法傳昆仍。❺豈如元君須見夢，初知歡喜得未曾。卜人自從九江罷納錫，衆漁賤棄秋不登。卜人官廢亦已久，果獵誰復知殊稱。今君此寶世莫識，我亦坐視心瞢瞢。楮牀纔堪比瓦礫，當粟孰肯捐斗升。糝頭腥臊何足嗜，曳尾污穢適可憎。盛溲除聾豈必驗，蹈背出險安敢憑。刳腸以占幸無事，卷殼而食病未能。如聞翕息可視效，乃往有墮崖千層。❻仰窺朝陽俯引氣，亦得難老如岡陵。諒能學此真壽類，世論妄以蟲疑冰。嗟余老矣倦呼吸，起晏光景難瞻承。但知故人

❶「耘耡」，李注本作「耕鋤」，有小注：「一作耘耡。」
❷「得升字」，龍舒本此三字爲題下小注。
❸「逮」，龍舒本作「殆」。
❹「黎蒸」，李注本作「靈蒸」，有小注：「或作黎蒸。」
❺「太卜」，龍舒本作「太上」。
❻「乃往」，龍舒本、李注本作「往乃」。

所玩惜，❶每戒異物相侵陵。唯憂盜賊今好卜，夜半刦請無威懲。復恐饞夫負之走，并竊老木爲薪烝。淺樊荒圃不可保，守視且寄鍾山僧。

示元度 營居半山園作。❷

今年鍾山南，隨分作園囿。鑿池構吾廬，碧水寒可漱。溝西雇丁壯，擔土爲培塿。扶疎三百株，蒔楝最高茂。不求鵷鶵實，但取易成就。中空一丈地，斬木令結構。五楸東都來，斸以遶簷溜。老來厭世語，深卧塞門竇。贖魚與之游，餧鳥見如舊。獨當邀之子，商略終宇宙。❸更待春日長，黄鸝弄清晝。❹

仲明父至宿明日遂行❺

初登張公門，公子始冠幘。於今見公子，與我偕鬢白。❻山林坐語笑，❼宛我在公側。❽豈惟貌如之，侃侃有公德。憶公營懶鄉，❾許我歸作客。我歸公既逝，惆悵難再得。得子如得公，❿交懷我忻戚。漂摇將

❶「故」，龍舒本作「古」。
❷「營居半山園作」，李注本無此小注。
❸「終」，龍舒本有小注：「一作經。」
❹「弄」，龍舒本、李注本作「哢」。
❺「仲明父」，龍舒本、李注本作「張明甫」。
❻「偕」，龍舒本、李注本作「皆」。
❼「語笑」，李注本作「笑語」。
❽「宛我」，龍舒本、李注本作「宛然」。李注本有小注：「一作宛我。」
❾「懶」，李注本作「瀨」。
❿下「得」字，龍舒本作「我」。

安往，税駕止一昔。寤言且勿寐，庶以永今夕。何時復能還，裹飯治城宅。❶

杏花

石梁度空曠，茅屋臨清炯。俯窺嬌饒杏，未覺身勝影。嫣如景陽妃，含笑墮宮井。怊悵有微波，殘粧壞難整。

奉酬約之見招

君家段干木，爲義畏人侵。馮軾信厚禮，踰垣終褊心。川坻寧有此，❷園屋諒非今。雨過梅柳净，潮來蒲稗深。種芳彌近渚，伐翳取遥岑。清節亦難尚，曠懷差易尋。子猷憐水竹，逸少愜山林。況復能招我，親題漢上襟。

寄吴氏女子❸

伯姬不見我，乃今始七齡。家書無虚月，豈異常歸寧。汝夫綴卿官，汝兒亦搢綎。❹兒已受師學，出藍而更青。女復知女功，婉嫕有典刑。自吾捨汝東，中父繼在廷。小父數往來，吉音汝每聆。既嫁可願懷，孰如汝所丁。而吾與汝母，湯熨幸小停。丘園禄一品，吏卒給使令。膏粱以晚食，安步而車軿。❺山泉皐壤間，適志多所

❶「宅」，龍舒本作「側」。
❷「川坻」，龍舒本、李注本作「溪山」。李注本有小注：「一作川坻。」
❸此題下，龍舒本、李注本有「一首」二字。
❹「綎」，龍舒本作「紳」。
❺「車」，李注本作「輜」。

經。汝何思而憂，書每說涕零。吾廬所封殖，歲久愈華菁。豈特茂松竹，梧楸亦冥冥。芰荷美花實，瀰漫争溝涇。諸孫肯來游，誰謂川無舲。姑示汝我詩，知嘉此林坰。末有擬寒山，覺汝耳目熒。因之授汝季，季也亦淑靈。

贈約之

君胸寒而痞，我齒熱以摇。無方可拯藥，相值久無憀。欲尋秦越人，魂逝莫能招。但當觀此身，❶不實如芭蕉。

寄楊德逢❷

山樊老憚暑，獨寤無所適。湖陰宛在眼，曠若千里隔。遥聞青秧底，復作龜兆坼。占歲以知子，將勤而後食。穿溝取西港，此計當未獲。倏倏兩龍骨，豈得長掛壁。晤言久不嗣，作苦何時息。炎天不可觸，悵望新春白。

再次前韻寄楊德逢❸

一雨洗炎烝，曠然心志適。如輸浮幢海，滅火十八隔。❹俯觀風水涌，仰視電雲坼。知公開霽後，過我言不食。飜然陂路長，❺泥淖困臧獲。明明吾有懷，如日照東壁。莫逢田父歸，倚杖問消息。渠來那得

❶「但」，龍舒本、李注本作「且」。
❷「楊」，李注本無此字。
❸「再」，龍舒本、李注本無此字。「楊」，李注本無此字。
❹「十八隔」，龍舒本作「忽相隔」。
❺「然」，李注本作「愁」。

度，南蕩今已白。

仲明父不至❶張名軒民，仲明父其字也。

月出映溝坻，煙升隱墟落。寒魚占窟聚，暝鳥投枝泊。亭皐閉晚市，隴首歸新穫。佇子終不來，青燈耿林壑。

與吕望之上東嶺

靖節愛吾廬，猗玗樂吾耳。適野無世諠，吾今亦如此。紛紛舊可厭，俗子今掃軌。使君氣相求，眷顧未云已。追隨上東嶺，俯仰多可喜。何以況清明，朝陽麗秋水。微雲會消散，豈久汙塵滓。所懷在分衿，藉草淚如洗。

與望之至八功德水

念方與子違，懭悢夜不眠。起視明星高，整駕出東阡。聊爲山水遊，以寫我心悁。知子不餔糟，相與酌雲泉。

要望之過我廬❷

念子且行矣，要子過我廬。汲我山下泉，煑我園中蔬。知子有仁心，不忍鈎我魚。我池在人境，❸不與獱獺居。亦復無

❶ 此題，龍舒本、李注本作「示張祕校」。龍舒本無題下小注，李注本有小注：「名軒民，字仲明父。」

❷ 「要」，李注本作「邀」。下一「要」字同。

❸ 「人」，龍舒本、李注本作「仁」。李注本有小注：「一作人。」

蟲蛆，出没争腐餘。食罷往遊觀，鰷鰷藻與蒲。清波映白日，❶擺尾揚其鬚。豈魚有此樂，而我與子無？擊壤謡聖時，自得以爲娱。

聞望之解舟

子來我樂只，子去悲如何。謂言且少留，❷大舸已凌波。闇黮雖莫測，皇明邁羲娥。脩門歸有時，❸京水非汨羅。

法　雲

法雲但見脊，細路埋桑麻。扶輿度餤水，窈窕一川花。一川花好泉亦好，初晴漲緑深於草。❹汲泉養之花不老，花底幽人自衰槁。

灣　碕

殘暑安所逃，灣碕北牕北。伐翳作清曠，培芳衛岑寂。投衣挂青枝，敷簟取一息。涼風過碧水，俯見遊魚食。永懷少陵詩，菱葉凈如拭。誰當共新甘，紫角方可摘。

❶「清波」，龍舒本、李注本作「波清」。
❷「且少留」，龍舒本、李注本作「少淹留」。
❸「時」，龍舒本、李注本作「期」。
❹「深」，龍舒本、李注本作「濃」。

月夜二首❶

山泉墮清陂，❷陂月臨静路。❸惜哉此佳境，❹獨賞無與晤。逮口哆陂陰，要予水西去。呼僮擁草垡，復使東南注。❺

二

蹋月看流水，❻水明摇蕩月。❼草木已華滋，山川復清發。褰裳伏檻處，緑净數毛髮。誰能挽姮娥，俯濯凌波韈。

兩山閒

自予營北渚，數至兩山閒。臨路愛山好，出山愁路難。山花如水净，❽山鳥與雲閑。我欲抛山去，山仍勸我還。祗應身後塚，亦是眼中山。❾且復依山住，歸鞍未可攀。

臨川先生文集卷第一

❶ 此二首，龍舒本僅第一首，題作「步月」，李注本二首全，題作「步月二首」。
❷ 「墮清陂」，宋元遞修本作「隨涓陂」。
❸ 「静」，龍舒本、李注本作「净」。
❹ 「境」，龍舒本、李注本作「景」。
❺ 「使」，李注本有小注：「一作改。」此句下，龍舒本有小注：「一云復改東南注。」
❻ 「蹋」，宋元遞修本作「躅」。
❼ 「摇蕩」，李注本作「蕩摇」。
❽ 「山花」，宋元遞修本、應刻本作「此花」。
❾ 「亦」，龍舒本、李注本作「便」。

臨川先生文集卷第二

古詩

題南康晏使君望雲亭❶

南康父老傳使君，疾呼急索初不聞。未嘗遺汲谷簾水，❷三歲只望香爐雲。❸雲徐無心澹無滓，使君恬静亦如此。飆然一去掃遺陰，❹便覺歊煩悵千里。❺歸田負戴子與妻，❻圃蔬園果西山西。出門亭皐百頃緑，望雲纔喜雨一犁。我知新亭望雲好，欲斸比隣成二老。莫嫌雞黍數往來，爲報襄陽德公嫂。

洊亭

朝尋東郭來，西路歷洊亭。衆山若怨思，慘澹長眉青。迸水泣幽咽，復如語丁寧。豈予久忘之，而欲我小停。歇鞍松栢間，坐起俯軒楹。秋日幸未暮，奈何雨冥冥。

❶「南康」二字，龍舒本、李注本無。「使」，原作「史」，據龍舒本、李注本改。下二「使」字同。
❷「嘗」，龍舒本、李注本作「曾」。
❸「歲」，龍舒本、李注本作「載」。
❹「飆」，龍舒本、李注本作「焱」。
❺「歊煩」，龍舒本、李注本作「煩歊」。「悵」，李注本作「漲」，有小注：「一作悵。」
❻「戴」，李注本作「載」，有小注：「一作戴。」

光宅寺❶

倏然光宅淮之陰，扶輿獨來止中林。❷千秋鍾梵已變響，十畝桑竹空成陰。昔人倨堂有妙理，高座翳遶天花深。紅葵紫莧復滿眼，往事無跡難追尋。

春日晚行❸

門前楊柳二三月，枝條緑煙花白雪。呼僮羈我果下騮，欲尋南岡一散愁。緣岡初日溝港浄，與我門前緑相映。❹隔淮仍見裊裊垂，佇立怊悵去年時。❺杏花園西光宅路，草暖沙晴正好渡。❻興盡無人檝迎我，却隨倦鵶歸薄暮。

新花❼

老年少忻豫，❽況復病在牀。汲水置新花，取慰此流芳。❾流芳秪須臾，❿我亦豈

❶此首爲龍舒本卷四十八《光宅寺二首》之第一首。

❷「止」，李注本作「坐」，有小注：「一作止。」

❸此首龍舒本重出，見卷四十五；又見卷五十一，題作「散愁」。

❹「緑」，龍舒本作「渌」。

❺「怊」，龍舒本作「惆」。

❻「沙」、「渡」，龍舒本《散愁》作「花」、「度」。

❼此首龍舒本重出，見卷四十九；又見卷五十一，題作「絶筆」。

❽「少」，龍舒本、李注本作「無」。李注本有小注：「一作少。」「忻」，龍舒本《絶筆》作「歡」。

❾「此」，龍舒本、李注本作「以」。李注本有小注：「一作此。」

❿「秪」，龍舒本作「在」，李注本作「不」。李注本有小注：「一作秪。」

久長?❶新花與故吾,已矣兩可忘。❷

四皓二首

四皓秦漢時,招招莫能致。紫芝可以飽,粱肉非所嗜。谷廣水涣涣,山長雲泄泄。與其貴而拘,不若賤而肆。

二

秦毆九州逃,知力起經綸。重利誘衆策,頗知聚秦民。頽然此四老,上友千載魂。采芝商山中,一視漢與秦。靈珠在泥沙,光景不可昏。道德雖避世,餘風迴至尊。嫡孽一朝正,留侯果知言。出處但有禮,廢興豈所存。

真人

予常值真人,能藏毒而寧。能納穢若浄,能易羶使馨。能解身赫赫,能逆知冥冥。日唯汝心攖,而汝耳目熒。廓然而無營,其孰擾汝靈。神奇實主汝,厥通莫之令。嘻予豈不知,黄帝覺焦螟。❸死心而廢形,乃可少聞霆。顧今親遘之,於吾獨剽聆。刳心事斯語,自儆以書銘。

寄蔡氏女子二首

建業東郭,望城西堠。千嶂承宇,百泉

❶「我」,龍舒本、李注本作「吾」。

❷「兩可」,龍舒本《絶筆》作「兩相」,李注本作「可兩」。

❸「覺」,原作「與」,據李注本改。

遶霤。青遥遥兮纚屬，緑宛宛兮横逗。積李兮縞夜，崇桃兮炫晝。蘭馥兮衆植，竹娟兮常茂。柳蔫綿兮含姿，松偃蹇兮獻秀。鳥跂兮下上，魚跳兮左右。❶顧我兮適我，有班兮伏獸。感時物兮念汝，遲汝歸兮攜幼。

二

我營兮北渚，有懷兮歸女。石梁兮以苫蓋，緑陰陰兮承宇。仰有桂兮俯有蘭，嗟汝歸兮路豈難？望超然之白雲，臨清流而長嘆。

夢黄吉甫

夢傳失之妄，一作悲。晝冀見而想。豈伊不可懷，而使我心往。山林老顛眴，數日占黄壤。舟輿來何遲，北望屢戃怳。西城薺花時，落魄隨兩槳。歲晚洲渚净，水消煙渺莽。躊躕壁上字，期我無乃迋。

遊土山示蔡天啓秘校❷

定林瞰土山，近乃在眉睫。誰謂秦淮廣，正可藏一艓。朝予欲獨往，扶憊强登涉。蔡侯聞之喜，喜色見兩頰。呼鞍追我馬，亦以兩黥挾。斂書付衣囊，裹飯隨藥笈。翛翛阿蘭若，土木老山脅。鼓鍾卧空曠，簨簴雕捷業。外堂廓無主，❸考擊誰敢

❶「跳」，中華校排本據《宋詩紀事》改作「躍」。

❷「秘校」，原無，據龍舒本、李注本、光啓堂本及原總目補。

❸「外」，龍舒本、李注本作「升」。

輒？坡陀謝公家，❶藏槨久穿劫。百金買酒地，❷野老今行饁。紖懷起東山，勝踐比稠疊。❸於時國累卵，楚夏血常喋。外實備艱梗，中仍費調燮。公能覺如夢，自喻一蝴蝶。桓温適自斃，苻堅方天厭。且可緩九錫，寧當快一捷。彼哉斗筲人，得喪易矜怯。妄言屐齒折，吾欲刊史牒。傷心新城埭，歸意終難愜。漂摇五城舟，尚想浮河檝。千秋隴東月，長照西州堞。豈無華屋處，亦捉蒲葵箑。碎金諒可惜，零落隨秋葉。好事所傳玩，空殘法書帖。清談眇不嗣，陳迹恍如接。東陽故侯孫，少小同鼓篋。一官初嶺海，仰視飛鳶跕。窮歸放款段，高卧停遠蹀。牽襟肘即見，著帽耳纔擪。數椽危敗屋，爲我炊陳浥。雖無膏污鼎，尚有羹濡筴。縱言及平生，相視開笑靨。邯鄲枕上事，且飲且田獵。或昏眠委翳，或妄走超躐。或叫號而寤，或哭泣而魘。幸哉同聖時，田里老安帖。❹易牛以寶劍，擊壤勝彈鋏。追憐衰晉末，此土方岌嶪。强偷須臾樂，撫事終愁慄。予雖天戮民，有械無椄槢。❺翁今貧而静，内熱非復葉。予衰極今歲，儻與雞夢協。委蜕亦何恨，吾兒已長鬣。翁雖齒長我，未見白可鑷。祝翁尚難老，生理歸善攝。久留畏年少，譏我兩呫囁。束火扶路還，宵明狐兔懾。蔡侯雄俊士，心憭形亦諜。異時能飛鞚，快若五陵俠。胡爲阡陌間，踠足僅相

❶「家」，龍舒本、宋元遞修本作「家」。
❷「買」，李注本作「置」。
❸「比」，李注本作「此」，有小注：「一作比。」
❹「帖」，龍舒本作「怗」。
❺「椄槢」，原作「接摺」，據龍舒本改。下同。

躡。諒欲交讋語，❶呿子不能嚕。❷

再用前韻寄蔡天啓

蔡侯東方來，取友無所挾。翛翛一囊衣，偶以一書笈。定林朝自炊，有匕或無筴。時時羹藜藿，鑊大苦難燮。驕頑遂敢侮，有甚觀駢脅。澹然山谷中，變色未嘗輒。始見類欺魄，寒暄粗訓接。從容與之語，爛漫無不涉。奇經可治疾，祕祝可解魘。巫醫之所知，瞽史之所業。載車必百兩，獨以方寸攝。微言歸易悟，疾若髭赴鑷。天機信卓越，學等何足躐。縱談及既往，每與唐許協。揚雄尚漢儒，韓愈真秦俠。好大人謂狂，知微乃如諜。惟初造文字，❸人惑鬼愁懾。秦愚既改皋，新眊仍易疊。六書遂失指，隸草矜敏捷。誰珍檀山刻，❹共賞《蘭亭帖》。東京一祭酒，收拾偶予愜。少嘗妄思索，老懶因退怯。侯方習篆籀，寸管靜嘗壓。深原道德意，助我耕且獵。昔功恐唐捐，異味今得饁。京口媚學子，追師嘗刦刦。陸嬴淮汴糧，水僦湖海艓。遠求而近遺，❺如目不見睫。僞鳳易悅楚，真龍反驚葉。聞予再三歎，❻往往心不厭。或自逸而走，或呿而不嚕。或嗤元郎漫，或訕白翁囁。鑠金徒欲消，韞玉豈愁浥？賢愚有定分，咄汝無喋喋。跨鞍隨我遊，曳屣聯我跕。照泉挹清泚，跂石緣嵬

❶「欲」，李注本作「能」。
❷「呿」，原作「怯」，據龍舒本、李注本改。「子」，李注本作「予」。
❸「初」，原作「知」，據李注本改。
❹「檀」，李注本作「壇」。
❺「遺」，龍舒本、宋元遞修本作「達」。
❻「予」，李注本作「子」。

業。東陂數儵魚，西崦追蛺蝶。翳林窺搏黍，藉草聽批頰。黄尋遠蓮鬚，紅閱鄰杏靨。荏苒光景流，楊園忽無葉。扶痾歸未久，吾見喜寧帖。❶褰裳告我去，禄仕當隨牒。蕭晨秣款段，歸騎得追躡。謂言循東路，覆出西城堞。❷行矣忍羈旅，無魚勿彈鋏。天閑久索驥，駿足方騰蹀。長驅勿驕矜，小踠亦勿慄。鵬飛九萬里，勿借風一箑。溟波浩難窮，勉自養鱗鬣。爵禄實天械，功名爲椄槢。寧能復與我，摇漾秦淮檝？附書勿辭頻，隔歲期滿篋。

用前韻戲贈葉致遠直講

葉侯越著姓，胄出實楚葉。縉雲雖窮遠，冠蓋傳累葉。心大有所潛，肩高未嘗脅。飄飄淩雲意，强禦莫能懾。辟雍海環流，用汝作舟檝。開胸出妙義，可發矇起魘。詞如太阿鋒，誰敢觸其鋏。聽之心凛然，難者口因嗋。搏飛欲岌岌，綴墮今跕跕。忘情塞上馬，適志夢中蝶。若金静無求，在冶惟所挾。載醪但彼惑，饋漿非我諜。經綸安所施，有寓聊自愜。棊經看在手，棊訣傳滿篋。坐尋棊勢打，側寫棊圖貼。攜持山林屐，刺擿溝港艓。一枰嘗自副，當熱寧忘箑。反嗤褦襶子，但守一經笈。亡羊等殘生，朽筴何足摺？❸歡然值手敵，便與對匕筴。縱横子墮局，膈膊聲出堞。樵父弛遠擔，❹牧奴停晏饁。旁觀各技

❶「帖」，龍舒本作「怗」。
❷「覆」，李注本作「復」，有小注：「一作覆。」
❸「摺」，龍舒本作「挾」。
❹「父」，李注本作「夫」。

癢，竊議兒女囁。所矜在得喪，聞此更心惵。❶熟視籠兩手，徐思撚長鬚。微吟靜愔愔，堅坐高帖帖。未快巖谷叟，斧柯嘗爛浥。趨邊耻局縮，穿腹愁危業。或撞關以攻，或覷眼而壓。或羸行伺擊，或猛出追躡。垂成忽破壞，中斷俄連接。或外示閒暇，伐事先和燮。或冒突超越，鼓行令震疊。或粗見形勢，驅除令遠蹀。或開拓疆境，❷欲并包總攝。或僅殘尺寸，如黑子著靨。或橫潰解散，如尸僵血喋。或慙如告亡，或喜如獻捷。陷敵未甘虜，報仇方借俠。諱輸寧斷頭，悔悞乃批頰。終朝已罷精，既夜未交睫。翻然悟且歎，此何宜劫劫。孟軻惡妨行，陶侃懲廢業。揚雄有前言，韋曜存往牒。晉臣抑帝手，捘侯何啻涉。❸冶城子爭道，拒父乃如輒。爭也實逆德，豈如私鬭怯？藝成況窮苦，此殆天所厭。如今劉與李，倫等安可躐？試令取一毫，亦乏寸金鑷。以此待君子，未與回參協。操具投諸江，道耕而德獵。

白鶴吟示覺海元公

白鶴聲可憐，紅鶴聲可惡。白鶴靜無匹，紅鶴喧無數。白鶴招不來，紅鶴揮不去。長松受穢死，乃以紅鶴故。北山道人曰：「美者自美，吾何爲而喜？惡者自惡，吾何爲而怒？去自去耳，吾何闕而追？來自來耳，吾何妨而拒？吾豈厭喧而求

❶「惵」，原作「堞」，據龍舒本、宋元遞修本、應刻本、李注本改。

❷「拓」，原作「招」，據龍舒本、宋元遞修本、應刻本、李注本改。

❸「捘」，原作「梭」，據龍舒本、宋元遞修本、應刻本改。

靜？吾豈好丹而非素？汝謂松死吾無依邪？吾方捨陰而坐露。」

示安大師

道人深北山爲家，宴坐白露眠蒼霞。手扶棁杖雖老矣，走險尚可追麏麚。踞堂俯視何所有？窈窕樛木垂榠樝。深尋石路仍有栗，持以饋我因烹茶。

示寶覺

宿雨轉歊煩，朝雲擁清迴。蕭蕭碧柳輭，脉脉紅蕖靚。默卧如有懷，荒乘豈無興？幽人適過我，共取牆陰徑。

定林示道原

昨登定林山，俯視東南陔。但見一方白，莫知所從來。濕銀注寒晶，奩以青培堆。迢迢晻靄中，疑有白玉臺。是夕清風興，煩雲豁然開。常娥攀桂枝，顧景久徘徊。杖藜忽高秋，陳迹與子陪。壯觀非復昔，平蕪夜莓苔。

我所思寄黄吉甫

我所思兮在彭蠡，一奩寒晶徑千里。天低紺滑風靜止，❶月澹星渟尤可喜。亦復可憐波浪起，琉璃崩嵌湧顛絫。萬斛之舟

❶「紺」，光啓堂本作「緋」。

簸一葦，超邑越都如歷指。岸沙雪積山雲委，雲半飛泉挂龍尾。跳空散作平地水，牛乳芳甘那得比？蘿蔦冥冥蔭演迤，稍上尋源出奇詭。像圖釋迦祠老子，臺殿晻靄相重累。石槽環除逗清泚，松竹靚深無虎兕。其徒翛然棄塵滓，雖未應真終適已。黄侯可與談妙理，視棄榮宦猶弊屣。❶每採紫芝求石髓，我欲從之勸游徙。轂城公孫能若此，五老聞之當啓齒。寄聲五老吾念爾，相見無時老將死。

寄朱昌叔

西安春風花幾樹，花邊飲酒今何處？一盃塞上看黄雲，萬里寄聲無鴈去。世事紛紛洗更新，老來空得滿衣塵。青山欲買江南宅，歸去相招有此身。

與僧道昇二首

昇也初見我，膚腴仍潔白。今何苦而老，手脚皴以黑。聞有道人者，於今號禪伯。嫐汝以一句，西歸瘦如腊。汝觀青青枝，歲寒好顔色。此松亦有心，豈問庭前栢。

二❷

跋陀羅師能幻物，幻穢爲浄持幻佛。

❶「宦」，龍舒本、宋元遞修本作「官」。

❷「二」，原作「一」，據龍舒本、宋元遞修本、應刻本、李注本改。此首龍舒本重出，見卷四十三；又見卷五十一，題作「佛幻」，且題下有小注：「重。」

佛幻諸天以戲之，幢幡香果助設施。❶茫然悔欲除所幻，還爲幻佛力所持。佛天與汝本無間，汝今何恭昔何慢？十方三世本來空，❷受記豈非遭佛幻？

贈彭器資

鄱水滔天竟東注，氣澤所鍾賢可慕。文章浩渺足波瀾，行義迢迢有歸處。中江秋浸兩崖間，遡洄與我相往還。我挹其清久未竭，復得縱觀於波瀾。放言深入妙雲海，示我儽聖本所寰。楞伽我亦見髣髴，歲晚所悲行路難。

贈王居士

武林王居士，與子俱學佛。以財供佛事，不自費一物。

贈李士雲

李子山水人，而常寓城郭。毫端出窈窕，心手初不著。我聞大梵天，擎跨雞孔雀。執鈴揚赤幡，浩劫浄無作。佳哉子能圖，可以慰寂寞。相與驗其真，他年在寥廓。

臨川先生文集卷第二

❶「香果」，龍舒本《佛幻》作「香花」。

❷「三世」，李注本作「世界」。

臨川先生文集卷第三

古詩

題半山寺壁二首

我行天即雨，我止雨還住。雨豈爲我行？邂逅與相遇。

二

寒時暖處坐，熱時涼處行。衆生不異佛，佛即是衆生。

定林寺

衆木凛交覆，孤泉静横分。楚老一枝筇，於此傲人羣。城市少美蔬，想今困惔焚。且憑東北風，❶持寄嶺頭雲。

題定林壁

定林自有主，我爲林下客。客主各有心，還能共岑寂。

❶「北」，李注本作「南」，有小注：「一作北。」

移桃花示俞秀老❶

舍南舍北皆種桃，東風一吹數尺高。枝柯蔫綿花爛熳，美錦千兩敷亭臯。晴溝漲春緑周遭，俯視紅影移漁舠。山前邂逅武陵客，水際髣髴秦人逃。攀條弄芳畏晼晚，已見黍雪盤中毛。仙人愛杏令虎守，百年終屬樵蘇手。我衰此果復易朽，❷蟲來食根那得久？瑶池紺絶誰見有？更值花時且追酒，君能酩酊相隨否？

對棊與道源至草堂寺

北風吹人不可出，清坐且可與君棊。明朝投局日未晚，從此亦復不吟詩。

書八功德水庵

幽獨若可厭，真實爲可喜。見山不礙目，聞水不逆耳。翛然無所爲，自得而已矣。

放魚

捉魚淺水中，投置最深處。當暑脱煎熬，翛然泳而去。豈無良庖者，可使供匕箸？物我皆畏苦，捨之寧啖茹？

❶「示俞秀老」，龍舒本無此四字，且此首入卷七十九「集句詩」類。

❷「衰」，李注本作「哀」。

霾風

霾風摧萬物，暴雨膏九州。卉花何其多，天闕亦已稠。白日不照見，乾坤莽悲愁。時也獨奈何，我歌無有求。

偶書

惠施説萬物，槃特忘一句。寄語讀書人，呶呶非勝處。❶

即事二首

雲從鍾山起，却入鍾山去。借問山中人，雲今在何處？

二

雲從無心來，還向無心去。無心無處尋，莫覓無心處。

擬寒山拾得二十首❷

牛若不穿鼻，豈肯推人磨？馬若不絡頭，隨宜而起卧。乾地終不涴，平地終不墮。擾擾受輪迴，秖緣疑這箇。

---

❶「勝」，光啓堂本作「一」。

❷「二十首」，龍舒本題作「十九首」，無第二十首「利瞋汝刀山」。

二

我曾爲牛馬，見草豆歡喜。又曾爲女人，歡喜見男子。我若真是我，秖合長如此。若好惡不定，應知爲物使。堂堂大丈夫，莫認物爲己。

三

凡夫當夢時，❶眼見種種色。此非作故有，亦非求故獲。不知今是夢，道我能畜積。貪求復守護，嘗怕水火賊。既覺方自悟，本空無所得。死生如覺夢，此理甚明白。

四

風吹瓦墮屋，正打破我頭。瓦亦自破碎，豈但我血流？我終不嗔渠，此瓦不自由。衆生造衆惡，亦有一機抽。渠不知此機，故自認愆尤。此但可哀憐，勸令真正偹。豈可自迷悶，與渠作冤讎？

五

若言夢是空，覺後應無記。若言夢非空，應有真實事。燔燒陽自招，沈溺陰自致。令汝嘗驚魘，豈知安穩睡？

❶「凡」，原作「九」，據龍舒本、應刻本、李注本改。

六

人人有這箇，這箇没量大。坐也坐不定，走也跳不過。鋸也解不斷，鎚也打不破。作馬便搭鞍，作牛便推磨。若問無眼人，這箇是甚麽？便遭伊纏繞，鬼窟裏忍餓。

七

我讀萬卷書，識盡天下理。智者渠自知，愚者誰信爾。奇哉閑道人，跳出三句裏。獨悟自根本，不從他處起。

八

幸身無事時，種種妄思量。張三袴口窄，李四帽簷長。失脚落地獄，將身投鑊湯。誰知受熱惱，却不解思涼。

九

有一即有二，有三即有四。一二三四五，有亦何妨事？如火能燒手，要須方便智。若未解傳薪，何須學鑽燧。

十

昨日見张三，嫌他不守己。歸來自悔責，分別亦非理。今日見张三，分別心復起。若除此惡習，佛法無多子。

十一

傀儡秪一機，種種没根栽。被我入棚中，昨日親看來。方知棚外人，擾擾一場戲。終日受伊謾，更被索錢財。

十二

季生坦蕩蕩，❶所見實奇哉！問渠前世事，答我燒炭來。炭成能然火，火過却成灰。灰成即是土，隨意立根栽。❷

十三

衆生若有我，我何能度脱？衆生若無我，已死應不活。衆生不了此，便聽佛與奪。我無我不二，四天王獻鉢。

十四

莫嫌張三惡，莫愛李四好。既往念即晚，未來思又早。見之亦何有？欻然如電掃。惡既是磨滅，好亦難長保。若令好與惡，可積如財寶。自始而至今，有幾許煩惱？

十五

失志難作福，得勢易造罪。苦即念快樂，樂即生貪愛。無苦亦無樂，無明亦無

❶「季生」，光啓堂本、李注本作「李生」。李注本有小注：「指士雲也。」

❷「栽」，原作「裁」，據龍舒本、應刻本、李注本改。

昧。不屬三界中，亦非三界外。

十六

打賊賊恐怖，看客客喜歡。亦有客是賊，切莫受伊謾。樂哉貧兒家，無事役心肝。既無賊可打，豈有客須看？

十七

有一種貧兒，不能自營生。若不作客走，即須隨賊行。復有一種貧，常時腹彭亨。若有亦不畜，若無亦不營。

十八

汝無名高者，以見利貪叨。汝無行實者，以取著名高。行實尚非實，利名豈堅牢？一朝投土窟，魂魄散逃逃。

十九

勇有孟施舍，能無懼而已。若人學佛法，勇亦當如此。休來講下坐，莫入禪門裏。但能一切捨，管取佛歡喜。

二十

利瞋汝刀山，濁愛汝灰河。汝癡分別心，即汝澹魔羅。❶圓成但一性，一切法依他。偏了一切法，不如且頭陀。

❶「澹」，李注本作「琰」，有小注：「一作澹。」

自遣

閉户欲推愁，愁終不肯去。底事春風來？留愁愁不住。

自喻

岸涼竹娟娟，水浄菱帖帖。鰕摇浮遊鬚，魚鼓嬉戲鬣。釋杖聊一愒，褰裳如可涉。自喻適志歟，翩然夢中蝶。❶

古意

采芝天門山，寒露浄毛骨。帝青九萬里，空洞無一物。傾河略西南，晶射河鼓没。蓬萊眼中見，人世歎超忽。當時棄桃核，聞已撑月窟。且當呼阿環，乘興弄溟渤。

吾心

吾心童稚時，不見一物好。意言有妙理，獨恨知不早。初聞守善死，頗復吝肝腦。中稍歷艱危，悟身非所保。猶然謂俗學，有指當窮討。晚知童稚心，自足可忘老。

無營

無營固無尤，多與亦多悔。物隨擾擾集，道與翛然會。墨翟真自苦，莊周吾所

❶「翩」，李注本作「翻」。

愛。萬物莫足歸，此言猶有在。

病起

稚金敷新涼，老火弛殘濁。❶桃枝煖洪汭，❷散髮晞曉捉。煩痾脱然愈，❸靜若遺身覺。❹移榻欹獨眠，欣佳恐難數。

獨歸

鍾山獨歸雨微冥，稻畦夾岡半黃青。疲農心知水未足，❺看雲倚木車不停。悲哉作勞亦已久，暮歌如哭難爲聽。而我官閑幸無事，北窗枕簟風泠泠。於時荷花擁翠蓋，細浪嬲雪千娉婷。誰能欹眠共此樂，❻秋港雖淺可揚舲。

獨卧有懷

午鳩鳴春陰，獨卧林壑靜。微雲過一雨，淅瀝生晚聽。紅緑紛在眼，流芳與時競。有懷無與言，佇立鍾山暝。

無動

無動行善行，無明流有流。種種生住

❶「弛」，龍舒本、李注本作「灺」。
❷「煖」，龍舒本作「軟」。
❸「愈」，龍舒本、李注本作「醒」。
❹「靜」，龍舒本、李注本作「凈」。
❺「疲」，李注本作「陂」。
❻「眠」，原作「眼」，據龍舒本、宋元遞修本、應刻本、李注本改。

滅，念念聞思修。終不與法縛，亦不着僧裘。

夢

知世如夢無所求，無所求心普空寂。還似夢中隨夢境，成就河沙夢功德。

車載板二首

荒哉我中園，珍果所不產。朝暮惟有鳥，自呼「車載板」。楚人聞此聲，莫有笑而莞。而我更歌呼，與之相往返。視遇若摶黍，好音而睍睆。壤壤生死夢，久知無可揀。❶物弊則歸土，吾歸其不晚。歸歟汝隨我，可相蒿里挽。

二

鳥有車載板，朝暮嘗一至。世傳鵩似鴞，而此與鴞似。唯能預人死，以此有名字。疑即賈長沙，當時所遭值。洛陽多少年，擾擾經世意。粗聞方外語，便釋形骸累。吾衰久捐書，放浪無復事。尚自不見我，安知汝爲異？憐汝好毛羽，言音亦清麗。胡爲太多知，不默而見忌？楚人既憎汝，彈射將汝利。且長隨我遊，吾不汝羹胾。

❶「可」，光啓堂本作「所」。

跋黃魯直畫

江南黃鶴飛滿野，徐熙畫此何爲者？百年幅紙無所直，公每玩之常在把。

過楊德逢莊

攜僧出西路，日晏昧所投。循河望積穀，一飽覺易謀。稚子舉桉出，咄嗟見盤羞。飯新秔有香，煑菜旨且柔。暮從秀嵓歸，秣蹇得少留。捧腹笑相語，果然無所求。

秋熱

火騰爲虐不可摧，屋窄無所逃吾骸。織蘆編竹繼櫚宇，❶架以松櫟之條枚。豈惟賓至得清坐？因有餘地蘇陪臺。愆陽陵秋更暴橫，焮我欲作昆明灰。金流玉熠何足怪？鳥焚魚爛爲可哀。憶我少時亦值此，❷翛然但以書自埋。老衰奄奄氣易奪，撫卷豈復能低佪？西風忽送中夜濕，六合一氣窑新開。簾窗幕户便防冷，且恐霰雪相尋來。❸

秋早

暮尋蔡墩西，獨覺秋尚早。山路葩卉繁，野田風日好。禪林烏未泊，經屋塵初掃。鑾藤五花簟，復足休吾老。

臨川先生文集卷第三

❶「櫚」，龍舒本、李注本作「欄」。
❷「時」，龍舒本、李注本作「年」。
❸「尋」，龍舒本、李注本作「隨」。

臨川先生文集卷第四

古　詩

同沈道源遊八功德水

寒雲静如癡，寒日慘如戚。❶解鞍寒山中，❷共坐寒水側。新甘出短綆，一酌煩可滌。仰攀青青枝，木醴何所直？

望鍾山

佇立望鍾山，陽春更蕭瑟。暮尋北郭歸，故遶東岡出。

思北山

日日思北山，而今北山去。寄語白蓮庵，迎我青松路。

上南崗

暮塢屋荒涼，寒陂水清淺。捐書息微倦，委轡隨小蹇。偶攀黄黄柳，却望青青巘。幽尋復有興，未覺西林晚。❸

❶「日」，李注本作「月」。
❷「中」，光啓堂本作「下」。
❸「晚」，龍舒本、李注本作「緬」。

謝公墩

走馬白下門，投鞭謝公墩。昔人不可見，故物尚或存。問樵樵不知，問牧牧不言。摩挲蒼苔石，點檢屐齒痕。想此絓長檣，想此倚短轅，想此玩雲月，狼籍盤與罇。井逕亦已没，漫然禾黍村。摧藏羊曇骨，放浪李白魂。亦已同山丘，緬懷蒔蘭蓀。小草戲陳迹，《甘棠》詠遺恩。萬事付鬼籙，恥榮何足論？天機自開闔，人理孰畔援？公色無懽喜，❶儻知禍福根。涕淚對桓伊，暮年無乃昏。

秋夜泛舟

池塹秋水净，扁舟遡涼飈。❷的皪荷上珠，俯映疎星摇。深尋畏魚淰，中路且回橈。❸冥冥菰蒲中，乃復有驚跳。

和耿天騭同遊定林❹

道人深閉門，二客來不速。攝衣負朝暄，一笑皆捧腹。逍遥烟中策，放浪塵外躅。晤言或世聞，❺誰謂非絶俗？

次韻約之謝惠詩

魚跳桑柳陰，鳥落蒲葦側。已無谿姑

❶「懽喜」，李注本作「喜懽」。
❷「遡涼飈」，宋元遞修本作「涼飈飈」。
❸「且」，宋元遞修本、應刻本作「只」。
❹「定林」下，李注本有「寺」字。
❺「聞」，龍舒本、李注本作「間」。

祠，何有江令宅？故人耽田里，老脱尚方舄。開亭捐百金，於此掃塵迹。地偏人罕至，心遠境常寂。我行西州旋，税駕候顔色。相隨望南山，水際因一息。公時指岸木，謁此可尋尺。❶伐之營中沚，持用自怡懌。懽言俟其成，邀我堂上食。百憂每多違，一諾還自惕。春風欄楹新，❷坐久膝前席。倏然忘故約，北郭疑有適。長謡舒永懷，佇想對以臆。摛辭甚有理，竊比書石鷁。知公不欺我，❸把玩果心惻。嘉肴既夙設，麗藻仍虛擲。左車公自迎，右券吾敢責？聞説芼羹膗，芬香出鄰壁。婦休機杼事，兒失刀槧職。何膠膠擾擾，而紛紛籍籍？攜持欲一往，繼此方如織。元龍但高眠，司馬勿親滌。幾能孩童舊，握手皆鬢白。有興即聯轆，❹東阡與南陌。

次韻舍弟江上

岸紅歸欲稠，渚緑合猶晚。晴沙上屐輕，暖水隨帆遠。吹波戲魚動，掠葉飛禽返。著意覓幽蹊，桃花悞劉阮。

酬王濬賢良松泉二詩

松

世傳壽可三松倒，此語難爲常人道。人能百歲自古稀，松得千年未爲老。我移

❶「謁」，龍舒本、李注本作「謂」。
❷「欄」，李注本作「檻」。
❸「欺我」，李注本作「我欺」。
❹「聯轆」，李注本作「扳聯」，有小注：「一作聯轆。」

兩松苦不早，豈望見渠身合抱？ 但憐衆木總漂摇，顔色青青終自保。 兔絲茯苓會當有，❶邂逅食之能壽考。 不知篝火定何人，且看森垂覆荒草。 君詩愛我亦古意，秀眉昔比南山栲。 復謂留侯不及我，人或笑君無白皂。 求僊辟穀彼誠悮，未見赤松饑已槁。 豈如强飯適志遊，封殖蒼官蔭華皓？ 赤松復自無特操，❷上下隨烟何慅慅。 蒼官受命與舜同，真可從之忘髪縞。 詩雖祝我以再黑，積雪已多安可掃？ 試問蒼官值歲寒，戴白孰與蒼然好？

泉

宋興古刹今長干，靈曜臺殿荒檀欒。❸ 二泉相望棄不渫，西泉尚紊三石槃。 其流散漫爲沮洳，稍集小礫生微瀾。 東泉土梗久蔽塞，穿治乃見甃甓完。 道人慈哀波及遠，❹溝蕩兩取合土山。❺ 山前灌輸各自足，轆轤罷轉井口閑。 取遥比甘覺近美，與舊争洌知新寒。 蟲蟲夏秋百源乾，抱甕復道愁蹣跚。 疾傾横逗勢未足，嗟此善利何時殫？ 慮長易脆有大檀，伐堅羌盧窟孱顔。❻ 金多匠手肯出巧，❼風水千里安知難？❽ 没羽之虎行林間，獰龍失職因藏跧。 循除静投悲瑟瑟，映瓦微見清潺潺。 三年

❶「當」，李注本作「常」。
❷「特」，光啓堂本作「持」。
❸「曜」，原作「躍」，據龍舒本、李注本改。
❹「及」，李注本作「汲」。
❺「兩取合土山」，李注本作「取土合兩山」，有小注：「一作溝蕩兩取合土山。」
❻「羌」，李注本作「光」。
❼「肯」，光啓堂本作「宜」。
❽「安」，李注本作「焉」，有小注：「一作安。」

營之一日就，有口共以成爲懽。論功信可侈後觀，❶何似當時萬竹蟠。❷

答俞秀老

諸偶緣安有，實相非相偶。雖神如季咸，終亦失而走。

清涼寺送王彥魯

空懷誰與論？夢境偶相值。莫將漱流齒，欲挂功名事。

送惠思上人

黄鶴撫四海，翻然落中州。❸一聽笙與鏞，低回如有求。飛鳴阿閣上，好與鳳皇遊。顧憐魯東門，無事反悲愁。歲晏忽驚矯，問胡不少留？因知網羅外，猶有稻粱謀。

老景 哀古人名。❹

老景春可惜，無花可留得。繞屋褚先生，蕭蕭何所直？每嫌柳渾青，追悵李太白。❺多謝安石榴，向人紅蘂拆。

雜詠八首

萬物余一體，九州余一家。秋毫不爲

❶「侈」，原作「多」，據龍舒本、李注本改。
❷「時」，李注本作「年」。
❸「翻然」，龍舒本、李注本作「翩然」。
❹「哀古人名」，龍舒本作「裴古人名」，李注本無此小注。
❺「悵」，龍舒本、李注本作「恨」。

小，徼外不爲遐。不識壽與夭，不知貧與奢。❶忘心乃得道，道不去紛華。近迹以觀之，堯舜亦泥沙。莊周謂如此，而世以爲夸。

二

神龍豢可致，猛虎擾亦留。變生父子間，上聖不能謀。常情在欲得，義養或成仇。他人恩更輕，患禍信難周。

三

古風致遜悌，❷班白見尊優。薄俗謬爲恭，獨在勢權尤。伏波迷俯仰，愛禮坐成仇。齗齗洙泗間，豈是老者羞？

四

羔豚窘虎豹，鳩雀窮鷹鸇。巧者具機弋，鷙猛還拘攣。論功莫如神，論大莫如天。悲哉區區人，乃欲逃其間。

五

黃雀死彈丸，厥皐在啄粟。翠鵠不近人，何爲亦窮辱？材爲世所利，高下同僵仆。能逃天地間，蠛蠓無不足。

❶「奢」，原作「賒」，據龍舒本、李注本改。
❷「致」，龍舒本、李注本作「知」。

六

《關雎》后之淑，《棫樸》王之明。《兔罝》尚好德，況乃公與卿。所以彼行葦，敦然遂其生。誰能紘且歌，❶爲我發古聲？

七

召公方伯尊，材亦聖人亞。農時憚煩民，聽訟甘棠下。嗟今千室長，已耻問耕稼。彈琴高堂上，欲以世爲化。

八

任公蹲海濱，一釣飽千里。用力已云多，鈎緡亦難理。巨魚暖更逃，壯士飢欲死。游鯈不可數，空滿滄浪水。

張　良

留侯美好如婦人，五世相韓韓入秦。傾家爲主合壯士，博浪沙中擊秦帝。脱身下邳世不知，舉國大索何能爲？❷《素書》一卷天與之，穀城黄石非吾師。固陵解鞍聊出口，捕取項羽如嬰兒。從來四皓招不得，爲我立棄商山芝。洛陽賈誼才能薄，擾擾空令絳灌疑。

❶「且」，原作「者」，據龍舒本、宋元遞修本、應刻本、李注本改。

❷「國」，李注本作「世」。

司馬遷

孔鸞負文章，不忍留枳棘。嗟子刀鋸間，悠然止而食。成書與後世，憤悱聊自釋。❶ 領略非一家，高辭殆天得。雖微樊父明，不失孟子直。彼欺以自私，豈啻相十百？

諸葛武侯

漢日落西南，中原一星黄。羣盜伺昏黑，聯翻各飛揚。❷ 武侯當此時，龍卧獨摧藏。掉頭《梁甫吟》，羞與衆争光。邂逅得所從，幅巾起南陽。崎嶇巴漢間，屢以弱攻强。暉暉若長庚，孤出照一方。勢欲起六龍，東迴出扶桑。惜哉淪中路，怨者爲悲傷。竪子祖餘策，猶能走强梁。

讀墨

誰爲堯舜徒，孔子而已矣。人皆是堯舜，未必知孔子。伯夷不辱身，柳下援而止。孔子尚有言，「我則異於是」。「兼愛」爲無父，排斥固其理。孔墨必相用，自古寧有此？退之嘲魯連，顧未知之耳。❸ 如何蔽於斯，獨有見於彼？凡人工自私，翟也信奇偉。惜乎不見正，遂與中庸詭。退之醇孟軻，而駁荀楊氏。至其趣舍間，亦又蔽於己。化而不自知，此語孰云俚？詠言以自警，吾詩非好詆。

❶ 「釋」，宋元遞修本、應刻本作「繹」。

❷ 「翻」，龍舒本、宋元遞修本、應刻本、李注本作「翩」。

❸ 「顧」，李注本作「固」，有小注：「一作顧。」

讀秦漢間事

秦徵天下材，入作阿房宮。宮成非一木，山谷爲窮空。子羽一炬火，驪山三月紅。能令掃地盡，豈但焚人功？

幽谷引

雲翳翳兮谷之幽，天將雨我兮田者之稠。❶有繩于防兮有畚于溝，我公不出兮誰省吾憂？日暉暉兮山之下，歲則熟兮收者舞。吾收滿車兮棄者滿筥，誰吾與樂兮我公燕語。山有木兮谷有泉，公與客兮醉其間。芳可搴兮甘可漱，無壯無穉兮環公以笑。公歸而醉兮人則喜，❷公好我州兮殆其肯止。公歸不醉兮我之憂，豈其不懌兮將舍吾州？公一朝兮去我，我歲歲兮來遊。完公亭兮使勿毀，以慰吾兮歲歲之愁。❸

明妃曲二首❹

明妃初出漢宮時，淚濕春風鬢脚垂。低佪顧影無顔色，尚得君王不自持。歸來却怪丹青手，入眼平生幾曾有？❺意態由來畫不成，當時枉殺毛延壽。一去心知更不歸，可憐着盡漢宮衣。寄聲欲問塞南事，只有年年鴻鴈飛。家人萬里傳消息，好在

❶「我」，李注本無此字。
❷「歸而醉」，李注本作「醉而歸」。
❸「吾」下，李注本有「民」字。
❹此題下，龍舒本有小注：「續入。」
❺「幾」，龍舒本、李注本作「未」。

氈城莫相憶。君不見，咫尺長門閉阿嬌，人生失意無南北。

二

明妃初嫁與胡兒，氈車百兩皆胡姬。含情欲説獨無處，傳與琵琶心自知。黄金捍撥春風手，彈看飛鴻勸胡酒。漢宫侍女暗垂淚，沙上行人却回首。漢恩自淺胡自深，人生樂在相知心。可憐青冢已蕪没，尚有哀絃留至今。

桃源行

望夷宫中鹿爲馬，秦人半死長城下。避時不獨商山翁，❶亦有桃源種桃者。此來種桃經幾春，採花食實枝爲薪。兒孫生長與世隔，雖有父子無君臣。漁郎漾舟迷遠近，花間相見因相問。❷世上那知古有秦，山中豈料今爲晉？聞道長安吹戰塵，春風回首一霑巾。重華一去寧復得？天下紛紛經幾秦。

食黍行

周公兄弟相殺戮，李斯父子夷三族。富貴常多患禍嬰，貧賤亦復難爲情。身隨衣食南與北，至親安能常在側？謂言黍熟同一炊，欻見隴上黄離離。遊人中道忽不返，從此食黍還心悲。

❶「時」，李注本作「世」。
❷「因」，李注本作「驚」。

歎息行

官驅群囚入市門，妻子慟哭白日昏。市人相與説囚事，破家刦錢何處村？朝廷法令亦寬大，汝辠當死誰云冤？路傍年少歎息汝，正觀元元之子孫。❶

送春❷

武陵山下朝買船，風吹宿霧山花鮮。萬家笑語横青天，綺窗羅幕舞嬋娟。小鬟折花叩船舷，玉琖寫酒醻金錢。朱甍飛動浮雲巘，天外筦籥來宛轉。斷橋人行夕陽路，樓觀瑠璃影中見。酡顔未分驊騮催，燭入坐客猶徘徊。豈知閶闔門邊住，春盡不見芳菲開？日月紛紛車走坂，少年意氣何由挽？洞庭浪與天地白，塵昏萬里東浮眼。黑貂裘敝歸幾時，相見緑樹啼黄鸝。榮華俯仰憂患隨，命駕吾與高人期。

兼并

三代子百姓，公私無異財。人主擅操柄，如天持斗魁。賦予皆自我，兼并乃姦回。姦回法有誅，勢亦無自來。後世始倒持，黔首遂難裁。秦王不知此，更築懷清臺。禮義日已偷，聖經久堙埃。❸法尚有存者，欲言時所咍。俗吏不知方，掊克乃

❶「正觀」，當爲「貞觀」，宋人因避仁宗諱改。下同，不再出校。

❷此題下，李注本有小注：「詞氣疑非公詩。又公未嘗至武陵，然亦詩人之作也。」

❸「堙」，宋元遞修本作「煙」。

爲材。俗儒不知變，兼并可無摧。❶利孔至百出，小人私闔開。有司與之争，民愈可憐哉！

臨川先生文集卷第四

❶「可」，龍舒本作「豈」。

臨川先生文集卷第五

古詩

和吳御史汴渠❶

鄭國欲弊秦，渠成秦富彊。本始意已陋，末流功更長。維汴亦如此，浚源在涇荒。歸作萬世利，誰能弛其防？夷門築天都，橫帶國之陽。漕引天下半，豈云獨荊揚？貨入空外府，租輸陳太倉。東南一百年，寡老無殘粻。自宜富京師，乃亦窘蓋藏。征求過夙昔，機巧到萑芒。御史閔其然，志欲窮舟航。此言信有激，此水存何傷？救世詎無術？習傳自先王。念非老經綸，豈易識其方？我懶不足數，君材仍自強。❷他日聽施設，無乃棄篇章。

酬王詹叔奉使江南訪茶利害❸

余聞古之人，措法貽厥後。命官惟賢材，職事又習狃。止能權輕重，王府則多有。豈嘗推其子，而爲民父母？當時所經營，今十已毀九。其一雖幸在，漂搖亦將朽。公卿患才難，州縣固多苟。詔令雖數下，紛紛誰與守。官居甚傳舍，位以聲勢受。既不責施爲，安能辨賢不？區區欲捄

---

❶「渠」下，龍舒本、李注本有「詩」字。
❷「仍」，李注本作「宜」。
❸此題，龍舒本、李注本作「酬王詹叔奉使江東訪茶法利害見寄」。

弊，萬謗不容口。天下大安危，誰當執其咎？勞心適有罪，養譽終天醜。豈惟詔子孫，❶教戒及朋友。貴者大其領，詩人歌四牡。至尊空獨憂，不敢樂飲酒。哿矣富阡陌，哀哉此無糗。鄉閭人所懷，今或棄而走。豈無濟時術，使爾安畎畝？故今二三公，戮力思矯揉。永惟東南害，茶法蓋其首。私藏與竊販，犴獄常紛糾。輸將一不足，往往死鞭杻。販陳彼雜惡，❷强賣曾非誘。已云困闤市，且復搔林藪。將更百年弊，謂民知可否。出節付群材，詢謀欲經久。朝廷每若此，自可躋仁壽。因知從今始，漸欲人財阜。吾宗恢奇士，選使自朝右。聰明諒多得，爲上歸析剖。王程雖薄遽，邦法難鹵莽。願君博諮諏，無擇壯與耆。余知茶山民，不必生皆厚。❸獨當征求任，尚恐難措手。孔稱均無貧，此語今可取。譬欲輕萬鈞，當令衆人負。强言豈宜當？聊用報瓊玖。

酬王伯虎

吾聞人之初，好惡尚無朕。帝與鑿耳目，賢愚遂殊品。爾來百千年，轉化薄愈甚。父翁相販賣，浮詐誰能審？睢盱猴纓冠，狼籍鼠穴寢。滄海恐值到，誰論魚鱉淰？❹鴞聲雖云惡，革去在食葚。嗟誰職教化，獨使此風稔？恬觀不知救，坐費太

❶「詔」，原作「祖」，據龍舒本改。

❷「販」，龍舒本、李注本作「敗」。「彼」，李注本作「被」。

❸「茶山民不必生皆厚」，光啓堂本作「君恤民不好爲煩擾」。

❹「論」，李注本作「念」。

官廪。予生少而戇，❶好古乃天稟。念此俗衰壞，何嘗敢安枕？有時不能平，悲吒失食飲。唯子同我病，❷亦或涕沾衽。謂予可告語，❸密以詩來諗。爛然辭滿紙，秋水濯新錦。窮觀何拳拳，❹静念復凛凛。賤貧欲救世，無寧猶拾瀋。説窮且版築，尹屈唯烹飪。逢時豈遽廢？避俗聊須噤。徂年幸未暮，此意可勤恁。

答虞醇翁

輟學以從仕，仕非吾本謀。欲歸諒不能，非敢忘林丘。臨餐耻苟得，冀以盡心疇。萬事等畫墁，雖勤亦何收？揚揚古之人，彼職乃無憂。感子撫我厚，欲言秪慚羞。

送潮州吕使君

韓君揭陽居，戚嗟與死隣。吕使揭陽去，笑談面生春。當復進趙子，詩書相討論。不必移鱷魚，詭怪以疑民。有若大顛者，高材能動人。亦勿與爲禮，聽之汩彝倫。同朝叙朋友，異姓接婚姻。恩義乃獨厚，懷哉余所陳。

寄曾子固二首

巖巖中天閣，藹藹層雲樹。爲子望江

❶「而」，龍舒本、宋元遞修本作「小」。

❷「同」，龍舒本、宋元遞修本作「自」。

❸「予」，原作「子」，據應刻本、李注本改。「可」，龍舒本、宋元遞修本作「何」。

❹「何」，龍舒本作「可」。

南，蔽虧無行路。平生湖海士，心迹非無素。老矣不自知，低佪如有慕。❶傷懷西風起，心與河漢注。哀鴻相隨飛，去我終不顧。

二

崔嵬天門山，江水遶其下。寒渠已膠舟，欲往豈無馬？時恩繆拘綴，私養難乞假。低佪適爲此，含憂何時寫？吾能好諒直，世或非詭詐。安得有一廛，相隨問耕者？

虎圖

壯哉非羆亦非貙，目光夾鏡當坐隅。横行妥尾不畏逐，顧眄欲去仍躊躇。卒然我見心爲動，熟視稍稍摩其鬚。固知畫者巧爲此，此物安肯來庭除？想當槃礴欲畫時，睥睨衆史如庸奴。神閑意定始一掃，功與造化論錙銖。悲風颯颯吹黄蘆，上有寒雀驚相呼。槎牙死樹鳴老烏，向之俛噣如哺鶵。山牆野壁黄昏後，馮婦遥看亦下車。

次韻信都公石枕蘄簟❷

端溪琢枕緑玉色，蘄水織簟黄金紋。翰林所寶此兩物，笑視金玉如浮雲。都城六月招客語，地上赤日流黄塵。燭龍中天進無力，客主歊然各疲劇。形骸直欲坐棄

---

❶「有慕」，光啓堂本作「自悮」。

❷此題，龍舒本、李注本作「次韻歐陽永叔端溪石枕蘄竹簟」。李注本有小注：「一作次韻信都公。」

忘，冠帶安能强修飾？恃公寬貸更不疑，箕倨豈復論官職？笛材平瑩家故藏，硯璞拗清此新得。掃除堂屋就陰翳，公不自眠分與客。知公用意每如此，真能與物同其適。豈比法曹空自私？却願天日長炎赫。公才卓犖人所驚，久矣四海流聲名。天方選取欲扶世，豈特使以文章鳴？深探力取常不寐，❶思以正議排縱橫。❷奈何甘心一榻上，欲卧潁尾爲潔清。賢愚勞佚非一軌，顧我病昏惟未死。心於萬事久儵然，❸身寄一官真偶爾。便當買宅歸偃休，白髮溪山如願始。❹看公戮力就太平，却上青天跨箕尾。

和吴沖卿雪❺

陽回力猶遭，❻陰合勢方鞏。填空忽汗漫，造物誰慫慂？輕於擘絮紛，細若吹毛氄。雲連晝已昏，風助宵仍洶。憑陵雖一時，變態亦千種。簾深卷或避，户隘闚猶擁。❼滔天有凍浪，❽匝地無荒隴。飛揚類挾富，❾委翳等辭寵。穿幽偶相重，值險輒孤聳。積慘會將舒，❿群輕那久重？紛華始滿眼，⓫消釋不旋踵。槁樹散飛花，空簷

❶「常」，龍舒本、宋元遞修本作「當」。
❷「議」，宋元遞修本作「論」。
❸「儵」，龍舒本、李注本作「蕭」。
❹「溪山」，李注本作「青山」。
❺「雪」下，龍舒本有「詩」字。
❻「猶」，李注本作「能」。
❼「猶」，李注本作「尤」。
❽「浪」，龍舒本、李注本作「痕」。
❾「富」，龍舒本作「雷」。
❿「慘」，龍舒本作「墋」。
⓫「始」，龍舒本、李注本作「初」。

落縣湩。❶還當困炎熱，❷以此滌煩壅。共約市南人，收藏不爲冗。

和沖卿雪詩并示持國❸

地卷江海浮，天吹河漢湧。北風散作花，巧麗世無種。霾昏得照曜，塵滓歸掩擁。荒林無空枝，幽瓦有高隴。分纔一毛細，聚或千鈞重。飛颺窺已眩，❹摧壓聽還兇。漁舟平繫舷，樵屩没歸踵。空令物象瑩，豈免川塗壅？争光姮娥妬，失色羲和恐。賴逢陽氣烝，轉作水波溶。舞庭稱賀嚴，掃路傳呼寵。❺衡遊謝壯少，❻避卧甘閑冗。吴侯絶俗唱，韓子當敵勇。勝負觀兩豪，吾衰但陰拱。

送石賡歸寧

虚名誤長者，邂逅肯經過。所操十餘篇，浩蕩決江河。側身朝市間，樂少悲慼多。文章舊所好，久已廢吟哦。開編喜有得，一讀瘳沉痾。裹飯北城陰，永懷從晤歌。又欲及歲晚，空堂掃絲窠。稍出平生言，道藝相琢磨。忽隨鴈南飛，當此葉辭柯。去去梨嶺高，想見青坡陀。黄花一杯

❶「縣」，龍舒本作「寒」。
❷「還」，龍舒本、李注本作「何」。
❸「詩」，龍舒本、李注本無此字。
❹「窺」，龍舒本、李注本作「目」。李注本有小注：「一作窺。」
❺「掃」，龍舒本作「祲」。
❻「衡遊謝壯少」，龍舒本作「遊衡謝壯小」，李注本作「衡游謝少壯」。

酒，爲壽樂如何。微詩等瓦礫，持用報隋和。

送張拱微出都

歸卧不自得，出門無所投。獨尋城隅水，❶送子因遠遊。荒林纏悲風，慘慘吹駞裘。捉手共笑語，顧瞻中河舟。嗟人皆行樂，而我方坐愁。腸胃繞鍾山，形骸空此留。念始讀詩書，豈非亦有求？一來裹青衫，觸事自悔尤。誤爲世所容，榮禄今白頭。蹇責以區區，一毛施萬牛。不足助時治，但爲故人羞。寬恩許自劾，終欲東南流。子今涉冬江，船必泊蔡洲。寄聲治城人，爲我問一丘。

寄題睡軒

劉侯少忼慨，天馬脱馽羈。一官不得意，州縣老委蛇。新居當中條，牆屋稍補治。疏軒以睡名，從我遠求詩。朝廷法令具，百吏但循持。又況佐小邑，有才安所施？賦租如簿領，獄訟了鞭笞。翛然即高枕，於此樂可知。王官有空谷，隱者常棲遲。拂榻夢其人，亦足慰所思。嗟予久留連，竊食坐無爲。浩歌臨西風，更欲往從之。

❶「尋」，光啓堂本作「等」。

沖卿席上得作字❶

咨予乏時才，❷始願乃丘壑。强走十五年，朱顔已非昨。低回大梁下，屢歎風沙惡。所欣同舍郎，誘我文義博。❸古聲無慆淫，真味有淡泊。追攀風月久，❹貌簡非心略。君恩忽推徙，所望頗乖錯。尚憐得經過，未比參辰各。留連惜餘景，從子至日落。明燈照親友，環坐傾杯杓。❺別離寬後悲，笑語盡今樂。論詩知不如，興至亦同作。

塞翁行

塞翁少小壟上鋤，塞翁老來能捕魚。魚長如人水滿眼，桑柘死盡生芙蕖。漢家新堤廣能築，❻胡兒壯馬休南牧。北風卷却波浪聲，秪放田車行轣轆。

白溝行

白溝河邊蕃塞地，送迎蕃使年年事。蕃馬常來射狐兔，❼漢兵不道傳烽燧。萬里鉏耰接塞垣，幽燕桑葉暗川原。棘門灞上徒兒戲，李牧廉頗莫更論。

❶「作」，龍舒本、李注本作「昨」。

❷「咨」，龍舒本、李注本作「嗟」。

❸「博」，原作「搏」，據龍舒本、宋元遞修本、應刻本、光啓堂本、李注本改。

❹「風」，李注本有小注：「一作歲。」

❺「杓」，光啓堂本作「酌」。

❻「漢家」，龍舒本、李注本作「家家」。李注本有小注：「一作漢家。」

❼「馬」，原作「使」，據龍舒本、宋元遞修本、應刻本改。

河間

北行出河間，千歲想賢王。胡麻生蓬中，詰曲終自傷。好德尚如此，恃材宜見戕。乃知陰自脩，彼不爲傾商。區區三世家，廟册富文章。教子以空言，得祚果不長。❶

陳橋

走馬黄昏渡河水，夜争歸路春風裏。指點韋城太白高，投鞭日午陳橋市。楊柳初回陌上塵，烟脂洗出杏花勻。紛紛塞路堪追惜，失却新年一半春。

澶州

去都二百四十里，❷河流中間兩城峙。南城草草不受兵，北城樓櫓如邊城。城中老人爲予語，契丹此地經鈔虜。黄屋親乘矢石間，胡馬欲踏河冰渡。天發一矢胡無酋，河冰亦破沙水流。歡盟從此至今日，丞相萊公功第一。

臨川先生文集卷第五

❶「長」，原作「良」，據李注本改。
❷「四」，李注本作「五」。

臨川先生文集卷第六

古詩

北客置酒

紫衣操鼎置客前，巾韝稻飣隨粱饘。引刀取肉割啖客，銀盤臂臑薧與鮮。❶殷勤勸侑邀一飽，卷牲歸館觴更傳。❷山蔬野果雜飴蜜，獾脯豕腊加炰煎。❸酒酣衆吏稍欲起，❹小胡捽耳争留連。爲胡止飲且少安，一杯相屬非偶然。

奉使道中寄育王山長老常坦❺

道人少賈海上游，海船破散身沈浮。❻抱金滿篋人所寄，吹簸偶得還中州。羸身歸金不受報，❼秖取斗酒相獻酬。歡娱慈母終一世，脱棄妻子藏巖幽。❽蒼煙寥寥池水

---

❶「臂」，原作「擘」，據龍舒本、李注本改。

❷「館」，龍舒本、李注本作「舍」。李注本有小注：「一作飽。」「觴」，龍舒本作「長」。

❸「腊」，龍舒本作「臘」。

❹「酣」，龍舒本作「酬」。「吏」，原作「史」，據龍舒本、李注本改。

❺「奉使道中」，龍舒本、李注本無此四字。

❻「沈」，龍舒本、李注本作「波」。李注本有小注：「一作沉。」

❼「羸身歸金」，龍舒本作「羸身歸來」，李注本作「羸身歸來」。

❽「棄」，李注本作「去」。

漫，❶白玉菡萏吹高秋。夜燃栢子煑山藥，憶此東望無時休。塞垣春枯積雪溜，❷沙礫盛怒黄雲愁。❸五更匹馬隨鴈起，想見鄭郭花今稠。❹百年夸奪終一丘，世上滿眼真悠悠。寄聲萬里心綢繆，莫道異趣無相求。

送李屯田守桂陽二首

泊船香爐峰，始與子相識。寄書邗江上，❺詒我峰下石。緣以湘水竹，攜持與南北。永懷故人歡，不顧百金易。竹枯歸樵蘇，石爛棄沙礫。夷門得邂逅，❻緑髮皆半白。追思少時事，俛仰如一夕。老矣無所爲，空知念疇昔。常思一杯酒，要子相解釋。出門事紛紛，歸卧意還瓴。❼聞當上溢水，持詔守嶺阨。❽方爲萬里別，❾執手先慘戚。兹游信浩蕩，山水多所得。爲我謝香爐，風塵每相憶。

二

蒼黄離家問南北，中路思歸歸不得。風濤何處不驚人，雨雪前村更欺客。舊交

❶「煙」，龍舒本作「燈」。
❷「溜」，龍舒本、李注本作「留」。
❸「盛」，龍舒本作「感」。
❹「鄭」，龍舒本作「郊」。「花今稠」，龍舒本、李注本作「花稠稠」。李注本有小注：「一作花今稠。」
❺「邗江」，原作「邦江」，據宋元遞修本、應刻本、光啓堂本改。「邗江上」，龍舒本作「向江山」。
❻「得」，龍舒本、李注本作「忽」。李注本有小注：「一作得。」
❼「瓴」，龍舒本作「迫」。
❽「守」，龍舒本、李注本作「出」。李注本有小注：「一作守。」
❾「別」，龍舒本作「州」。

旌旆此盤桓，見我即令兒解鞍。荒山樂官歌舞拙，提壺沽酒聊一歡。行藏欲語眉不展，❶互歎别離心繾綣。行年半百勞如此，南畝催耕未宜晚。

送吴仲庶出守潭州❷

吴公治河南，名出漢廷右。高才有公孫，相望千歲後。❸平明省門開，吏接堂上肘。指撝談笑間，静若在林藪。❹連牆畫山水，隱几詩千首。浩然江湖思，果得東南守。傳鼓上清湘，旌旗蔽牛斗。方今河南治，復在荆人口。自古楚有材，酃渌多美酒。不知樽前客，更得賈生否？

雜詠三首❺

懷王自墮馬，賈傅至死悲。古人事一職，豈敢苟然爲？哭死非爲生，吾心良不欺。滔滔聲利間，絳灌亦何知？

二

先生善鼓瑟，齊國好吹竽。操竽入齊人，雅鄭亦復殊。豈不得禄賜？歸卧自欷

❶「語」，李注本作「話」。

❷「送吴仲庶」，龍舒本作「和吴仲庶」，李注本作「和仲庶」。

❸「歲」，龍舒本、李注本作「載」。

❹「在」，龍舒本作「入」。

❺此三首爲龍舒本、李注本《即事六首》之第三、四、五首。

歔。寥寥朱絲絃，老矣誰與娛？

三

商陽殺三人，每輒不忍視。亦云食君食，❶報禮當如此。波瀾吹九州，金石安得止？永懷南山阿，慷慨中夜起。

即事三首❷

我起影亦起，我留影逡巡。我意不在影，影長隨我身。交游義相好，骨肉情相親。如何有乖睽，不得同苦辛？

二

昏昏白日卧，皎皎中夜愁。❸明月入枕席，涼風動衾幬。蛬蟬相鳴悲，上下無時休。徒能感我耳，顧爾安知秋？❹

三

日月隨天旋，疾遲與天謀。❺寒暑自有常，不顧萬物求。蜉蝣蔽朝夕，蟪蛄疑春秋。眇眇上古曆，❻回環今幾周。

❶「云」，龍舒本、李注本作「均」。
❷此三首爲龍舒本、李注本《即事六首》之第一、二、六首。
❸「中」，李注本作「終」。
❹「顧」，龍舒本作「故」。
❺「謀」，龍舒本、李注本作「侔」。
❻「上」，李注本作「萬」。

送鄭叔熊歸閩

鄭子喜論兵，魁然萬人敵。嘗持一尺箠，❶跨馬河南北。方今邊利害，口手能講畫。疑師縠城翁，方略已自得。天兵卷甲老，壯士不肉食。低徊向詩書，文字鋭鐫刻。❷科名又齟齬，棄置非人力。黄塵彫敝裘，逆旅同偪仄。秋風吹殘汴，霰雪已驚客。浩歌隨東舟，别我無慘惻。閩生今好遊，往往老妻息。南陔子所慕，天命豈終塞？

寄二弟時往臨川❸

蕭條冬風高，吹我冠上霜。我行歲已寒，悲汝道路長。持以一作此。犬馬心，❹千里不得將。❺使汝身百憂，辛苦冒川梁。❻青燈照詩書，仰屋涕數行。不有親戚思，詎知遠遊傷？

李氏沅江書堂

沅江水有梁與罾，沅田樹桑可蠶耕。❼君於其間恥射利，獨岸清泚留朱甍。詩書

---

❶「嘗持」，龍舒本作「當時」。

❷「鋭」，龍舒本作「鑱」。

❸「時往臨川」，龍舒本、李注本作「時在臨川」，李注本此四字爲小注。

❹「以」，龍舒本、李注本作「此」。

❺「得」，龍舒本、李注本作「能」。李注本有小注：「一作得。」

❻「辛苦」，李注本作「辛勤」。

❼「沅田」，光啓堂本作「沅山」。「樹桑」，龍舒本、李注本作「桑樹」。

當前日開闔，冠帶滿坐相逢迎。勉求高論出施設，❶無以私智爲公卿。

休假大佛寺

罷憊得休假，衣冠倦趨翔。挾書聊自娱，解帶寺東廊。❷六龍高徘徊，光景在我裳。冬屋稍暄暖，病身更强梁。❸從我有不思，捨我有不忘。問誰可與言，攜手此徜徉。婉婉吾所愛，新居乃鄰牆。寄聲能來遊，維用寫愁腸。❹

别謝師宰

閶闔城西地如水，雞鳴黄塵波浪起。窮年一馬望扶桑，東得省門身輒止。簿書期會老紛紛，邂逅論心喜有君。數日未多還捨我，相看愁思亂於雲。

解使事泊棠陰時三弟皆在京師二首❺

始吾泊棠陰，三子不在舟。今當捨之去，三子還遠遊。茫然千里水，今見荻花洲。俛仰换春冬，紛紛空百憂。懷哉山川異，往矣霰雪稠。登高一涕泗，寄此寒江流。

二

泊船棠陰下，灘水清且淺。回首望孤

❶「出」，龍舒本作「坐」。
❷「寺東」，龍舒本作「步寺」。
❸「身」，光啓堂本作「骨」。
❹「腸」，龍舒本、李注本作「傷」。
❺「二首」，龍舒本無此二字。

城，浮雲一何緬。久留非吾意，❶欲去猶繾綣。馳心故人側，一望三四反。蕭蕭東堂竹，異日留息偃。無恩被南國，疑此行當翦。

驊騮

龍德不可係，變化誰能謀？一本無此二句。驊騮亦駿物，卓犖地上遊。怒行追疾風，忽忽跨九州。轍迹古所到，山川略能周。鴻蒙無人梯，沆漭遶天浮。巉巖拔青冥，仙聖所止留。欲往輒不能，視龍乃知羞。

寄朱氏妹

昔來高郵居，我始得朱子。從容談笑間，已足見奇偉。行尋城陰田，坐釣渠下沚。歸來同食眠，左右皆圖史。入視爾諸幼，歡言亦多祉。當時獨張倩，遠在廬山趾。沈君未言昏，名已習吾耳。安知十年來，❷乖隔非願始。相逢輒念遠，悲吒多於喜。今茲豈人力？所念皆聚此。諸甥昔未有，滿眼秀而美。低佪吾親側，亦足慰勞止。嗟予迫時恩，一傳日千里。尔舟亦已戒，五兩翩然起。❸蕭蕭東南縣，望爾何時已？空知夢爲魚，逆上西江水。❹

贈陳君景初

吾嘗奇華佗，腸胃真割剖。神膏既傅

---

❶「吾」，龍舒本作「可」。
❷「年來」，宋元遞修本、應刻本作「來年」。
❸「翩」，李注本作「翻」。
❹「江」，原作「安」，據李注本改。

之，頃刻活殘朽。昔聞今則信，絶伎世嘗有。堂堂潁川士，察脉極淵藪。珍丸起病瘠，鱠蟲隨泄嘔。攣足四五年，下針使之走。一言儻不合，萬金莫可誘。又復能賦詩，往往吹瓊玖。卷紙誇速成，語怪若神授。名聲動京洛，蹤跡晦莨莠。相逢但長嘯，❶遇飲輒掩口。獨醒竟何如？無乃寡俗偶。顧非避世翁，疑是壁中叟。安得斯人術，付之經國手？

贈張康

昔在歷陽時，得子初江津。手中紫團參，一飲寬吾親。捨舟城南居，杖屨日相因。百口代起伏，呻呼聒比鄰。❷叩門或夜半，屢費藥物珍。欲報恨不得，腸胃盤車輪。今逢又坎坷，令子馳風塵。顛倒車馬間，起先冰雪晨。嗟我十五年，得禄尚辭貧。所讀漫累車，豈能蘇一人？無求愧子義，有施慙子仁。逝將收桑榆，邀子寂寞濱。

送程公闢守洪州❸

畫船插幟摇秋光，鳴鐃傳鼓水洋洋。❹豫章太守吴郡郎，行指斗牛先過鄉。鄉人出郭航酒漿，炰鼈鱠魚炊稻粱。芡頭肥大菱腰長，醽醁喧呼坐滿牀。怪君三年滯瞿塘，又驅傳馬登太行。纓旄脱盡歸大梁，翻然出走天南疆。九江左投貢與章，揚瀾吹

❶「嘯」，李注本作「笑」，有小注：「一作嘯。」
❷「呼」，李注本作「吟」。
❸「守洪州」，龍舒本、李注本作「之豫章」。
❹「傳」，龍舒本、李注本作「伐」。

漂浩無旁。老蛟戲水風助狂，盤渦忽坼千丈强。君聞此語悲慨慷，迎吏乃前持一觴。鄙州歷選多儁良，鎮撫時有諸侯王。拂天高閣朱鳥翔，西山蟠繞鱗鬛蒼。下視城塹真金湯，雄樓傑屋鬱相望。中户尚有千金藏，漂田種秔出穰穰。沉檀珠犀雜萬商，大舟如山起牙檣。一本無此一句。輸瀉交廣流荆揚，輕裙利屣列名倡。❶春風蹋謡能斷腸，平湖灣塢煙渺茫。❷樹石珍怪花草香，幽處往往聞笙簧。地靈人秀古所臧，勝兵可使酒可嘗。十州將吏隨低昂，談笑指麾回雨暘。非君才高力方剛，豈得跨有此一方？無爲聽客欲霑裳，使君謝吏趣治裝，我行樂矣未渠央。❸

鳳凰山❹

驅馬信所適，落日望九州。青山滿天地，何往爲吾丘？貧賤身秖辱，富貴道足羞。涉世諒如此，惜哉去無由。

夢中作

青門道北雲爲屋，大壚貯酒千萬斛。燭龍注雨如車軸，❺不畏不售畏不續。

❶「裙」，李注本作「裾」。
❷「湖」，李注本作「潮」。
❸「未渠」，龍舒本作「渠未」。
❹此首爲龍舒本、李注本《鳳凰山二首》之第一首。
❺「燭」，原作「獨」，據龍舒本、李注本改。

彭蠡

茫茫彭蠡春無地，白浪春風濕天際。東西捩柂萬舟回，千歲老蛟時出戲。少年輕事鎮南來，水怒如山帆正開。中流蜿蜒見脊尾，觀者膽墮予方咍。衣冠今日龍山路，廟下沽酒山前住。老矣安能學佽飛？買田欲棄江湖去。

牛渚

歷陽之南有牛渚，一風微吹萬舟阻。華戎蠻蜀支百川，合爲大江神所躔。山盤水怒不得泄，到此乃有無窮淵。朱衣乘車作官府，操制生殺非無權。陰靈秘怪不欲露，❶燬犀得禍豈偶然？❷

東門

東門白下亭，摧甓蔓寒葩。淺沙杙素舸，一水宛秋蛇。漁商數十室，門巷隱桑麻。翰林謫仙人，往歲酒姥家。調笑此水上，能歌《揚白花》。楊花飛白雪，枝裹緑煙斜。舞袖卷煙雪，綺裘明紫霞。風流翳蓬顆，故地使人嗟。迢迢陌頭青，空復可藏鴉。

❶「秘」，原作「柲」，據龍舒本、宋元遞修本、應刻本、光啓堂本、李注本改。

❷「豈」，龍舒本、李注本作「卻」。李注本有小注：「一作豈。」

和王微之登高齋三首❶

寒雲沈屯白日埋，河漢蕩坼天如簁。衡門兼旬限泥潦，臥聽竅木鳴相挨。蕭辰忽掃纖翳盡，❷北嶺初出青嵬嵬。微之新詩動我目，爛若火齊金盤堆。想攜諸彥眺平野，高論歷詆秦以來。觥船淋浪始快意，忽憶歸雲胡爲哉？念君少壯輟游衍，發揮《春秋》名玉杯。書成不得斷國論，但此空語傳八垓。❸登臨興罷因感觸，更欲遠引追宗雷。君知富貴亦何有？諂譽未足償譏排。風豪雨橫費調燮，坐使髮背爲黃台。留賓往往夜參半，雖有罇俎無由開。江南佳麗非一日，況乃故園名池臺。❹能招過客飲文字，山水又足供歡咍。剩留官屋貯酒母，取醉不竭當如淮。

二

六朝人物隨煙埃，金輿玉几安在哉？鍾山石城已寂寞，秖見江水雲端來。❺百年故老有存者，尚憶世宗初伐淮。魏王兵馬接踵出，旗纛千里相搪挨。當時謀臣非不衆，上國拔取多陪臺。龍騰九天跨四海，❻

❶ 此三首龍舒本、李注本分爲兩題，第一、三首爲《和王微之登高齋二首》，第二首爲《和微之登高齋》。
❷「辰」，龍舒本、李注本作「晨」。
❸「此」，李注本作「比」，有小注：「一作此。」
❹「園」，龍舒本、李注本作「國」。
❺「江」，原作「汪」，據龍舒本、宋元遞修本、應刻本、李注本改。
❻「騰」，李注本作「飛」。

一水欲阻爲可咍。❶降王北歸樓殿坼，棄屋尚鎖殘金堆。❷神靈變化自真主，將帥何力求公台？❸山川清明草木静，天地不復屯雲雷。使君登高訪古昔，❹傷此陳迹聊持杯。因留嘉客坐披寫，酃渌笑語傾如簁。❺攢峰酒酣重惜功業晚，老矣萬卷徒兼該。攢峰列壑動歸興，❻憂端落筆何崔嵬。餘年無歡易感激，亦愧莊叟能安排。青燈明滅照不寐，但把君詩闔且開。

三

干戈六代戰血埋，雙闕尚指山崔嵬。當時君臣但兒戲，把酒空勸長星杯。臨春美女閉黄壤，玉枝自一作白。蘂繁如堆。❼《後庭》新聲散樵牧，❽興廢倏忽何其哀。咸陽龍移九州坼，遺種變化呼風雷。蕭條中原碭無水，崛强又此憑江淮。廣陵衣冠掃地去，穿築隴畝爲池臺。❾吴儂傾家助經始，尺土不借秦人簁。珠犀磊落萬艘入，金璧照耀千門開。建隆天飛跨兩海，南發交廣東温台。中間業業地無幾，欲久割據誠難哉。靈旗指麾盡貔虎，談笑力可南山排。樓船蔽川莫敢動，扶伏但有謀臣來。百年滄洲自潮汐，事往不與波争迴。黄雲荒城

❶「一水欲阻」，宋元遞修本、應刻本作「欲阻一水」。「爲可」，龍舒本、李注本作「真堪」。李注本有小注：「一作爲可。」
❷「殘」，李注本作「黄」，有小注：「一作殘。」
❸「求」，龍舒本作「登」。
❹「訪古昔」，龍舒本、李注本作「一訪古」。
❺「酃渌」，龍舒本、李注本作「醽醁」。
❻「動」，李注本作「剩」。
❼「自」，龍舒本、李注本作「白」。
❽「散」，龍舒本作「歎」，李注本作「變」。
❾「築」，李注本作「鑿」，有小注：「一作築。」

失苑路，白草廢時空壇垓。❶使君新篇韻險絶，登眺感悼隨嘲咍。嗟予愁憊氣已竭，對壘每欲相劘挨。揮毫更想能一戰，數窘乃見詩人才。

臨川先生文集卷第六

❶「垓」，龍舒本作「埃」。

臨川先生文集卷第七

古詩

董伯懿示裴晉公平淮右題名碑詩用其韻和酬❶

元和伐蔡何危哉，朝廷百口無一諧。盜傷中丞偶不死，利劍白日投天街。裹瘡入相議軍旅，❷國火一再更檀槐。上前慷慨語發涕，誓出按撫除睽乖。指撝光顏戰洄曲，闞如怒虎搏虺豺。愬能捕虜取肝鬲，護送密乞完形骸。笞兵夜半投死地，❸雪濕不敢燃薪蘤。空城豎子已可縛，❹中使尚作嗁兒哇。❺退之道此尤儁偉，當鏤玉牒東燔柴。❻欲編詩書播後嗣，筆墨雖巧終類俳。唐從天寶運中圮，廊廟往往非忠佳。諸侯縱橫代割據，疆土豈得無離佤？德宗末年懲戰禍，一矢不試塵蒙靫。❼憲皇初起衆未信，意欲立掃除昬霾。追還清明救薄蝕，屢勑主府拘窮蛙。王師傷夷征賦窘，千里亦忌毫氂差。小夫偷安自非計，❽長者遠慮或

❶ 此題，龍舒本、李注本作「和董伯懿詠裴晉公平淮西將佐題名」。

❷ 「相」，龍舒本、李注本作「朝」。「旅」，李注本作「國」。

❸ 「笞」，龍舒本、李注本作「箝」。

❹ 「豎子」，龍舒本、李注本作「堅守」。李注本有小注：「一作豎子。」

❺ 「嗁兒」，龍舒本作「號兒」。李注本作「兒號」，有小注：「一作號兒。」

❻ 「牒」，龍舒本作「版」，李注本作「板」。

❼ 「矢」，龍舒本作「天」。

❽ 「自非」，李注本作「徒自」。

可懷。桓桓晉公忠且壯，時命適與功名偕。是非末世主成敗，烜赫今古誰譏排？賢哉韋純議北赦，倉卒兩伐尤難皆。重華聲明彌萬國，服苗干羽舞兩階。宣王側身内脩政，常德立武能平淮。昔人經綸初若緩，欲棄此道非吾儕。千秋事往蹤跡在，嶽石款記如湘崖。文嚴字麗皆可喜，黄埃蔽没蒼蘚埋。當時將佐盡豪傑，想此兵禱陪祠齋。❶君曾西遷爲拓本，濡麝割蜜親劘揩。新篇波瀾特浩蕩，把卷熟讀迷津涯。褒賢樂善自爲美，當挂廟壁爲詩牌。❷

用王微之韻和酬即事書懷

秦惜逝者耋，晉嘉良士休。古人皆好樂，哀此歲月遒。嗟我抱愁毒，殘年自羈囚。但爲兔得蹄，非復天上鷗。雖知林塘美，欲往輒回輈。名園一散策，笑語隨觥籌。探題遶梅花，高詠接應劉。宿雨洗荒壍，寒蛟沈老湫。沿洄信畫舸，歸路子城幽。冬風不改緑，忽見新陽浮。歡事去如夢，嘉時念難留。明發得君句，謂將續前遊。語我飲倡樂，不如詩獻酬。淮洲奏鍾馨，❸雅刺德不猶。文墨有真趣，荒淫何足收？來篇信時女，❹窈窕衆所求。茲理儻可諧，❺華簪爲君抽。

❶「兵」，龍舒本作「共」。
❷「當挂」，光啓堂本作「賞佳」。
❸「奏」，原作「秦」，據李注本改。
❹「信時」，李注本作「若淑」。
❺「諧」，李注本作「諧」。

和仲求即席分題得庶字❶

刀筆漫無營，圖書紛不御。平生攜手人，邂逅賞心處。名卿邵朱邑，❷膚使超嚴助。都官富篇章，博士熟經據。豈特好微言？又多知大慮。從容故天幸，倜儻盡人譽。千艘來交荆，萬舸去揚豫。良無此嘉客，式飲吾所庶。❸

出鞏縣

昭陵落月烟霧昏，篝火度谷行山根。投鞭委轡涉數村，寤出鞏縣城東門。向來宮闕不可見，但有洛水流渾渾。

書任村馬鋪

兒童繫馬黄河曲，近岸河流如可掬。任村炊米朝食魚，日暮滎陽驛中宿。投老經過身獨在，當時洲渚今平陸。秫黍冥冥十數家，仰視荒蹊但喬木。冰盤羹美客自知，❹起看白水還東馳。爾來百口皆年少，歸與何人共此悲？

❶ 此題，龍舒本、李注本作「和吴仲庶」。

❷ 「名卿邵朱邑，膚使超嚴助」，龍舒本作「名卿等邵朱，邑使超嚴助」。

❸ 「飲」，李注本作「燕」。

❹ 「羹」，龍舒本、李注本作「鱠」。

葛藴作巫山高愛其飄逸因亦作兩篇

巫山高，十二峯。上有往來飄忽之猨猱，下有出没瀺灂之蛟龍。中有倚薄縹緲之神宮，神人處子冰雪容。吸風飲露虚无中，千歲寂寞無人逢。邂逅乃與襄王通，丹崖碧嶂深重重。白月如日明房櫳，象牀玉几來自從，錦屏翠幔金芙蓉。陽臺美人多楚語，秖有纖腰能楚舞，争吹鳳管鳴鼉鼓。那知襄王夢時事？但見朝朝暮暮長雲雨。

二

巫山高，偃薄江水之滔滔。水於天下實至險，山亦起伏爲波濤。其巔冥冥不可見，崖岸斗絶悲猨猱。赤楓青櫟生滿谷，山鬼白日樵人遭。窈窕陽臺彼神女，朝朝暮暮能雲雨。以雲爲衣月爲褚，乘光服暗無留阻。崑崙曾城道可取，方丈蓬萊多伴侣。塊獨守此嗟何求，況乃低佪夢中語。

西風

少年不知秋，喜聞西風生。老大多感傷，畏此蟋蟀鳴。況乃捨親友，抱病獨遠行。中夜卧不周，惻惻感我情。起視天正黑，弱雲亂縱横。似有霰雪飄，不復星斗明。時節忽如此，重令壯心驚。諒無同憂人，樽酒安可傾？

久雨

煤炱著天無寸空，白沫上岸吹魚龍。

羲和推車出不得，河伯欲取山爲宮。城門晝開眠百賈，飢孫得糟夜哺翁。老人慣事少所怪，看屋箕踞歌《南風》。

和王勝之雪霽借馬入省

泥水填馬不受轍，瓦雪得火猶藏溝。宿霧紛紛度城闕，朔氣凜凜吹衣裘。窮閻閉門無一客，剥啄驚我有前騶。强隨傳呼出屋去，鼻息凍合髭繆繆。投韁馬鬛任欹側，欲出操箠手還抽。行思江南悲故事，溪谷冬暖花常流。前年臘歸三見白，霽色嶺上班班留。杖藜此時將邑子，登眺置酒身優游。豈如都城今日事？秖恐一蹶爲親憂。因知田里駕款段，❶昔人豈即非良謀？君家洛陽名實大，談笑枯槁回春柔。平生意氣故應在，白髮未敢相尋求。從容退食想佳節，豈無歌聲相獻酬？❷奈何亦作苦寒調，❸歎息朝夕無驊騮。超然遂有江湖意，滿紙爲我書窮愁。相如正應居客右，子路且莫乘桴浮。

和吴沖卿鵶鳴樹石屏❹

寒林昏鵶相與還，下有跂石蒼孱顔。曾於古圖見髣髴，已怪刀筆非人間。❺君家石屏誰爲寫，古圖所傳無似者。鵶飛歷亂止且鳴，林葉慘慘風煙生。高齋日午坐中

❶「因」，龍舒本作「困」。
❷「聲」，龍舒本、李注本作「舞」。
❸「苦」，龍舒本作「居」。
❹「鳴」，龍舒本、李注本無此字。
❺「刀筆」，李注本作「筆力」，有小注：「一作刀筆。」

見，意似落日空上行。❶君詩雄盛付君手，云此非人乃天巧。嗟哉渾沌死，乾坤至，❷造作萬物醜妍巨細各有理。問此誰主何其精，恢奇譎詭多可喜。人於其間乃復雕鑱刻畫出智力，欲與造化追相傾。拙者婆娑尚欲奮，工者固已窮夸矜。吾觀鬼神獨與人意異，雖有至巧無所争。❸所以號山間，埋没此寳千萬歲，不爲見者驚。吾又以此知妙偉之作不在百世後，❹造始乃與元氣并。畫工粉墨非不好，歲久剥爛空留名。能從太古到今日，獨此不朽由天成。世人尚奇輕貨力，山珍海怪採掇今欲索。此屏後出爲君得，胡賈欲價著不識。吾知金帛不足論，當與君詩兩相直。

送李宣叔倅漳州

關山到漳窮，❺地與南越錯。山川鬱霧毒，瘴癘春冬作。荒茅篁竹閒，蔽虧有城郭。居人特鮮少，市井宜蕭索。野花開無時，蠻酒持可酌。窮年不用客，❻誰與分杯杓？朝廷尚賢俊，磊砢充臺閣。君能喜節行，文藝又該博。超然萬里去，識者爲不樂。予聞君子居，自可救民瘼。苟能禦外物，得地無美惡。似聞最南方，北客今勿

❶「上」，龍舒本、李注本作「山」。
❷「至」，龍舒本、李注本作「生」。
❸「至」，李注本作「智」，有小注：「一作至。」
❹「知」下，龍舒本有「工」字。
❺「關」，李注本作「閩」。
❻「用」，李注本作「值」。

藥。林麓换風氣，獸虵凋毒蠚。如漳猶近州，氣冷又銷鑠。珍足海物味，其厚不爲薄。章舉馬甲柱，固已輕羊酪。蕉黄荔子丹，又勝楂梨酢。逢衣比多士，往往在丘壑。從容與笑語，豈不慰寂寞？太守好觴詠，嘉賓應在幕。想即有新詩，流傳至京洛。

送裴如晦宰吴江

霜一作震。澤與天杳，❶旁臨無限情。❷他時散髮處，最愛垂虹亭。飄然平生遊，捨我戴吴星。欲往獨不得，都門看揚舲。到縣問疾苦，爲子求所經。當知耕牧地，❸往往茭蒲青。三江斷其二，洚水何由寧？微子好古者，此歌尚誰聽？

韓持國從富并州辟

韓侯冰玉人，不可塵土雜。官雖衆俊後，名字久訇磕。并州天下望，撫士威愛愜。❹千金棄不惜，賓客常滿閤。遥聞餘風高，爲子置一榻。親交西門餞，百馬驕雜遝。子材宜用世，談者爲嗚唈。矧今名主人，氣力足呵欱。❺推賢爲時輔，勢若朽易拉。會當薦還朝，立子在閶闔。惜哉秣騏驥，賦以升龠合。咨予栖栖者，氣象已摧

❶「霜」，李注本作「震」。
❷「限情」，龍舒本、李注本作「地形」。
❸「耕牧」，龍舒本作「種牧」，李注本作「種收」。
❹「愜」，李注本作「匧」。
❺「呵欱」，龍舒本作「吁欱」。李注本作「呼欱」，有小注：「一作呵欱。」

堨。他年佐方州，説將尚不納。況於聲勢尊，豈易取酬答？有如持寸莛，未足感鞺鞳。❶顧於山水間，意願多所合。匡廬與韶石，❷少小已嘗蹋。風遊會稽春，雪宿天柱臘。淮湖江海上，慣食蝦蟹蛤。西南窮岷嶓，東北盡濟漯。❸身雖未嘗歷，魂夢已稠沓。荆溪最所愛，映燭多廟塔。溪果點丹漆，溪花團繡罨。扁舟信所過，行不廢樽榼。一從捨之去，霜雪行滿頷。思之不能寐，蹙若寘蚋噆。方將築其濱，畢景謝噂嗒。安能孤此意，顛倒就衰颯。唯子余所嚮，❹嗜好比鶩鰈。❺何時歸相過？游屐尚可蠟。

寄吴沖卿

物變極萬殊，心通纔一曲。讀書謂已多，撫事知不足。與君語承華，念此非不夙。恨無數頃田，歸耕使成熟。❻當官拙自計，易用忤流俗。窮年走區區，得謗大於屋。❼歸來汙省舍，又繼故人躅。相逢衹數步，吏案常填目。切磋非無朋，❽阻濶嗟何速。孤危失所助，把卷常恨獨。虚名終自誤，謬恩何見蹙？清明有沖卿，奥美如晦叔。時謂當選升，屈指尚五六。揆才最不稱，饕寵寧無恧。殷勤故人書，紙尾又見勖。君雖好德言，我自望忠告。《易》稱動

❶「感」，李注本作「撼」。
❷「匡」，龍舒本、李注本作「羌」。
❸「北」，龍舒本作「南」。「濟」，龍舒本作「洛」。
❹「余」，龍舒本作「命」，李注本作「予」。
❺「鰈」，龍舒本作「鴨」。
❻「耕」，龍舒本、李注本作「講」。
❼「於」，李注本作「如」。
❽「朋」，原作「傷」，據龍舒本、李注本改。

不括，《傳》論大明服。進爲非成材，罪恐不容瀆。歲殘東風生，陜樹塵翳𦐁。何緣一杯酒，談笑相追逐。

韓持國見訪

余生非匏瓜，於世不無求。弱力憚耕稼，衣食當周流。起家始二十，南北今白頭。愁傷意已敗，罷病恐難瘳。江湖把一節，屢乞東南州。治民豈吾能？閒僻庶可偷。謬恩當徂冬，黽勉始今秋。豈敢事高蹇？茫然乖本謀。撫心私自憐，仰屋竊歎愀。强騎黄飢馬，欲語將誰投？賴此城下宅，數蒙故人留。攬衣坐中庭，仰視白雲浮。白雲御西風，一一向滄洲。安得兩黄鵠？跨之與雲遊。

思王逢原

自吾失逢原，觸事輒愁思。豈獨爲故人？撫心良自悲。我善孰相我？孰知我瑕疵？我思誰能謀？我語聽者誰？朝出一馬驅，暝歸一馬馳。❶馳驅不自得，談笑强追隨。仰屋卧太息，起行涕淋漓。念子冢上土，草茅已紛披。婉婉婦且少，煢煢一女嫠。❷高義動閭里，尚聞致財貲。嗟我衣冠朝，略能具饘糜。葬祭無所助，哀顔亦何施？❸聞婦欲北返，跂予常望之。寒汴已閉口，此行又參差。又説當産子，産子知

❶「暝」，李注本作「暮」。
❷「女」，龍舒本、李注本作「兄」。
❸「哀」，龍舒本、李注本作「衰」。李注本有小注：「一作哀。」

何時？賢者宜有後，固當夢熊羆。天方不可恃，我願適在茲。我疲學更誤，與世不相宜。宿昔心已許，同岡結茅茨。此事今已矣，已矣尚誰知？渺渺江與潭，茫茫山與陂。安能久竊食，終負故人期？

登景德塔

放身千仞高，北望太行山。邑屋如蟻冢，❶蔽虧塵霧間。念此屋中人，當復幾人閑。雞鳴起四散，暮夜相與還。物物各自我，誰爲賢與頑？賤氣即易凌，貴氣即難攀。愧予心未齊，俛首一破顔。

和劉貢甫燕集之作❷

馮侯天馬壯不羈，韓侯白鷺下清池。劉侯羽翰秋欲擊，吴侯葩萼春争披。沈侯玉雪照人潔，蕭灑已見江湖姿。唯予貌醜駭公等，自鏡亦正如蒙倛。忘形論交喜有得，杯酒邂逅今良時。心親不復異新舊，便脱巾屨相諧嬉。空堂無塵小雨定，濃緑翳水浮秋曦。高談四坐掃炎熱，木末更送涼風吹。此歡不盡忽分散，明月照屋空參差。平明餘清在心耳，洗我重得劉侯詩。劉侯未見聞已熟，吾友稱誦多文辭。才高意大方用世，自有豪俊相攀追。咨予後會恐不數，魂夢久向東南馳。何時扁舟却顧我？還欲迎子遊山陂。

---

❶「邑」，原作「巴」，據龍舒本、宋元遞修本、李注本改。

❷「劉」，李注本無此字。

寄王逢原

北風吹雲埋九垓，草木零落空池臺。六龍避逃不敢出，地上獨有寒崔嵬。披衣起行愁不愜，歸坐把卷闔且開。永懷古人今已矣，感此近世何爲哉？申韓百家爇火起，❶孔子大道寒於灰。儒衣紛紛欲滿地，無復氣焰空煤炱。❷力排異端誰助我？憶見夫子真奇材。楩柟豫章概白日，秪要匠石聊穿裁。我方官拘不得往，子有閑暇宜能來。晤言相與入聖處，一取萬古光芒迴。

寄正之❸

少時已感韓子詩，東西南北俱欲往。新年尤覺此語悲，恨無羽翼超惚恍。肺肝欲絶形骸外，涕洟自落衣巾上。此憂難與世共知，憶子論心更惆悵。

思古

古之士方窮，材行已云貴。大臣公聽采，左右不得蔽。或從蒿藜間，入據廊廟勢。小夫不敢望，云我非其彙。朝遊儁者羞，❹暮出逢者避。所以後世愚，人人願高位。

❶「申」，龍舒本、李注本作「莊」。李注本有小注：「一作申。」「火」，龍舒本、李注本作「天」。

❷「氣」，光啓堂本作「風」。

❸「寄」下，李注本有「孫」字。

❹「儁」，李注本作「觀」。

惜日

白日照四方，當在中天留。春風地上行，當與時周遊。和氣所披拂，槁乾却濕柔。愛欲傳萬物，勢難停一州。棲棲孔子者，惜日此之由。不能使此邦，利澤施諸侯。豈若駕以行，使我遇者稠。當時三千人，齊宋楚陳周。小者傳吾粗，大能傳奥幽。❶道散學以聖，衆源乃常流。吾初如匏瓜，彼亦孰知丘？唯士欲自達，窮通非外求。暨必相天子，❷乃能經九疇。行雖耻强勉，閉户非良謀。

送裴如晦即席分題三首

以「黯然消魂惟別而已」爲韻，擬「而」、「惟」字韻作。

飄然五湖長，昨日國子師。緑髮約略白，青衫欲成緇。牽舟推河水，❸去與山水期。春風垂虹亭，一杯湖上持。傲兀何賓客？❹兩忘我與而。能復記此飲，詩成酒淋漓。

❶「能」，光啓堂本作「者」。
❷「暨」，龍舒本、李注本作「豈」。
❸「水」，李注本作「冰」。
❹「何賓」，李注本作「河濱」。

二

十月欸水冰，❶問君行何爲？行不顧斗米，自與五湖期。平生湖上遊，幽事略能知。此後君最樂，窮年得游嬉。彩鯨抗波濤，風作鱗之而。鳴鼓上洞庭，笑看紅橘垂。漠漠大梁下，黄沙吹酒旗。應憐故人愁，❷回首一相思。

三

邂逅君子堂，一杯相與持。便應取酩酊，萬事不足惟。平明蔡河風，回首成差池。獨我漫浪者，尚得行相追。磨刀鱠嚴冬，宿昔少陵詩。還當捕鱸魚，載酒與我期。甫里松菊盛，❸洞庭柑橘垂。文章爲我唱，不數陸與皮。

臨川先生文集卷第七

❶「欸」，李注本作「穎」。
❷「愁」，李注本作「意」。
❸「盛」，李注本有小注：「一本作盡。」

臨川先生文集卷第八

古　詩

兩馬齒俱壯

兩馬齒俱壯，自驕千里材。生姿何軒軒，或是龍之媒。一馬立長衢，顧影方徘徊。一馬裂銜轡，犇嘶逸風雷。立豈飽芻豆？戀棧常思迴。犇豈欲野齕？久羈羨駑駘。兩馬不同調，各爲世所猜。問之不能言，使我心悠哉。

春從沙磧底

春從沙磧底，轉上青天際。靄靄桑柘墟，浮雲變姿媚。游人出暄暖，鳥語辭陰翳。心知歸有日，我亦無愁思。所嗟獨季子，尚客江湖澨。萬里卜鳳凰，飄飄何時至？

晨興望南山

晨興望南山，不見南山根。草樹露顛頂，樛枝空復繁。銅瓶取井水，已至尚餘温。天風一吹拂，的皪成璵璠。

結屋山澗曲

結屋山澗曲，挂瓢秋樹顛。鳴不中律呂，時時驚我眠。吾兒亦惡聒，戮力事棄捐。止我爲爾歌，不如恣其然。狂風動地至，❶萬竅各啾喧。一瓢雖易除，豈在有無間？皪皪山下石，泠泠手中弦。臨流寫所愛，坐聽以窮年。

朝日一暴背

朝日一暴背，欣然忘夜寒。樵松煑澗水，既食取琴彈。彈作《南風》歌，歌罷坐長歎。寤彼栖栖者，遺世良獨難。

黄菊有至性

團團城上日，秋至少光輝。積陰欲滔天，況乃草木微。黄菊有至性，孤芳犯群威。采采霜露閒，亦足慰朝飢。

少狂喜文章

少狂喜文章，頗復好功名。稍知古人心，始欲老蠶耕。低佪但忘食，❷邂逅亦專城。仰慙冥冥士，俯愧擾擾甿。良夜未遽央，青燈數寒更。撥書置左右，仰屋慨平生。

❶「狂」，龍舒本、李注本作「秋」。
❷「忘」，原作「志」，據李注本改。

三戰敗不羞❶

三戰敗不羞，一官遷輒喜。古人思慰親，愧辱寧在己。於陵避兄食，織屨仰妻子。恩義有相權，潔身非至理。

少年見青春

少年見青春，萬物皆嫵媚。身雖不飲酒，樂與賓客醉。一從鬢上白，百不見可喜。心腸非故時，更覺日月駛。❷聞歡已倦往，得飽還思睡。春歸只如夢，不復悲憔悴。寄言少年子，努力作春事。亦勿怪衰翁，衰强自然異。

白日不照物

白日不照物，浮雲在寥廓。風濤吹黄昏，屋瓦更紛泊。行觀蔡河上，負土私有弱。❸隋堤散萬家，亂若春蠶箔。仍聞決數道，且用寬城郭。婦子夜號呼，西南漫爲壑。

草端無華滋

草端無華滋，陰氣已盤固。暄妍却如

❶ 此題，龍舒本、李注本作「涓涓乳下子」。李注本題下有小注：「别本作三戰敗不羞」。

❷ 「駛」，龍舒本作「駃」。

❸ 「私」，李注本作「知」，有小注：「一作私。」「有」，龍舒本、宋元遞修本、應刻本、李注本作「力」。

春，歲晚曾不瘖。一裘可以暖，貧士終難豫。忽忽遠枝空，寒蟲欲坏户。

一日不再飯

一日不再飯，飯已八九眠。忽忽返照閒，❶頓羸不可遷。筋骸徽纆束，❷肺腑鼎鐺煎。長往理不惜，高堂思所牽。

秋枝如殘人

秋枝如殘人，顔色先憔悴。微寒吹已空，性命一何脆？寧當記疇昔，葩葉相嫵媚。歲行誰使然？好殺豈天意？

青青西門槐

人情甘阿諛，我獨倦請謁。尤於權門踈，萬事亦已拙。平生江湖期，夢寐不可遏。青青西門槐，少解馬上喝。

天下不用車

天下不用車，人人乘馬馳。王良雖善御，攬轡欲從誰？漢武伐大宛，殺人若京坻。孝文却走馬，獨行先安之。萬物命在天，取舍各有時。陰陽更用事，冬暖豈所宜？卞氏强獻玉，兩刖亦已癡。幸終遇良

❶「忽忽」，龍舒本作「怱怱」。
❷「纆」，原作「纏」，據龍舒本、李注本改。

工，己剖得不疑。

山田久欲拆

山田久欲拆，秋至尚求雨。婦女喜秋涼，踏車多笑語。朔雲卷衆水，慘淡吹平楚。橫陂與直塹，疑即没洲渚。霍霍反照中，散絲魚幾縷。鴻蒙不可問，且往知何許？歘眠露下舸，側見星月吐。龍骨已嘔啞，田家真作苦。

聖賢何常施

聖賢何常施？所遇有伸屈。曲士守一隅，欲以齊萬物。喪非不欲富，言爲南宫出。❶世無子有子，誰敢救其失。

散髮一扁舟

散髮一扁舟，夜長眠屢起。秋水瀉明河，迢迢藕花底。愛此露的皪，復憐雲綺靡。諒無與歌絃，❷幽獨亦可喜。

道人北山來

道人北山來，問松我東岡。❸舉手指屋脊，云今如此長。開田故歲收，種果今年嘗。告叟去復來，耘鋤尚康强。死狐正首丘，遊子思故鄉。嗟我行老矣，墳墓安

❶「宫」，原作「官」，據龍舒本、應刻本、李注本改。

❷「歌絃」，李注本作「絃歌」。

❸「我」，龍舒本作「栽」。

可忘？

今日非昨日

今日非昨日，昨日已可思。明日異今日，如何能勿悲？當門五六樹，上有蟬鳴枝。朝聽尚壯急，暮聞已衰遲。仰看青青葉，亦復少華滋。萬物同一氣，固知當爾爲。我友南山居，笑談解人頤。分我秋栢實，問言歸何時？衣冠污窮塵，苟得猶苦飢。低佪歲已晚，❶恐負平生期。

秋日不可見

秋日不可見，林端但餘黃。杖藜思平野，俛仰畏無光。栗栗澗谷風，吹我衣與裳。娟娟空山月，照我冠上霜。

騏驥在霜野

騏驥在霜野，低佪向衰草。入櫪聞秋風，悲鳴思長道。黃金作鞭轡，粲粲空外好。人生貴得意，不必恨枯槁。

悲哉孔子没

悲哉孔子没，千歲無麒麟。蚩蚩盡鉏商，此物誰能珍？漢武得一角，燔烹誣鬼神。更以鑄黃金，❷傳夸後世人。

❶「已」，龍舒本作「忽」。

❷「鑄黃金」，龍舒本、李注本作「黃金鑄」。李注本有小注：「一作鑄黃金。」

秋庭午吏散

秋庭午吏散，予亦歸息偃。豈無嘉賓客？欲往心獨懶。❶北窗古人篇，一讀三四反。悲哉不蚤計，失道行晼晚。

秋日在梧桐

秋日在梧桐，轉陰如急轂。冥冥蔽中庭，下視今可暴。高蟬不復嘒，稍得寒鴟宿。百遶有衰翁，❷行歌待春綠。

我欲往滄海

我欲往滄海，客來自河源。手探囊中膠，救此千載渾。我語客徒爾，當還治崑崙。歎息謝不能，相看涕飜盆。客止我且往，濯髮扶桑根。春風吹我舟，萬里空目存。❸

前日石上松

前日石上松，斸移沙水際。青青折釵股，俯映幽人砌。蟠根今鬯茂，落子還蒼翠。三年一楮葉，世事真期費。

日出堂上飲

日出堂上飲，日西未云休。主人笑而

❶「往」，龍舒本作「住」。

❷「衰」，龍舒本、李注本作「詩」。李注本有小注：「一作衰。」

❸「目」，龍舒本作「自」。

歌，客子歎以愀。指此堂上柱，始生在巖幽。雨露飽所滋，凌雲亦千秋。所託願求久，❶何言值君收。乃令卑濕地，百蟻上窮鎪。丹青空外好，鎮壓已堪憂。爲君重去之，不使一蟻留。蟻力雖云小，能生萬蚍蜉。又能高其礎，不爾繼者稠。語客且勿然，百年等浮漚。爲客當酌酒，何豫主人謀？

臨川先生文集卷第八

❶「求」，龍舒本、李注本作「永」。

臨川先生文集卷第九

古詩

孔子

聖人道大能亦博，學者所得皆秋毫。雖傳古未有孔子，蠛蠓何足知天高？桓魋、武叔不量力，欲撓一草摇蟠桃。顔回已自不可測，至死鑽仰忘身勞。

楊雄二首❶

子雲游天禄，華藻鋭初學。覃思晚有得，晦顯無適莫。寥寥鄒魯後，於此歸先覺。豈嘗知符命，何苦自投閣？長安諸愚儒，操行自爲薄。謗嘲出異己，傳載因疏略。孟軻勸伐燕，伊尹干説亳。叩馬觸兵鋒，食牛要禄爵。少知羞不爲，❷況彼皆卓犖。史官蔽多聞，自古喜穿鑿。

二

子雲平生人莫知，❸知者乃獨稱其辭。今尊子雲者皆是，得子雲心亦無幾。聖賢樹立自有師，人知不知無以爲。俗人賤今

❶ 此題，龍舒本、李注本作《楊雄三首》，其第一首底本不載，補見外集。
❷ 「少」，李注本作「小」。
❸ 「莫」，李注本作「不」，有小注：「一作莫。」

常貴古，❶子雲今存誰女數？

漢文帝

輕刑死人衆，喪短生者偷。仁孝自此薄，哀哉不能謀。露臺惜百金，灞陵無高丘。淺恩施一時，長患被九州。

秦始皇

天方獵中原，狐兔在所憎。傷哉六孱王，當此鷙鳥膺。搏取已掃地，翰飛尚憑凌。遊將跨蓬萊，❷以海爲丘陵。勒石頌功德，群臣助驕矜。舉世不讀《易》，但以刑名稱。蚩蚩彼少子，何用辨堅冰？

韓信

韓信寄食常歉然，邂逅漂母能哀憐。當時噲等何由伍？但有淮陰惡少年。誰道蕭曹刀筆吏，從容一語知人意。壇上平明大將旗，舉軍盡驚王不疑。捄兵半楚灘半沙，一作搏兵擊楚灘半涉。❸從初龍且聞信怯。鴻溝天下已橫分，談笑重來卷楚氛。但以怯名終得羽，誰爲孔費兩將軍？

❶「常」，龍舒本作「尊」。李注本有小注：「一作尊。」

❷「遊」，龍舒本作「逝」。

❸「捄」，龍舒本、李注本作「搏」。「半」，龍舒本、李注本作「擊」。「灘半沙」，龍舒本、李注本作「灘半涉」。李注本有小注：「一作救兵半楚灘半涉。」按，「灘」當爲「濰」字之誤。

叔孫通

先生秦博士，秦禮頗能熟。量主欲有爲，兩生皆不欲。草具一王儀，群豪果知肅。黄金既徧賜，短衣亦已續。儒術自此凋，何爲反初服？

東方朔

平原狂先生，隱翳世上塵。材多不可數，射覆亦絶倫。談辭最詼怪，發口如有神。以此得親幸，賜予頗不貧。金玉本光瑩，泥沙豈能堙？❶ 時時一悟主，驚動漢庭臣。不肯下兒童，敢言詆平津。何知夷與惠？空復忤時人。

楊劉

人各有是非，犯時爲患害。唯《詩》以譎諫，言者得無悔。汾王昔監謗，❷變雅今尚載。末俗忌諱繁，❸此理寧復在？南山詠種豆，議法過四罪。玄都獻桃花，母子受顛沛。疑似已如此，況欲諄諄誨。事變故不同，楊劉可爲戒。

臧倉

位在萬乘師，孟軻猶不遇。豈云貧與

❶「泥」，龍舒本、宋元遞修本作「浮」。

❷「汾」，龍舒本、李注本作「厲」。李注本有小注：「一作汾。」

❸「末俗」，李注本作「末世」。

賤？世道非吾趣。意行天下福，事忤由然去。命也固有在，臧倉汝何與？

田單

湣王萬乘齊，走死區區燕。田單一即墨，掃敵如風旋。舞鳥怪不測，騰牛怒無前。飄飄樂毅去，磊砢功名傳。掘葬與劓降，論乃愧儒先。深誠可奮士，王蠋豈非賢？

戴不勝

昔在宋王所，皆非薛居州。區區一不勝，辛苦亦何求？懷祿詎有耻？知命乃無憂。此士自可憐，能復識此不？

陸忠州

虞人以士招，御者與射比。當時尚羞爲，況乃天下士。英英陸忠州，學問輔明智。低佪得坎坷，勳業終不遂。

開元行

君不聞開元盛天子，糾合儁傑披姦猖。幾年辛苦補四海，始得完好無疽瘡。❶一朝寄託誰家子，威福顛倒那復理？❷那知赤子偏愁毒，❸秖見狂胡倉卒起。茫茫孤行西

❶「始」，龍舒本作「如」。
❷「那」，李注本作「誰」。
❸「偏」，原作「偏」，據龍舒本、宋元遞修本、李注本改。

萬里，傴仄歸來竟憂死。子孫險不失故物，社稷陵夷從此始。由來犬羊著冠坐廟堂，安得四鄙無豺狼？

相送行效張籍

一車南，一車北，身世忽忽俱有役。憶昔論心兩綢繆，那知相送不得留？但聞馬嘶覺已遠，欲望應須上前坂。秋風忽起吹泥塵，❶雙目空回不見人。

陰漫漫行

愁雲怒風相追逐，青山滅没滄江覆。少留燈火就空床，更聽波濤圍野屋。憶昨踏雪度長安，夜宿木瘤還苦寒。誰云當春便妍暖，十日八九陰漫漫。❷

一日歸行

賤貧奔走食與衣，百日奔走一日歸。平生歡意苦不盡，正欲老大相因依。空房蕭瑟施繐帷，青燈半夜哭聲稀。音容想像今何處，地下相逢果是非？

汴水❸

汴水無情日夜流，不肯爲我少淹留。相逢故人昨夜去，不知今日到何州？州州

❶「泥」，李注本作「沙」。

❷「八九」，原作「九八」，據龍舒本、宋元遞修本、應刻本、李注本改。

❸此題，龍舒本、李注本作「汴流」。

人物不相似，處處蟬鳴令客愁。❶可憐南北意不就，❷二十起家今白頭。

陰山畫虎圖

陰山健兒鞭鞚急，❸走勢能追北風及。逶迤一虎出馬前，白羽橫穿更人立。回旗倒戟四邊動，抽矢當前放蹄入。爪牙蹭蹬不得施，磧上流丹看來濕。胡天朔漠殺氣高，煙雲萬里埋弓刀。穹廬無工可貌此，漢使自解丹青包。堂上絹素開欲裂，一見猶能動毛髮。低佪使我思古人，此地摶兵走戎羯。禽逃獸遁亦蕭然，豈若封疆今晏眠？契丹弋獵漢耕作，飛將自老南山邊，還能射虎隨少年。

杜甫畫像

吾觀少陵詩，爲與元氣侔。力能排天斡九地，壯顏毅色不可求。浩蕩八極中，生物豈不稠？醜妍巨細千萬殊，竟莫見以何雕鎪？惜哉命之窮，顛倒不見收。青衫老更斥，餓走半九州。瘦妻僵前子仆後，攘攘盜賊森戈矛。吟哦當此時，不廢朝廷憂。常願天子聖，大臣各伊周。寧令吾廬獨破受凍死，不忍四海寒颼颼。❹傷屯悼屈止一

❶「鳴」，龍舒本、李注本作「聲」。

❷「意不」，龍舒本、李注本作「志未」。李注本有小注：「一作意不。」

❸「鞚」，龍舒本作「控」。李注本有小注：「一作控。」

❹「四海」下，龍舒本、李注本有「赤子」二字。下「颼」字，龍舒本、李注本作「颾」。

身，嗟時之人死所羞。❶所以見公畫，❷再拜涕泗流。惟公之心古亦少，❸願起公死從之游。

吴長文新得顔公壞碑

魯公之書既絶倫，歲久更爲時所珍。荒壇壞冢朽崖屋，剥落風雨埋煨塵。❹斷碑數尺誰所得，點畫入紙完如新。延陵公子好事者，拓取持寄情相親。六書篆籀數變改，訓詁後世多失真。誰初妄鑿妍與醜，坐使學士勞骸筋。堂堂魯公勇且仁，出遇世難親經綸。揮毫卓犖又驚俗，豈亦以此誇常民？但疑技巧有天得，不必勉强方通神。❺詩歌甘棠美召伯，愛惜蔽芾由思人。時危忠誼常恨少，寶此勿復令埋堙。

答揚州劉原甫 因君古人風，更欲投吾簪。❻

少食苦不足，一官聊自謀。爲生晚更拙，懷禄尚遲留。黽勉詎有補，强顔包衆羞。謂我古人風，知君以相優。君實高世才，主恩正綢繆。苟矣哀此民，華簪寧易投？

❶「死」，龍舒本、李注本作「我」。李注本有小注：「一作死。」

❷「畫」，龍舒本、李注本作「像」。

❸「惟」，龍舒本、李注本作「推」。

❹「煨」，龍舒本作「煙」。

❺「勉强」，龍舒本、宋元遞修本、應刻本、李注本作「强勉」。

❻「因」上，龍舒本有「詩云」二字。「因君」至「吾簪」，李注本無此小注。

寄鄂州張使君❶

昔人寧飲建業水，共道不食武昌魚。公來建業每自如，亦復不厭武昌居。武昌山川今可想，緑水逶迤煙莽蒼。白鷗晴飛隨兩槳，岸薺茸茸映魚網。投老留連陌上塵，思公一語何由往？

送元厚之待制知福州

海隅山谷間，人物最多處。平旦息相吹，連城黕如霧。❷閩王舊宮室，丹漆美無度。今爲大帥府，千里來赴愬。元侯文章翁，更以吏能著。峩峩中天閣，鳴玉新改步。❸衘詔出梨嶺，方爲遠人慕。旌旗滿流水，冠蓋東門駐。四坐共咨嗟，疑侯不當去。張仲稱孝友，樊侯正求助。名城雖云樂，行矣未宜遽。

悼四明杜醇❹

杜生四五十，孝友稱鄉里。隱約不外求，耕桑有妻子。藜杖牧鷄豚，筠筒釣魴鯉。歲時沽酒歸，亦不乏甘旨。天涯一杯飯，夙昔相逢喜。談辭足詩書，篇詠又清泚。都城問越客，安否常在耳。日月未渠央，如何棄予死？古風久凋零，好學少爲已。悲哉四明山，此士今已矣。❺

---

❶「鄂」，原作「岳」，據龍舒本、宋元遞修本、李注本改。
❷「黕」，李注本作「點」。
❸「新改」，李注本作「改新」。
❹此題，龍舒本、李注本作「傷杜醇」。
❺「士」，李注本作「事」，有小注：「一作士。」

哭梅聖俞

《詩》行於世先《春秋》，《國風》變衰始《柏舟》。文辭感激多所憂，律呂尚可諧鳴球。先王澤竭士已偷，紛紛作者始可羞。其聲與節急以浮，真人當天施再流。篤生梅公應時求，頌歌文武功業優。經奇緯麗散九州，衆皆少鋭老則不，翁獨辛苦不能休。❶惜無采者人名遒，貴人憐公青兩眸。吹噓可使高岑樓，坐令隱約不見收。空能乞錢助饘餾，疑此有物司諸幽。棲棲孔孟葬魯鄒，後始卓犖稱軻丘。聖賢與命相楯矛，勢欲强達誠無由。❷詩人況又多窮愁，李杜亦不爲公侯。公窺窮阨以身投，坎軻坐老當誰尤？吁嗟豈即非善謀，虎豹雖死皮終留。飄然載喪下陰溝，粉書軸幅懸無旒。高堂萬里哀白頭，東望使我商聲謳。

遊章義寺

九日章義寺，倦遊因解鑣。拂榻寄午夢，起尋北山椒。岑蔚鳥絶迹，悲鳴唯一蜩。歡言與僧期，於此共簞瓢。斬松八九根，窗壁具一朝。伏檻何所見？蒼蒼圍寂寥。巖谷寒更静，水泉清不摇。安得有車馬，尚無漁與樵。神茂真觀復，心明衆塵消。陰嶺有嘉客，儻來不須招。

❶「翁」，李注本作「公」。
❷「達」，龍舒本作「違」。

飯祈澤寺

駕言東南遊，❶午飯投僧館。山白梅蘂長，林黄柳芽短。笭箵沙際來，略彴桑間斷。春映一川明，雪消千壑漫。魚隨竹影浮，鳥誤人聲散。翫物豈能留，干時吾自懶。

答瑞新十遠

遠水悠然碧，❷遠山天際蒼。中有山水人，寄我《十遠》章。我時在高樓，徙倚觀八荒。亦復有遠意，千載不相忘。

送文學士倅邛州

文翁出治蜀，蜀士始文章。司馬唱成都，嗣音得王揚。❸犖犖漢守孫，❹千秋起相望。操筆賦《上林》，脱巾選爲郎。❺擁書天禄閣，奇字校偏傍。忽乘駟馬車，牛酒過故鄉。時平無諭檄，不訪碧雞祥。問君行何爲？關隴正繁霜。中和助宣布，循吏綴前芳。豈特爲親榮，區區夸一方。

送宋中道倅洺州❻

漳水不灌鄴，不知幾何時？後世有史起，乃能爲可爲。余嘗憐洺民，舄鹵半

---

❶「遊」，李注本作「還」。
❷「然」，李注本作「悠」。
❸「王揚」，光啓堂本作「琳瑯」。
❹「守」，原作「寄」，據龍舒本、宋元遞修本、應刻本、李注本改。
❺「巾」，龍舒本、李注本作「身」。
❻「倅」，龍舒本、李注本作「通判」。

不治。頗覺漳可引，但爲談者嗤。高議不同俗，功成人始思。夫子到官日，勿忘吾此詩。

送張公儀宰安豐

楚客來時鴈爲伴，歸期秖待春冰泮。❶鴈飛南北三兩回，回首湖山空夢亂。祕書一官聊自慰，安豐百里誰復歎。揚鞭去去及芳時，壽酒千觴花爛熳。

送陳諤

有司昔者患不公，翻名謄書今故密。論才相若子獨棄，外物有命真難必。鄉閭孝友莫如子，我願卜鄰非一日。朱門弈弈行多慚，歸矣無爲惡蓬蓽。

送孫長倩歸輝州❷

溪澗得雨潦，奔溢不可航。❸江海收百川，浩浩誰能量？溪澗之日短，江海之日長。願生畜道德，江海以自方。

送喬執中秀才歸高郵❹

薄飯午不羹，空爐夜無炭。寥寥日避席，烈烈風欺幔。謂予勿惡此，何爲向子歎？長年客塵沙，無婦助親爨。寒暄慰白

❶「秖待春冰泮」，李注本作「想是冰未泮」。
❷「送」，龍舒本、李注本無此字。
❸「溢」，李注本作「逸」。
❹「執中」，龍舒本、李注本無此二字。「高郵」下，李注本有「縣」字。

首，我弟纔將冠。邅迴歲又晚，想見淮湖漫。古人一日養，不以三公換。田園在戮力，且欲歸鋤灌。❶行矣子誠然，光陰未宜翫。負米力有餘，能無讀書伴？

雲山詩送正之

雲山參差碧相圍，溪水詰曲帶城陴。溪窮壤斷至者誰，予獨與子相諧熙。❷山城之西鼓吹悲，水風蕭蕭不滿旗。子今去此來無時，❸予有不可誰予規？

臨川先生文集卷第九

❶「灌」，光啓堂本作「畔」。
❷「熙」，龍舒本作「嬉」。
❸「無」，李注本作「何」。

臨川先生文集卷第十

古詩

和甫如京師微之置酒

季子將北征，貂裘解亭皋。使君擁鳴騶，出餞載酒醪。作詩寵行色，坐客多賢豪。信知大夫才，能賦在登高。陟圮憂未已，强歌反哀號。問言歸何時，逮此冬風饕。川塗良阻脩，箠轡慎所操。黄屋初啓聖，萬靈歸一陶。❶詢謀及疎賤，拔取皆時髦。往矣果有合，可辭州縣勞。

別孫莘老

逢原未熟我，已與子相知。自吾得逢原，知子更不疑。把手湖上舟，望子欲歸時。茫然乃分散，獨背東南馳。寥寥西城居，邂逅與子期。鷄鳴入省門，朱墨來紛披。含意不自得，强顔聊爾爲。會合常在夜，青燈照書詩。往往並衾語，至明不言疲。忽忽捨我去，使我當從誰？送子不出門，我身方羈縻。我心得自如，今與子相隨。隨子至湖上，逢原所嘗嬉。想見荷葉盡，北風卷寒漪。已懷今日愁，更念昔日悲。相逢亦何有？但有鏡中絲。

❶「一」，龍舒本作「之」。

寄丁中允寶臣❶

人生九州間，泛泛水中木。漂浮隨風波，邂逅得相觸。始我與夫子，得官同一州。相逢皆偶然，情義乃綢繆。我於人事踈，而子久矣修。❷磨礱以成我，德大不可疇。乖離今六年，念子未嘗休。豈不道相逢？但得頃刻留。歡喜不滿顔，長年抱離憂。古人有所思，千里駕車牛。如何咫尺間，而不與予遊？❸顧惜五斗米，無辜自拘囚。念彼磊落者，心顔兩慚羞。剡山碧榛榛，剡水日夜流。山行苦無巇，水淺亦可舟。使君子所善，來擻自可求。何時子來意，❹待子南山頭。

示平甫弟

汴渠西受崑崙水，五月奔湍射黄矢。❺高淮夜入忽倒流，碕岸相看欲生觜。萬檣如山矻不動，嗟我仲子行亦止。自聞留連且一月，每得問訊猶千里。老工取河天上落，伏礫邅沙卷無底。土橋立馬望城東，數日知有相逢喜。牆隅返照媚槐穀，池面過雨蘇篁葦。欣然把手相與閑，❻所願此時無一詭。豈無他憂能老我，付與天地從今始。

❶「寶臣」，龍舒本、李注本無此小注。
❷「矣」，龍舒本、宋元遞修本、應刻本、李注本作「已」。
❸「予」，龍舒本、宋元遞修本、應刻本、李注本作「子」。
❹「子」，龍舒本、李注本作「有」。
❺「黄」，李注本作「蒿」。
❻「手」，李注本作「酒」。

閉門爲謝載酒人，外慕紛紛吾已矣。

憶北山送勝上人❶

蒼藤翠木江南山，激激流水兩山間。山高水深魚鳥樂，車馬跡絶人長閑。雲埋樵聲隔葱蒨，月弄釣影臨潺湲。黄塵滿眼衣可濯，夢寐惆悵何時還？

相國寺啓同天節道場行香院觀戲者❷

侏優戲場中，一貴復一賤。心知本自同，所以無欣怨。

馬上轉韻❸

三月楊花迷眼白，四月柳條空老碧。年光如水儘東流，風物看看又到秋。人世百年能幾許，何須戚戚長辛苦？富貴功名自有時，簞瓢捽茹亦山雌。

乙巳九月登冶城作

欲望鍾山岑，因知冶城路。❹躋攀隱木杪，稍記曾遊處。紅沉渚上日，蒼起榛中霧。即事有哀傷，山川自如故。

過劉貢甫

去年約子遊山陂，今者仍爲大梁客。

❶「北山」，李注本作「蔣山」。此題，龍舒本作「憶蔣山」。
❷「節」，龍舒本、李注本無此字。
❸此題下，李注本有小注：「此詩疑不類介甫作。」
❹「知」，龍舒本作「得」。

天旋日月不少留，稱意人間寧易得？天明徑欲相就語，雲雪填城萬家白。❶冬風吹鬣馬更驕，一出何由問行迹。能言奇字世已少，終欲追攀豈辭劇？枕中《鴻寶》舊所傳，飲我寧辭酒或索。吾願與子同醉醒，顔狀雖殊心不隔。故知今有可憐人，回首紛紛斗筲窄。

估玉

潼關西山古藍田，❷有氣鬱鬱高拄天。雄虹雌霓相結纏，晝夜不散非雲煙。秦人挾斤上其巔，視氣所出深鑱鐫。得物盈尺方且堅，以斤試叩聲泠然。持歸市上求百錢，人皆疑嗟莫愛憐。大梁老估聞不眠，操金喜取走蹁躚。深藏牢包三十年，光怪鄰里驚相傳，欲獻天子無由緣。朝廷昨日鍾鼓縣，呼工琢圭寘神筵，玉材細瑣不中權。賈孫抱物詔使前，紅羅複疊帕紫氈，❸發視紺碧光屬聯。詔問與價當幾千，衆工讓口無敢先，嗟我豈識真一作庬。與全。❹

信都公家白兔

水精爲宮玉爲田，姮娥縞衣洗朱鉛。宮中老兔非日浴，天使潔白宜嬋娟。揚鬚弭足桂樹間，桂花如霜亂後前。赤鴉相望窺不得，空疑兩瞳射日丹。東西跳梁自長久，天畢橫施亦何有。憑光下視罝罔繁，衣褐紛紛漫回首。去年驚墮滁山雲，出入虛

❶「雲」，李注本作「霰」。
❷「山」，李注本作「上」。
❸「帕」，原作「怕」，據龍舒本、宋元遞修本、李注本改。
❹「真」，龍舒本、李注本作「庬」。

莽猶無群。奇毛難藏果亦得，千里今以窮歸君。空衢險幽不可返，食君庭除嗟亦窘。令予得爲此兔謀，豐草長林且遊衍。

車鰲二首❶

車鰲肉甚美，由美得烹燔。殻以無味棄，棄之能久存。予嘗憐其肉，柔弱甘咀吞。又嘗怪其殻，有功不見論。醉客快一噉，散投牆壁根。寧能爲收拾，持用訊醫門？

二

車鰲肉之弱，恃殻保厥身。自非身有求，不敢微啓脣。尚恐擉者得，泥沙常埋堙。往往湯火間，身盡殻空存。維海錯萬物，口牙且咀吞。❷爾無如彼何，可畏寧獨人？無爲久自苦，含匿不暴陳。豁然從所如，游蕩四海湣。清波濯其汙，❸白日曬其昏。死生或有在，豈遽得烹燔？

與平甫同賦槐

冰雪泊楚岸，萬株同飄零。春風都城居，初見葉青青。歲行如車輪，蔭翳忽滿庭。秋子今在眼，何時動江舲？

甘棠梨

甘棠《詩》所歌，自足誇衆果。愛其凌

❶「二首」，李注本無此二字。
❷「且」，李注本作「工」。
❸「濯」，原作「躍」，據李注本改。

秋霜，萬玉懸磊砢。園夫盛採摘，市賈争包裹。❶車輪動盈箱，舟載輒連柁。朝分不知數，暮在知幾顆。但使甘有餘，何傷小而橢。主人捐千金，飣餖留四坐。柑椑與橙栗，在口亦云可。都城紛華地，内熱易生火。問客當此時，蠲煩孰如我？

獨山梅花

獨山梅花何所似？半開半謝荆棘中。美人零落依草木，志士顦顇守蒿蓬。亭亭孤艷帶寒日，漠漠遠香隨野風。移栽不得根欲老，回首上林顔色空。

同昌叔賦鴈奴

鴈鴈無定棲，❷隨陽以南北。嗟哉此爲奴，至性能懇惻。人將伺其殆，奴輒告之亟。舉群寤而飛，機巧無所得。夜或以火取，奴鳴火因匿。頻驚莫我捕，顧謂奴不直。嗷嗷身百憂，泯泯衆一息。相隨入矰繳，豈不聽者惑？偷安與受紿，自古有亡國。君看《鴈奴篇》，禍福甚明白。

老樹

去年北風吹瓦裂，牆頭老樹凍欲折。蒼葉蔽屈忽扶疎，❸野禽從此相與居。禽鳴無時不可數，雌雄各自應律吕。我牀撥書當午眠，能驚我眠聒我語。古詩「鳥鳴山更

❶「賈」，龍舒本作「買」。
❷「鴈鴈」，李注本作「鴻鴈」。
❸「屈」，龍舒本、李注本作「屋」。李注本有小注：「一作屈。」

幽」，我念不若鳴聲收。但憂此物一朝去，狂風還來欺老樹。

賦棗得「燭」字。❶

種桃昔所傳，種棗予所欲。在實爲美果，論材又良木。餘甘入鄰家，尚得饞婦逐。況余秋盤中，快噉取饜足。風包墮朱繒，日顆皺紅玉。贄享古已然，《豳詩》自宜録。緬懷青齊間，萬樹蔭平陸。誰云食之昏，匿知乃成俗。廣庭觴聖壽，以此參肴蔌。願比赤心投，❷皇明儻予燭。❸

飛鴈

鴈飛冥冥時下泊，❹稻粱雖少江湖樂。人生何必慕輕肥，辛苦將身到沙漠。漢時蘇武與張騫，萬里生還值偶然。❺丈夫許國當如此，男子辭親亦可憐。

寓言九首❻

詵詵古之士，出必見禮樂。群游與群飲，❼仁義待揚榷。心疲歌舞荒，耳聒米鹽濁。所以後世賢，絶俗乃爲學。

❶「賦」，龍舒本無此字。「得」，龍舒本無此字。
❷「比」，李注本作「此」。
❸「予」，李注本作「子」。
❹「鴈飛」，李注本作「飛鴈」。
❺「值」，李注本作「但」。
❻此九首爲龍舒本、李注本《寓言十五首》之第五、一、二、三、九、十一、十二、十四、十五首。
❼下「群」字，龍舒本、李注本作「衆」。

二

不得君子居，而與小人游。疵瑕不相摩，況乃禍釁稠。高語不敢出，鄙辭强顔酬。始云避世患，自覺日已偷。如傅一齊人，以萬楚人咻。云復學齊言，❶定復不可求。仁義多在野，欲從苦淹留。不悲道難行，所悲累身修。

三

周公歌七月，耕稼乃王術。宣王追祖宗，考牧與宫室。甘棠能聽訟，召伯聖人匹。後生論常高，於世復何實？

四

婚喪孰不供，貸錢免爾縈。❷耕收孰不給，傾粟助之生。物贏我收之，物窘出使營。後世不務此，區區挫兼并。

五

正觀業萬世，經營豈非艱？其子一摇之，宗廟靈幾殫。開元始聰明，一眚犇岷山。功高後毁易，❸德薄人存難。

❶「言」，光啓堂本作「語」。
❷「貸錢」，李注本作「貸貸」。「縈」，龍舒本作「營」。
❸「功高」，龍舒本作「高功」。

六

言失於須臾，百世不可除。行失几席間，惡名滿八區。百年養不足，一日毀有餘。諒彼耻不仁，戒哉惟厥初。

七

鐘鼓非樂本，本末猶相因。仁聲入人深，孟子言之醇。如何正觀君，從古同隋陳。風俗不粹美，惜哉世無臣。

八

遊鯨厭海濁，出戲清江湄。❶風濤助翻騰，網罟不敢窺。失身洲渚間，螻蟻乘其機。物大苦易窮，一窮無所歸。

九

猛虎卧草間，群烏從噪之。❷萬物忌强梁，寧獨以其私？虎終機械得，烏亦彈丸隨。山鷄不忤物，默與鳳凰期。

舟中讀書

冉冉木葉下，蕭蕭山水秋。浮雲帶田野，落日抱汀洲。歸卧無與語，出門何所求？未能忘感慨，聊以古人謀。

❶「清江」，龍舒本作「青江」。
❷「烏」，龍舒本、李注本作「烏」。

和王樂道讀進士試卷❶

文章始隋唐，進取歸一律。安知鴻都事，竟用程人物？變今嗟未能，於己空自咄。流波亦已漫，高論常見屈。故令俶儻士，往往棄堙鬱。❷皋陶叙九德，固有知人術。聖世欲爾爲，徐觀異人出。

自訟

孔子見南子，子路爲不怡。欲從公山氏，勃鬱見色辭。道如天之蒼，萬物不能緇。弟子尚不信，況余乏才資。明知古人仁，語默各有時。苟出不自慎，果爲聽者疑。白圭尚有磨，❸駟馬猶能追。一言成不智，雖悔欲何爲？

彼狂

上古杳默無人聲，日月不忒山川平。人與鳥獸相隨行，祖孫一死十百生。萬物不給乃相兵，伏羲畫法作後程。漁蟲獵獸寬群爭，勢不得已當經營。非以示世爲聰明，方分類別物有名。夸賢尚功列耻榮，蠱僞日巧雕元精。至言一出衆輒驚，上智閉匿不敢成。因時就俗救刖黥，惜哉彼狂以文鳴。强取色樂要聾盲，震蕩沈濁終無清。詼詭徒亂聖人氓，豈若泯默死蠶耕？

❶「和王樂道」，龍舒本、李注本無此四字。
❷「堙」，龍舒本作「江」。
❸「有」，龍舒本、李注本作「可」。

衆人

衆人紛紛何足競，是非吾喜非吾病。頌聲交作莽豈賢，四國流言旦猶聖。唯聖人能輕重人，不能銖兩爲千鈞。乃知輕重不在彼，要之美惡由吾身。❶

臨川先生文集卷第十

❶「之」，龍舒本、李注本作「知」。李注本有小注：「一作之。」

臨川先生文集卷第十一

古詩

寄題郢州白雪樓

《折楊》《黄華》笑者多，《陽春》《白雪》和者少。知音四海無幾人，況乃區區郢中小。千載相傳始欲慕，一時獨唱誰能曉？古心以此分冥冥，俚耳至今徒擾擾。朱樓碧瓦何年有，榱桷連空欲驚矯。郢人爛漫醉浮雲，郢女參差躡飛鳥。丘墟餘響難再得，欄檻兹名復誰表。我來欲歌聲更吞，石城寒江暮雲繞。❶

聖俞爲狄梁公孫作詩要予同作

虎豹不食子，鴟梟不乘雄。人惡甚鳥獸，吾能與成功。愛有以計留，去有勢不容。吾謀適合意，幾亦齒姦鋒。時恩淪九泉，❷褒取異代忠。堂堂社稷臣，近世孰如公？空使苗裔孫，❸稱揚得詩翁。一讀亦使我，慨然想餘風。

蒙亭

隱者委所逢，❹在物無不足。山林與城

❶「雲」，龍舒本、李注本作「空」。
❷「恩」，龍舒本作「思」。
❸「空」，龍舒本作「當」。「孫」，原作「稱」，據李注本改。
❹「委」，李注本作「安」，有小注：「一作委。」

市，語道歸一轂。詩人論巨細，此指尚局束。頗知區區者，自屏忍所欲。孰識古之人，超然遺耳目？豈於喧與静，趣舍有偏獨？命亭今何爲，似乃畏驚俗。至意不標揭，小名聊自屬。❶夏風簷楹寒，冬雪牕户燠。春樊亂梅柳，秋徑深松菊。壺觴日笑傲，裙屐相追逐。此樂已難言，持琴作新曲。

和王樂道烘蝨

秋暑汗流如炙輠，❷敝衣濕蒸塵垢涴。施施衆蝨當此時，擇肉甘於虎狼餓。咀嚙侵膚未云已，爬搔次骨終無那。時時對客輒自捫，千百所除纔幾箇。❸皮毛得氣强復活，爪甲流丹真暫破。未能湯沐取一空，且以火攻令少挫。踞爐熾炭已不暇，對竈張衣誠未過。飄零乍若蛾赴燈，驚擾端如蟻旋磨。欲毆百惡死焦灼，肯貸一凶生棄播。已觀細黠無所容，❹未放老奸終不墮。然臍郿塢患溢世，焚寶鹿臺身易貨。冢中燎入化秦屍，池上焮隨遷莽坐。彼皆勢極就煙埃，況汝命輕侔涕唾。逃藏壞絮尚欲索，埋没死灰誰復課？一本無此八句。熏心得禍爾莫悔，爛額收功吾可賀。猶殘衆蟣恨未除，自計寧能久安卧！

❶「小名」，李注本作「閣名」。
❷「暑」，原作「水」，據龍舒本、宋元遞修本、應刻本、李注本改。
❸「千」，龍舒本、宋元遞修本、李注本作「十」。
❹「黠」，龍舒本作「點」。

和聖俞農具詩十五首❶

田　廬

田父結田廬，聊容一身息。呼兒取茅竹，不借鄉人力。起行廬旁朝，歸卧廬下夕。悠悠各有願，勿笑田廬窄。

樵　斧

百金聚一冶，所賦以所遭。此豈異莫耶，奈何獨當樵？朝出在人手，暮歸在人腰。用捨各有時，此日兩無邀。❷

耕　牛

朝耕草茫茫，暮耕水潏潏。朝耕及露下，暮耕連月出。❸自無一毛利，❹主有千箱實。睆彼天上星，空名豈余匹？

水　車

取車當要津，膏潤及遠野。與天常斡旋，如雨自滮瀉。置心亦何有，在物偶相假。此理乃可言，安得圓機者？

❶「聖俞」，龍舒本、李注本無此二字。
❷「日」，龍舒本、宋元遞修本、應刻本、李注本作「心」。
❸「月」，龍舒本作「野」。
❹「自」，龍舒本、宋元遞修本、應刻本、李注本作「身」。

牧笛

緑草無端倪，牛羊在平地。芊綿杳靄間，落日一横吹。超遥送逸響，澶漫寫真意。❶豈比賣餳人，吹簫販童穉。

颺扇

精良止如留，疏惡去如擯。如擯非爾憎，如留豈吾吝？無心以擇物，誰喜亦誰慍？翁乎勤簸颺，可使糠粃盡。

田漏

占星昏晚中，❷寒暑已不疑。田家更置漏，寸晷亦欲知。汗與水俱滴，身隨陰屢移。誰當哀此勞？往往奪其時。

牛衣

百獸冬自暖，獨牛非氄毛。無衣與卒歲，坐恐得空牢。主人覆護恩，豈啻一綈袍？問爾何以報？離離滿東臯。

耬種

富家種論石，貧家種論斗。富貧同一時，傾瀉應心手。行看萬壟空，坐使千箱有。利物博如此，何慙在牛後？

❶「澶」，龍舒本、李注本作「誕」。
❷「晚」，龍舒本、李注本作「曉」。

耒耜

耒耜見於《易》，聖人取風雷。不有仁智兼，利端誰與開？神農后稷死，般爾相尋來。山林盡百巧，揉斲無良材。

錢鎛

於《易》見耒耜，於《詩》聞錢鎛。百工聖人爲，此最功不薄。欲收禾黍善，先去蒿萊惡。願同欹器悟，❶更使臣工作。

耰耡

鍛金以爲曲，揉木以爲直。直曲相後先，心手始兩得。秦人望屋食，以此當金革。君勿易耰耡，耰耡勝鋒鏑。

襏襫

采采霜露下，披披煙雨中。蒲茅以爲友，❷短褐相與同。❸勿姤市門人，綺紈被奴僮。當慙邊城戍，擐甲徂春冬。

臺笠《史記索隱》謂：蓬累，立也。❹

耕有春雨濡，耘有秋陽暴。二物應時須，九州同我服。❺欲爲生少慕，❻得此自

❶「同欹」，龍舒本、李注本作「因觀」。

❷「蒲茅」，李注本作「茅蒲」。

❸「短」，龍舒本、宋元遞修本、應刻本作「裋」。

❹此注，龍舒本在本首之末。

❺「服」，龍舒本作「欲」。

❻「欲」，龍舒本、李注本作「孰」。李注本有小注：「一作欲。」

云足。君思周伯陽，所願豈華轂？

耘鼓

逢逢戲場聲，壤壤戰時伍。日落未云休，田家亦良苦。問兒今壟上，聽此何莽鹵？昨日應官繇，州前看歌舞。

次韻酬微之贈池紙并詩

微之出守秋浦時，椎冰看擣萬穀皮。波工龜手咤今樣，魚網肯數荆州池。霜紈奪色賈不售，虹玉喪氣山無輝。方船穩載獻天子，善價徐取供吾私。十年零落尚百一，持以贈我隨清詩。君寧久寄金穀地，方執賜筆磨坳螭。當留此物朝上國，日侍帝側書新儀。不然名山副史本，褒拔元凱誅窮奇。咨予文章非世用，❶畫鏤空爾糜冰脂。揮毫才足記姓字，竊學又恥從師宜。忽忽點汙亦何忍？嘉貺但覺難爲辭。篇終有意責趙璧，窮國恐誤連城歸。傾囊倒篋聊一報，安敢坐以秦爲雌？

酬沖卿月晦夜有感

夜雲不見天，況乃星與月。蕭蕭暗塵走，❷坎坎寒更發。樓歌客尚飲，酩酊不畏雪。巷哭復有人，鄰風送幽咽。紛然各所遇，悲喜孰優劣？君方感莊周，浩蕩擺羈絏。歸來亦置酒，玉指調絃撥。獨我坐無爲，青燈對明滅。

---

❶「咨」，龍舒本作「嗟」。

❷「走」，龍舒本、李注本作「定」。

送子思兄參惠州軍❶

沄沄曲江水，天借九秋色。樓臺飛半空，秀氣盤韶石。❷載酒填里閭，吹花換朝夕。笙簫震河漢，錦繡爛冠幘。地靈瘴癘絶，人物傾南極。先朝有名臣，卧理訟隨息。稍稍延諸生，談笑與賓客。❸子來適妙年，謁入交履舄。寂寥九齡後，此獨望一國。虞翻禮丁覽，❹韓愈俟趙德。孤岸鎮頹波，俗流未易識。我方文葆中，旋逐旌旗蹟。去思今豈忘？耳目熟遺迹。吏含殷勤言，俛仰問乖隔。當時府中兒，侵尋鬢邊白。下帷雖著書，不捄寒饑迫。❺謂宜門闌士，宦路久烜赫。奈何猶差池，更捧丞掾檄。驥摧千里蹄，鵬墮九霄翮。人生無巧愚，天運有通塞。試觀馳騁人，意氣宇宙窄。榮華去路塵，謗辱與山積。優游禄仕間，較計誰失得？❻送君强成歌，陟岵翻感激。

送董伯懿歸吉州

我來以喪歸，君至因謫徙。❼蒼黄憂患中，邂逅遇於此。去年服初除，聽赦相助喜。看君數歸月，但屈兩三指。茫然冬更秋，一笑非願始。籃輿楊柳下，明月芙蕖水。僮飢屨闕門，客罷方隱几。是非評衆

❶「軍」下，李注本有「事」字。
❷「氣」，李注本作「色」。
❸「與」，龍舒本作「預」，李注本作「顧」。
❹「覽」，原作「氾」，據李注本改。
❺「饑」，李注本作「餓」。
❻「失得」，李注本作「得失」。
❼「因」，李注本作「以」，有小注：「一作因。」

詩，成敗斷前史。時時對奕石，漫浪争生死。❶送迎皆幅巾，設食但陳米。亦曾戲篇章，揮翰疾蒿矢。君豪才有餘，我老僊先止。東城景陽陌，南望長干紫。欲斷三畝蔬，於焉寄殘齒。經過許後日，唱和猶在耳。新恩忽捨我，欣悵生彼己。江湖北風帆，捩柂即千里。相逢知何時？莫惜縑與紙。

八月十九日試院夢沖卿

空庭得秋長漫漫，寒露入幕愁衣單。喧喧人語已成市，白日未到扶桑間。永懷所好卻成夢，玉色髣髴開心顔。逆知後應不復隔，❷談笑明月相與閒。

平甫歸飲

無田士相弔，亦以廢燕樂。我官雖在朝，得飲乃不數。詩書向牆户，賓至無杯杓。空取上古言，醻之等糟粕。有如揚子雲，歲晚天禄閣。但無載酒人，識字真未博。叔兮歸自東，一笑堂上酌。緒餘不及客，兒女聊相酢。高談非世歡，自慰亦不惡。寄言繁華子，此趣由來各。

答陳正叔

天馬志萬里，駕鹽不如閑。壯士困局

❶「生」，龍舒本作「先」。
❷「逆」，龍舒本作「迎」。

束，不如棄之完。利行有阨輗，勢涉無恬瀾。明明千年羞，促促一日歡。孰肯避此世，引身取平寬？超然子有意，爲我歌《考槃》。予方慕孔氏，委吏久盤桓。得失未云殊，聊各趨所安。

過食新城藕

他年過食新城藕，枕藉船中載親友。今年却到經行處，獨坐昏煙對舞柳。甘酸向口無所適，牢落盤餐與樽酒。冰房玉節漫自好，欲御還休涕垂手。曾參宦學居常近，陽城離別初不久。人間此願兩未能，西風落日空迴首。

明州錢君倚衆樂亭

使君幕府開東部，❶名高海曲人知慕。艤船談笑政即成，洗滌山川作嘉趣。平泉浩蕩銀河注，想見明星弄機杼。載沙築成天上路，投虹爲橋取孤嶼。掃除荆棘水中央，碧瓦朱甍隨指顧。春風滿城金版舫，來看置酒新亭上。百女吹笙綵鳳悲，一夫伐鼓靈鼉壯。安期、羨門相與遊，方丈、蓬萊不更求。酒酣忽跨鯨魚去，陳迹空令此地留。

❶「使」，光啓堂本作「侯」。

愛日

鴈生陰沙春，冬息陽海澨。冥冥取南北，豈以食爲累？咨予愁病軀，朴鄙人所戲。❶無才治時難，量力當自棄。豈知塞上霜，飄然亦何事？高堂已白髮，愛日負明義。悲風吹平原，❷秣馬聊一愒。舍懷孰與語，仰屋思嘆喟。❸孟母知身從，萊妻恥人制。❹一肉儻易謀，萬鍾非得計。

答裴煜道中見寄

君遊苦數歸苦晚，一驛險有千里遠。知君陟降旦暮間，馬力不勁厭長坂。雨脚墜地花枝低，風頭入溪蒲葉偃。此處登臨不奈愁，瓊樹森森遮疊巘。

餘寒

餘寒駕春風，入我征衣裳。捫鬢秖得凍，蔽面尚疑創。士耳恐猶墜，❺馬毛欲吹僵。牢持有失箸，疾飲無留湯。曈曈扶桑日，出有萬里光。可憐當此時，不濕地上霜。冥冥鴻鴈飛，北望去成行。誰言有百鳥，此鳥知陰陽。豈時有必至，前識聖所臧。把酒謝高翰，我知思故鄉。

❶「朴鄙」，李注本作「鄙朴」。
❷「悲」，龍舒本、李注本作「怨」。
❸「嘆喟」，龍舒本作「漢噲」。
❹「萊妻恥人制」，龍舒本作「來人恥妻制」。
❺「恐猶」，龍舒本作「猶恐」。「墜」，李注本作「墮」。

孤城❶

孤城回望（一作首。）距幾何？❷記得好處常經過。❸最思東山煙樹色，❹更憶南湖秋水波。❺百年顛倒（一作三年飄忽。）如夢寐，❻萬事乖隔（一作萬事感激。）徒悲歌。❼應須飲酒不復道，今夜江頭明月多。

和微之藥名勸酒

赤車使者錦帳郎，從容珂馬留閑坊。❽紫芝眉宇傾一坐，笑語但聞鷄舌香。藥名勸酒詩實好，陟釐爲我書數行。真珠的皪鳴槽牀，金罍琥珀正可嘗。史君子細看流光，莫惜覓醉衣淋浪，獨醒至死誠可傷。歡華易盡悲酸早，人間没藥能醫老。寄言歌管衆少年，趁取烏頭未白前。

客至當飲酒二首

結屋在牆陰，閉門讀詩書。懷我平生友，山水異秦吴。杖藜出柴荆，豈無馬與車？窮通適異趣，談笑不相愉。豈復求古

❶ 此題，龍舒本、李注本作「憶鄞縣東吴太白山水」。李注本有小注：「亦名《孤城》。」
❷ 「望」，李注本作「首」，有小注：「一作望。」
❸ 「記」，龍舒本、李注本作「憶」。
❹ 「煙樹色」，龍舒本作「湖樹靄」，李注本作「春樹靄」。
❺ 「南湖」，龍舒本作「山春」。
❻ 「百年顛倒」，龍舒本、李注本作「三年飄忽」。李注本有小注：「一作百年顛倒。」
❼ 「乖隔」，龍舒本、李注本作「感激」。李注本有小注：「一作乖隔。」
❽ 「容」，原作「客」，據宋元遞修本、應刻本、李注本改。

人，❶浩蕩與之俱？ 客至當飲酒，日月無根株。

二

天提兩輪光，環我屋角走。 自從紅顔時，照我至白首。 纍纍地上土，往往平生友。 少年所種樹，磥砢行復朽。 古人有真意，獨在無好醜。 冥冥誰與論？ 客至當飲酒。

乙未冬婦子病至春不已

天旋無窮走日月，青髮能禁幾回首？ 兒呻婦嘆冬復春，强欲笑歌難發口。 黄卷幽尋非貴嗜，藜牀穩卧雖貧有。 二物長乖亦可憐，一生所得猶多苟。

强起

寒堂耿不寐，轆轆聞車聲。 不知誰家兒，先我霜上行？ 歎息夜未央，遽呼置前楹。❷ 推枕欲强起，問知星正明。 昧旦聖所勉，《齊詩》有《鷄鳴》。 嗟予以竊食，更覺負平生。

飲裴侯家

裴侯飲我日向中，四坐賓客顔皆紅。 掃除高館邀我入，自出糴麥憐民窮。 天邊眼力破萬里，桑麻冥冥山四起。 野心探尋

❶ 「豈」，李注本作「寧」。
❷ 「遽呼」，李注本作「呼燈」。

殊未已，更欲湔衣北城水。忽見碧樹櫻桃懸，下馬恣食不論錢。赤星磊落入我眼，恐是半醉遊青天。裴侯方坐塵沙裏，役身救物當如此。❶我曹偶脱簿領間，❷何忍愛惜一日閑？且歸拂席飽眠睡，明日更看滁南山。

送謝師宰赴任楚州二首❸

珠玉不自貴，故爲人所憐。賢愚亦如此，好惡有自然。聞子欲東南，使我抱幽悁。❹炎風沙土中，甘與子留連。大梁非無客，跪起廢食眠。相看獨不厭，以此知子賢。衰氣已難强，壯心方少年。才高豈易得，勖子在雕鐫。

二

崑崙一支流向東，七月八月船如風。愛君少壯此行樂，恨我留連成老翁。神頭兩岸水無窮，伏檻荷花滿地紅。❺當時不得君攜手，今日山川在眼中。

次韻遊山門寺望文脊山

宣城百山間，文脊尤奇峯。拔出飛鳥上，圖畫難爲容。聞昔有幽人，捫蘿追赤

❶「役」，光啓堂本作「没」。
❷「脱」，宋元遞修本作「挽」。
❸「二首」，原無，據原總目補。
❹「幽」，李注本作「憂」，有小注：「一作幽。」
❺「地」，李注本作「眼」。

松。遺形此古室，孤坐鹿裘重。人去邈不反，洞壑空藏龍。側行蒼崖煙，俯仰求靈蹤。遊者如可得，❶甘棄萬户封。安能久塵土，傾倒相迎逢？

車螯

海於天地間，萬物無不容。車螯亦其一，埋没沙水中。獨取常苦易，衛生乏明聰。機緘誰使然，含蓄略相同。坐欲腸胃得，要令湯火攻。置之先生盤，噉客爲一空。鑾夏怪四坐，不論殼之功。狼籍堆左右，棄置任兒童。何當强收拾，持問大醫工？

疥

浮陽燥欲出，陰濕與之戰。燥濕相留連，蟲出乃投間。❷搔膚血至股，解衣燎爐炭。方其愜心時，更自無可患。呼醫急治之，莫惜千金散。有樂即有苦，愜心非所願。

臨川先生文集卷第十一

❶「如」，宋元遞修本作「追」。
❷「出」，李注本作「生」。

臨川先生文集卷第十二

古詩

和平甫舟中望九華山二首❶

楚越千萬山，雄奇此山兼。盤根雖巨壯，其末乃脩纖。去縣尚百里，側身勇前瞻。蕭條煙嵐上，縹緲浮青尖。徐行稍復逼，所矚亦已添。精神去亹亹，氣象來漸漸。卸席取近岸，移船傍蒼蒹。窺觀坐窮晡，未覺晷刻淹。江空萬物息，四面波瀾恬。峩然九女鬟，争出一鏡奩。卧送秋月没，起看朝陽暹。遊氛蕩無餘，瑣細得盡覘。陵空翠纛直，照影寒鋩銛。冢木立紺髮，崖林張紫髯。變態生倏忽，雖神詎能占？當留老吾身，少駐誰云饜？惜哉秦漢君，黄屋上衡灊。等之事嬉遊，捨此何其廉。我疑二后荒，神物久已厭。埋藏在雲霧，不欲登昏憸。又疑避褒封，蔽匿以爲謙。或是古史書，脱落簡與籤。當時備巡遊，今不在緗縑。❷終南秦之望，泰山魯所詹。天王與秩祭，俎豆羅醯鹽。苟能澤下民，維此遠亦沾。方今東南旱，土脉燥不黏。尚無膚寸功，豈免竊食嫌？神莽吾難知，士病吾能砭。文章巧傅會，智術工飛箝。薦寶互珪璧，論材自楩柟。苟以飾婦妾，謬云活蒼黔。豈如幽人樂，兹山謝閻

❶「二首」，龍舒本、李注本作「四十韻」。
❷「在」，龍舒本、李注本作「存」。

闊？穴石作户牖，垂泉當門簾。尋奇出後徑，覽勝倚前簷。超然往不返，舉世徒呫呫。高興寄日月，千秋伴烏蟾。遐追商洛翁，秦火不能炎。近慕楚穆生，竟脱楚人鉗。吾意竊所尚，人謀諒難僉。

二❶

誰謂九華遠，吾身未嘗詹。唱篇每起予，予口安能箝？憶在秋浦北，空江上新蟾。光潔寫一鏡，迴環兩堤奩。露坐引衣襟，風行欹帽簷。維舟當此時，巨細得盡瞻。❷試嘗論大略，次乃述微纖。此山廣以深，包畜萬物兼。噓雲吐霧雨，生育靡不漸。巍然如九皇，德澤四海沾。此山相後先，各出群峯尖。毅然如九官，羅立在堂廉。挺身百辟上，附麗無姦憸。此山高且寒，五月不覺炎。草樹萋已緑，❸冰霜尚涵淹。頽然如九老，白髮連蒼髯。此山當無雲，秀色鬱以添。姹然如九女，靚飾出重簾。珮環與巾裙，❹紺玉青紈縑。遠之妍西施，近或醜無鹽。變態不可窮，詩者徒呫呫。我初勇一往，役世難安恬。浪荒不走職，民瘼當誰砭？乖離今數旬，夢想欲窺覘。自期得所如，何啻釋囚鉗？❺念昔太白巔，下視海日暹。❻朅來天柱遊，屐齒尚苔黏。猶之健飲食，屢饗亦云饜。胡爲慕

❶「二」，龍舒本、李注本作「重和」。
❷「瞻」，原作「膽」，據龍舒本、宋元遞修本、李注本改。
❸「萋」，李注本作「淒」。
❹「裙」，李注本作「裾」。
❺「囚」，原作「因」，據龍舒本、宋元遞修本、應刻本、李注本改。
❻「暹」下，龍舒本有小注：「太白，鄞之名山。」

攀踏，已憊且不嫌。❶ 豈其仁智心，山水固所潛？ 男兒有所學，進退不在占。 功名苟不諧，廊廟等閭閻。 況乃棆椽杙，其誰辨梗柟？ 歸歟巖崖居，料理帶與籤。 得石坐兀兀，逢泉飲厭厭。 取舍斷在獨，豈必詢謀僉？ 子語實慰我，寧殊邑中黔？ 玉枝將在山，當倚以葭蒹。 詩力我已屈，鋒鋩子猶銛。 扶傷更一戰，❷語汝其無謙。

和中甫兄春日有感❸

雪釋沙輕馬蹄疾，北城可遊今暇日。 濺濺溪谷水亂流，漠漠郊原草争出。 嬌梅過雨吹爛熳，幽鳥迎陽語啾唧。 分香欲滿錦樹園，剪綵休開寶刀室。 胡爲我輩坐自苦，不念兹時去如失。 飽聞高逕動車輪，甘卧空堂守經帙。 淮蝗蔽天農久餓，越卒圍城盜少逸。 至尊深拱罷簫韶，元老相看進刀筆。 春風生物尚有意，❹壯士憂民豈無術？ 不成歡醉但悲歌，回首功名古難必。

信陵坊有籠山樂官

萬里山林姿，羽毛何璀璀。 鳴聲應律吕，唯有知者愛。 都門市井兒，誰翫汝文采？ 應須鎖樊籠，勿受丸矰害。

❶「且」，龍舒本、宋元遞修本作「具」。
❷「傷」，原作「復」，據龍舒本、宋元遞修本、李注本改。
❸「和」上，龍舒本、李注本有「次韻」二字。
❹「春」，龍舒本、李注本作「盲」。

收鹽

州家飛符來比櫛，海中收鹽今復密。窮囚破屋正嗟欷，吏兵操舟去復出。海中諸島古不毛，島夷爲生今獨勞。不煎海水餓死耳，誰肯坐守無亡逃？爾來賊盜往往有，❶劫殺賈客沈其艘。一民之生重天下，君子忍與争秋毫？

省兵

有客語省兵，兵省非所先。方今將不擇，獨以兵乘邊。前攻已破散，後距方完堅。以衆亢彼寡，雖危猶幸全。將既非其才，議又不得專。兵少敗孰繼？胡來飲秦川。萬一雖不爾，省兵當何緣？驕惰習已久，去歸豈能田？不田亦不桑，衣食猶兵然。省兵豈無時，施置有後前。王功所由起，古有《七月》篇。百官勤儉慈，勞者已息肩。游民慕草野，歲熟不在天。擇將付以職，省兵果有年。

發廩

先王有經制，頒賚上所行。❷後世不復古，貧窮主兼并。非民獨如此，爲國賴以成。築臺尊寡婦，入粟至公卿。我嘗不忍此，願見井地平。大意苦未就，小官苟營營。三年佐荒州，市有棄餓嬰。駕言發富藏，云以救鰥惸。崎嶇山谷間，百室無一

❶「賊盜」，李注本作「盜賊」。
❷「賚」，宋元遞修本作「貧」。

盈。鄉豪已云然，罷弱安可生？茲地昔豐實，土沃人良耕。他州或呰窳，❶貧富不難評。《豳詩》出周公，根本詎宜輕？願書《七月》篇，一寤上聰明。

感事

賤子昔在野，心哀此黔首。豐年不飽食，水旱尚何有？雖無剽盜起，萬一且不久。特愁吏之爲，十室災八九。原田敗粟麥，欲訴嗟無賕。間關幸見省，笞扑隨其後。況是交冬春，老弱就僵仆。州家閉倉庾，縣吏鞭租負。鄉鄰銖兩徵，坐逮空南畝。取貲官一毫，姦桀已云富。彼昏方怡然，自謂民父母。朅來佐荒郡，❷懔懔常慚疚。❸昔之心所哀，今也執其咎。乘田聖所勉，況乃余之陋。内訟敢不勤，同憂在僚友。

美玉

美玉小瑕疵，國工猶珍之。大賢小玷缺，良交豈其絶？小缺可以補，小瑕可以磨。不補亦不磨，人爲奈爾何。❹

寄曾子固

吾少莫與合，愛我君爲最。君名高山

❶「呰」，原作「訾」，據宋元遞修本、應刻本、李注本改。光啓堂本作「皆」。

❷「郡」，宋元遞修本、應刻本作「邦」。

❸「慚」，原作「漸」，據李注本改。「疚」，光啓堂本作「病」。

❹「小缺」至「奈爾何」，宋元遞修本作「小瑕可磨琢，小缺可補磨。不補亦不磨，人爲交工何」。

嵑巕嵩與太。❶低心收惷友，似不讓塵壒。又如滄江水，不逆溝畎澮。君身揭日月，遇輒破氛靄。我材特窮空，無用補倉廥。謂宜從君久，垢污得洮汰。人生不可必，所願每顛沛。❷乖離五年餘，牢落千里外。投身落俗穽，薄宦自鉗釱。平居每自守，高論從誰丐？搖搖西南心，夢想與君會。思君挾奇璞，願售無良儈。窮閻抱幽憂，凶禍費禳禬。州窮吉士少，誰可堦諸妹？仍聞病連月，醫藥誰可賴？家貧奉養狹，誰與通貨貝？詩人刺曹公，賢者荷戈祋。奈何遭平時，德澤盛汪濊。鸞鳳鳴且下，❸萬羽來翽翽。呦呦林間鹿，争出噬苹蘋。乃今高世士，動輒遭狼狽。人事既難了，天理尤茫昧。聖賢多如此，自古云無奈。周人貴婦女，扁鵲名醫滯。❹今世無常勢，❺趨舍唯利害。而君信斯道，不閔身窮泰。❻棄捐人間樂，濯耳受天籟。諒知安肥甘，未肯顧糠檜。龍螭雖蟠屈，不慕虵蟬蜕。令人重感奮，意勇忘身蕞。何由日親炙，病體同砭艾。功名未云合，歲月尤須愒。懷思切劇劾，中夜淚霶霈。君嘗許過我，早晚治車軑。山溪雖峻惡，❼高眺發蒙眛。峯巒碧參差，木樹青晻藹。桐江路尤駛，飛槳下鳴瀨。魚村指暮火，酒舍瞻晨旆。清醪足消憂，玉鯽行可膾。行行願無留，日夕佇傾蓋。會將見顔色，不復謀蓍蔡。延陵古君子，議樂耻言《鄶》。細事豈

❶「嵑巕」，原作「蝎嶭」，據李注本改。
❷「每」，宋元遞修本、應刻本作「在」。
❸「且」，李注本作「上」。
❹「滯」，李注本作「癠」。
❺「今世」，李注本作「嗟今」。
❻「閔」，李注本作「問」。
❼「溪」，宋元遞修本、李注本作「蹊」。

足論？故欲論其大。披披發韃櫜，懍懍見戈鋭。探深犯巖壁，破惑黐强旝。離行步荃蘭，偶坐陰松檜。宵床連衾幬，晝食共麄糲。茲歡何時合，清瘦見衣帶。作詩寄微誠，誠語無綵繪。

同杜史君飲城南

山公遊何處，白馬鳴翩翩。檀那十畝碧，❶五月浮寒烟。留客聽其間，❷風吹江海縣。出鐏不見日，竹外空青天。焚蠟助月出，酒光發金船。狂客惜不去，醉翁舞回旋。何必吹簫人，玉枝自嬋娟。歸路借紅燭，雨星低馬前。

有感

憶昔與胡子，❸戲娛西城幽。❹放斥僕與馬，獨身步田疇。牛豎歌我旁，聽之爲久留。一接田父語，嘆之勝王侯。追逐恨不恣，暮歸輒懷愁。顧常輕千乘，秪願足一丘。子時怪我少，好此寂寞遊。笙篁不入耳，又不甘醪羞。那知抱孤傷，罷頓不能遒。世味已鮮久，❺但餘野心稠。乖離今十年，班髮滿我頭。昔興亦畧盡，食眠常百憂。每逢佳山水，欲往輒復休。方壯遂如

❶「檀那」，李注本作「檀欒」。
❷「聽」，李注本作「醉」。
❸「昔」，宋元遞修本、應刻本、李注本作「昨」。
❹「娛」，李注本作「語」。「西城」，光啓堂本作「西域」。
❺「久」，原作「少」，據李注本改。

此，況乃高春秋。

送孫叔康赴御史府❶

古人喜經綸，萬事慙强聒。時來上青冥，俯仰但一節。危言回丘山，聲利盡毫末。由來治亂體，宿昔心已達。肯隨俗好惡，議論輕自決。遺風何寥寥，夢寐待豪傑。天書下東南，趣召赴嚴闕。長材晦朝倫，高行隱家闥。新除疇問望，❷宿藴行施設。念吾非忘形，❸此理未易説。

别馬祕丞

伯夷惡一世，季也皆鄉人。吾嘗論夫子，有似季之倫。人情路萬殊，近世頗荆榛。唯君遊其間，坦坦得所循。意君誠愷悌，慕向從宿昔。奈何初相懽，❹鷁首已云北。莓莓郊原青，❺漠漠風雨黑。冠蓋滿津亭，君今去何適？

到郡與同官飲❻時倅舒州。❼

瀉碧沄沄横帶郭，浮蒼靄靄遥連閣。草木猶疑夏鬱葱，風雲已見秋蕭索。荒歌野舞同醉醒，水果山肴互酬酢。自嫌多病少懽顔，獨負嘉賓此時樂。

❶「叔康」，李注本作「康叔」。
❷「問」，李注本作「聞」。
❸「吾非」，龍舒本、李注本作「非吾」。
❹「懽」，龍舒本作「勸」。
❺「青」，龍舒本作「清」。
❻「飲」，原無，據龍舒本、李注本補。
❼「時倅舒州」，龍舒本、李注本無此小注。

自舒州追送朱氏女弟憩獨山館宿木瘤僧舍明日度長安嶺至皖口❶

晨霜踐河梁，落日憩亭皋。念彼千里行，惻惻我心勞。攬轡上層岡，下臨百仞濠。寒流咽欲絶，魚鼈久已逃。暮行苦邅迴，細路隱蓬蒿。驚麏出馬前，鳥駭亡其曹。投僧避夜雨，古檠昏無膏。山木鳴四壁，疑身在波濤。平明長安嶺，❷飛雪忽滿袍。天低浮雲深，更覺所向高。

招同官遊東園

青青石上蘗，❸霜至亦已凋。冉冉水中蒲，爾生信無聊。感此歲云晚，欲懽念誰邀？嘉我二三子，爲回東城鑣。幽菊尚可泛，取魚繫榆條。毋爲百年憂，一日以逍遥。

九日隨家人遊東山遂遊東園❹

暑往詎幾時？涼歸亦云暫。相隨東山樂，及此身無憾。聊回清池柂，更伏荒城檻。采采黄金花，持盃爲君泛。

秋　懷

城南平野寒多露，窗壁含風秋氣度。鄰桑槭槭已欲空，❺悲蟲啾啾促機杼。柴門

❶此題，龍舒本、李注本無「舒」、「憩獨山館」五字。
❷「嶺」，宋元遞修本、應刻本作「頂」。
❸「蘗」，龍舒本、李注本作「柏」。
❹「遂遊東園」，龍舒本、李注本無此四字。
❺「已」，龍舒本作「漸」。

半掩掃鳥迹，❶獨抱殘編與神遇。韓公既去豈能追，孟子有來還不拒。

既别羊王二君與同官會飲于城南因成寄❷用藥名。❸

赤車使者白頭翁，當歸入見天門冬。❹與山久别悲忽忽，澤瀉半天河漢空。羊王不留行薄晚，酒肉從容追路遠。臨流黄昏席未卷，玉壺倒盡黄金盞。羅列當辭更繾綣，預知子不空青眼。嚴徐長卿誤推挽，老年揮翰天子苑。❺送車陸續隨子返，坐聽城雞腸宛轉。

試茗泉❻

此泉地何偏，陸羽曾未閲。坻沙光散射，竇乳甘潛洩。靈山不可見，嘉草何由啜？但有夢中人，相隨掬明月。

躍馬泉

古水縮蛟螭，憎山欲隳突。山祇來伐之，半嶺跳齧膝。玉珂鳴塞空，❼組練光照日。崩騰赴不測，一陷常萬匹。神戰異人間，千秋爲倏忽。泉旁往來客，夜寄幽人室。但聽鳴蕭蕭，何由見神物？

---

❶「掩」，龍舒本、宋元遞修本作「開」。「鳥」，宋元遞修本作「馬」。

❷「因成」下，龍舒本、李注本有「一篇追」三字。

❸「用藥名」，龍舒本無此三字。

❹「冬」，龍舒本、李注本作「東」。

❺「翰」，龍舒本作「汗」。

❻此題下，龍舒本、李注本有小注：「得月字。」

❼「塞」，李注本作「寒」。

白紵山

白紵衆山頂，江湖所縈帶。浮雲卷晴明，可見九州外。肩輿上寒空，置酒故人會。峯巒張錦繡，❶草木吹竽籟。登臨信地險，俯仰知天大。留歡薄日晚，起視飛鳥背。殘年苦局束，往事嗟摧壞。歌舞不可求，桓公井空在。

七星硯

余聞星墮地，往往化爲石。石上有七星，此理余莫測。❷持來當白日，光彩不爲匿。恍如起鴻蒙，❸俛仰帝垣側。當由偶然似，見取參筆墨。豪心蕩珍異，樂以萬金得。南工始爲僞，傅合巧無隙。亦時疑世人，故自有能識。

九鼎

禹行掘山走百谷，蛟龍竄藏魑魅伏。心誌幽妖尚覬隙，以金鑄鼎空九牧。冶雲赤天漲爲黑，韝風餘吹山拔木。鼎成聚觀變怪索，夜人行歌鬼晝哭。功施元元後無極，三姓衛守相傳屬。弱周無人有宜出，❹沈之九幽折地軸。❺始皇區區求不得，坐令神姦窺邑屋。

❶「張」，原作「帳」，據李注本改。
❷「余」，李注本作「予」。
❸「起」，龍舒本、李注本作「超」。
❹「周」，龍舒本作「固」。「宜」，龍舒本作「功」。
❺「折」，原作「拆」，據龍舒本、李注本改。

九　井 得「盈」字。❶

沿崖涉澗三十里，高下犖确無人耕。捫蘿挽蔦到山趾，❷仰見吹瀉何峥嶸。餘聲投林欲風雨，末勢卷土猶溪阬。飛蟲凌兢走獸慄，❸霜雪夏落雷冬鳴。野人往往見神物，鱗甲漠漠雲隨行。我來立久無所得，空數石上菖蒲生。中官繫龍沉玉册，❹小吏磔狗澆銀觥。地形偶爾藏險怪，天意未必司陰晴。山川在理有崩竭，丘壑自古相虛盈。誰能保此千世後，❺天柱不折泉常傾？

寄題衆樂亭

陵陽遊觀吾所好，恨不即過衆樂亭。嘗聞髣髴入夢寐，吟筆自欲圖丹青。千峯秀出百里外，忽於其上峥簷楹。朝雲噓巖日暖暖，夜水落澗風泠泠。春花窈窕鳥争舞，夏木蔭鬱猿哀鳴。潦收葉落天地爽，❻海月影到山川明。籃輿晨出誰與適，坐與萬物觀虛盈。令思民事不忍後，田間笑語催蠶耕。吏休歸舍獄訟少，墟落飲酒欲秋成。❼唯愁一日奪令去，出來老稚交逢

❶「得盈字」，龍舒本無此三字。
❷「挽蔦」，宋元遞修本作「俛首」。「山」，龍舒本、李注本作「巖」。
❸「兢」，龍舒本作「驚」。「慄」，龍舒本、李注本作「駭」，光啓堂本作「愞」。
❹「沉」，龍舒本作「投」，李注本作「披」。
❺「世」，龍舒本作「歲」，李注本作「秋」。
❻「爽」，龍舒本作「美」。
❼「欲」，龍舒本、李注本作「歡」。

迎。❶彼民安知方禄仕，❷徒喜使我寬逋征？❸令知道義士林服，❹遺愛豈用吾詩評？

書會别亭

西城路，居人送客西歸處。年年借問去何時，今日扁舟從此去。春風吹花落高枝，飛來飛去不自知。路上行人亦如此，應有重來此處時。

題舒州山谷寺石牛洞泉穴❺

皇祐三年九月十六日，自州之太湖，過懷寧縣山谷乾元寺宿，與道人文銳、弟安國擁火遊石牛洞，見李翺習之書，聽泉久之。明日復遊，乃刻習之後。❻

水泠泠而北出，山靡靡而旁圍。欲窮源而不得，❼竟悵望以空歸。

臨川先生文集卷第十二

❶「來」，龍舒本作「郊」，李注本作「郭」。「交」，龍舒本作「來」。

❷「民安知」，龍舒本、李注本作「安知此」。

❸「逋」，龍舒本作「途」。

❹「令」，龍舒本作「今」。

❺此題，龍舒本卷六十四作「留題三祖山谷寺石壁」，列在「律詩」類。李注本有小注：「一作留題三祖山谷寺石壁」。

❻「皇祐」至「習之後」，龍舒本無此題下小注。

❼「而」，龍舒本作「以」。

臨川先生文集卷第十三

古詩

泊舟姑蘇

朝遊盤門東，暮出閶門西。四顧茫無人，但見白日低。荒林帶昏煙，上有歸鳥啼。物皆得所託，而我無安棲。

崑山慧聚寺次孟郊韻❶

僧蹊蟠青蒼，莓苔上秋牀。露翰饑更清，風蘤遠亦香。掃石出古色，洗松納空光。久遊不忍還，迫迮冠蓋場。

如歸亭順風

春江窈窈來無地，飛帆浩浩窮天際。朝出吴川夕霅溪，回首喬林吹岸薺。柁師高卧自嘯歌，❷戲彼挽舟行復止。人生萬事反衍多，道路後先能幾何？

垂虹亭

三江五湖口，地與天不隔。日月所蔽虧，東西渺然白。漫漫浸北斗，浩浩浮南

❶ 此首龍舒本重出，見卷四十八，又見卷五十三律詩，爲《昆山慧聚寺二首》之一，題「次孟郊韻」。

❷ 「柁師高卧」，龍舒本、李注本作「篙師晝卧」。

極。誰投此虹蜺，欲濟兩間阨。中流雜蜃氣，欄楯相承翼。❶初疑神所爲，滅没在頃刻。晨興坐其上，傲兀至中昃。猶憐變化功，不謂因人役。❷今君持酒漿，談笑顧賓客。頗誇九州物，壯麗此無敵。熒煌丹沙柱，璀璨黄金壁。中家不慮始，助我皆豪殖。喟予獨感此，剥爛有終極。改作不可無，還當采民力。

張氏静居院

動者利進爲，静者樂止居。❸物性有偏得，惟賢時卷舒。張侯始出仕，所至多名譽。老矣歸偃休，買地斸荒蕪。屋成爲令名，名實與時俱。南堂棲幽真，晨起瞻像圖。北堂畫五禽，游戲養形軀。燕有諸賓庭，學有諸子廬。問侯年幾何？矯矯八十餘。問侯何能爾？心不藏憂愉。問侯客何爲？弦歌飲投壺。問侯兒何讀？夏商及唐虞。嵩山填門户，洛水遶階除。侯於山水間，❹結駟有通衢。我念老退者，古多賢大夫。留侯亦養生，乃欲凌空虚。閉門不飲酒，豈異山中臞？❺踈傅稍喜客，揮金能自娱。不聞喜教子，滿屋青紫朱。張侯能兼取，勝事古所無。褒稱有樂石，丞相爲之書。而我不自量，聞風亦歌呼。

❶「承」，原作「本」，據龍舒本、宋元遞修本、應刻本、李注本改。
❷「役」，李注本作「力」。
❸「止」，原作「正」，據龍舒本、宋元遞修本、應刻本、李注本改。
❹「侯」，原作「疾」，據龍舒本、宋元遞修本、李注本改。
❺「臞」，龍舒本作「居」。

丙戌五日京師作二首❶

北風閣雨去不下，❷驚沙蒼茫亂昏曉。傳聞城外八九里，雹大如拳死飛鳥。

二

浮雲離披久不合，太陽獨行乾萬物。誰令昨夜雨霶霈，北風蕭蕭寒到骨？

答　客

士常疑西伯，何至羑里辱？瞽鯀親父子，尚脱井廩酷。昏主雖聖臣，飛禍安可卜？致命遂其志，雖窮不爲戮。

次韻唐彦猷華亭十詠

顧　林　亭野王所居也。❸

寥寥湖上亭，不見野王居。平林豈舊物，歲晚空扶疏。自古聖賢人，邑國皆丘墟。不朽在名德，千秋想其餘。

寒　穴

神泉冽冰霜，❹高穴與雲平。空山渟千秋，不出嗚咽聲。山風吹更寒，山月相與

❶「日」，李注本作「月」。
❷「北風閣雨」，龍舒本作「北閣風雨」。
❸此題下小注，李注本無。
❹「泉」，原作「農」，據李注本改。

清。北客不到此，如何洗煩酲？

吳王獵場

吳王好射虎，但射不操戈。匹馬掠廣場，萬兵助遮羅。時平事非昔，此地桑麻多。猛獸亦已盡，牛羊在田坡。

始皇馳道

穆王得八駿，萬事得期修。茫茫萬載間，❶復此好遠游。車輪與馬跡，此地亦嘗留。想當治道時，勞者尸如丘。

柘湖

湖中有山生柘，故名柘湖。《記》云：秦有女入湖爲神。今有廟。

柘林著湖山，菱葉蔓湖濱。秦女亦何事，能爲此湖神？年年賽雞豚，漁子自知津。幽妖窟險阻，禍福易欺人。

陸瑁養魚池

野人非昔人，亦復水上居。紛紛水中游，豈是昔時魚？吹波浮還没，競食糟糠餘。吞舟不可見，守此歲月除。

❶「萬」，李注本作「千」。

華亭谷 水行三百里，入松江。

巨川非一源，源亦在衆流。此谷乃清淺，松江能覆舟。蟲魚何所知，上下相沉浮。❶徒嗟大盈北，浩浩無春愁。華亭水自大盈入松江，而北入海。

陸機宅

故物一已盡，嗟此歲年深。野桃自著花，荒棘自生鍼。芊芊谷水陽，鬱鬱崑山陰。俛仰但如昨，遊者不可尋。

崑山 世傳陸氏家生機、雲，故名崑山，言生玉也。

玉人生此山，山亦傳此名。崖風與穴水，清越有餘聲。悲哉世所珍，一出受攲傾。不如鶴與猿，棲息尚全生。

三女崗 吴王葬三女於此。

自古世上雄，慷慨擅功名。當時豈有力，能使死者生？三女共一丘，❷此憾亦難平。❸音容若有作，無力傾人城。

❶「沉浮」，原作「沉沉」，據宋元遞修本、應刻本、李注本改。
❷「共」，李注本作「死」。
❸「憾」，李注本作「恨」。

太白嶺❶

太白巃嵸東南馳，衆嶺環合青紛披。煙雲厚薄皆可愛，樹石踈密自相宜。陽春已歸鳥語樂，溪水不動魚行遲。生民何由得處所，與茲魚鳥相諧熙？

禿山

吏役滄海上，瞻山一停舟。❷怪此禿誰使，鄉人語其由。一狙山上鳴，一狙從之遊。相匹乃生子，子衆孫還稠。山中草木盛，根實始易求。攀挽上極高，屈指亦窮幽。❸衆狙各豐肥，山乃盡侵牟。攘争取一飽，豈暇議藏收？大狙尚自苦，小狙亦已愁。稍稍受咋嚙，一毛不得留。狙雖巧過人，不善操耡耰。所嗜在果穀，得之常似偷。嗟此海山中，❹四顧無所投。生生未云已，歲晚將安謀？

贈曾子固

曾子文章衆無有，水之江漢星之斗。挾才乘氣不媚柔，群兒謗傷均一口。吾語群兒勿謗傷，豈有曾子終皇皇？借令不幸賤且死，後日猶爲班與揚。

❶「嶺」，龍舒本、李注本作「巖」。此題下，李注本有小注：「鄞縣時作。」
❷「停」，李注本作「亭」。
❸「指」，李注本作「曲」。
❹「山中」，李注本作「中山」。

鮑公水

村南鮑公山，山北鮑公水。高穴逗遠源，泠泠落山嘴。玉色與飴味，不可他味比。竹樹四蒙密，翠藤相披靡。漫郎昔少年，幽居得之此。臨窺若有遇，愛歎無時已。浮名未汙染，❶永矢終焉爾。奈何中棄入長安，十載風塵化舊顏。❷讙囂滿耳不可洗，此水泠泠空在山。

寄李士寧先生

樓臺高聳間晴霞，松檜陰森夾柳斜。渴愁如箭去年華，陶情滿滿傾榴花。自嗟不及門前水，流到先生雲外家。

僧德殊家水簾求予詠

淙淙萬音落石顛，皎皎一派當簷前。清風高吹鸞鶴唳，白日下照蛟龍涎。浮雲妝額自能卷，缺月琢鉤相與縣。朱門試問幽人價，翡翠鮫綃不直錢。

杭州修廣師法喜堂❸

浮屠之法與世殊，洗滌萬事求空虛。師心以此不挂物，一堂收身自有餘。堂陰置石雙嵽嵲，石脚立竹青扶踈。一來已覺

❶「汙染」，李注本作「染汙」。
❷「十」，龍舒本作「千」。
❸「杭州」，龍舒本無此二字。

肝膽豁，❶況乃宴坐窮朝晡。憶初救時勇自許，壯大看俗尤崎嶇。豐車肥馬載豪傑，少得志願多憂虞。始知進退各有理，❷造次未可分賢愚。會將築室返耕釣，相與此處吟山湖。

復至曹娥堰寄剡縣丁元珍

溪水渾渾來自北，千山抱水清相射。山深水急無艇子，欲從故人安可得？故人昔日此水上，罇酒扁舟慰行役。津亭把手坐一笑，我喜滿懷君動色。論新講舊惜未足，落日低徊已催客。離心自醉不復飲，秋果寒花空滿席。今年却坐相逢處，悁悵難求別時迹。可憐溪水自南流，安得溪船問消息？

答曾子固南豐道中所寄❸

吾子命世豪，術學窮無閒。直意慕聖人，❹不問閔與顏。彼昏何爲者，誣構來嚬嚬？應逮犯秋陽，動爲人所歎。不卹我躬瘁，乃嗟天澤慳。令人念公卿，燁燁趨王班。泊無憫世意，❺狙猿而佩環。愛子所守卓，憂予不能攀。永矢從子游，合如扉上鐶。願言借餘力，迎浦踈潺潺。亦有衣上塵，可攀禅太山。大江秋正清，島溆相縈

❶「肝」，龍舒本、李注本作「心」。
❷「有」，李注本作「一」，有小注：「一作有。」
❸「曾」，龍舒本無此字。
❹「慕」，原作「暮」，據龍舒本、宋元遞修本、應刻本、光啓堂本、李注本改。
❺「泊」，龍舒本、宋元遞修本作「伯」。

彎。四盼浩無主，日暮煙霞斑。水竹密以勁，霜楓衰更殷。賞託亦云健，行矣非間闕。相期東北遊，致館淮之灣。無爲襲寧羸，❶悠然及温遠。❷

寄贈胡先生并序。❸

孔孟去世遠矣，信其聖且賢者，質諸書焉耳。翼之先生與予並世，非若孔孟之遠也，聞薦紳先生所稱述，又詳於書，不待見而後知其人也。歎慕之不足，故作是詩。

先生天下豪傑魁，胸臆廣博天所開。文章事業望孔孟，不復睥睨蔡與崔。十年留滯東南州，飽足藜藿安蒿萊。獨鳴道德驚此民，民之聞者源源來。高冠大帶滿門下，奮如百蟄乘春雷。❹惡人沮服善者起，❺昔時蹻跖今騫回。❻先生不試乃能爾，誠令得志如何哉！吾願聖帝營太平，補葺廊廟枝傾頽。披旒發纊廣耳目，照徹山谷多遺材。先收先生作梁柱，❼以次構架桷與榱。羣臣面向帝深拱，仰戴堂陛方崔嵬。

❶「羸」，原作「嬴」，據李注本改。
❷「然」，李注本作「矣」。「遠」，龍舒本、宋元遞修本、李注本作「還」。
❸「并序」，龍舒本、李注本無此二字。下文「孔孟去世遠矣」一節序文，龍舒本、李注本全爲題下注。
❹「春」，龍舒本、宋元遞修本作「雲」。
❺「服」，李注本作「伏」。
❻「蹻跖」，李注本作「盗蹻」。
❼「收」，《皇朝文鑑》本作「取」。

得曾子固書因寄❶

始吾居揚日，重問每見及。云將自親側，萬里同講習。子行何舒舒，吾望已汲汲。窮年夢東南，顏色不可挹。仁賢豈欺我，正恐事維縶。嚴親抱憂衰，生理賴以給。不然航江外，天寒北風急。無乃山路惡，僕弱馬行澁。孤懷未肯開，歲物忽如蟄。朅來高郵住，巷屋頗卑濕。蓬蒿稍芟除，茅竹隨補葺。苟云禦風氣，尚恐憂雨汁。故人莫在眼，屢獨開巾笈。忠信蓋未見，吾敢誣茲邑？出關誰與語？❷念子百憂集。眺聽聊自放，日暮城頭立。徐歸坐當户，使者操書入。時開識子意，如渴得美湆。驪駒日就道，玉手行可執。舊學待鐫磨，新文得删拾。重登城頭望，喜氣滿原隰。

寄虔州江陰二妹

貢水日夜下，下與章水期。我行二水間，無日不爾思。飄若越鳥北，心常在南枝。又如岐首蛇，南北兩欲馳。逝者日已遠，百憂詎能追？生存苦乖隔，邂逅亦何時？女子歸有道，善懷見於詩。庶云留汝車，慰我堂上慈。

登越州城樓

越山長青水長白，越人長家山水國。

❶「曾」，李注本無此字。
❷「關」，李注本作「門」。

可憐客子無定宅，一夢三年今復北。浮雲縹緲抱城樓，❶東望不見空回頭。人間未有歸耕處，早晚重來此地遊。

憶昨詩示諸外弟

憶昨此地相逢時，春入窮谷多芳菲。短垣囷囷冠翠嶺，躑躅萬樹紅相圍。幽花媚草錯雜出，黄蜂白蝶參差飛。此時少壯自負恃，意氣與日争光輝。乘閑弄筆戲春色，脱略不省旁人譏。❷坐欲持此博軒冕，肯言孔孟猶寒飢？丙子從親走京國，浮塵坌並緇人衣。明年親作建昌吏，四月挽船江上磯。端居感慨忽自寤，青天閃爍無停暉。男兒少壯不樹立，挾此窮老將安歸？吟哦圖書謝慶弔，坐室寂寞生伊威。❸材疎命賤不自揣，欲與稷契遐相希。❹旻天一朝畀以禍，❺先子泯没予誰依？精神流離肝肺絶，眥血被面無時晞。母兄呱呱泣相守，三載厭食鍾山薇。屬聞降詔起群彦，遂自下國趨王畿。刻章琢句獻天子，釣取薄禄歡庭闈。身着青衫手持版，奔走卒歲官淮沂。淮沂無山四封庳，❻獨有廟塔尤峩巍。❼時時憑高一悵望，想見江南多翠微。歸心動蕩不可抑，霍若猛吹翻旍旂。騰書漕府私自列，仁者惻隱從其祈。暮春三月亂江水，勁櫓健帆如轉機。還家上堂拜祖

---

❶「樓」，李注本作「流」。
❷「略」，李注本作「落」。
❸「寂」，龍舒本作「寥」。
❹「希」，龍舒本、宋元遞修本、應刻本作「睎」。
❺「旻」，李注本作「昊」。
❻「庳」，原作「痺」，據龍舒本、宋元遞修本、應刻本、李注本改。
❼「尤」，龍舒本作「左」。

母，奉手出涕縱橫揮。❶ 出門信馬向何許？城郭宛然相識稀。永懷前事不自適，却指舅舘接山扉。❷ 當時髫兒戲我側，于今冠佩何頎頎！ 況復丘樊滿秋色，蜂蝶摧藏花草腓。令人感嗟千萬緒，不忍蒼卒回驂騑。留當開樽强自慰，邀子劇飲毋予違。

臨川先生文集卷第十三

❶ 「手」，原作「乎」，據龍舒本、宋元遞修本、應刻本、李注本改。

❷ 「接」，李注本作「排」。

臨川先生文集卷第十四

律詩五言八句

欣會亭❶

數家鄰水竹，一塢共雲林。❷晚食静適己，獨謡欣會心。移牀隨漫興，❸操筴取幽尋。未愛神錐汝，猶憐妙斲琴。

東皐

起伏晴雲徑，縱横暖水陂。草長流翠碧，花遠没黄鸝。楚製從人笑，吴吟得自怡。東皐興不淺，遊走及芳時。

歲晚

月映林塘澹，風含笑語涼。❹俯窺憐净緑，❺小立佇幽香。携幼尋新葯，扶衰坐野航。延緣久未已，歲晚惜流光。

❶ 此題，龍舒本作「過景德僧院」。
❷ 「塢」，龍舒本作「烏」。
❸ 「興」，龍舒本、宋元遞修本、應刻本作「與」。
❹ 「風含」，龍舒本、李注本作「天涵」。李注本有小注：「當作風含。」
❺ 「净緑」，龍舒本、宋元遞修本、應刻本、李注本作「緑净」。

半山春晚即事

春風取花去，酬我以清陰。❶翳翳陂路靜，交交園屋深。牀敷每小息，杖屨或幽尋。❷惟有北山鳥，經過遺好音。

欹眠

翠幙卷東岡，欹眠月半牀。松聲悲永夜，荷氣馥初涼。清話非無寄，幽期故不忘。扁舟亦在眼，終自懶衣裳。

露坐

露坐看溝月，飄然風度荷。珠跳散作點，金湧合成波。老失芳歲易，靜知良夜多。陵秋久不寐，❸吾樂豈弦歌？

山行

出寫清淺景，❹歸穿蒼翠陰。平頭均楚製，長耳嗣吳吟。暮嶺已佳色，寒泉仍好音。誰同此真意，倦鳥亦幽尋。

❶「酬」，龍舒本、李注本作「遺」。李注本有小注：「一作酬。」

❷「或」，李注本作「亦」，有小注：「一作或。」

❸「老失芳歲易，靜知良夜多。陵秋久不寐」，龍舒本、李注本作「芳歲老易晚，良霄閑獨多。秋風不成寐」。李注本有小注：「一作老失芳歲易，靜知良夜多。陵秋久不寐」。

❹「清淺」，李注本作「潺湲」，有小注：「一作清淺。」

題雱祠堂在寶公塔院。❶

斯文實有寄，天豈偶生才？一日鳳鳥去，千秋梁木摧。煙留衰草恨，風造暮林哀。豈謂登臨處，飄然獨往來？

定林❷

漱甘涼病齒，坐曠息煩襟。因脱水邊屨，就敷巖上衾。但留雲對宿，仍值月相尋。真樂非無寄，悲蟲亦好音。

送張甥赴青州幕❸

人情每期費，之子適予心。老餞城東陌，悲分歲暮襟。少留班露草，遂往隔雲林。未覺青丘遠，因風嗣好音。

送張宣義之官越幕二首❹

會稽遊宦鄉，海物錯句章。土潤箭萌美，水甘茶串香。今君誠暫屈，❺他日恐難忘。❻唯有西興渡，靈胥或怒張。

❶ 此題，龍舒本作「寶公塔院祠堂」，下無小注。

❷ 此題，李注本作「定林院」。龍舒本卷六十三有「定林院三首」，此爲其第三首。

❸ 「甥」，龍舒本作「生」。

❹ 「幕二首」，龍舒本無此三字，且僅第一首。

❺ 「今君誠」，龍舒本作「君今試」。李注本作「君今肯」，有小注：「一作今君誠。」

❻ 「恐」，龍舒本作「豈」。

二

誰謂貴公子，乃如寒士家。真宜舉敦樸，已自勝浮華。洲荻藏迷子，溪篁擁若耶。相望只在眼，音問莫言賒。

送贊善張軒民西歸❶

柴荊雀有羅，公子數經過。邂逅相知晚，❷從容所得多。百憂生暮齒，一笑隔滄波。早晚西州路，遙聽下坂坷。❸

送鄧監簿南歸

不見驪塘路，茫然四十春。長爲異鄉客，每憶故時人。水閲公三世，雲浮我一身。濠梁送歸處，握手但悲辛。

秋夜二首

客卧書顛倒，蟲鳴坐寂寥。殘燈生暗暈，重露集寒條。真樂閑尤見，深禪静更超。此懷無與晤，擁鼻一長謡。❹

二

幔逗長風細，窗留半月斜。浮煙暝緑

❶「張軒民」，龍舒本、李注本作「張君」。李注本題下有小注：「名軒民。」

❷「知」，龍舒本、李注本作「逢」。李注本有小注：「一作知」。

❸「坷」，原作「珂」，據李注本改。

❹「鼻」，龍舒本、李注本作「被」。李注本有小注：「一作鼻。」

草，泫露冷黄花。獨曳緣雲策，仍尋度水槎。歸時參夜半，❶鄰犬静中嘩。

即　事❷

徑暖草如積，山晴花更繁。縱横一川水，高下數家村。静憩雞鳴午，❸荒尋犬吠昏。歸來向人説，疑是武陵源。

晝　寢甲子四月十七日午時作。

井逕從蕪漫，青藜亦倦扶。百年唯有且，萬事總無如。棄置蕉中鹿，驅除屋上烏。獨眠窻日午，往往夢華胥。

過故居❹

泝栰開新屋，扶輿遶故園。事遺心獨寄，路翳目空存。野果寒林寂，蠻花午簟温。難忘舊時處，欲宿愧桑門。

鴈

北去還爲客，南來豈是歸？倦投空渚泊，飢帖冷雲飛。垣栅鷄長暖，溝池鶩自

❶「參夜」，李注本作「夜參」。

❷此首爲龍舒本卷七十五《即事十五首》之第七首。李注本題作「徑暖」。

❸「雞」，龍舒本、李注本有小注：「一作鳩。」

❹此題，龍舒本、李注本作「泝栰」。李注本有小注：「一作過故居。」

肥。憐渠不知此，更墮野人機。

與道原過西莊遂遊寶乘二首❶元豐四年十月二十四日。

桑楊一作麻。已零落，藻荇亦一作復。消沈。園宅在人境，歲時傷我心。强穿西一作南。埭路，共望北山岑。欲覓一作與。道人語，❷跨鞍聊一尋。

二

親朋會合少，時序感傷多。勝踐聊爲樂，清談可當歌。微風淡水竹，净日暖煙蘿。興極猶難盡，當如薄暮何！

送陶氏婦兼寄純甫

雲結川原暗，風連草木萎。遥瞻季行役，正對女傷悲。夢事中千變，❸生涯老百罹。更慚無道力，臨路涕交頤。

自府中歸寄西庵行詳❹

意衰難自力，扶路便思還。❺强逐蕭騷

❶「二首」，原無，據原總目補。此題，龍舒本、李注本作「與道原遊西庵遂至草堂寶乘寺二首」，龍舒本題下無小注。

❷「覓」，李注本作「與」。

❸「中」，龍舒本、李注本作「終」。李注本有小注：「一作中。」

❹此題，龍舒本作「寄西庵詳師」，李注本作「寄西庵禪師行詳」。

❺「扶」，龍舒本作「持」。

水，遥看慘淡山。行尋香草遍，歸漾晚雲間。西崦分明見，幽人不可攀。

贈上元宰梁之儀承議❶梁多留詩在江寧僧舍。❷

白下有賢宰，能歌如紫芝。❸民欺自不忍，縣治本無爲。風月誰同賞，江山我亦思。粉牆侵醉墨，悄悵緑苔滋。

贈殊勝院簡道人❹

早悟耆山善，今爲洛社豪。有生常寂寞，所得是風騷。露夕吟逾苦，雲收思共高。❺此懷差自適，千社一牛毛。

懷吴顯道

南郭紅亭冷，西山白道曛。江光凌翠氣，洲色亂黄雲。歲暮誰邀客？❻情親故憶君。天涯獨惆悵，歸鳥黑紛紛。

静照堂

任公蹲會稽，海上得招提。净觀堂新搆，幽尋客屢攜。飛簷出風雨，灑翰落

❶「梁之儀承議」，龍舒本無此五字。
❷「詩」，原作「許」，據李注本改。此題下小注，龍舒本無。
❸「歌」，龍舒本、李注本作「詩」。
❹「道人」，龍舒本、李注本作「師」。
❺「收」，龍舒本、李注本作「秋」。
❻「誰」，龍舒本作「惟」。

虹蜺。❶杸老黄塵陌，東看路恐迷。

重遊草堂寺次韻三首❷

垣屋荒葛藟，野殿冷檀沈。鶴有思顛意，鷹無戀遁心。❸禪房閉深竹，齋鉢度遥岑。寂寞黄塵裏，金身倚一尋。

二

僧殘尚食少，佛古但泥多。寒守三衣法，飢傳一鉢歌。寬閑每迸竹，危朽漫牽蘿。怊悵庭前栢，❹西來意若何？

三

野寺真蘭若，山僧老病多。踈鍾挾谷響，悲梵入樵歌。水映茅篁竹，雲埋蔦女蘿。拂塵書所見，因得擬陰何。

題齊安寺山亭❺

此山無躑躅，❻故國有楊梅。悵望心常折，慇懃手自栽。暮年逢火改，晴日對花開。萬里烏塘路，春風自往來。

❶「蜺」，原作「焼」。據宋元遞修本、應刻本、李注本改。光啓堂本作「霓」。
❷「寺」，原無，據龍舒本、李注本補。
❸「戀」，李注本作「變」。
❹「栢」，李注本作「樹」。
❺此首龍舒本重出，見卷六十三，無「山亭」二字；又見卷七十七，題「山亭楊梅」。
❻「此」，龍舒本、李注本作「北」。

自白門歸望定林有寄

蹇驢愁石路，余亦倦躋攀。不見道人久，忽然芳歲殘。朝隨雲暫出，暮與鳥争還。杳杳青松壑，知公在兩間。

宿定林示無外❶名務周。❷

天女穿林至，姮娥度隴來。欲歸今畹晚，相值且徘徊。❸誰謂我忘老？如聞蟲造哀。鄰衾亦不寐，共盡白雲杯。

宿北山示行詳上人

都城羈旅日，獨許上人賢。誰爲孤峯下，還來宴坐邊？是身猶夢幻，何物可攀緣？坐對青燈落，松風咽夜泉。

獨　飯

窗明兩不借，榻净一籧篨。栩栩幽人夢，夭夭老者居。安能問香積，誰可告華胥？獨飯牆陰轉，看雲坐久如。

草　堂

草堂今寂寞，往事翳山椒。蕙帳空留

❶「無外」，龍舒本、李注本作「寶覺」。
❷「名務周」，原作「行移周」，據宋元遞修本、應刻本改。龍舒本無此三字。
❸「值」，龍舒本作「阻」。

鶴，❶蘿衣終換貂。❷生皆墮天袠，隱或寄公朝。疊潁何勞怒，❸東風汝自搖。

示耿天騭❹

挾策能傷性，捐書可盡年。弦歌無舊習，香火有新緣。白土長岡路，朱湖小洞天。望公時顧我，於此暢幽悁。

光宅❺

今知光宅寺，牛首正當門。臺殿金碧毀，丘墟桑竹繁。蕭蕭新犢卧，冉冉暮鵶翻。回首千歲夢，雨花何足言？

示無外❻

支頤橫口語，椎髻曲肱眠。莫問誰賓主，安知汝輩年？鄰雞生午寂，幽草弄秋妍。卻憶東窗簟，蠻藤故宛然。

---

❶「空」，龍舒本、李注本作「今」。李注本有小注：「一作空。」

❷「終換」，龍舒本、李注本作「空掛」。李注本有小注：「一作終換。」

❸「疊」，龍舒本作「巢」。

❹此首爲龍舒本卷六十九《示耿天騭二首》之第一首。

❺此首爲龍舒本卷四十八《光宅寺二首》之第二首，列在「古詩」類。李注本題作「光宅寺」。

❻此首爲龍舒本卷六十九《示寶覺三首》之第二首。

北山暮歸示道人❶

千山復萬山，行路有無間。花發蜂遞繞，果垂猿對攀。獨尋寒水度，欲趁夕陽還。天黑月未上，兒童初掩關。

懷古二首❷

日密畏前境，淵明欣故園。那知飯不賜，❸所喜菊猶存。亦有牀座好，但無車馬喧。誰爲吾侍者？稚子候柴門。❹

二

長者一牀室，先生三徑園。非無飯滿鉢，亦有酒盈樽。不起華邊坐，常開柳際門。漫知談實相，欲辯已忘言。

與寶覺宿精舍❺

擾擾復翩翩，秋牀燭屢昏。真爲説萬物，豈止挾三言？問義曹溪室，捐書闕里門。若知同二妄，目擊道逾存。

❶ 此首爲龍舒本卷六十九《北山暮歸示道人二首》之第一首。

❷ 此題，龍舒本作「半山歲晚即事二首」。

❸ 「賜」，李注本作「餳」。

❹ 「稚」，原作「椎」，據龍舒本、宋元遞修本、應刻本、光啓堂本、李注本改。

❺ 「精」，龍舒本、李注本作「僧」。

中書偶成

忽忽余年往，茫茫不自知。慇懃照清淺，邂逅見衰遲。輔世無賢業，容身有聖時。❶歸歟今可矣，何以長人爲？

華藏寺會故人得「泉」字。❷

百憂成阻闊，一笑得留連。城郭西風裏，園林落照前。共知官似夢，莫負酒如泉。興罷重攜手，江湖即渺然。

求全

求全傷德義，欲速累功名。玉要藏而待，苗非揠故生。未妨徐出晝，何苦急墮成？此道今亡矣，嗟誰可與明？

秋風

摯斂一何饕，天機亦自勞。牆隈小飜動，屋角盛呼號。漠漠驚沙密，紛紛斷柳高。江湖豈在眼，昨夜夢波濤。

次韻昌叔歲暮❸

城雲漏日晚，樹涷裏春深。槮密魚雖暖，巢危鶴更陰。橫風高彍弩，殘溜細鳴琴。歲換兒童喜，還傷老大心。

❶「容」，李注本作「客」。
❷「得泉字」，李注本爲詩題大字。
❸「昌叔」上，李注本有「朱」字。

次韻酬昌叔羈旅之作

君方困旅食，予亦誤朝簪。自索東方米，誰多季子金？高門萬馬散，窮巷一燈深。客主竟何事，蕭條《梁父吟》。

臨川先生文集卷第十四

臨川先生文集卷第十五

律　詩五言八句

次韻唐公三首❶

東陽道中

山蔽吴天密，江蟠楚地深。浮雲堆白玉，落日寫黄金。渺渺隨行旅，紛紛换歲陰。强將詩詠物，收拾濟時心。

江　行❷

材非當世用，轂有故人推。使節春冬换，征帆日夜開。南遊取于越，東望得州來。試盡風波惡，生涯亦可哀。

旅　思

此身南北老，愁見問征途。地大蟠三楚，天低入五湖。看雲心共遠，步月影同孤。慷慨秋風起，悲歌不爲鱸。

❶ 此三首，龍舒本無總題，皆獨立成篇，依次見卷七十、五十三、六十九。

❷ 此題，龍舒本作「次韻唐公江行」。

烏塘❶

地僻居人少，山稠伏獸多。怒貍朝搏䳄，饞虎夜窺騾。籬落生孫竹，門庭上女蘿。未應悲寂寞，六載一經過。

欲歸

水漾青天暖，沙吹白日陰。塞垣春錯莫，行路老侵尋。緑稍還幽草，紅應動故林。留連一盃酒，滿眼欲歸心。

發館陶

促轡數殘更，似聞雞一鳴。春風馬上夢，沙路月中行。笳鼓遠多思，衣裘寒始輕。稍知田父穩，❷燈火閉柴荆。

王村

晻靄王村路，❸春風北使旗。塵催輕騎走，❹寒咽短簫吹。攬轡聯貂帽，投鞭各酒巵。紛紛小兒女，何事倚牆窺？

長垣北

攬轡長垣北，貂寒不自持。霜風急鼓

❶ 此首爲龍舒本卷七十一《烏塘二首》之第一首。

❷ 「穩」，龍舒本、李注本作「隱」，李注本有小注：「一作穩。」

❸ 「王」，原作「土」，據龍舒本、宋元遞修本、應刻本、李注本、光啓堂本改。

❹ 「催」，光啓堂本作「摧」。

吹，煙月暗旌旗。騎火流星點，牆桑亞戟枝。柴荊掩春夢，誰見我行時？

冬日

擾擾今非昔，漫漫夜復晨。風沙不貸客，雲日欲迷人。散髮愁邊老，開顔醉後春。轉思江海上，一洗白綸巾。

壬辰寒食

客思似楊柳，春風千萬條。更傾寒食淚，欲漲冶城潮。巾髮雪争出，鏡顔朱早雕。未知軒冕樂，但欲老漁樵。

雨中

尚疑櫻欲吐，已怪菊成漂。紫莧凌風怯，青苔挾雨驕。長閑故有味，多難自無聊。牢落柴荊晚，生涯付一瓢。

宿雨

緑攪寒蕪出，紅争暖樹歸。魚吹塘水動，鴈拂塞垣飛。宿雨驚沙盡，❶晴雲晝漏稀。却愁春夢短，燈火著征衣。

❶「盡」，李注本作「静」，有小注：「一作盡。」

乘日

乘日塞垣入，御風塘路歸。胡皆躍馬去，鴈却背人飛。煙水吾鄉似，家書驛使稀。怱怱照顔色，恨不洗征衣。

秋露

日月凋何急，❶荒庭露送秋。初疑宿雨泫，稍怪曉霜稠。曠野將馳獵，華堂已御裘。空令半夜鶴，抱此一端愁。

還自河北應客

媿客問謡俗，舊傳今自如。材難知驥馬，味美賽河魚。塞水移民久，川防動衆初。北人雖異論，時議或非疎。

將次洺州憩漳上

漠漠春風裏，茸茸緑未齊。平田鵶散啄，深樹馬迎嘶。地入河流曲，天隨日去低。高城已在眼，聊復解輕齎。

和仲庶夜過新開湖憶沖之仲涂共泛

水遠浮秋色，河空洗夜氛。行隨一明月，坐失兩孤雲。露髮此時濕，風顔何處醺？淹留各有趣，不比漢三君。白樂天有「二處成孤雲」之句。

❶「凋」，李注本作「跳」。

送契丹使還次韻答净因長老❶

老欲求吾志，時方摭我華。强將愁出塞，空得病還家。日轉山河暖，風含草木葩。勝遊思一往，不敢問三車。

送吴叔開南征

摻袂不勝情，犀舟擊汰行。倦遊無萬里，惜別有千名。春草凄凄緑，江楓湛湛清。金陵多麗景，此去屬蘭成。

遊棲霞庵約平甫至因寄

渺渺林間路，蕭蕭物外僧。高陰凉易入，閑貌老難增。官事真傷錦，君恩更飲冰。求田此山下，終欲忤陳登。

和棲霞寂照庵僧雲渺平甫。❷

蕭然一世外，所樂有誰同？宴坐能忘老，齋蔬不過中。無心爲佛事，有客問家風。笑謂「西來意」，雖空亦不空。

宜春苑

宜春舊臺沼，日暮一登臨。解帶行蒼蘚，移鞍一作鞍。坐緑陰。❸樹踈啼鳥遠，水静落花深。無復增修事，君王惜費金。

❶「長」，原無，據龍舒本、李注本補。

❷「平甫」，龍舒本無此二字。李注本作大字，下有「同作」二字。

❸「鞍」，龍舒本作「鞍」。

春　日❶

冉冉春行暮，菲菲物競華。鶯猶求舊友，鷰不背貧家。室有賢人酒，門無長者車。醉眠聊自適，歸夢到天涯。

癸卯追感正月十五事

正月端門夜，金輿縹緲中。傳觴三鼓罷，縱觀萬人同。警蹕聲如在，嬉遊事已空。但令千載後，追詠太平功。❷

晚興和沖卿學士

冽冽風生晚，娟娟月上初。白沙眠緑驥，❸清浪浴鱣魚。竟欲從君飲，猶便讀我書。斜陽不到處，牆角樹扶疎。

秋興和沖卿

雲浮朝慘淡，風起夜飀飀。欲作冰霜地，先迴草樹秋。征人倚笛怨，思婦向砧愁。爲問隨陽鴈，哀鳴豈有求？

次韻沖卿除日立春

猶殘一日臈，併見兩年春。物以終爲始，人從故得新。迎陽朝翦綵，守歲夜傾銀。恩賜隨嘉節，無功秖自塵。

❶ 此首爲龍舒本卷七十二《春日二首》之第一首。

❷ 「功」，宋元遞修本作「宫」。

❸ 「緑」，李注本作「騄」。

題友人郊居水軒

田中三畝宅，水上一軒開。爲有漁樵樂，非無仕進媒。槎頭收晚釣，荷葉卷新醅。坐説魚腴美，功名挽不來。

遊賞心亭寄虔州女弟

秀發千峯霽，❶清涵萬里秋。滄江天上落，明月鏡中流。眼與魂俱斷，身依影獨留。爲憐幽興極，不見爾來遊。

江亭晚眺

日下崦嵫外，秋生沆碭間。清江無限好，白鳥不勝閑。雨過雲收嶺，天空月上灣。歸鞍侵調角，回首六朝山。

金山寺❷

重經高處寺，一與白雲親。樹木有春意，江山如故人。幽軒含氣象，偏影落風塵。日暮臨歸去，徘徊欲損神。

揖仙閣

結閣揖仙子，疏塘臨隱扉。水花紅四出，山竹翠相圍。雲度疑軿下，鳧驚恐舄飛。蜀薑寧可待，❸投釣此忘歸。

---

❶「峯」，龍舒本、李注本作「山」。

❷此首爲龍舒本卷六十四《金山寺五首》之第一首。

❸「薑」、「待」，原作「韁」、「恃」，據李注本改。

舟夜即事

火炬臨遥岸，❶餘光照客船。水明魚中餌，沙暖鷺忘眠。感慨無窮事，遲回欲曉天。山泉如有意，枕上送潺湲。

何處難忘酒二首 擬白樂天作。

何處難忘酒，英雄失志秋。廟堂生莽卓，巖谷死伊周。賦斂中原困，干戈四海愁。此時無一盞，難遣壯圖休。

二

何處難忘酒，君臣會合時。深堂拱堯舜，密席坐皋夔。和氣襲萬物，歡聲連四夷。此時無一盞，真負《鹿鳴》詩。

送孫子高

蕩漾江南客，融怡席上珍。一鐏相别酒，千里獨歸人。客路貧堪病，交情遠更親。自慚兒女意，失淚滴衣巾。

送董傳

悠悠隴頭水，日夜向西流。行路未云已，歸人空復愁。文章合用世，顔髮未驚秋。一聽秦聲罷，還來上國遊。

❶「炬」，原作「距」，據龍舒本、宋元遞修本、應刻本、李注本改。

寄深州晁同年

秀色歸荒隴，新聲換氄毛。日催花蘂急，雲避鴈行高。駐馬旌旗暖，傳觴鼓吹豪。班春不知負，短髮爲君搔。

白雲然師

白首一山中，形骸槁木同。苔争庵徑路，雲補衲穿空。塵土隨車轍，波濤信柂工。昏昏老南北，應謝此高風。

自白土村入北寺二首

木杪田家出，城陰野逕分。溜渠行碧玉，畦稼卧黄雲。薄槿烟脂染，深荷水麝焚。夕陽人不見，雞鶩自成群。

二

雨過百泉出，秋聲連衆山。獨尋飛鳥外，時渡亂流間。坐石偶成歇，看雲相與還。會須營一畝，長此聽潺湲。

題朱郎中白都莊

蕭灑桐廬守，滄洲寄一廛。山光隔釣岸，江氣雜炊煙。藜杖聽鳴艣，籃輿看種田。明時須共理，此興在他年。

史教授獨善堂

湖海十年舊，林塘三畝餘。静非談者

隱，貧勝富人居。列鼎亦何有，幅巾聊自如。猶應不獨善，學子滿階除。

寄福公道人

帝力護禪林，滄洲側布金。樓依水月觀，門接海潮音。開士但軟語，遊人多苦吟。曾同方丈宿，燈火夜沉沉。

身　閑❶

身閑宜晚食，歲晏忌晨興。人自嘲便腹，吾方樂曲肱。睡蛇雖不去，夢虺已無憑。寄語中林客，❷思禪病未能。

還　家❸

還家豈不樂，生事未應閑。朝日已復出，征鞍方更攀。❹傷心百道水，闞目萬重山。❺何以忘羈旅，翛然醉夢間。

題湯泉壁示諸子有欲閑之意❻

吟哦一水上，披寫衆峯間。偶運非彭

❶ 此題，李注本作「閑身」。
❷ 「中林」，李注本作「林中」，有小注：「一作中林。」
❸ 此首爲龍舒本卷六十九《北山暮歸示道人二首》之第二首。
❹ 「方」，李注本作「今」。「更」，龍舒本作「便」。
❺ 「萬」，龍舒本、李注本作「數」。
❻ 「之」，李注本無此字。

澤，留名比峴山。君才今卨稷，家行古原顔。平世雖多士，❶安能易地閑？

和唐公舍人訪浄因

西城方外士，傳法自南華。高蹈玩一世，旁通兼數家。來遊仁者浄，❷傳詠正而葩。乘興何時載，❸還能託後車。

沂溪懷正之

故人何處所，天角浪漫漫。寂寞斷音驛，徘徊愁肺肝。世情紛可怪，旅況浩難安。願化東南鵠，高飛託羽翰。

答許秀才

高陽有才子，負笈求晨饘。所趣少知者，其辭多慨然。樵妻竟謝絶，漂母嘗哀憐。尚友古之人，于今猶壯年。

臨川先生文集卷第十五

❶「士」，龍舒本作「學」。

❷「浄」，李注本作「静」。

❸「載」，宋元遞修本作「弄」，李注本作「再」。

臨川先生文集卷第十六

律　詩五言八句　五言長篇附

次韻景仁雪霽

新聲生屋霤，殘點着垣衣。委翳無多在，飄零不更飛。坳中餘宿潤，暖處自朝暉。稍見青青色，還從柳上歸。

次韻范景仁二月五日夜風雪❶

何知此邂逅，談笑接清揚。對雪知春淺，回燈惜夜長。密雲通炫晃，殘月墮冥茫。故有臨卭客，抽毫興未忘。

次韻沖卿過睢陽

宫廟此神鄉，留親泊楚艎。天開今壯麗，地積古悲凉。不改山河舊，猶餘草木荒。還聞足賓客，誰是漢鄒陽？

答沖卿

風作九衢黄，南窗坐正凉。破瓜青玉美，浮蒻白雲香。詩懶猶能强，官閑肯便忘？賢愚各有用，尺寸果誰長？

❶「范」，李注本無此字。

得書知二弟附陳師道舟上汴

兒童聞太丘，邂逅兩心投。與汝今爲伴，知吾不復憂。園桃已解萼，沙水欲驚舟。一見南飛鴈，江邊肯更留？

初憩和州

衣足一囊弊，粟餘三釜陳。猶依食貧地，已媿省煩人。塵土病催老，風波愁過春。詩書今在眼，還欲討經綸。

瘧起舍弟尚未已示道原

側足呻吟地，連甍瘴瘧秋。❶窮鄉醫自拙，小市藥難求。肝膽疑俱破，筋骸漫獨瘳。慙君遠從我，契闊每同憂。

送杜十八之廣南

東南炎海外，尋訪又輸君。過嶺猿啼暖，貪程馬送曛。清談消瘴癘，秀句起煙雲。及早來鄉薦，朝廷尚右文。

崑山慧聚寺次張祜韻❷

峯嶺互出没，江湖相吐吞。園林浮海角，臺殿擁山根。百里見漁艇，萬家藏水村。地偏來客少，幽興秖桑門。

❶「瘴瘧」，李注本作「瘧瘴」。

❷此首爲龍舒本卷五十三《昆山慧聚寺二首》之第二首。龍舒本、李注本詩題無「崑山」二字。

吴江

莽莽昔登臨，秋風一散襟。地留孤嶼小，天入五湖深。柑橘無千里，❶魚鰕有萬金。吾雖輕范蠡，終欲此幽尋。

江

靈源開闢有，贏縮但相隨。逆折山能礙，奔流海與期。泥沙拆蚌蛤，雲雨暗蛟螭。欲問深何許，❷馮夷秖自知。

江南

江南春起柂，秋至尚波濤。問舍才能定，呼舟已復操。行歌付浩蕩，歸夢得蕭騷。冉冉欲何補？紛紛爲此勞。

賈生❸

漢有洛陽子，少年明是非。所論多感概，自信肯依違。死者若可作，今人誰與歸？應須蹈東海，不但涕沾衣。❹

還自舅家書所感

行行過舅居，歸路指親廬。日苦樹無賴，天空雲自如。黄焦下澤稻，緑碎短樊蔬。沮溺非吾意，憫嗟聊駐車。

❶「柑」，原作「相」，據龍舒本、應刻本、李注本改。
❷「許」，龍舒本作「處」。
❸此首爲龍舒本卷七十三《賈生二首》之第一首。
❹「但」，龍舒本、李注本作「若」。

世事❶

世事一何稠，論心日已偷。尚蒙今士笑，宜見古人羞。老圃聊須問，良田亦欲求。非關畏敽冕，無責易身修。

寄純甫

塞上無花草，飄風急我歸。梢林聽澗落，卷土看雲飛。想子當紅蘂，思家上翠微。江寒亦未已，好好著春衣。

招丁元珍

默默不自得，紛紛何所爲？晝墁聊取食，獵較且隨時。❷秋入江湖暗，風生草樹悲。黄花一杯酒，思與故人持。

遊杭州聖果寺

登高見山水，身在水中央。下視樓臺處，❸空多樹木蒼。浮雲連海氣，落日動湖光。偶坐吹横笛，殘聲入富陽。

京兆杜嬰大醇能讀書其言近莊其爲人曠達而廉清自託於醫無貴賤請之輒往卒也以詩二首傷之

蕭瑟野衣巾，能忘至老貧。避囂依市

❶ 此首爲龍舒本卷七十五《無題二首》之第一首。

❷「且」，龍舒本、宋元遞修本、李注本作「久」。

❸「處」，龍舒本、宋元遞修本作「起」。

井，蒙垢出埃塵。接物工齊物，勞身耻爲身。傷心宿昔地，不復見斯人。

二

叔度醫家子，君平卜肆翁。蕭條昨日事，髣髴古人風。舊宅雨生菌，新阡寒轉蓬。存亡誰一問？嗟我亦窮空。

江上二首❶

潮連風浩蕩，沙引客淹留。落日更清坐，空江無近舟。共看蒹葦宅，聊即稻粱謀。未敢嗟艱食，凶年半九州。

二

書自江邊使，鄉鄰病餓稠。何言萬里客，更作百身憂？補敗今誰卹，趨生我自羞。西南雙病眼，落日倚扁舟。

夏夜舟中頗涼因有所感❷

扁舟畏朝熱，❸望夜倚桅檣。❹日共火雲退，風兼水氣涼。未秋輕病骨，❺微曙浣

❶「二首」，原無，據原總目補。此二首爲龍舒本卷七十一《江上五首》之第四、五首。
❷「有」，龍舒本作「風」。
❸「舟」，原作「身」，據龍舒本、宋元遞修本、李注本改。
❹「桅」，龍舒本、李注本作「危」。
❺「輕」，宋元遞修本作「經」。

愁腸。堅我江湖意，滔滔興不忘。

孤桐

天質自森森，孤高幾百尋。陵霄不屈己，得地本虚心。歲老根彌壯，陽驕葉更陰。明時思解愠，願斲五絃琴。

遲明

欹枕浩無情，蘧蘧獨遲明。霜繁紅樹老，雲月素蟾清。❶ 倦鵲猶三匝，寒雞未一鳴。故山何處所，應有曉猿驚。

陪友人中秋夕賞月❷

海霧看如洗，秋陽望却昏。光明疑不夜，清瑩欲無坤。掃掠風前坐，留連露下尊。苦吟應到曉，況有我思存。

慎縣修路者

畚築今三歲，康莊始一修。何言野人意，能助令君憂？戮力非無補，論心豈有求？十年空志食，因汝起予羞。

河勢

河勢浩難測，禹功傳所聞。今觀一川破，復以二渠分。國論終將塞，民嗟亦已勤。無災等難必，從衆在吾君。

❶「月」，李注本作「澹」。
❷「夕」，李注本無此字。

送河間晁寺丞

公孫富文墨，名字世多知。談笑取高第，弦歌當此時。臨河薪石費，近塞繭絲移。緩急常愁此，看君有所爲。

暮　春

春期行晼晚，春意賸芳菲。曲水應修禊，披香未試衣。雨花紅半墮，煙樹碧相依。悵望夢中地，王孫底不歸？

遊　北　山

攬轡出東城，登臨目暫明。煙雲藏古意，猿鶴弄秋聲。客坐苔紋滑，僧眠樾蔭清。❶賞心殊未已，山下日西榮。❷

吴正仲謫官得故人寄蟹以詩謝之余次其韻

越客上荆舠，秋風憶把螯。故煩分巨跪，持用佐清糟。飲量寬滄海，詩鋒捷孟勞。甘飡飽觴詠，餘事付鈞陶。

陳師道宰烏程縣

嘗聞太丘長，德不負公卿。墟墓今千載，昆雲亦一城。本懷深閉蓄，餘論略施行。故自有仁政，能傳家世聲。

❶「樾蔭」，李注本作「蔭樾」。
❷「下日」，李注本作「日下」。

冬至

都城開博路，佳節一陽生。喜見兒童色，歡傳市井聲。幽閑亦聚集，珍麗各攜擎。却憶他年事，關商閉不行。

湯泉

寒泉詩所詠，獨此沸如烝。一氣無冬夏，諸陽自廢興。人游不附火，蟲出亦疑冰。更憶驪山下，歆然雲滿塍。

讀鎮南邸報癸未四月作

賜詔寬言路，登賢壯陛廉。相期正在治，素定不煩占。衆喜夔龍盛，予虞絳灌憸。太平詎可致？天意慎猜嫌。

擬和御製賞花釣魚

雲暖蓬萊日，風酣太液春。水光承步輦，花氣入鉤陳。伏檻留清蹕，傳觴屬從臣。霏香連釣餌，落葉亂游鱗。❶鎬飲恩知厚，衢樽賜願均。更看追夏諺，先此詠逢辰。

和吴沖卿雪霽紫宸朝

虎士開閶闔，雞人唱九霄。雲移銀闕角，日轉玉廊腰。箒動川收潦，靴鳴海上潮。舞袍沾宿潤，拜笏擁殘飄。賜飲人何

---

❶「葉」，李注本作「蘂」。

樂，歸嘶馬亦驕。低徊但忘食，吟咏得逍遥。

和吴沖卿集禧齋祠

緘封祝辭密，占寫御名真。帝坐遥臨物，星圖俯映人。風含煙外節，月點霧中茵。沈藿升煙遠，槐檀取燎新。羽衣歸寂寞，❶金鍰立逡巡。❷却想來時路，還疑隔一塵。

送周都官通判湖州

淥水烏程地，青山顧渚濱。酒醪猶美好，茶荈正芳新。聚泛樽前月，分班焙上春。仁風已入俗，❸樂事始關身。橘柚供南貢，楓槐望北宸。知君白羽扇，歸日未生塵。

雙　廟 張巡、許遠。

兩公天下駿，無地與騰驤。就死得處所，至今猶耿光。中原擅兵革，昔日幾侯王？此獨身如在，誰令國不亡？北風吹樹急，西日照窗凉。志士千年淚，泠然落奠觴。

和子瞻同王勝之游蔣山 并序

子瞻同王勝之游蔣山，有詩。余愛

❶「歸」，李注本作「將」，有小注：「一作歸。」
❷「鍰」，原作「鋟」，宋元遞修本作「鋑」，據龍舒本改。
❸「入」，龍舒本、李注本作「及」。

其「峰多巧障日，江遠欲浮天」之句，因次其韻。

金陵限南北，形埶豈其然？楚役六千里，陳亡三百年。江山空幕府，風月自觥船。主送悲涼岸，妃埋想故蓮。臺傾鳳久去，城踞虎争偏。司馬壖廟域，獨龍層塔顛。森踈五願木，蹇淺一人泉。棁杖窮諸嶺，籃輿罷半天。朱門園渌水，碧瓦第青煙。墨客真能賦，留詩野竹娟。

送鄆州知府宋諫議

盛世千齡合，宗工四海瞻。天心初籲俊，雲翼首離潛。德望完圭角，儀形壯陛廉。徐鳴蒼玉佩，盡校碧牙籤。綸掖清光注，鑾坡茂渥霑。文明誠得主，❶政瘼尚煩砭。右府參機務，東塗贊景炎。廟謨資石畫，兵略倚珠鈐。坐鎮均勞逸，齋居養智恬。謳謡喧井邑，惠化穆蒼黔。❷進律朝章舊，疏恩物議僉。通班三殿邃，徙部十城兼。申甫周之翰，龜蒙魯所詹。地靈奎宿照，野沃汶河漸。首路龍旗盛，提封虎節嚴。賜衣纏紫艾，❸衛甲綴朱綅。海谷移文省，谿堂燕豆添。班春回紺幰，問俗卷彤襜。舟檝商巖命，熊羆渭水占。治裝行入覲，金鼎重調鹽。

❶「誠」，龍舒本作「誰」。
❷「穆」，李注本作「洽」，有小注：「一作穆。」
❸「紫」，李注本作「錦」，有小注：「一作紫。」

見遠亭上王郎中❶

高亭豁可望，朝暮對谿山。野色軒楹外，霞光几席間。樹侵蒼靄没，鳥背夕陽還。草帶平沙闊，烟籠別戍閑。圃畦荷氣合，❷田徑燒痕斑。樵笛吟晴塢，漁帆出暝灣。登臨及芳節，宴喜發朱顏。夾砌陳旌旜，褰簾進佩環。觀風南國最，應宿紫宸班。康樂詩名舊，蕪音詎可攀？

臨川先生文集卷第十六

❶ 此首見龍舒本卷六十七，且無「上王郎中」四字。前四句又重出爲同卷《見遠亭一絶上王郎中》。李注本題下有小注：「此詩元有十韻，舊本却作絶句刊，今得全篇足之。」

❷ 「荷」，龍舒本、李注本作「花」。

臨川先生文集卷第十七

律詩七言八句

歲晚懷古

先生歲晚事田園，魯叟遺書廢討論。問訊桑麻憐已長，按行松菊喜猶存。農人調笑追尋壑，稚子歡呼出候門。遥謝載醪祛惑者，吾今欲辯已忘言。

段約之園亭

愛公池館得忘機，初日留連至落暉。菱暖紫鱗跳復没，柳陰黄鳥囀還飛。徑無凡草唯生竹，盤有嘉蔬不采薇。❶ 勝事閬州雖或有，終非吾土豈如歸？

又段氏園亭❷

欹眠隨水轉東垣，一點炊煙映水昏。漫漫芙蕖難覓路，翛翛楊柳獨知門。青山呈露新如染，白鳥嬉游静不煩。朱雀航邊今有此，可能摇蕩武陵源？❸

❶「薇」，原作「夜」，據龍舒本、宋元遞修本、李注本改。

❷「又」，龍舒本、李注本無此字。

❸「摇蕩」，龍舒本作「遥望」。

回橈❶

柴荆散策静涼飈，隱几扁舟白下潮。紫磨月輪升靄靄，帝青雲幕卷寥寥。數家鷄犬如相識，一塢山林特見招。尚憶木瓜園最好，興殘中路且回橈。

酴醾金沙二花合發

相扶照水弄春柔，發似矜夸斂似羞。碧合晚雲霞上起，紅争朝日雪邊流。我無丹白知如夢，人有朱鉛見即愁。疑此冶容詩所忌，故將樛木比綢繆。

次韻公闢正議書公戲語申之以祝助發一笑❷

故人辭禄未忘情，語我猶能作扞城。身不自遭如貢薛，兒應堪教比韋平。老羆豈得長高卧？雛鳳仍聞已間生。把盞祝公公莫拒，緇衣心爲好賢傾。

次韻致遠木人洲二首❸

迷子山前漲一洲，木人圖志失編收。年多但有柳生肘，地僻獨無茅蓋頭。河側

❶ 此題，龍舒本作「泛舟」。
❷ 「次韻公闢正議」，龍舒本、李注本作「輒次公闢韻」。
❸ 「洲」，龍舒本無此字。

鮑生乾尚立，❶江邊屈子槁將投。未妨他日稱居士，能使君疑福可求。

二

杌爾何年客此洲，飄流誰棄止誰收？無心使口肝使目，有幹作身根作頭。暴露神靈難寄託，禱祠村落幾依投？紛紛翦紙真虛負，立槁安知富可求？

次韻酬龔深甫二首

恩容楚老護松楸，❷復得一龔從我遊。講肄劇談兼祖謝，舞雩高蹈異求由。北尋五柞故乘愁，❸東挽三楊仍有樛。陟巘降原從此始，但無瑤玉與君舟。❹

二

握手東岡雪滿篸，後期惆悵老吴蠶。芳辰一笑真難值，❺暮齒相思豈久堪？他日杜詩傳渭北，幾時周宅對漳南？百年邂逅能多少，且可勤來共草菴。

❶「生」，龍舒本、李注本作「焦」。李注本有小注：「一作生。」

❷「楚」，龍舒本、李注本作「衰」。

❸「乘」，龍舒本、宋元遞修本、李注本作「未」。

❹「君舟」下，龍舒本有小注：「此詩舊集作兩絶句，今併爲一首。」

❺「辰」，龍舒本、李注本作「晨」。

次葉致遠韻❶

生涯聊占水中洲，豈即乘桴逐聖丘？身與鳬飛仍鴈集，心能茅靡亦波流。由來杞梓常先伐，誰謂菰蒲可久留？乘興吾廬知未厭，故移脩竹擬延騶。一作：「知君聊占水中洲，去即東浮逐聖丘。憂國無時須問舍，得坻有興即乘流。由來要路當先據，誰謂窮鄉可久留？他日五湖尋范蠡，想能重此駐前騶。」

次韻酬朱昌叔五首❷

點也自殊由與求，既成春服更何憂？拙於人合且天合，静與道謀非食謀。未愛京師傳谷口，但知鄉里勝壺頭。嗟予老矣無一事，復得此君相與遊。

二

去年音問隔淮州，❸百謫難知亦我憂。❹前日杯盤共江渚，一歡相屬豈人謀？山蟠直瀆輸淮口，水抱長干轉石頭。乘興舟輿無不可，春風從此與公遊。

---

❶ 此首與龍舒本卷五十四「次韻葉致遠五首」之第一首當爲同一詩，然文字多異，惟詩末小注載「一作」之詩文字與龍舒本相同。李注本題作「次韻葉致遠」，詩與龍舒本同，有小注載「此詩一本作」之詩與底本同，惟「吾廬」作「君廬」。

❷ 此五首爲龍舒本卷五十四《次韻酬朱昌叔六首》之前五首。

❸ 「淮」，龍舒本作「涯」。

❹ 「百」，李注本作「自」。

三

烏榜登臨興未休，共言何許更消憂。聯裾蕭寺尋真覺，方駕孫陵弔仲謀。語罷每開歡笑口，詩來仍掉苦吟頭。已知軒冕真吾累，且可追隨馬少游。

四

白下門東春水流，相看一噱散千憂。穿梅入柳曾莫逆，度壍緣岡初不謀。❶世事但如吹劍首，❷官身難即問刀頭。長臨鍛竈真自苦，有興復來從我遊。

五

樂世閑身豈易求？巖居川觀更何憂？放懷自事如初服，❸買宅相招亦本謀。名譽子真矜谷口，事功新息困壺頭。知君於此皆無累，長得追隨壙埌遊。❹

❶「壍」，龍舒本、李注本作「嶺」。李注本有小注：「一作壍。」
❷「如」，龍舒本、李注本作「知」。
❸「事」，李注本作「遂」。
❹「得」，龍舒本、李注本作「約」。「埌」，龍舒本作「蕩」。

次韻送程給事知越州❶

千騎東方占上頭，❷如何誤到北山遊？清明若覩蘭亭月，暖熱因忘蕙帳秋。投老始知歡可惜，❸通宵豫以別爲憂。❹西歸定有詩千首，❺想肯重來賁一丘。

次韻酬徐仲元❻

投老逍遥屺與堂，天刑真已脱桁楊。緣源静翳無魚淰，❼度谷深追有鳥頏。❽每苦交游尋五柳，最嫌尸祝擾庚桑。相看不厭唯夫子，風味真如顧建康。

詩奉送覺之奉使東川❾

三秋不見每惓惓，握手山林復悵然。畏途後會敢期黄耇日，相看且度白鷄年。

---

❶此題，龍舒本作「次程公闢韻」。

❷「千騎」，龍舒本、李注本作「旌節」。李注本有小注：「一作千騎。」

❸「始」，龍舒本、李注本作「更」。李注本有小注：「一作始。」

❹「豫」，龍舒本、李注本作「先」。李注本有小注：「一作豫。」

❺「西歸定」，龍舒本、李注本作「歸來若」。李注本有小注：「一作西歸定。」

❻「徐」，龍舒本無此字。

❼「無魚」，李注本作「魚無」。

❽「有鳥」，李注本作「鳥有」。

❾此題，龍舒本作「奉酬許承議」。「詩奉送」，李注本作「送許」。

石棧王尊馭，榮路金門祖逖鞭。一代官儀新藻拂，得瞻宸宇想留連。❶

次韻奉酬覺之❷

久知乘傳入西州，雞黍從容本不謀。户外驚塵天書至，❸眼中飛浪片帆收。❹山林病骨煩三顧，湖海離腸欲萬周。❺尚有光華賁岑寂，篋中佳句得長留。

送程公闢得謝歸姑蘇❻

東歸行路嘆賢哉，碧落新除寵上才。白傅林塘傳畫去，吴王花鳥入詩來。❼唱酬自有微之在，談笑應容逸少陪。少保元絳謝事，居姑蘇。又王中甫善歌詞，與相唱酬燕集。除此兩翁相見外，不知三徑爲誰開。

送項判官

斷蘆洲渚落楓橋，渡口沙長過午潮。山鳥自呼泥滑滑，❽行人相對馬蕭蕭。十年長自青衿識，千里來非白璧招。握手祝君能强飯，華簪常得從雞翹。

❶「宇」，李注本有小注：「一作扆。」

❷「奉酬」，龍舒本、李注本無此二字。「覺之」上，龍舒本有「許」字。

❸「天」，龍舒本、李注本作「尺」。

❹「飛」，李注本作「白」。「片」，龍舒本作「白」。

❺「離腸」，龍舒本作「傷離」。

❻「得謝」，龍舒本無此二字。「歸」，龍舒本、李注本作「還」。

❼「鳥」，龍舒本、李注本作「草」。

❽「呼」，龍舒本、李注本作「鳴」。

次韻張德甫奉議❶

知君非我載醪人，終日相隨免汙茵。賞盡高山見流水，唱殘白雪值陽春。中分香積如來鉢，對現毗耶長者身。誰拂定林幽處壁，與君圖寫繼吾真？

北山三詠❷

寶公塔

道林真骨葬青霄，窣堵千秋未寂寥。寶勢旁連大江起，尊形獨受衆山朝。雲泉別寺分三徑，香火幽人止一瓢。我亦鷲峰同聽法，歲時歌唄豈辭遥？

覺海方丈

往來城府住山林，諸法翛然但一音。不與物違真道廣，每隨緣起自禪深。舌根已净誰能壞？足迹如空我得尋。歲晚北窗聊寄傲，蒲萄零落半牀陰。

道光泉

籜龍將雨繞山行，注遠投深静有聲。雲涌浴槽朝自暖，虹垂齋鑊午還晴。銅瓶各滿幽人意，玉甃因高正士名。神力可嗟

❶「德甫」，龍舒本無此二字。

❷此三首龍舒本無此總題，各獨立成篇，分別見卷六十五、卷七十一。

妨智巧，桔槔零落箯苔生。❶

登寶公塔

倦童疲馬放松門，自把長筇倚石根。江月轉空爲白晝，嶺雲分暝與黄昏。鼠摇岑寂聲隨起，鴉矯荒寒影對翻。當此不知誰客主，❷道人忘我我忘言。

重登寶公塔復用前韻二首❸

空見方墳涌半霄，難將生死問参寥。應身東返知何國，瑞像西歸自本朝。遺寺有門非輦路，故池無鉢但僧瓢。獨龍下視皆陳迹，追數齊梁亦未遥。

二

碧玉旋螺恍隔霄，冠山仙冢亦寥寥。空餘華構延風月，無復靈蹤落市朝。帳座追嚴多獻寶，供盤隨施有操瓢。他方出没還如此，與物何心作邇遥。❹

紙暖閣❺

聯屏蓋障一尋方，南設鈎簾北置牀。側座對敷紅絮暖，仰牕分啓碧紗涼。氊廬

❶「箯」，龍舒本、宋元遞修本、李注本作「便」。
❷「客主」，龍舒本、李注本作「主客」。
❸「復用前韻」，龍舒本、李注本無此四字。
❹「何」，李注本作「無」，有小注：「一作何。」
❺此題，龍舒本、李注本作「紙閣」。

易以梅烝壞，錦幄終於草野妨。楚穀越藤真自稱，❶每糊因得減書囊。

雨花臺

盤互長干有絶陘，并包佳麗入江亭。新霜浦溆綿綿净，❷薄晚林巒往往青。南上欲窮牛渚怪，北尋難忘草堂靈。箯輿却走垂楊陌，❸已戴寒雲一兩星。

北牕

病與衰期每强扶，雞壅桔梗亦時須。空花根蔕難尋摘，夢境煙塵費掃除。耆域藥囊真妄有，軒轅經匱或元無。北窗枕上春風暖，漫讀毗耶數卷書。

小姑

小姑未嫁與蘭支，何恨流傳樂府詩。初學水仙騎赤鯉，竟尋山鬼從文狸。繽紛雲襵空棠檝，❹綽約煙鬟獨桂旗。弄玉有祠終或往，飛瓊無夢故難知。

榮上人遽欲歸以詩留之

道人傳業自天台，千里翛然赴感來。梵行毗沙爲外護，法筵靈曜得重開。已能爲我迂神足，便可隨方長聖胎。肯顧北山

❶「穀」，龍舒本作「縠」。
❷「净」，李注本作「白」。
❸「箯」，原作「便」，據龍舒本、宋元遞修本、李注本改。
❹「雲」，龍舒本作「文」。

如慧約，與公西崦斸莓苔。

呈陳和叔❶并序。❷

嘉祐末，和叔以集賢校理判登聞鼓院，❸同知太常禮院。宅皮場街，❹有園數畝，中置二椁甎，袞丈。❺北户臨溝，略彴通街。旁作小屋，毁輜車爲蓋。某以直集賢院爲三司度支判官，以知制誥糾察在京刑獄，同管句三班院。間度彴，飯車蓋下。❻隨所有無，坐卧甎上，笑語常至夜。如此三歲，而和叔遭太夫人憂。未幾，某亦喪親以去。時永昭陵尚未復土也。後與和叔皆蒙今上拔用，數會議語，皆憂傷之餘，責厚事叢，無復故情。元豐元年，某食觀使禄，居鍾山南，和叔經略廣東，道舊悵然。❼某作詩以叙其事。

毁車爲屋僅容身，三歲相要薄主人。晝寓椁甎常至夜，❽冬沿溝彴復尋春。南陔不洎公歸里，蒼墓垂成我喪親。後會縱多無此樂，山林投老一傷神。

招吕望之使君

潮溝東路兩牛鳴，❾十畝漪漣一草

❶「呈」，龍舒本、李注本作「送」。
❷「并序」，李注本無此二字，題下有小注，爲序之全文。
❸「鼓」，李注本作「檢」。
❹「宅」，原脱，據李注本補。
❺「椁」，龍舒本、李注本作「墩」。「丈」，李注本作「支」。
❻「車蓋」下，龍舒本、李注本有「屋」字。
❼「舊」下，龍舒本、李注本有「故」字。
❽「椁」，龍舒本、李注本作「墩」。
❾「東路」，龍舒本作「直下」。李注本作「直上」，有小注：「一作東路。」

亭。❶委質山林如許國，寄懷魚鳥欲忘形。紛紛易變浮雲白，落落誰鍾老栢青？尚有使君同好惡，想隨秋水肯揚舲。

公闢枉道見過獲聞新詩因叙歎仰

青丘神父能爲政，碧落僊翁好作詩。舊事齊兒應共記，新篇楚老得先知。懷甎大峴如迎日，供帳閶門勝去時。❷若與鴟夷闘百草，錦囊佳麗敵西施。

全椒張公有詩在北山西菴僧者壜之悵然有感❸

十年怊悵躡山阡，終欲持杯滴到泉。東路角巾非故約，西州華屋漫脩椽。幽明永隔休炊黍，真俗相妨久絶弦。遺墨每看疑邂逅，復隨人事散如煙。

嶺雲

嶺雲合處小盤桓，人得敷衾馬解鞍。寒莢著天榆歷歷，净華浮海桂團團。交游涣散淵明喜，吏卒蕭條叔夜寛。方丈老翁無一髮，更知來不爲皮冠。

蓼蟲

蓼蟲事業無餘習，芻狗文章不更陳。隱几自憐居喪我，倨堂誰覺似非人？難堪

❶「漪漣」，龍舒本、李注本作「漣漪」。
❷「勝」，龍舒本、李注本作「憶」。
❸上「有」字，原作「在」，據龍舒本、宋元遞修本、李注本改。

藏室稱中士，秖合箕山作外臣。尚有少緣灰未死，欲持新句惱比隣。

莫疑

莫疑禪伯未知禪，莫笑仙翁不學仙。靈骨肯傳黄蘗燼，真心自放赤松煙。蓮華世界何關汝？楮葉工夫浪費年。露鶴聲中江月白，一燈岑寂擁書眠。

臨川先生文集卷第十七

臨川先生文集卷第十八

律　詩七言八句

示俞秀老❶

繚繞山如涌翠波，人家一半在煙蘿。時豐笑語春聲早，地僻追尋野興多。窣堵朱甍開北向，招提素脊隱西阿。暮年要與君携手，處處相煩作好歌。

外厨遺火示公佐❷

刀匕初無欲清七姓切。❸人，如何竈鬼尚嫌嗔？ 倏倏短褐方煬一作圍。火，❹冉冉青煙已被宸。邂逅焚巢連鳥雀，倉黄濡幕愧比鄰。王陽幸有囊衣在，報賞焦頭亦未貧。

讀眉山集次韻雪詩五首

若木昏昏末有鴉，凍雷深閉阿香車。摶雲忽散簁爲屑，翦水如分綴作花。擁箒尚憐南北巷，持杯能喜兩三家。戲挼弄掬輸兒女，❺羔袖龍鍾手獨叉。

❶ 此首爲龍舒本卷六十九《俞秀老三首》之第一首。
❷ 此題，龍舒本、李注本作「示江公佐外厨遺火」。
❸ 「七」，原作「士」，據宋元遞修本、應刻本改。龍舒本、李注本無此反切注。
❹ 「煬」，龍舒本、李注本作「圍」。
❺ 「弄」，李注本作「亂」。

二

神女青腰寶髻鴉，獨藏雲氣委飛車。夜光往往多聯璧，白小紛紛每散花。珠網纚連拘翼座，瑶池淼漫阿環家。銀爲宮闕尋常見，豈即諸天守夜叉？

三

惠施文字黑如鴉，於此機緘漫五車。瞬若易緇終不染，紛然能幻本無花。觀空白足寧知處，疑有青腰豈作家？慧可忍寒真覺晚，爲誰將手少林叉？

四

寄聲三足阿環鴉，問訊青腰小駐車。一一照肌寧有種，紛紛迷眼爲誰花？争妍恐落江妃手，耐冷疑連月姊家。長恨玉顔春不久，畫圖時展爲君叉。

五

戲摇微縞女鬟鴉，❶試咀流酥已煩車。歷亂稍埋冰揉粟，消沉時點水圓花。豈能舴艋真尋我，且與蝸牛獨卧家。欲挑青腰還不敢，直須詩膽付劉叉。

❶「摇」，李注本作「珠」。

讀眉山集愛其雪詩能用韻復次韻一首

靚糚嚴飾曜金鴉，比興難工漫百車。水種所傳清有骨，天機能識皦非花。❶嬋娟一色明千里，綽約無心熟萬家。長此賞懷甘獨卧，袁安交戟豈須叉？

八功德水

雪山馬口出琉璃，聞説諸天與護持。此水遥連八功德，供人真浄四威儀。當時迦葉無塵染，何事閿鄉有土思？道力起緣非一路，但知瓢飲是生疑。

寄題程公闢物華樓

吴楚東南最上游，❷江山多在物華樓。遥瞻旌節臨尊俎，❸獨卧柴荆阻獻酬。❹想有新詩傳素壁，怪無餘墨到滄洲。湡浯南望重重緑，❺章水還能向此流。❻

❶「識」，宋元遞修本、李注本作「織」。

❷「吴楚東南最上游」，龍舒本、李注本作「千里名城楚上游」。

❸「瞻旌」，龍舒本、李注本作「知玉」。李注本有小注：「一作瞻旌。」

❹「荆阻」，龍舒本、李注本作「門隔」。李注本有小注：「一作荆阻。」

❺「湡浯」，龍舒本、李注本作「偶陪」。李注本有小注：「一作湡浯。」

❻「流」，龍舒本作「留」。

酬俞秀老

灑掃東庵置一牀，於君獨覺故情長。有言未必輸摩詰，無法何曾泥飲光？天壤此身知共弊，江湖他日要相忘。猶貪半偈歸思索，却恐提洹妄揣量。❶

次韻吴沖卿召赴資政殿聽讀詩義感事❷

沖卿詩云：「雪銷鳷鵲御溝融，燕見殊恩綴上公。晝日乍驚三接寵，正風獲聽二《南》終。解頤共仰天顔喜，❸牆面裁容聖域通。午漏漸長知禹惜，❹侍臣何術補堯聰？」時修撰《經義》所初進二《南》，有旨資政殿讀云。❺

《周南·麟趾》聖人風，未有騶虞繫召公。雅頌兼陳爲四始，笙歌合奏以三終。討論詔使成書上，休澣恩容著藉通。牆面豈能知奥義，延陵聽賞自爲聰。

張侍郎示東府新居詩因而和酬二首

得賢方慕北山萊，赤白中天二府開。功謝蕭規慚漢第，恩從隗始詫燕臺。曾留上主經過跡，更費高人賦詠才。自古落成須善頌，掃除東閣望公來。

❶「洹」，原作「栢」，據宋元遞修本改。李注本作「桓」。

❷此題，李注本無「召赴資政殿」、「感事」七字，末有「韻」字。龍舒本作「召赴資政殿聽讀詩義感事」，所載實爲吴沖卿原詩。

❸「解頤共仰」，原作「解頭其仰」，據宋元遞修本、應刻本、李注本改。

❹「惜」，原作「錫」，據李注本改。

❺「讀云」，李注本作「進讀」。

二

榮觀流傳動草萊，中官賜設上尊開。鼓歌窅窱聽疑夢，肴果聯翩魄有臺。斧藻故應宜舊德，棟梁非復稱凡材。虛堂欲踵曹參事，試問齊人或肯來。

次韻沖卿上元從駕至集禧觀偶成❶

昭陵持槖從遊人，更見熙寧第四春。寶構中開移玉座，華燈錯出映朱塵。❷輦前時看新歌舞，❸仗外還如舊徼巡。投老逢時追往事，却含愁思度天津。

次韻陪駕觀燈

繡筤含風下玉除，宮商挾奏斐然殊。福祥周室流爲火，恩澤堯樽散在衢。伏枕但能知廣樂，揮毫何以報明珠？願留巾篋歸田日，追詠公歡每自娛。

和吴相公東府偶成

承華往歲幸躊躇，風月清談接緒餘。並轡趁朝今已老，連牆得屋喜如初。誅茅

❶ 此題，龍舒本作「上元從駕集禧觀」，李注本作「上元從駕至集禧觀次沖卿韻」。

❷ 「映朱塵」，龍舒本作「映垂紳」。李注本有小注：「一作映垂紳。」

❸ 「輦」，龍舒本、李注本作「樓」。

我夢江皋地，澆薤公思洛水渠。斂退故應容拙者，先營環堵祭牢蔬。

和蔡樞密孟夏旦日西府書事

宮闕初晴氣象饒，寶車攢轂會東朝。重輪慶自離明發，内壤陰隨解澤消。賜篚外廷紛錦繡，燕庖中禁續薪樵。聯翩入賀知君意，咫尺威顔不隔霄。

和蔡副樞賀平戎慶捷

城郭名王據兩陲，軍前一日送降旗。羌兵自此無傳箭，漢甲如今不解櫜。幕府上功聯舊伐，❶朝廷稱慶具新儀。周家道泰西戎喙，❷還見詩人詠串夷。

次韻奉和蔡樞密南京種山藥法❸蔡詩并序云：「蒙見索南都種山藥法，并以生頭數十莖送上，❹輒成小詩：青青正是中分天，區種何妨試玉延？即見引須緣夏木，定知如蹠薦冬筵。俗傳種時以足按之，即如人足。潤還御水冰霜結，蔭近堯雲雨露偏。自裹自題還自媿，揠苗應笑宋人然。」❺

區種抛來六七年，春風條蔓想宛延。難追老圃莓苔徑，空對珍盤玳瑁筵。嘉種忽傳河右壤，靈苗更長闕西偏。故畦穿斸知何日，南望鍾山一慨然。

❶「伐」，原作「代」，據龍舒本、李注本改。
❷「周」，龍舒本、李注本作「國」。
❸「次韻奉」，龍舒本、李注本無此三字。「南京」，龍舒本、李注本作「南都」。
❹「數」，李注本作「百」。
❺此小注，龍舒本無。

次韻元厚之平戎慶捷 來詩有「何人更得通天帶，謀合君心只晉公」之句。

朝廷今日四夷功，先以招懷後殪戎。胡地馬牛歸隴底，漢人煙火起湟中。投戈更講諸儒藝，免胄爭趨上將風。文武佐時慚吉甫，宣王征伐自膚公。

謁曾魯公 即赴會時。❶

翊戴三朝冕有蟬，歸榮今作地行仙。且開京闕一作洛。蕭何第，❷未放江湖范蠡船。❸老景已鄰周呂尚，慶門方似漢韋賢。一觴豈足爲公壽，願賦長虹吸百川。❹

駕自啓聖還内❺

衣冠原廟漢家儀，羽衛親來此一時。天子當懷霜露感，都人亦歎鼓簫悲。紛紛瑞氣隨雲漢，漠漠榮光上日旗。塵土未驚閶闔閉，緑槐空覆影參差。

集禧觀池上詠野鵝

池上野鵝無數好，晴天鏡裏雪毰毸。似憐暄暖鳴相逐，疑戀寬閑去却回。京洛

❶「即赴會時」，李注本無此小注。

❷「闕」，龍舒本、李注本作「洛」。

❸「放」，龍舒本、李注本作「泛」。

❹「虹」，李注本作「鯨」。

❺「内」，李注本無此字。

塵沙工點汙，江湖矰弋飽驚猜。羽毛的的人難近，嗟此謀身或有才。

次韻東廳韓侍郎齋居晚興❶

齋禁雖嚴異太常，蕭然高卧意何長。❷煙含欲暝宮庭紫，日映新秋省闥黃。壯節易摧行踽踽，華年相背去堂堂。追攀坐歎風塵隔，空聽鈞天夢帝鄉。

酬和甫祥源觀醮罷見寄

竊禄祠官久見容，每持金石薦宸衷。鈞天忽忽清都夢，方丈寥寥弱水風。知結勝緣人意外，想尋陳迹馬蹄中。新詩起我超然興，更感鍾山蕙帳空。

和御製賞花釣魚二首❸

蔭幄晴雲拂曉開，傳呼仙仗九天來。披香殿上留朱輦，太液池邊送玉杯。宿蘂暖含風浩蕩，戲鱗清映日徘徊。宸章獨與春爭麗，恩許賡歌豈易陪。

二

靄靄祥雲輦路晴，傳呼萬歲雜春聲。蔽虧玉仗宮花密，映燭金溝御水清。珠蘂受風天下暖，錦鱗吹浪日邊明。從容樂飲

❶ 此題，龍舒本作「和韓子華齋居晚興」，李注本作「和東廳韓子華侍郎齋居晚興」。

❷ 「卧」，龍舒本、李注本作「詠」。

❸ 「二首」，原無，據原總目補。李注本「二首」上有「詩」字。

真榮遇，願賦《嘉魚》頌太平。

次楊樂道韻六首❶

後殿朝次偶題❷

百年文物士優游，萬國今方似綴旒。發策東堂招儁乂，回輿北苑罷倡優。忽隨諸彥登龍尾，尚憶當年應鵠頭。獨望清光無補報，更慚虛食太官羞。

御　溝

渺渺金河漲欲平，數支分緑報清明。常縈輦路漂花去，更引流杯送酒行。靜見金輿穿樹影，清含玉漏過牆聲。衰顏一照自多感，迴首江南春水生。

幕次憶漢上舊居❸

漢水泱泱繞鳳林，峴山南路白雲深。如何憂國忘家日，尚有求田問舍心？直以文章供潤色，未應風月負登臨。超然便欲遺榮去，却恐元龍會見侵。

後苑詳定書懷❹

文墨由來妙禁中，家傳豈獨賦河東？

❶ 此六首，龍舒本無總題，皆獨立成篇，分別見卷七十五、七十一、六十八、七十四、七十二、六十一。「次」，李注本作「和」。

❷ 此題下，龍舒本有小注：「後殿試進士，詳定幕次，次韻和楊樂道舍人。」

❸ 此題下，龍舒本有小注：「和楊樂道詳定。」

❹ 此題，龍舒本作「次韻樂道詳定後苑書懷」。

平生聽想風聲早，數日追隨笑語同。御水新如鴨頭緑，宮花更有鶴翎紅。看花弄水聊爲樂，不晚朝廷相弱翁。

上巳聞苑中樂聲書事❶

苑中誰得從春遊？想見澌臺瓦欲流。御水曲隨花影轉，宮雲低繞樂聲留。年華未破清明節，日暮初回祓禊舟。更覺至尊思慮遠，不應全爲拙倡優。

用樂道舍人韻書十日事呈樂道舍人聖從待制❷

東門人物亂如麻，想見新韉照路華。午鼓已傳三刻漏，從官初賜一杯茶。忽忽殿下催分首，擾擾宮前聽賣花。歸去莫言天上事，但知呼客飲流霞。

詳定幕次呈聖從樂道

殿閣掄材覆等差，從臣今日擅文華。楊雄識字無人敵，❸何遜能詩有世家。舊德醉心如美酒，新篇清目勝真茶。一觴一詠相從樂，傳説猶堪異日誇。

崇政殿詳定幕次偶題

嬌雲漠漠護層軒，嫩水濺濺不見源。禁柳萬條金細撚，宮花一段錦新翻。身閑

❶「書事」，龍舒本、李注本無此二字。
❷「用樂道舍人韻」，龍舒本無此六字，李注本作「用韻」。
❸「雄」，原作「惟」，據龍舒本、宋元遞修本、應刻本、光啓堂本、李注本改。

始更知春樂，地廣還同避世喧。不恨玉盤冰未賜，清談終日自蠲煩。

詳定試卷二首❶

簾垂咫尺斷經過，把卷空聞笑語多。論衆勢難專可否，法嚴人更謹誰何。文章直使有無纇，勳業安能保不磨？疑有高鴻在寥廓，未應迴首顧張羅。

二

童子常誇作賦工，暮年羞悔有楊雄。當時賜帛倡優等，今日論才將相中。細甚客卿因筆墨，卑於《爾雅》注魚蟲。漢家故事真當改，新詠知君勝弱翁。

奉酬楊樂道

邂逅聯裾殿閣春，却愁容易即離群。相知不必因相識，所得如今過所聞。近代聲名出盧駱，前朝筆墨數淵雲。與公家世由來事，愧我初無百一分。

奉酬聖從待制

班行想望歲空多，知有龍門未敢過。和近聖人師展季，勇爲君子盜荆軻。三刀舊協庭闈夢，五袴今傳里巷歌。復道諫書

❶ 此二首，龍舒本無總題，皆獨立成篇。前首見卷七十四，題作「詳定述懷」，後首見卷七十六，題作「詳定試卷」。

嘗滿篋，不唯詩句似陰何。

次韻吴仲庶省中畫壁

畫史雖非顧虎頭，還能滿壁寫滄洲。九衢京洛風沙地，一片江湖草樹秋。行數儵魚賓共樂，❶卧看鷗鳥吏方休。知君定有扁舟意，却爲丹青肯少留。

夜讀試卷呈君實待制景仁内翰

篝燈時見語驚人，更覺揮毫捷有神。學問比來多可喜，文章非特巧争新。蕉中得鹿初疑夢，牖下窺龍稍眩真。邂逅兩賢時所服，坐令孤朽得相因。

答張奉議

五馬渡江開國處，一牛吼地作菴人。❷結蟠茅竹纔方丈，穿築溝園未過旬。我久欲忘言語道，君今來見句文身。思量何物堪酬對，棒喝如今總不親。

臨川先生文集卷第十八

❶「儵魚」，龍舒本作「魚儵」。
❷「吼」，李注本作「鳴」。

臨川先生文集卷第十九

律　詩七言八句

次韻和吴仲庶池州齊山畫圖❶知制誥時作。

省中何忽有崔嵬，六幅生綃坐上開。指點便知巖石處，❷登臨新作使君來。雅懷重向丹青得，勝勢兼隨翰墨回。更想杜郎詩在眼，一江春雪下離堆。

次韻祖擇之登紫微閣二首❸

漠漠秋陰護掖垣，青雲秪在兩楹間。宫樓唱罷雞人遠，❹門闕朝歸虎士閑。華蓋北瞻天帝座，蓬萊東想道家山。却慚久此隨諸彦，文采初無豹一斑。

二

掖門相對敞銅鐶，轆轆飛甍在兩閒。潤色平生知地禁，登臨此日愧身閑。浮雲倒影移窗隙，落木回飇動屋山。忽憶初來秋尚早，紫微花點緑苔斑。

❶ 此題，龍舒本作「和仲庶池州齊山圖」，無題下小注。李注本作「和仲庶池州齊山畫圖」。
❷ 「石」，李注本作「穴」。
❸ 「次韻」，龍舒本、李注本作「和」。
❹ 「遠」，原作「還」，據龍舒本、宋元遞修本、應刻本、李注本改。

送沈興宗察院出使湖南❶

諫書平日皂囊中，❷朝路争看一馬驄。漢節飽曾衝海霧，❸楚帆聊復借湖風。皇華命使今爲重，直道酬君遠亦同。投老承明無補助，得爲湘守即隨公。

春風

一馬春風北首燕，却疑身得舊山川。陽浮樹外滄江水，塵漲原頭野火煙。日借嫩黄初著柳，雨催新緑稍歸田。回頭不見辛夷發，❹始覺看花是去年。

永濟道中寄諸舅弟❺

燈火忽忽出館陶，回看永濟日初高。似聞空舍鳥烏樂，❻更覺荒陂人馬勞。客路光陰真棄置，春風邊塞祇蕭騷。辛夷樹下烏塘尾，把手何時得汝曹？

---

❶「使」，龍舒本、李注本無此字。

❷「皂」，原作「早」，據龍舒本、宋元遞修本、應刻本、李注本改。

❸「飽」，光啓堂本作「鮑」。

❹「發」，龍舒本、李注本作「樹」。

❺「舅」，龍舒本、李注本無此字。

❻「聞」，原作「間」，據龍舒本、宋元遞修本、應刻本、李注本改。「鳥烏」，龍舒本、李注本作「烏鳶」。

道逢文通北使歸

朱顏使者錦貂裘，笑語春風入貝州。欲報京都近消息，傳聲車馬少淹留。行人盡道還家樂，騎士能吹出塞愁。回首此時空慕羡，❶驚塵一段向南流。

將次相州

青山如浪入漳州，銅雀臺西八九丘。螻蟻往還空壟畝，騏驎埋没幾春秋。功名蓋世知誰是，❷氣力迴天到此休。何必地中餘故物，魏公諸子分衣裘。

次韻平甫喜唐公自契丹歸予辭北使，而唐公代往。

留犁撓酒得戎心，繡袷通歡歲月深。奉使由來須陸賈，離親何必强曾參。❸燕人候望空甌脱，胡馬追隨出蹛林。萬里春風歸正好，亦逢佳客想揮金。

尹村道中

滿眼霜吹宿草根，謾知新歲不逢春。却疑青嶂非人世，更覺黄雲是塞塵。萬里張侯能奉使，百年曾子肯辭親。自憐許國

---

❶「慕羡」，龍舒本、李注本作「羡慕」。

❷「是」，龍舒本作「氏」。

❸「親」，原作「視」，據龍舒本、宋元遞修本、應刻本、李注本改。

終無用，何事紛紛客此身？

次韻王勝之詠雪

萬户千門車馬稀，行人却返鳥休飛。玲瓏翦水空中墮，的皪裝春樹上歸。素髮聯華驚老大，玉顔争好羨輕肥。朝來已賀豐年瑞，更問田家果是非。

次韻酬府推仲通學士雪中見寄

朝來看雪詠君詩，想見朱衣在赤墀。❶爲問火城將策試，何如雲屋聽窗知？曲牆稍覺次來密，窮巷終憐掃去遲。欲訪故人非興盡，自緣無路得傳卮。

次韻宋次道憶太平早梅❷

大梁春費寶刀催，不似湖陰有早梅。今日盤中看翦綵，當時花下就傳杯。紛紛自向江城落，杳杳難隨驛使來。知憶舊游還想見，西南枝上月徘徊。

---

❶「墀」，原作「遲」，據龍舒本、宋元遞修本、應刻本、李注本改。

❷「宋」，原作「宗」，據宋元遞修本、應刻本改。龍舒本、李注本無此字。「太平」下，龍舒本、李注本有「州宅」二字。

和曾子翊授舒掾之作❶

皖城終歲静如山，府掾應從到日閑。❷一水碧羅裁繚繞，萬峯蒼玉刻孱顔。舊遊筆墨苔今老，浪走塵沙鬢已斑。攬轡羡君橋北路，春風枝上鳥關關。

送劉和父奉使江西❸

劉郎今日擁旌麾，傳到江南喜可知。上冢還須擊羊豕，下車應不問狐狸。無人敢效一作勸。公榮酒，❹爲我聊尋逸少池。亦見嶺頭花爛熳，更將春色寄相思。

次韻張子野竹林寺二首

澗水横斜石路深，水源窮處有叢林。青鴛幾世開蘭若，黄鶴當年瑞卯金。敗壁數峯連粉墨，涼煙一穗起檀沈。十年親友半零落，回首舊遊成古今。

二

京峴城南隱映深，兩牛鳴地得禪林。風泉隔屋撞哀玉，竹月緣階貼碎金。藻井

❶ 此題，龍舒本作「次韻曾子翊赴舒州官見貽」，李注本作「次韻曾子翊赴舒州官見詒之詩」，李
❷ 「府掾」，龍舒本、李注本作「官府」。
❸ 「西」，龍舒本、李注本作「南」。
❹ 「效」，龍舒本、李注本作「勸」。

仰窺塵漠漠，青燈對宿夜沈沈。扁舟過客十年事，一夢此山愁至今。❶

送吴龍圖知江寧❷

才高明主睠方深，屬郡聞風自革心。閭里不須多按治，山川從此數登臨。茅簷坐隔雲千里，栢壟初抽翠一尋。東望泫然知有寄，但疑公豈久分襟？

送直講吴殿丞宰鞏縣

青嵩碧洛曾遊地，墨綬銅章忽在身。擁馬尚多畿甸雪，隨衣無復禁城塵。古來學問須行己，此去風流定慰人。更憶少陵詩上語，知君不負鞏梅春。

送真州吴處厚使君❸

江上齋船駐彩橈，鳴笳應滿緑楊橋。久爲漢吏知文法，當使淮人服教條。拱木延陵瞻故國，叢祠瓜步認前朝。登臨莫負山川好，終欲東歸聽楚謡。

送李質夫之陝府❹

平世求才漫至公，悠悠羇旅士多窮。❺

❶「此」，龍舒本、李注本作「北」。

❷「寧」，原作「寄」，據龍舒本、宋元遞修本、應刻本、李注本改。

❸此題，龍舒本、李注本作「送吴仲純守儀真」。

❹「李」，龍舒本、李注本無此字。

❺「士」，龍舒本作「已」。

十年見子尚短褐，千里隨人今北風。户外屨貧虛自滿，樽中酒賤亦常空。共嫌欲老無機械，心事還能與我同。

題儀真致政孫學士歸來亭❶

彭澤陶潛《歸去來》，素風千歲出塵埃。❷明時儁老心無累，故里高門子有才。更作園林負城郭，❸常留花月映池臺。❹ 却尋《五柳先生傳》，柴水區區但可哀。❺

次韻吴季野題岳上人澄心亭

高亭五月尚寒生，❻回首塵沙自鬱蒸。砌水亂流穿石底，檻雲高出蔽山層。❼ 躋攀欲絶人間世，締搆知從物外僧。❽ 腸胃坐來清似洗，❾神奇未怪佛圖澄。❿

送彦珍

挾筴窮鄉滿鬢絲，陂田荒盡豈嘗窺？⓫未應谷口終身隱，正合菑川舉國推。握手百憂空往事，還家一笑即芳時。栢岡定有

❶「儀真」，龍舒本、李注本無此二字。
❷「素」，龍舒本作「餘」。「歲」，龍舒本、李注本作「載」。
❸「作」，龍舒本、李注本作「築」。
❹「常」，龍舒本、李注本作「長」。
❺「柴」，龍舒本作「山」，李注本作「薪」。
❻「高亭」，龍舒本作「空亭」，李注本作「空庭」。
❼「檻」，龍舒本、李注本作「野」。
❽「知」，龍舒本、李注本作「應」。
❾「洗」，原作「先」，據龍舒本、宋元遞修本、應刻本、李注本改。
❿「奇」，原作「寄」，據龍舒本、宋元遞修本、應刻本、李注本改。
⓫「陂」，龍舒本、李注本作「阪」。

辛夷發，亦見東風使我知。

寄張先郎中

留連山水住多時，年比馮唐未覺衰。篝火尚能書細字，郵筩還肯寄新詩。胡牀月下知誰對，鑾榼花前想自隨。投老主恩聊欲報，每瞻高躅恨歸遲。

汜水寄和甫

虎牢關下水逶迤，想汝飄然過此時。灑血秖添波浪起，脱身難借羽翰追。留連厚禄非朝隱，乖隔殘年更土思，已卜冶城三畝地，寄聲知我有歸期。

寄黄吉甫❶

朱顏去似朔風驚，白髮多於野草生。挾筴讀書空有得，求田問舍轉無成。❷解鞍烏石岡邊坐，❸攜手辛夷樹下行。今日追思真樂事，黄塵深處走雞鳴。

次韻平甫村墅春日

昨日青青尚未齊，忽看春色滿高低。陂梅弄影争先舞，葉鳥藏身自在啼。樵蹊踏雲歸舊徑，漁簑背雨向前溪。似知我欲

❶「黄」，龍舒本、李注本無此字。
❷「問」，原作「間」，據龍舒本、宋元遞修本、應刻本、李注本改。
❸「岡」，龍舒本作「江」。「坐」，李注本作「路」。

逃軒冕，談笑相過各有攜。

即席次韻微之泛舟

畫舸幽尋北果園，應將陳迹問桑門。地隨牆墅行多曲，❶天著岡巒望易昏。故國時平空有木，荒城人少半爲村。悠悠興廢皆如此，賴付乾愁酒一罇。

示長安君

少年離别意非輕，老去相逢亦愴情。草草杯盤供笑語，昏昏燈火話平生。自憐湖海三年隔，又作塵沙萬里行。欲問後期何日是，寄書應見鴈南征。

和平甫招道光法師

練師投老演真乘，❷像劫空王爪與肱。於總持門通一路，以光明藏續千燈。從容發口酬摩詰，邂逅持心契慧能。新句得公還有賴，古人詩字耻無僧。

和祖仁晚過集禧觀

妍暖聊隨馬首東，春衫猶未著方空。煙霞送色歸瑶水，山木分香繞閬風。壯髮已輪塵外緑，衰顔漫到酒邊紅。❸日斜歸去

❶「墅」，龍舒本、宋元遞修本、李注本作「塹」。
❷「乘」，原作「聖」，據宋元遞修本、應刻本、李注本改。
❸「衰」，原作「哀」，據宋元遞修本、李注本改。

人間世，却記前遊似夢中。

程公闢轉運江西❶

江西一節鑄黃金，最慰章濱父老心。長孺向來真強予，❷次公今不異重臨。餘風尚有歡謡在，陳迹非無勝事尋。豫想新詩能寄我，十年華省故情深。

次韻微之即席

醲成吳米野油囊，却愛清談氣味長。閑日有僧來北阜，平時無盜出南塘。風亭對竹酬孤峭，雪逕尋梅認暗香。江水中濡應未變，一杯終欲就君嘗。

和王微之秋浦望齊山感李太白杜牧之

齊山置酒菊花開，秋浦聞猿江上哀。此地流傳空筆墨，昔人埋没已蒿萊。平生志業無高論，末世篇章有逸才。尚得使君驅五馬，與尋陳迹久徘徊。

次韻王微之登高齋❸

臺殿荒墟辱井堙，豪華不復見臨春。北山漠漠雲垂地，南埭悠悠水映人。馳道

❶ 此題，龍舒本作「寄江西程公闢」，李注本作「送程公闢轉運江西」。

❷ 「向」，李注本作「重」。

❸ 此題，龍舒本、李注本作「次韻登微之高齋有感」。

蔽虧松半死，射場埋没雉多馴。❶ 登高一曲悲亡國，想繞紅梁落暗塵。

和微之重感南唐事

叔寶傾陳衍弊梁，可嗟曾不見興亡。齋祠父子終身費，酣詠君臣舉國荒。南狩皖山非故地，北師淮水失名王。天移四海歸真主，誰誘昏童肯用良？❷

李君㬊弟訪別長蘆至淮陰追寄❸

怒水憑風雪壟高，❹亂流追我祇魚舠。忽看淮月臨寒食，❺想映江春聽伯勞。❻ 道義當成麟一角，❼文章已禿兔千毫。❽ 後生可畏吾知子，南北何時見兩髦？❾

貴州虞部使君訪及道舊竊有感惻因成小詩

韶山秀拔江清寫，氣象還能出搢紳。當我垂髫初識字，看君揮翰獨驚人。郵籤忽報旌麾入，齋閤遥瞻組綬新。握手更誰知往事，同時諸彥略成塵。

❶「場」，原作「揚」，據龍舒本、宋元遞修本、應刻本、李注本改。

❷「良」，龍舒本、李注本作「長」。

❸「李」上，李注本有「寄」字。此題，龍舒本作「寄李秀才兄弟」。

❹「憑」，龍舒本、李注本作「摶」。

❺「淮月臨寒食」，龍舒本作「槐月臨秋渚」。

❻「想映江春聽伯勞」，龍舒本作「更聽漁人雜佩濤」。

❼「當成」，龍舒本、李注本作「終期」。

❽「已」，龍舒本作「先」。

❾「南北」，龍舒本作「握手」。「兩」，龍舒本作「二」。

沖卿席上得行字❶

二年相值喜同聲，並轡塵沙眼亦明。新詔各從天上得，殘樽同向月邊傾。已嗟後會歡難必，更想前官責尚輕。❷ 黽勉敢忘君所勖，古人憂樂有違行。

示董伯懿

穿橋度塹秪閑行，詠石嘲花亦漫成。嚼蠟已能忘世味，畫脂那更惜時名？ 長干里北寒山紫，白下門西野水明。 此地一廛須卜築，故人他日訪柴荆。

臨川先生文集卷第十九

❶「得行字」，龍舒本、李注本無此三字。
❷「責」，龍舒本作「老」。

臨川先生文集卷第二十

律　詩七言八句

思王逢原三首❶

布衣阡陌動成群，卓犖高才獨見君。杞梓豫章蟠絕壑，騏驎騕褭跨浮雲。行藏已許終身共，生死那知半路分？❷便恐世間無妙質，鼻端從此罷揮斤。

二

蓬蒿今日想紛披，冢上秋風又一吹。妙質不爲平世得，微言唯有故人知。廬山南墮當書案，湓水東來入酒巵。陳迹可憐隨手盡，欲歡無復似當時。

三

百年相望濟時功，歲路何知向此窮？鷹隼奮飛凰羽短，騏驎埋沒馬群空。中郎舊業無兒付，康子高才有婦同。想見江南原上墓，樹枝零落紙錢風。

❶ 此三首，龍舒本分作兩題，第一首爲卷六十九《哭王令》，下二首爲同卷《思王逢原二首》。

❷ 「路」，李注本作「道」。

和吴御史臨淮感事

柵鏁城扉曉一開，柂牙車軸轉成雷。黄塵欲礙黿山出，白浪空分汴水來。澄觀有林邀昧陋，霽雲無力報奸回。騷人此日追前事，悲氣隨風動管灰。

和文淑湓浦見寄

多難漂零歲月賒，空餘文墨舊生涯。相看楚越常千里，不及朱陳似一家。髪爲感傷無翠葆，眼從瞻望有玄花。唯詩與我寬愁病，報爾何妨賦《棣華》？

次韻吴季野再見寄

衣裘南北弊風塵，志趣卑汙已累親。❶流俗尚疑身察察，交遊方笑黨頻頻。遠同魚樂思濠上，老使鷗驚耻海濱。邂逅得君還恨晚，能明吾意久無人。

次韻平甫贈三靈山人程惟象❷

家山松菊半荒蕪，杖策窮年信所如。占見地靈非卜筮，算知人貴自陶漁。久諳郭璞言多驗，老比顔含意更踈。秖欲勒成方士傳，借君名姓在新書。

❶「趣」，龍舒本、李注本作「格」。
❷「山人」，李注本無此二字。

次韻和甫詠雪

奔走風雲四面來，坐看山壟玉崔嵬。平治險穢非無德，潤澤焦枯是有才。勢合便疑包地盡，功成終欲放春回。寒鄉不念豐年瑞，只憶青天萬里開。

次韻張氏女弟詠雪

天上空多地上稀，初寒風力故應微。那能鎮壓黃塵起，强欲侵凌白日飛。邑犬橫來矜意氣，窟蟾偷出助光輝。都城只有袁安僡，我亦年年幸賜衣。

次韻徐仲元詠梅二首

溪杏山桃欲占新，亭梅放蘂尚嬌春。❶額黃映日明飛燕，肌粉含風冷太真。玉笛悲涼吹易散，❷冰紈生澀畫難親。爭妍喜有君詩在，老我一作我老。儵然敢效顰。

二

舊挽青條冉冉新，花遲亦度柳前春。肌冰綽約如姑射，膚雪參差是太真。搖落會應傷歲晚，攀飜賸欲寄情親。終無驛使傳消息，寂寞知誰笑與顰？

❶ 「亭」，原作「高」，據龍舒本、李注本改。

❷ 「悲」，李注本作「淒」。「散」，李注本作「徹」。

詩呈節判陸君❶名彦回。

中郎筆墨妙他年，晚與君遊喜象賢。款款故情初未慭，飄飄新句總堪傳。英才但未遭文舉，明主寧當棄浩然？投贈臨分加組麗，小詩能不强雕鐫。

留題曲親盆山和州曲叙。

巧與天成未覺殊，國工施手豈須臾？根連滄海蓬萊闊，勢壓黄河砥柱孤。坐上煙嵐生紫翠，影中樓閣見青朱。爲山觀水皆良喻，誰向君家識所趨？

不到太初兄所居遂已十年以詩攀寄

一水衣巾翦翠綃，九峯環珮刻青瑶。生才故有山川氣，卜築兼無市井囂。三葉素風門閥在，十年陳迹履綦銷。歸榮早晚重攜手，莫負幽人久見招。

偶成二首

漸老偏諳世上情，已知吾事獨難行。脱身負米將求志，戮力求田豈爲名。❷高論頗隨衰俗廢，壯懷難值故人傾。相逢始覺

❶ 此題，龍舒本、李注本作「次韻酬陸彦回」。

❷ 「求」，李注本作「乘」。

寬愁病，❶搔首還添白髮生。

二❷

懷抱難開醉易醒，曉歌悲壯動秋城。年光斷送朱顔老，❸世事栽培白髮生。三畝未成幽處宅，一身還逐衆人行。可憐蝸角能多少，獨與區區觸事争。

雨過偶書

霈然甘澤洗塵寰，南畝東郊共慰顔。地望歲功還物外，天將生意與人間。霽分星斗風雷静，涼入軒窗枕簟閒。誰似浮雲知進退，纔成霖雨便歸山？

季春上旬苑中即事

輦路行看斗柄東，簾垂殿閣轉春風。樹林隱翳燈含霧，河漢欹斜月墜空。新蕊漫知紅簌簌，舊山常夢直叢叢。賞心樂事須年少，老去應無日再中。

❶「覺」，龍舒本、李注本作「欲」。

❷此首龍舒本重出，見卷七十五《偶成二首》之第二首，僅頷、頸二聯，又見龍舒本卷七十四《有感五首》之第一首。

❸「年」，龍舒本作「風」。「老」，原作「去」，據龍舒本《有感》第一首、李注本改。

上西垣舍人[1]

共説才高世所珍，諸賢誰敢望光塵？討論潤色今爲美，學問文章老更醇。賦擬相如真復似，詩看子建的應親。仍聞悟主言多直，許史家兒往往嗔。

退　朝

門外鳴騶送響頻，披衣强起赴鷄人。火城夜闇雲藏闕，玉座朝寒雪被宸。邂逅欲成雙白鬢，蕭條難得兩朱輪。猶憐退食親朋在，相與吟哦未厭貧。

與微之同賦梅花得香字三首

漢宫嬌額半塗黄，粉色淩寒透薄粧。好借月魂來映燭，恐隨春夢去飛揚。風亭把盞酬孤豔，雪徑回輿認暗香。不爲調羹應結子，直須留此占年芳。

二

結子非貪鼎鼐嘗，偶先紅杏占年芳。從教臘雪埋藏得，却怕春風漏洩香。不御鉛華知國色，秪裁雲縷想仙裝。少陵爲爾

[1] 此題，龍舒本作「西垣當直」。

牽詩興，可是無心賦海棠。❶

三

淺淺池塘短短牆，年年爲爾惜流芳。向人自有無言意，傾國天教抵死香。鬚裊黄金危欲墮，❷蒂團紅蠟巧能裝。嬋娟一種如冰雪，依倚春風笑野棠。

和晚菊

不得黄花九日吹，空看野葉翠葳蕤。淵明酩酊知何處，子美蕭條向此時。委翳似甘終草莽，栽培空欲傍藩籬。可憐蜂蝶飄零後，始有閑人把一枝。

景福殿前栢

香葉由來耐歲寒，幾經真賞駐鳴鑾。根通御水龍應蟄，枝觸宫雲鶴更盤。怪石誤蒙三品號，老松先得大夫官。知君勁節無榮慕，寵辱紛紛一等看。

四月果

一春强半勒花風，幾日園林幾樹紅。汲汲追攀常恨晚，紛紛吹洗忽成空。行看果下蒼苔地，已作人間白髮翁。豈惜解鞍

---

❶「海棠」下，龍舒本有小注：「鄭谷《海棠》詩云：『子美無心爲發揚。』而子美有『東閣官梅動詩興』之句。」

❷「裊」，原作「梟」，據龍舒本、李注本改。李注本有小注：「一作撚。」

留夜飲，此身醒醉與誰同？

牆西樹

牆西高樹結陰稠，步屧窮年向此留。❶白日屢移催我老，清風一至使人愁。紛紛暝鳥驚還合，渺渺涼蟬咽欲休。回首舊林歸未得，看看知復幾春秋？❷

度麾嶺寄莘老

區區隨傳換冬春，夜半懸崖託此身。豈慕王尊能許國，直緣毛義欲私親。施爲已壞生平學，❸夢想猶歸寂寞濱。風月一歌勞者事，能明吾意可無人。

狄梁公陶淵明俱爲彭澤令至今有廟在焉刁景純作詩見示繼以一篇

嘉祐中提點江東刑獄時作。

梁公壯節就夔魖，陶令清身託酒徒。政在房陵成底事，年稱甲子亦何須？江山彭澤空遺像，歲月柴桑失故區。末俗此風猶不競，詩翁歎息未應無。

寄沈鄱陽

時爲江東提刑。

離家當日尚炎風，叱馭歸時九月窮。

❶「屧」，李注本作「屟」。
❷「看看」，龍舒本、李注本作「相看」。
❸「生平」，李注本作「平生」。

朝渡藤溪霜落後，夜過麾嶺月明中。❶山川道路良多阻，風俗謡言苦未通。唯有番君人共愛，❷流傳名譽滿江東。

送裴如晦宰吴江❸

青髪朱顔各少年，幅巾談笑兩歡然。柴桑別後餘三徑，天禄歸來盡一廛。邂逅都門誰載酒，蕭條江縣去鳴弦。猶疑甫里英靈在，到日憑君爲檥船。

次韻樂道送花

沁水名園好物華，露盤分送子雲家。新糕欲應何人面，彩筆知書幾葉花？曾和郢中歌《白雪》，亦陪天上飲流霞。春風已得同心賞，更擬攜詩載酒誇。

籌思亭 在江東轉運司南聽後園。❹

昔人何計亦何思？許國憂民適此時。寓興中園爲遠趣，❺託名華榜有新詩。數株碧柳蒼苔地，一丈紅蕖渌水池。❻坐聽楚謡知歲美，想銜杯酒問花期。

愁臺

頹垣斷壍有平沙，老木荒榛八九家。

---

❶「麾」，龍舒本作「翬」。
❷「番」，龍舒本、李注本作「鄱」。
❸「送」上，龍舒本、李注本有「席上賦得然字」六字。
❹此注，龍舒本無「江東」二字，李注本無「後園」二字。
❺「園」，龍舒本、李注本作「原」。
❻「渌」，龍舒本作「緑」。

河勢東南吹地拆，天形西北倚城斜。傾壺語罷還登眺，岸幘詩成却嘆嗟。萬事因循今白髮，一年容易即黄花。

和正叔懷其兄草堂

茆堂竹樹水之濱，耕稼逍遥似子真。小吏一身今倦宦，先生三畝獨安貧。欲抛縣印辭黄綬，來伴山冠戴白綸。秖恐明時收士急，不容家有兩閑人。

鄭子憲西齋❶

漫搆軒窗意亦深，滔滔浮俗倦登臨。詩書千載經綸志，松竹四時瀟灑心。❷曉枕不容春夢到，夜燈唯許月華侵。行看富貴酬勤苦，車馬重來拾翠陰。❸

寄題思軒

名郎此地昔徘徊，天誘良孫接踵來。萬屋尚歌餘澤在，一軒還向舊堂開。右軍筆墨空殘沼，内史文章秖廢臺。邑子從今誇勝事，豈論王謝世稱才？

陳君式大夫恭軒

恭軒静對北堂深，❹新斸檀欒一畝陰。膝下往來前日事，眼中封植去年心。❺每懷

❶「西齋」上，龍舒本、李注本有「新起」二字。

❷「瀟灑」，原作「蕭洒」，據龍舒本、李注本改。

❸「拾」，龍舒本作「瑣」。

❹「深」，龍舒本、宋元遞修本作「林」。

❺「中」，李注本作「前」。

罇斝沽餘瀝，獨喜弦歌有嗣音。肯搆會須門閥大，世資何用滿籝金？

寄黃吉甫

學兼文武在吾曹，別後應看虎豹韜。欲問廟堂誰鎮撫，尚傳邊塞敢驚騷？旌旗急引飛黃下，時發騎士南征。烽火遥連太白高。聞説荆人亦憔悴，家家還願獻春醪。

高魏留

魏留十七助防邊，埋没鹽州十八年。❶關河衣屨窮空委胡婦，糗糧辛苦待山田。舊路頻回首，腹背他時兩受鞭。邂逅得歸耶戰死，毋隨人去亦蕭然。

丁年

丁年結客盛遊從，宛洛氈車處處逢。吟盡物華愁筆老，醉消春色愛醅濃。壚間寂寞相如病，鍛處荒涼叔夜慵。早晚青雲須自致，立談平取徹侯封。

臨川先生文集卷第二十

❶「八」，龍舒本作「九」。

臨川先生文集卷第二十一

律　詩七言八句

送王詹叔利州路運判❶

王孫舊讀五車書，手把山陽太守符。未駕朱轓辭輦轂，却分金節佐均輸。人才自古常難得，時論如君豈久孤？去去便看歸奏事，❷莫嗟行路有崎嶇。

送周仲章使君

看君東下霅溪船，迴首紛紛已五年。簪筆少留吾所望，剖符輕去此何緣。高麾行路穿秦樹，駿馬歸時著蜀鞭。子墨文章應滿篋，承明宣室正詳延。

送王蒙州

請郡東南促去程，❸拍堤江水照紅旌。仁聲已逐春風到，使節猶占夜斗行。箭落皂鵰兔避，句傳炎海鱷魚驚。麒麟不是人間物，漢詔先應召賈生。

❶ 此題下，李注本有小注：「此詩頗不類公作。」
❷ 「事」，李注本作「計」，有小注：「一作事。」
❸ 「促」，龍舒本、李注本作「没」。李注本有小注：「一作促。」

送龐簽判

北都兩去不辭勤，❶仕路論材況出群。一相開藩嘗負弩，三年通籍更從軍。清談猶得當時事，遺愛應從此日聞。我憶荆溪山最樂，看君摩翮上青雲。

送潘景純

東都曾以一當千，場屋聲名十五年。晚賜緑衣隨宦牒，始操丹筆事戎旃。明時正欲精蒐選，榮路何當力薦延？賴有史君能好士，方看一鶚在秋天。

送僧無惑歸鄱陽

晚扶衰憊寄人間，應接紛紛秪强顔。挂席每諳東匯水，採芝多夢舊遊山。故人獨往今爲樂，何日相隨我亦閑。歸見江東諸父老，爲言飛鳥會知還。

送遜師歸舒州

山川相對一悲翁，往事紛紛夢寐中。邂逅故人恩意在，低佪今日笑言同。看吹陌上楊花滿，忽憶巖前蕙帳空。亦見桐鄉諸父老，爲傳衰颯病春風。

❶「兩」，李注本作「南」。

寄育王大覺禪師❶

單已安那示入禪，草堂難望故依然。山今歲暮終岑寂，人更天寒最静便。隱蹟亦知甘自足，憑心豈吝慰相憐。所聞不到荆門耳，人老禾新又一年。

寄無爲軍張居士

南陽居士月城翁，曾習禪那問色空。卓犖想超文字外，低佪却寄語言中。真心妙道終無二，末學殊方自不同。此理世間多未悟，因君往往嘆西風。

次韻酬鄧子儀二首❷

青溪相值各青春，老去臨流輒損神。事事只隨波浪去，年年空得鬢毛新。論心未忍遺横目，干世還憂近逆鱗。嘉句感君邀我厚，自嗟才不異常人。

二

金陵邂逅府東偏，手得新蒲每共編。采石偶耕垂百日，青溪並釣亦三年。君才有用方求禄，我志無成稍問田。一笑欲論

❶ 此首爲龍舒本卷六十《寄育王大覺禪師二首》之第二首。

❷ 「酬」，李注本無此字。

心迹事，白頭相就且欹眠。

送李璋

湖海聲名二十年，尚隨鄉賦已華顛。❶朱轂却歸甫里無三徑，擬傍胥山就一廛。朱轂風塵休悵望，青鞋雲水且留連。故人亦見如相問，爲道方尋木鴈篇。

送章宏

道合由來不易謀，豈無和氏識荆璆。一川濁水浮文鷁，千里輕帆落武丘。身退豈嫌吾道進，學成方悟衆人求。西風乞得東南守，杖策還能訪我不？

别葛使君

邑屋爲儒知善政，市門多粟見豐年。追攀更覺相逢晚，❷談笑難忘欲别前。客幙雅遊皆置榻，令堂清坐亦鳴弦。輕舟後夜滄江北，迴首春城空黯然。

送王龍圖守荆南❸

壯志高才偃一藩，更嗟賢路此時難。長幡欲動何妨屈，老驥能行豈易閑。沙市

❶「賦」，李注本作「試」，有小注：「一作賦。」

❷「追」，原作「迫」，據龍舒本、宋元遞修本、應刻本、李注本改。

❸「守荆南」，龍舒本、李注本無此三字。

放船寒月白，渚宮留御古苔斑。❶知公未厭還隨詔，歸看功名重太山。

次韻酬宋中散二首❷

初見彤庭賜履雙，便參東閣寄南邦。時聞正論除疑網，每讀高辭折慢幢。陳迹欲尋無復日，舊恩思報有如江。風流今見佳公子，投老心旌一片降。

二

超然京洛諒難雙，處在家庭譽在邦。道義門中窺户牖，風騷壇上見麾幢。素書款款誰憐杜，彩筆遒遒獨勝江。信美賢公有才子，篤誠真復類龙降。❸

和宋太博服除還朝簡諸朋舊

呼門初起外廷臣，秀氣稜稜動搢紳。談論坐來能慰我，篇章傳出亦驚人。生芻一束他年闕，伐木相求此地新。便欲與君同樂處，窮通餘事不關身。

次韻酬宋玘六首

洗雨吹風一月春，山紅漫漫緑紛紛。褰裳遠野誰從我，散策空陂忽見君。青眼坐傾新歲酒，白頭追誦少年文。因嗟涉世

❶「古」，原作「舌」，據龍舒本、宋元遞修本、應刻本、李注本改。
❷「二首」，龍舒本無此二字。
❸「龙」，原作「危」，據龍舒本、宋元遞修本、李注本改。

終無補，久使高材雍上聞。

二

東風渺渺客天涯，病眼先春已見花。遠欲報君羞强聒，老知隨俗厭雄誇。窮通往事真如夢，得失秋毫豈更嗟？邂逅故人唯有醉，❶醉中衣幘任欹斜。

三

城中燈火照青春，遠引吾方避糾紛。遊衍水邊追野馬，❷嘯歌林下應山君。愁尋徑草無求仲，喜對簷花有廣文。邂逅一樽聊酩酊，聲名身後豈須聞？

四

遠迹荒郊謝儁豪，春風誰與駐干旄？故交重趼恩何厚，新句連篇韻更高。美似狂酲初噉蔗，❸快如衰病得觀濤。久知坯冶成天巧，豈與人間共一陶？

五

無能私願秪求田，時物安能學計然？❹鑿井未成歌《擊壤》，射熊猶得夢鈞天。遥

❶「醉」，李注本作「酒」。
❷「衍」，龍舒本作「冶」。
❸「酲」，龍舒本作「醒」。
❹「時」，龍舒本、李注本作「財」。李注本有小注：「一作時。」

思故國歸來日，留滯新恩已去年。攜手與君遊最樂，春風陂上水濺濺。❶

六

山陂疇昔從吾親，諸父先生各佩紛。零落長年誰語此？遲回故地却逢君。❷衣冠偶坐論經術，襁褓當時刺繡文。更怪高材終未遇，有司何日選方聞？

寄吴正仲却蒙馬行之都官梅聖俞太博和寄依韻酬之

山水玄暉去後空，騷人還向此間窮。小詩聊與論孤憤，大句安知辱兩雄。秦甲久愁荆劒利，趙兵今窘漢旗紅。背城不敢收餘燼，馬首翩翩只欲東。

寄平甫

少時爲學豈身謀，欲老低佪各自羞。乘馬從徒真擾擾，求田問舍轉悠悠。弦歌舊國平生樂，鞍馬新年幾日留，坐想摇鞭楊柳路，春風先我入皇州。

次韻舍弟常州官舍應客

霜雪紛紛上鬢毛，憂時自悔目空蒿。桑麻秪欲求三畝，埶利誰能算一毫。此地舊傳公子札，吾心真慕伯成高。飄然更有乘桴興，萬里寒江正復艚。

❶「陂」，龍舒本、李注本作「波」。
❷「遲」，龍舒本、李注本作「遷」。

舟還江南阻風有懷伯兄

幾時重接汝南評，兩槳留連不計程。白浪黏天無限斷，玄雲垂野少晴明。❶平皋望望欲何向，薄宦嗟嗟空此行。會有開樽相勸日，鶺鴒隨處共飛鳴。

同陳伯通錢材翁遊山二君有詩因次元韻❷

秋來閑興每登臨，因叩精藍望碧岑。强策羸驂尋水石，忽驚幽鳥下煙林。同時覽物悲歡異，❸自古忘名趣向深。安得湖山歸我手，静看雲意學無心。

夢張劍州

萬里憐君蜀道歸，相逢似喜語還悲。江淮別業依前處，日月新阡卜幾時。自説曲阿猶未穩，❹即尋溢水去猶疑。茫然却是陳橋夢，❺昨日春風馬上思。

❶「晴明」，龍舒本作「陰晴」。
❷「次」，李注本作「依」。
❸「同」，龍舒本、李注本作「經」。李注本有小注：「一作同。」
❹「猶」，龍舒本、宋元遞修本、李注本作「留」。
❺「却」，李注本作「知」，有小注：「一作却。」

酬慕容員外嘗爲王宮教授，以武舉入官，❶被謫。❷

初駕王門學者師，晚漂湖海衆人悲。吹毛未識腰間劍，❸刺股猶藏袖裏錐。衛霍功名還有命，蘇張才氣久非時。❹江尤亦見應須飲，莫放窮愁入兩眉。

次韻張唐公馬上

竭節初悲力不任，❺賜身終愧謬恩臨。❻病來氣弱歸宜早，偷取官多責恐深。膏澤未施空謗怨，❼瘡痍猶在豈謳吟。黄昏信馬江城路，欲訪何人話此心。

和王司封會同年

收科天陛頃同時，回首相歡事亦稀。❽追講舊遊犀麈脱，交酬新唱彩牋飛。直須傾倒罇中酒，休惜淋浪坐上衣。日暮主翁留客轄，❾會稽聊滯買臣歸。

❶「以」，宋元遞修本無此字。
❷「謫」，原無，據李注本補。
❸「腰間」，宋元遞修本作「青闕」。
❹「久非」，李注本作「豈無」。
❺「竭」，原作「揭」，據龍舒本、李注本改。
❻「身」，李注本作「環」。
❼「怨」，龍舒本、宋元遞修本、李注本作「怒」。
❽「回」，龍舒本、李注本作「白」。
❾「翁」，龍舒本作「公」。

次韻酬子玉同年

子玉詩云："過盡金湯知帝策，見求貂虎識軍儀。男兒本有四方志，秖在蓬瀛恐不知。"

盛德無心漠北窺，蕃胡亦恐勢方羸。塞垣高壘深溝地，幕府輕裘緩帶時。趙將時皆思李牧，楚音身自感鍾儀。慚君許我論邊鎖，俎豆平生却少知。

和舍弟舟上示沈道源

還裝欲盡喜舟輕，更喜嘉賓伴此行。野飲不忘魚可釣，旅羹何惜鴈能鳴。西山壯馬先歸牧，❶南穴殘梟欲就烹。憂國自多廊廟宰，與君詩酒盡交情。

過山即事

却過兹山已九年，江湖身世只飄然。曲城丘墓心空折，鹽步庭闈眼欲穿。慘慘野雲生隴底，蕭蕭飢馬立風前。轉多愁思催華髮，早晚輕舟上秀川。

酬裴如晦

二年羈旅越人吟，乞得東南病更侵。殤子未安莊氏義，❷壽親還慰魯侯心。鮮鮮細菊霜前蘂，漠漠踈桐日下陰。濁酒一杯秋滿眼，可憐同意不同斟。

❶ "壯"，李注本作"牡"。

❷ "殤"，原作"傷"，據龍舒本、李注本改。

酬鄭閎中

蕭條行路欲華顛，迴首山林尚渺然。三釜秖知爲養急，五漿非敢在人先。文章滿世吾誰慕，行義如君衆所傳。宜有至言來助我，可能空寄好詩篇。

寄余温卿

雲散風流不自禁，天涯無路盍朋簪。空馳上國青泥信，誰和南山白石音。平日離愁寬帶眼，訖春歸思滿琴心。終回一命翩翩駕，❶獨過稽山鍛樹陰。

寄郎侍郎

兩朝人物歎賢豪，凜凜清風晚見褒。江漢但歸滄海闊，丘陵難學太山高。放懷詩酒機先息，迴首功名世自勞。久願作公樽俎客，恨無三畝斸蓬蒿。

送道光法師住持靈巖

靈巖開闢自何年，草木神奇鳥獸仙。一路紫苔通窅窱，千崖青靄落潺湲。山祇嘯聚荒禪室，象衆低摧想法筵。雪足莫辭重趼往，東人香火有因緣。

臨川先生文集卷第二十一

❶「回」，李注本作「思」。

臨川先生文集卷第二十二

律　詩七言八句

奉酬永叔見贈

欲傳道義心猶在，❶一作雖壯。强學一作學作。文章力已窮。❷他日若能窺孟子，終身何敢望韓公？摳衣最出諸生後，倒屣當傾廣座中。祇恐虛名因此得，嘉篇爲貺豈宜蒙？

送陳舜俞制科東歸

諸賢發策未央宮，獨得菑川一老翁。曲學暮年終漢相，高談平日漫周公。君今壯歲收科第，❸我欲它時看事功。聞說慨然真有意，贈行聊似古人風。❹

送何正臣主簿

何郎冰雪照青春，應敵皆言筆有神。

---

❶「猶在」，龍舒本、李注本作「雖壯」。李注本有小注：「一作猶在。」

❷「强學」，龍舒本作「學作」。

❸「今」，龍舒本、李注本作「能」。李注本有小注：「一作今。」

❹「似」，龍舒本、宋元遞修本、應刻本、李注本作「以」。

魯國儒人何獨少？元君畫史故應真。百年冠蓋風雲會，萬里山川日月新。可但諸公能品藻，會須天子擢平津。

與舍弟華藏院此君亭詠竹❶

一逕森然四座涼，殘陰餘韻去何長。❷人憐直節生來瘦，自許高材老更剛。曾與蒿藜同雨露，終隨松栢到冰霜。煩君惜取根株在，❸欲乞伶倫學鳳凰。❹

上元戲呈貢父

車馬紛紛白晝同，萬家燈火暖春風。別開閶闔壺天外，特起蓬萊陸海中。盡取繁華供俠少，秪分牢落與衰翁。不知太乙遊何處，定把青藜獨照公。

次韻楊樂道述懷之作❺

素心非不慕前修，自怪因循欲白頭。獵較趣時終瑣瑣，畫墁營職信悠悠。濠梁最憶知魚樂，牢筴翻慚爲彘謀。尚有故人能慰我，詩成珠玉每相投。

和楊樂道見寄

宅帶園林五畝餘，蕭條還似茂陵居。

❶「與舍弟」、「詠竹」，龍舒本、李注本無此五字。
❷「去」，龍舒本、李注本作「輿」。李注本有小注：「一作去。」
❸「取」，李注本作「此」。
❹「欲乞」，龍舒本、李注本作「乞與」。
❺「韻」、「之作」，李注本無此三字。

殺青滿架書新繕，生白當牕室久虛。孤學自難窺奧密，重言猶得慰空疎。相思每欲投詩社，只待春蒲葉又書。❶

寄吴沖卿二首

平生身事略相同，❷三歲連牆左廄中。更得謬恩分省舍，又將衰鬢作鄰翁。聯翩久傍官槐緑，❸契闊今看楚蓼紅。不欲與君爲遠别，沙臺吹帽約秋風。

二

時吴晉州方得皐。❹

塞垣花氣欲飛浮，眼底紛紛緑漸抽。❺悠遠山川嗟我老，急難兄弟想君愁。❻舊知白日諸曹滿，試問紅燈幾客留。時節只應無意思，亦如行路判春休。❼

酬沖卿見别

同官同齒復同科，朋友婚姻分最多。兩地塵沙今齟齬，二年風月共婆娑。朝倫孰與君材似，使指將如我病何？升黜會應從此異，頗偷閑暇數經過。

❶「又」，李注本作「可」。
❷「身」，李注本作「心」。
❸「官」，龍舒本、李注本作「宫」。
❹「吴」，李注本作「兄」。
❺「抽」，龍舒本作「油」。
❻「君」，光啓堂本作「多」。
❼「休」，光啓堂本作「秋」。

次御河寄城北會上諸友

客路花時秖攪心，行逢御水半晴陰。背城野色雲邊盡，隔屋春聲樹外深。香草已堪回步履，午風聊復散衣襟。憶君載酒相追處，紅蕚青跗定滿林。

寄友人三首

萬里書歸説我愁，知君不忘北城幽。一篇《封禪》才難學，三畝蓬蒿勢易求。欲與山僧論地券，願爲鄰舍事田疇。應須急作南征計，漠北風沙不可留。

二

水邊幽樹憶同攀，曾約移居向此間。欲語林塘迷舊逕，却隨車馬入他山。飛花著地容難冶，鳴鳥窺人意轉閑。物色可歌春不返，相思空復慘朱顔。

三

一別三年至一方，❶此身漂蕩只殊鄉。❷看沙更覺蓬萊淺，數日空驚霹靂忙。渺渺水波低赤岸，❸濛濛雲氣淡扶桑。登臨

❶「至」，李注本作「各」。
❷「漂」，光啓堂本作「渺」。
❸「渺渺」，光啓堂本作「渺漂」。

舊興無多在，但有浮槎意未忘。

寄張襄州

襄陽州望古來雄，耆舊相傳有素風。四葉表閭唐尹氏，一門逃世漢龐公。故家遺俗應多在，美景良辰定不空。遥憶習池寒夜月，幾人談笑伴詩翁？

次韻昌叔懷灊樓讀書之樂❶

志食長年不得休，一巢無地拙於鳩。聊爲薄宦容身者，❷能免高人笑我不？道德文章吾事落，塵埃波浪此生浮。看君别後行藏意，回顧灊樓秖自羞。

酬净因長老樓上翫月見懷有「疑君魂夢在清都」之句❸

道人心與世無求，隱几蕭然在此樓。❹坐對高梧傾曉月，看翻清露洗新秋。登臨更欲邀元亮，披寫還能擬惠休。顧我不知天上樂，虛疑昨夜夢仙遊。

❶「次韻」，龍舒本、李注本作「和」。
❷「宦」，李注本作「官」。
❸「酬」，龍舒本、李注本無此字。「有」，龍舒本無此字。
❹「此」，龍舒本、李注本作「北」。

寄張諤招張安國金陵法曹

我老頗爲臧丈人，君今少壯豈長貧。❶好須自致青冥上，❷可且相從寂寞濱。深谷黄鸝嬌引子，❸曲碕翠碧巧藏身。尋幽觸静還成興，何必區區九陌塵。

欲往净因寄涇州韓持國

紫荆山下物華新，只與都城共一春。令節想君攜緑酒，故情憐我踏黄塵。泔魚已悔他年事，搏虎方收末路身。欲寄微言書不盡，試尋僧閣望西人。

送别韓虞部

客舍街南初著巾，與君兄弟即相親。當年豈意兩家子，今日更爲同社人。京洛風塵嗟阻闊，江湖杯酒惜逡巡。歸帆嶺北茫茫水，把手何時寂寞濱？

懷舒州山水呈昌叔

山下飛鳴黄栗留，溪邊飲啄白符鳩。❹不知此地從君處，亦有他人繼我不？塵土

❶「少壯豈」，龍舒本、李注本作「年少未」。李注本有小注：「一作少壯者。」按，「者」或爲「豈」字之誤。
❷「冥」，龍舒本作「雲」。
❸「嬌」，原作「驕」，據李注本改。
❹「符」，龍舒本作「浮」。

生涯休盪滌，風波時事只飄浮。相看髮秃無歸計，一夢東南即自羞。

呈柳子玉同年

三年不上鄴王臺，鴻鴈歸時又北來。水底舊波吹歲换，柳梢新葉卷春回。塵沙漠漠凋雙鬢，簫鼓怱怱把一盃。勞事欲歌無與和，衰顔思見故人開。

次韻陸定遠以謫往來求詩

牢落何由共一樽，相望空復歎芝焚。濟時尚負生平學，尉我應多别後文。❶可但風流追甫白，由來家世出機雲。行吟强欲偷新格，自笑安能到萬分？

李璋下第

浩蕩宫門白日開，君王高拱試群材。學如吾子何憂失，命屬天公不可猜。意氣未宜輕感慨，❷文章尤忌數悲哀。男兒獨患無名爾，將相誰云有種哉？

送楊驥秀才歸鄱陽

客舍風塵弊綵衣，悲吟重見鴈南飛。荆山和氏方三獻，太學何生且一歸。曠野已寒諳獨宿，長年多難惜分違。巾箱所得

❶「應」，龍舒本、李注本作「空」。李注本有小注：「一作應。」

❷「慨」，龍舒本、宋元遞修本、李注本作「槩」。

皆幽懿，亦見鄉人爲發揮。

平山堂

城北横岡走翠虬，一堂高視兩三州。淮岑日對朱欄出，江岫雲齊碧瓦浮。墟落耕桑公愷悌，杯觴談笑客風流。不知峴首登臨處，壯觀當時有此不？

示德逢

先生貧敝古人風，❶緬想柴桑在眼中。❷憐愍雞豚非孟子，勤勞禾黍信周公。深藏組纚三千牘，静占寬閑五百弓。處世但令心自可，相知何藉一劉龔？

示四妹

孟光求壻得梁鴻，廡下相隨不諱窮。卓犖才名今日事，蕭條門巷古人風。五噫尚與時多忤，一笑兼忘我屢空。六月塵沙不相貸，泫然搔首又西東。

寄酬曹伯玉因以招之

寒鴟對立西風樹，幽草環生白露庭。清坐苦無公事擾，高談時有故人經。思君異日投朱紱，過我何時載渌醽。❸及此江湖

❶「古」，龍舒本作「故」。
❷「柴」，原作「棨」，據龍舒本、李注本改。
❸「醽」，原作「櫺」，據龍舒本、宋元遞修本、應刻本、李注本改。

氣蕭爽，❶最宜相值倒吾缾。

次韻奉酬李質夫❷

逸少池邊有舊山，幾年征淚染衣斑。駑駘自飽方爭路，騕褭長飢不在閑。雪漲江南歸浩蕩，煙埋河朔去間關。勞歌一聽皆愁思，況我心非木石頑。

寄袁州曹伯玉使君

宜春城郭繞樓臺，想見登臨把一盃。濕濕嶺雲生竹箘，冥冥江雨熟楊梅。政成定入邦人詠，詩就還隨驛使來。錯莫風沙愁病眼，不知何日爲君開。

邢太保有鶴折翼以詩傷之客有記翎經冥三韻而忘其詩者因作四韻❸

不爲摧傷改性靈，靜中猶見好儀形。❹每憐今日長垂翅，却悔當時誤剪翎。❺醫得舊創猶有法，相知多難豈無經。稻粱且向人間覓，莫羨摶風起北冥。

寄致政吴虞部

白鷗生意在滄波，不爲風塵有網羅。

❶「此」，原作「北」，據龍舒本、李注本改。
❷「次韻」，李注本無此二字。
❸「客」，龍舒本作「家」。「三」，龍舒本作「二」。
❹「好」，李注本作「舊」。
❺「時」，李注本作「年」。

年抵馮唐初未半，才方踈廣豈能多。孤清楚國知誰繼，遺愛郴人想共歌。嗟我欲歸真未晚，雪舟乘興會相過。

再至京口寄漕使曹郎中

漂流曾落此江邊，憶與詩翁賦浩然。浩然，堂名。鄉國去身猶萬里，驛亭分首已三年。北城紅出高枝靚，南浦青回老樹圓。❶還似昔時風露好，只疑談笑在君前。

次韻平甫金山會宿寄親友

天末海門横北固，❷煙中沙岸似西興。已無船舫猶聞笛，遠有樓臺秪見燈。山月入松金破碎，江風吹水雪崩騰。飄然欲作乘桴計，一到扶桑恨未能。

送何聖從龍圖

射策曾稱蜀郡雄，朝廷重得漢司空。應留賜席丹塗地，誤責飛芻紫塞功。三徑欲歸無舊業，百城先至有清風。潞山直與天爲黨，回首孫高想見公。

送趙學士陝西提刑

遥知彼俗經兵後，應望名公走馬來。陛下柬求今日始，胸中包畜此時開。山西豪傑歸囊牘，渭北風光入酒盃。堪笑陋儒昏鄙甚，略無謀術贊行臺。

❶「青」，龍舒本作「春」。
❷「門」，龍舒本作「雲」。

丙申八月作

秋風摧剥利如刀，漠漠昏煙玩日高。眼看南山露崖巖，❶心隨東水轉波濤。歸期正自憑蓍蔡，生理應須問酒醪。還有詩書能慰我，不多霜雪上顛毛。

登西樓

樓影侵雲百尺斜，行人樓上憶天涯。情多自悔登臨數，目極因驚悵望賒。一曲平蕪連古樹，半分殘日帶明霞。潘郎何用悲秋色，秖此傷春鬢已華。

即事❷

河流南苑岸西斜，❸風有晶光露有華。門柳故人陶令宅，❹井桐前日總持家。嘉招欲覆盃中淥，麗唱仍添錦上花。便作武陵樽俎客，川源應未少紅霞。❺

臨川先生文集卷第二十二

❶「巖」，李注本作「窾」。
❷此題，龍舒本作「次韻段約之見招」。
❸「河」，龍舒本、李注本作「淮」。「苑」，龍舒本作「宛」。
❹「陶令」，龍舒本、李注本作「元亮」。
❺「源」，龍舒本、李注本作「原」。

臨川先生文集卷第二十三

律　詩七言八句

酬吴仲庶小園之句

舊年臺榭掃流塵，職閉朱門歲又新。花影隙中看裊裊，車音牆外去轔轔。❶相逢豈少佳公子，一醉何妨薄主人？祇向東風邀載酒，定知無奈帝城春。

始與韓玉汝相近居遂相與遊今居復相近而兩家子唱和詩相屬因有此作❷

羈旅兒童得近鄰，相知邂逅即情親。當時豈意兩家子，此地更爲同社人。勳業彈冠知白首，文章投筆讓青春。萬金雖愧君多産，比我淵明亦未貧。

春　寒

春風滿地月如霜，拂曉鍾聲到景陽。花底裌衣朝宿衛，柳邊新火起嚴糚。冰殘

❶「去」，龍舒本、李注本作「聽」。李注本有小注：「一作去。」

❷「居」，李注本作「日」。

玉甃泉初動，水澁銅壺漏更長。從此喧妍知幾日？便應鶗鴂損年芳。

次韻再遊城西李園

京師花木類多奇，常恨春歸人未歸。車馬喧喧走塵土，園林處處鏁芳菲。殘紅已落香猶在，羈客多傷涕自揮。我亦悠悠無事者，約君聯騎訪郊圻。

予求守江陰未得酬昌叔憶江陰見及之作

黄田港北水如天，萬里風檣看賈船。海外珠犀常入市，人間魚蟹不論錢。高亭笑語如昨日，末路塵沙非少年。强乞一官終未得，秪君同病肯相憐。

送蘇屯田廣西轉運

置將從來欲善師，百城蹉跌起毫氂。驅除久費兵符出，按撫紛煩使節移。恩澤易行窮苦後，功名常見急難時。孺文此日風流在，直筆他年豈愧辭？

酬淮南提刑邵不疑學士來詩及予送沈常州之詩，而卒有「素壁鑱詩尚未泯」之句。❶

曾詠常州送主人，豈知身得兩朱輪。田疇汎濫川方壅，厨傳蕭條市亦貧。以我

❶「素」，龍舒本、李注本作「西」。「泯」，原作「泥」，據龍舒本、李注本及下文改。

薄材思拊傴，❶賴君餘教得因循。詢求故有風謠在，不獨鑱詩尚未泯。

酬王太祝

一馬常隨世事馳，豈論江徼與河湄。已成白髮潘常侍，更似青衫杜拾遺。勳業儻來知有命，文章聊欲見無期。喜君材俊能從我，力學何妨和子思。❷

出城訪無黨因宿齋館

關外尋君信馬蹄，漫成詩句任天倪。花枝到眼春相照，❸一作映。山色侵衣晚自迷。今日笑談還喜共，❹經年勞逸固難齊。生涯零落歸心懶，多謝慇懃杜宇啼。

寄張氏女弟

十年江海別常輕，一作經。豈料今隨寡嫂行。心折向誰論宿昔，魂來空復夢平生。音容想像猶如昨，歲月蕭條忽已更。知汝此悲還似我，欲爲西望涕先橫。

奉寄子思以代別

南北蹉跎成兩翁，悲歡邂逅笑言同。全家欲出嶺雲外，匹馬肯尋山雨中。趨府

---

❶「以」，龍舒本作「似」。

❷「妨」，龍舒本作「方」。

❸「照」，龍舒本、李注本作「映」。李注本有小注：「一作照。」

❹「喜」，龍舒本作「許」。

折腰嗟踽踽，聽泉分手惜忽忽。寄聲但有加飡飯，才業如君豈久窮。

次韻劉著作過茆山今平甫往遊因寄

華陽仙伯有茆卿，官府今傳在赤城。三鶴不歸猶地勝，二君能到亦心清。詩中慷慨悲陳迹，篇末慇懃獎後生。遥想青雲知可附，坐看閭巷得名聲。

次韻十四叔賜詩留別

窮冬追路出西津，得侍茫然兩見春。發策久嗟淹國士，❶起家初命慰鄉人。行辭北闕樓臺麗，歸佐南州縣邑新。班草數行衣上淚，何時杖屨却相親？

次韻耿天騭大風❷

雲埋月缺暈寒灰，飇發齊如巨象豗。❸縱勇萬川冰柱立，紛披千障土囊開。魯門未怪爰居至，鄭圃何妨禦寇來。終夜不眠誰與共？坐忘唯有一顏回。

法喜寺

門前白道自縈回，門下青莎間緑苔。雜樹繞花鶯引去，壞簷無幕鷰歸來。寂寥誰共樽前酒？牢落空留案上杯。我憶故

❶「策」，原作「册」，據龍舒本、李注本改。
❷「天騭」，龍舒本作「憲」。
❸「齊」，龍舒本作「聲」。

鄉誠不淺，可憐鶻鳩重相催。

長干寺

梵館清閑側布金，小塘回曲翠文深。漠漠柳條不動千絲直，荷葉相依萬蓋陰。漠漠岑雲相上下，翩翩沙鳥自浮沈。羇人樂此忘歸思，❶忍向西風學越吟。

落星寺在南康軍江中❷

崒雲臺殿起崔嵬，❸萬里長江一酒杯。坐見山川吞日月，杳無車馬送塵埃。鴈飛雲路聲低過，客近天門夢易迴。勝概唯詩可收拾，不才羞作等閑來。

清風閣

飛甍孤起下州牆，勝勢崢嶸壓四方。遠引江山來控帶，平看鷹隼去飛翔。高蟬感耳何妨静，赤日焦心不廢涼。❹況是使君無一事，日陪賓從此傾觴。

留題微之廨中清輝閣

故人名字在瀛洲，邂逅低佪向此留。

❶「思」，龍舒本、李注本作「志」。李注本有小注：「一作思。」
❷「在南康軍江中」，李注本無此六字，龍舒本無「在」字。
❸「崒」，龍舒本作「窣」。
❹「日」，龍舒本作「目」。

鷗鳥一雙隨坐笑，❶荷花十丈對冥搜。❷水涵樽俎清如洗，❸山染衣巾翠欲流。宣室應疑鬼神事，知君能復幾來遊？

次韻和甫春日金陵登臺❹

鍾山漠漠水洄洄，西有陵雲百尺臺。萬物已隨和氣動，一樽聊與故人來。天邊幽鳥鳴相和，地上晴煙掃不開。悲眼看春長一作唯。恐盡，❺直須去取六龍回。

慶老堂 陳繹。

板輿去國宦三年，華屋歸來地一偏。種竹常疑出冬筍，開池故合涌寒泉。身閑楚老猶能戲，道勝鄒人不更遷。嗟我强顔無所及，想君爲樂更焦然。

寄陳宣叔

扁舟欲動更徘徊，一笑相看病眼開。事忤貴人今見節，政行豪縣衆稱材。忽驚歲月侵雙鬢，却喜山川共一杯。落日亂流江北去，離心猶與水東迴。

寄張劍州并示女弟 時張以太夫人喪，自劍州歸。

劍閣天梯萬里寒，春風此日白衣冠。

❶「笑」，龍舒本、李注本作「嘯」。
❷「十」，龍舒本作「千」。
❸「涵」，龍舒本、李注本作「含」。
❹此首爲龍舒本卷六十六《次韻和甫春日金陵登臺二首》之第一首。
❺「悲」，龍舒本、李注本作「愁」。

烏辭反哺顛毛黑，烏引思歸口血丹。行路想君今眚瘦，❶相逢添我老悲酸。浮雲渺渺吹西去，每到原頭勒馬看。

元珍以詩送緑石硯所謂玉堂新樣者

「玉堂新樣」世爭傳，況以蠻溪緑石鐫。嗟我長來無異物，愧君持贈有佳篇。久埋瘴霧看猶濕，一取春波洗更鮮。還與故人袍色似，論心於此亦同堅。

和微之林亭❷

爲有檀欒占雒陽，憶歸杖策此徜徉。觀魚得意還知樂，入鳥忘機肯亂行。未敢許君輕去國，不應如我漫爲郎。中園日涉非無趣，保此千鍾慰北堂。

酬微之梅暑新句

江梅落盡雨昏昏，去馬來牛漫不分。當此沈陰無白日，豈知炎旱有彤雲？琴絃欲緩何妨促，畫蠹微生故可熏。回首涼秋知未遠，會須重曝阮郎裩。

平甫與寶覺遊金山思大覺并見寄及相見得詩次韻二首❸

寵參時宰道人琳，❹氣蓋諸公弟季心。

❶「眚」，李注本作「瘠」。

❷「微」，原作「徵」，據龍舒本、宋元遞修本、應刻本、李注本改。

❸此題，龍舒本、李注本作「平甫遊金山同大覺見寄相見後次韻二首」。

❹「寵」，龍舒本、李注本作「名」。李注本有小注：「一作寵。」「琳」，龍舒本作「林」。

勝踐肯論山在險，冥搜欲與海争深。摇摇北下隨帆影，踽踽東來想足音。握手更知禪伯遠，隔雲靈鷲碧千尋。

二

漳南開士好叢林，慧劒何年出水心？獨往便應諸漏盡，相逢未免故情深。檻窺山鳥有真意，窗聽海潮非世音。一笑上方人事外，不知衰境兩侵尋。

金陵懷古四首

霸祖孤身取二江，子孫多以百城降。豪華盡出成功後，逸樂安知與禍雙？東府舊基留佛刹，《後庭》餘唱落船窗。《黍離》《麥秀》從來事，且置興亡近酒缸。❶

二

天兵南下此橋江，敵國當時指顧降。山水雄豪空復在，君王神武自難雙。❷留連落日頻回首，想像餘墟獨倚窗。却怪夏陽纔一葦，漢家何事費罌缸？

三

地勢東回萬里江，雲間天闕古來雙。兵纏四海英雄得，聖出中原次第降。山水寂寥埋王氣，風烟蕭颯滿僧窗。廢陵壞冢空冠劍，誰復沾纓酹一缸？

❶「近」，李注本作「共」，有小注：「一作近。」

❷「難」，龍舒本作「無」。

四

憶昨天兵下蜀江，將軍談笑士争降。黄旗已盡年三百，紫氣空收劍一雙。破堞自生新草木，廢宫誰識舊軒窗。不須搔首尋遺事，且倒花前白玉缸。

次韻舍弟遇子固憶少述時舍弟在臨川。

歸計何時就一廛，寒城回首意茫然。野林細錯黄金日，溪岸寬圍碧玉天。飛兔已聞追騕褭，太阿猶恨失龍泉。遥知更憶河濱友，從事能忘我獨賢。

次韻昌叔詠塵❶

塵土輕颺不自持，紛紛生物更相吹。翻成地上高烟霧，散在人間要路岐。一世競馳甘眯目，幾家清坐得軒眉？超然秖有江湖上，還見波濤恐我時。

石竹花❷

退公詩酒樂華年，欲取幽芳近綺筵。種玉亂抽青節瘦，刻繒輕染絳花圓。風霜不放飄零早，雨露應從愛惜偏。已向美人衣上繡，更留佳客賦嬋娟。

❶「詠塵」，龍舒本作「塵土」。
❷ 此首爲龍舒本卷七十七《石竹花二首》之第一首。

古　松

森森直榦百餘尋，高入青冥不附林。萬壑風生成夜響，千山月照掛秋陰。豈因糞壤栽培力，自得乾坤造化心。廊廟乏材應見取，世無良匠勿相侵。

玉晨大檜鶴廟古松最爲佳樹

壇廟千年草不生，幽真曾此蔭餘清。月枝地上流雲影，風葉天邊過雨聲。材大賢於人有用，節高仙與世無情。秦山陂下今迷處，❶苦里宮中漫得名。

次韻董伯懿松聲

天機自動豈關情，能作人間物外聲。❷瞑聒一堂無客夢，曉悲千嶂有猿驚。廟中奏瑟沈三嘆，堂下吹簫失九成。俚耳紛紛多鄭衛，直須聞此始心清。

次韻答平甫

高蟬抱殼悲聲切，新鳥争巢誶語忙。長樹老陰欺夏日，晚花幽艷敵春陽。雲歸山去當簷静，風過溪來滿坐涼。物物此時

❶「秦」，李注本作「泰」。李注本有小注：「一作秦。」「迷」，李注本作「遺」。

❷「物」，龍舒本、李注本作「意」。

皆可賦，悔予千里不相將。

次韻質夫兄使君同年

樓堞相望一日程，春風吹急似摇旌。莫言樂國無愁夢，賴把新詩有故情。客舍五漿非所願，私田三徑會須成。青雲自致歸公等，如我何緣得此聲？

臨川先生文集卷第二十三

臨川先生文集卷第二十四

律詩七言八句

金明池

宜秋西望碧參差，憶看鄉人禊飲時。斜倚水開花有思，緩隨風轉柳如癡。青天白日春常好，緑髮朱顔老自悲。跋馬未堪塵滿眼，夕陽偷理釣魚絲。

葛溪驛

缺月昏昏漏未央，一燈明滅照秋牀。病身最覺風露早，❶歸夢不知山水長。坐感歲時歌慷慨，起看天地色淒涼。鳴蟬更亂行人耳，正抱疎桐葉半黄。

泛舟青溪入水門登高齋奉呈康叔

簿領紛紛惜此時，起携佳客散沈迷。十圍但見諸營柳，九曲難尋故國溪。牽埭欲隨流水遠，放船終礙畫橋低。子猷清興何曾盡，想憶高齋更一躋。

爲裴使君賦擬峴臺

君作新臺擬峴山，羊公千載得追攀。歌鍾殷地登臨處，花木移春指顧間。城似

❶「露」，李注本作「霜」。

大隄來宛宛，溪如清漢落潺潺。時平不比征吳日，緩帶尤宜向此閑。❶

送李才元校理知邛州

朝廷孝治稱今日，鄉郡榮歸及壯時。闒吏相呼迎印綬，里兒争出望旄麾。北堂已足誇三釜，南畝當今識兩岐。獨我尚留真有命，天於人欲本無私。

送張頡仲舉知奉新

故人爲邑士多稱，繇賦寬賖獄訟平。老吏閉門無重糈，荒山開隴有新粳。方揮玉麈日邊坐，❷又結銅章天外行。此去料君歸不久，❸挾材如此即名卿。

張劒州至劒一日以親憂罷❹

客舍飛塵尚滿韉，却尋東路想茫然。白頭反哺秦烏側，流血思歸蜀鳥前。今日相逢知悵望，幾時能到與留連？行看萬里雲西去，倚馬春風不忍鞭。

次韻子履遠寄之作

飄然逐客出都門，士論應悲玉石焚。高位紛紛誰得志，窮途往往始能文。柴桑今日思元亮，天禄何時召子雲？直使聲名

❶「尤宜」，李注本有小注：「一作猶疑。」

❷「麈」，原作「塵」，據龍舒本、宋元遞修本、李注本改。

❸「此去」，龍舒本、李注本作「去去」。

❹「親」，原作「新」，據龍舒本、李注本改。

傳後世，窮通何必較功勳？

送李太保知儀州

北平上谷當時守，氣略人推李廣優。還見子孫持漢節，欲臨關塞撫羌酋。雲邊鼓吹應先喜，日下旌旗更少留。五字亦君家世事，❶一吟何以稱來求？

送西京簽判王著作

兒曹曾上洛城頭，尚記清波遶驛流。却想山川常在夢，可憐顔髮已驚秋。❷辟書今日看君去，著籍長年歎我留。三十六峯應好在，寄聲多謝欲來遊。❸

送劉貢父赴秦州清水

劉郎高論坐嘘枯，幕府調聑用緒餘。筆下能當萬人敵，腹中嘗記五車書。聞多望士登天禄，知有名臣薦《子虚》。且復弦歌窮塞上，秖應非晚召相如。

送純甫如江南

青溪看汝始蹁躚，兄弟追隨各少年。壯爾有行今納婦，老吾無用亦求田。初來淮北心常折，却望江南眼更穿。此去還知

❶「亦」，龍舒本作「出」。
❷「驚」，光啓堂本作「經」。
❸「聲」，李注本作「身」。

苦相憶，歸時快馬亦須鞭。

送郊社朱兄除郎東歸

手持官牒出神皐，迎客遥知賀酒醪。照映里門非白屋，欺凌春草有青袍。宦遊雖晚何妨久，餓顯從來不必高。孝友父兄家法在，想能清白遺兒曹。

送沈康知常州

作客蘭陵迹已陳，爲傳謡俗記州民。溝塍半廢田疇薄，❶厨傳相仍市井貧。常恐勞人輕白屋，忽逢佳士得朱輪。慇懃話此還惆悵，最憶荆溪兩岸春。

安豐張令修芍陂

桐鄉振廪得周旋，芍水修陂道路傳。目想僝功追往事，心知爲政似當年。❷魴魚鱍鱍歸城市，秔稻紛紛載酒船。楚相祠堂仍好在，勝遊思爲子留篇。

送復之屯田赴成都

槃礴西南江與岷，石犀金馬世稱神。桑麻接畛餘無地，錦繡連城别有春。結綬相隨通籍久，推車此去辟書新。知君不爲山川險，便忘吾家叱馭人。

❶「塍」，龍舒本作「川」。
❷「似」，龍舒本作「自」。

送經臣富順寺丞

故人爲縣楚江邊，海角猶聞政事傳。萬井已安如赤子，一麾今去上青天。應開醉眼酴醾下，莫起歸心杜宇前。報主代親俱有地，幾人忠孝似君全？

送張卿致仕

子房籌策漢時功，身退超然慕赤松。餘烈尚能開後世，高材今復繼前蹤。執鞭始負平生願，操几何知此地逢？竊食一官慚未艾，緒言方賴賜從容。

送梅龍圖

子真家世子雲鄉，風力才華豈易當？回首古人多隱約，致身今日獨輝光。謨明久合分三府，治劇聊須試一方。從此政成何所報？百城無事秖耕桑。

送李祕校南歸

四十青衫更旅人，悠悠飢馬傍沙塵。久留上國言空富，却走南州食轉貧。自作詩書能見志，應知時命不關身。江湖勝事從今數，肯但悲歌寂寞濱？

送蕭山錢著作

才高諸彦故無嫌，兄弟同時舉孝廉。東觀外除方墨綬，西州相見已蒼髯。靈胥引水清穿市，神禹分山翠入簾。好去弦歌聊自慰，郡人誰敢慢陶潛？

送靈山裴太博❶

一官留隱太常中，生事蕭然信所窮。有力尚期當世用，無求今見古人風。邅迴舊學皆殘藁，邂逅相看各老翁。他日卜居何處好？溪山還欲與君同。

送趙燮之蜀永康簿

蜀山萬里一青袍，石棧天梯筆轡高。多學似君寧易得？小官於此亦徒勞。行追西路聊班草，坐憶南州欲夢刀。他日寄聲能問我，應從錦水至江皋。

酬吴季野見寄

時被召，來詩以賈誼見方。

漫披陳蠹學經綸，捧檄生平秪爲親。❷聞道不先從事早，課功無狀取官頻。豈堪置足青冥上，終欲回身寂寞濱。俯仰謬恩方自歎，慚君將比洛陽人。

❶「山」，龍舒本、李注本作「仙」。
❷「生平」，李注本作「平生」。

和平甫寄陳正叔

强行南仕莫辭勤，聞説田園已曠耘。縱使一區猶有宅，可能三月尚無君。且同元亮傾罇酒，更與靈均續舊文。此道廢興吾命在，世間滕口任云云。

送王太卿致政歸江陵❶

九卿初命亞三司，朝吏相瞻得老師。❷南闕便還新印綬，東舟只載舊書詩。漢庭餞客無佳句，越水歸裝有富貲。回首千年見疎范，共疑今事勝當時。

送叔康侍御

詔取名郎入憲臺，此時方急濟時才。聖聰應已虚心待，姦黨寧無側目猜？白筆豈知權可畏，皂囊還請上親開。佇聞讜論能醫國，飛報頻隨驛騎來。

寄朱昌叔

清江浸浸遶城流，❸尚憶城邊繫小舟。射虎未能隨李廣，割雞空欲戲言游。雲埋塞路驚塵合，❹霜入春風滿鬢愁。此日君書

❶「太」，應刻本、李注本作「大」。「政」，李注本作「仕」。
❷「瞻」，李注本作「傳」。
❸「浸浸」，李注本作「漫漫」。
❹「埋」，李注本作「霾」。

苦難得，漫多鴻鴈起南洲。

九日登東山寄昌叔

城上啼烏破寂寥，思君何處坐岧嶤？應須緑酒酧黄菊，何必紅裙弄紫簫？落木雲連秋水渡，亂山煙入夕陽橋。淵明久負東籬醉，猶分低心事折腰。

到舒次韻答平甫❶

夜别江船曉解驂，秋城氣象亦潭潭。行問山從樹外青争出，水向沙邊緑半涵。嗇夫多不記，坐論公瑾少能談。只愁地僻無賓客，舊學從誰得指南？

舒州七月十一日雨❷

行看野氣來方勇，卧聽秋聲落竟慳。火耕澌瀝未生羅豆水，蒼茫空失皖公山。❸巫祝萬端又見無遺種，肉食何妨有厚顔。曾不救，只疑天賜雨工閑。

次韻答丁端州❹

莫嗟荒僻又離羣，且喜風謡嶺北聞。銅柱雖然蠻徼接，竹符還是漢家分。春書來逐衡陽鴈，秋騎歸看隴首雲。相見會知

❶「舒」下，李注本有「州」字。
❷「一」，龍舒本、宋元遞修本、應刻本、李注本作「七」。
❸「茫」，原作「忙」，據李注本改。
❹「丁端州」，龍舒本、李注本作「端州丁元珍」。

南望苦，病骸今似沈休文。

答劉季孫

偶著儒冠敢陋今，自憐多負少時心。輕軒已任人前後，揭厲安知世淺深？挾筴有思悲慷慨，負薪無力病侵淫。愧君緑綺虚投贈，更覺貧家報乏金。❶

次韻酬王太祝

塵土波瀾不自期，飄然身與願相違。衰根要路知難植，病羽長年欲退飛。高論已嗟能聽少，力行還恨賦材微。慚君俊少今知我，一見心如客得歸。

寄吴成之

緑髮溪山笑語中，豈知翻手兩成翁？辛夷屋角摶香雪，躑躅岡頭挽醉紅。想見舊山茅徑在，追隨今日板輿空。❷渭陽車馬嗟何及，榮禄方當與子同。

寄曾子固

斗粟猶慚報禮輕，敢嗟吾道獨難行。脱身負米將求志，戮力乘田豈爲名。高論幾爲衰俗廢，壯懷難值故人傾。荒城回首山川隔，更覺秋風白髮生。

❶「報乏」，李注本作「乏報」。
❷「追」，原作「近」，據龍舒本、李注本改。

至開元僧舍上方次韻舍弟二月一日之作❶

溪谷濺濺嫩水通，野田高下緑蒙茸。和風滿樹笙簧雜，霽雪兼山粉黛重。萬里有家歸尚隔，一廛無地去何從？傷春故欲西南望，❷迴首荒城已暮鍾。

寄王回深甫

少年倏忽不再得，後日歡娛能幾何？顧我面顏衰更早，憐君身世病還多。牕間暗淡月含霧，船底飄颻風送波。一寸古心俱未試，相思中夜起悲歌。

次韻答彥珍

手得封題手自開，一篇美玉綴玫瑰。衆知圓媚難論報，自顧窮愁敢角才？❸君卧南陽惟畎畝，我行西路亦風埃。相逢不必嗟勞事，尚欲賡歌詠起哉。

寄闕下諸父兄兼示平甫兄弟

父兄爲學衆人知，小弟文章亦自奇。

❶ 此題，龍舒本作「和平甫春日」，李注本無「二月一日」四字，題下有小注：「一本作和平甫春日。」
❷ 「故」，龍舒本、李注本作「政」。
❸ 「愁」，龍舒本、宋元遞修本作「通」。

家勢到今宜有後，❶士才如此豈無時？❷久聞陽羡溪山好，頗與淵明性分宜。但願一門皆貴仕，時將車馬過茆茨。

臨川先生文集卷第二十四

❶「勢」，李注本有小注：「一作世。」

❷「士」，龍舒本作「人」。

臨川先生文集卷第二十五

律　詩七言八句　七言長篇附

鍾山西庵白蓮亭

山亭新破一方苔，白帝留花滿四隈。野豔輕明非傅粉，秋光清淺不憑材。❶鄉窮自作幽人伴，歲晚誰爲静女媒？可笑遠公池上客，卻因松菊賦歸來。

贈老寧僧首❷

秀骨厖眉倦往還，自然清譽落人間。閑中用意歸詩筆，静外安身比太山。欲倩野雲朝送客，更邀江月夜臨關。嗟予蹤迹飄塵土，一對孤峰幾厚顔？

次韻舍弟賞心亭即事二首

檻折簷傾野水傍，臺城佳氣已消亡。難披榛莽尋千古，❸獨倚青冥望八荒。坐覺塵沙昏遠眼，忽看風雨破驕陽。扁舟此日東南興，欲盡江流萬里長。

---

❶「材」，李注本作「杯」。
❷「老」，李注本作「長」。
❸「榛」，原作「梗」，據龍舒本、李注本改。

二

霸氣消磨不復存，舊朝臺殿秪空村。孤城倚薄青天近，細雨侵凌白日昏。稍覺野雲成晚霽，❶卻疑山月是朝暾。此時江海無窮興，醒客忘言醉客喧。

次韻陳學士小園即事

牆屋雖無好鳥鳴，池塘亦未有蛙聲。樹含宿雨紅初入，草倚朝陽緑更生。萬物天機何得喪，百年心事不將迎。與君杖策聊觀化，搔首春風眼尚明。❷

寄友人

飄然羈旅尚無涯，一望西南百嘆嗟。江擁涕洟流入海，風吹魂夢去還家。平生積慘應銷骨，今日殊鄉又見花。安得此身如草樹，根株相守盡年華？

登大茅山❸

一峰高出衆山顛，疑隔塵沙道里千。❹俯視煙雲來不極，❺仰攀蘿蔦去無前。人間

❶「成」，龍舒本、李注本作「乘」。
❷「春」，李注本作「東」。
❸「山」下，龍舒本、李注本有「頂」字。
❹「道」，宋元遞修本作「萬」。
❺「煙雲」，李注本作「雲煙」。

已換嘉平帝，地下誰通句曲天？陳迹是非今草莽，紛紛流俗尚師仙。

登中茅山

倏然杖屨出塵囂，雞犬無聲到泬寥。欲見五芝莖葉老，尚攀三鶴羽翰遥。容溪路轉迷横彴，❶仙几風來得墮樵。興罷日斜歸亦懶，更磨碑蘚認前朝。

登小茅山❷

捫蘿路到半天窮，下視淮洲杳靄中。❸物外真游來几席，人間榮願付苓通。白雲坐處龍池杳，明月歸時鶴馭空。回首三君誰更似？子房家世有高風。

送張仲容赴杭州孫公辟

萬屋相誇漆與丹，笑歌長在綺紈間。綵船春戲城邊水，畫燭秋尋寺外山。憶我屢隨遊客入，喜君今赴辟書還。遥知曼倩威行久，赤筆應從到日閑。

贈李士寧道人

季主逡巡居卜肆，彌明邂逅作詩翁。曾令宋賈歎車上，更使劉侯驚坐中。杳杳人傳多異事，冥冥誰識此高風？行歌過我

❶「彴」，龍舒本作「徑」。
❷「山」，龍舒本、李注本作「峰」。
❸「淮洲」，龍舒本作「茅洲」。

非無謂，唯恨貧家酒盞空。

次韻春日即事❶

人間尚有薄寒侵，和氣先薰草樹心。丹白自分齊破蕾，青黃相向欲交陰。潺潺嫩水生幽谷，漠漠輕煙動遠林。病得一官隨太守，班春無助愧周任。

二

田宅荒涼去復來，詩書顏髮兩塵埃。忘機自許鷗相狎，得禍誰期鶴見媒。此道未行身有待，古人不見首空回。何當水石他年住，更把韋編静處開？

次韻答陳正叔二首

青衫憔悴北歸來，❷髮有霜根面有埃。羣吠我方憎猘子，一鳴誰更識龍媒。功名落落求難值，日月沄沄去不回。勝事與身何等近，酒樽詩卷數須開。

送崔左藏之廣東

怪石巉巉上泬寥，昔人於此奏簫韶。水清但有嘉魚出，風暖何曾毒草摇。今日淹留君按節，當時嬉戲我垂髫。因尋舊政詢遺老，爲作新詩變俚謡。

❶「即」，龍舒本作「感」。
❷「北」，龍舒本作「比」。

苦雨❶

靈場奔走尚無功，去馬來車道不通。風助亂雲陰更密，水争高岸氣尤雄。平時溝洫今多廢，下户京囷久已空。肉食自嗟何所報，古人憂國願年豐。❷

江上❸

村落家家有濁醪，青旗招客解祇裯。春風似補林塘破，野水遥連草樹高。寄食舟車隨處弊，行歌天地此身勞。遲回自負平生意，豈是明時惜一毛？

午枕

百年春夢去悠悠，不復吹簫向此留。❹野草自花還自落，鳴禽相乳亦相酬。❺舊蹊埋没開新徑，朱户欹斜見畫樓。欲把一盃無伴侣，眼看興廢使人愁。

寄石鼓寺陳伯庸❻

鯨海無風白日閑，天門當面險難攀。

❶ 此題，龍舒本作「閔旱」。
❷ 「人」，龍舒本作「今」。
❸ 此首爲龍舒本卷七十一《江上五首》之第一首。
❹ 「此」，宋元遞修本作「北」。
❺ 「禽」，李注本作「鳩」。
❻ 「寺」，李注本、龍舒本無此字。

塵埃掉臂離長陌，琴酒和雲入舊山。仁義未饒軒冕貴，功名莫信鬼神慳。❶郭東一點英雄氣，時伴君心夜斗間。

送熊伯通

歲暮欣逢蓋共傾，川塗南北豈忘情？事經官路心應折，❷地入家山眼更明。江上月華空自照，梅邊春意恰相迎。關河不鏁真消息，野客猶能聽治聲。

送王覃

分走人間十五年，塵沙吹鬢各蒼然。山林渺渺長回首，兒女紛紛忽滿前。知子有才思奮發，嗟余無地與迴旋。❸相看一作秦吳別，身世何時兩息肩？

送明州王大卿

大曆才臣有此州，昆雲今駕鹿轓游。從來所至邦人喜，真復能分聖主憂。千里封疆何足治？一時名跡故應留。屬城舊吏雖疲懶，尚可揮毫敵李舟。

姑胥郭

誤褫雲中別故山，抵吳由越兩間關。千家漁火秋風市，一葉歸舟暮雨灣。旅病愔愔如困酒，鄉愁脉脉似連環。情知帶眼

❶「莫」，李注本作「誰」，有小注：「一作莫。」

❷「官」，李注本作「宦」。「折」，龍舒本、宋元遞修本作「達」。

❸「余」，李注本作「予」。

從前緩，更恐顛毛自此斑。

嚴陵祠堂

漢庭來見一羊裘，默默俄歸舊釣舟。迹似磻溪應有待，世無西伯可能留？崎嶇馮衍才終廢，索寞桓譚道不謀。勺水果非鱣鮪地，放身滄海亦何求？

藏春塢詩獻刁十四丈學士

蒜山東渡得林丘，邂逅籃輿亦少留。今日更知萊氏隱，暮年長憶武陵遊。欲營垣屋隨穿斷，尚歎塵沙隔獻酬。遥約向吴亭下路，春風深駐五湖舟。

太湖恬亭

檻臨溪上緑陰圍，溪岸高低入翠微。❶日落斷橋人獨立，水涵幽樹鳥相依。清遊始覺心無累，静處誰知世有機？更待夜深同徙倚，秋風斜月釣船歸。

蒙城清燕堂

清燕新碑得自蒙，❷行吟如到此堂中。吏無田甲當時氣，民有莊周後世風。庭下早知閑木索，❸坐間遥想御絲桐。飄然一往

❶「岸」，龍舒本作「月」。
❷「碑」，李注本作「詩」。
❸「木索」，龍舒本作「索木」。

何時得？俛仰塵沙欲作翁。

次韻酬吴彦珍見寄二首 時彦珍爲教授，學有右軍墨池。❶

君作新詩故起予，一吟聊復報雙魚。杖藜高徑誰來往？散帙空堂自卷舒。樹外鳥啼催晚種，花間人語趁朝虚。春風處處堪攜手，何事臨池苦學書？

二

篁竹荒茅五畝餘，生涯山蕨與泉魚。家貧殖貨羞端木，鄉里傳書比仲舒。白日憶君聊遠望，❷青林嗟我似逃虚。春風渺渺烏塘尾，漫得東來一紙書。

自金陵如丹陽道中有感❸

數百年來王氣消，難將前事問漁樵。❹苑方秦地皆蕪没，山借揚州更寂寥。荒埭暗雞催月曉，空場老雉挾春驕。豪華祇有諸陵在，往往黄金出市朝。

初去臨川❺

東浮溪水渡長林，上坂回頭一拊心。

❶ 此小注，龍舒本作大字篇題，位「二首」二字之上，「右軍」上有「王」字。李注本無此小注。
❷ 「遠望」，李注本作「望遠」。
❸ 「如」，龍舒本、李注本作「至」。
❹ 「前」，龍舒本、李注本作「往」。
❺ 此題，龍舒本作「西去」，全詩與小注「一作」所載詩句同。

已覺省煩非仲叔，安能養志似曾參。憂傷遇事紛紛出，疾病乘虛亹亹侵。未有半分求自贖，恐填溝壑更霑襟。一作：「馬頭西去百霑襟，一望親庭更苦心。已覺省煩非仲叔，安能養志似曾參？憂傷遇事紛紛出，疾病乘虛亹亹侵。手把詩篇卧空屋，❶欲歌商頌不成音。」

讀史

自古功名亦苦辛，行藏終欲付何人？當時黮闇猶承誤，❷末俗紛紜更亂真。糟粕所傳非粹美，丹青難寫是精神。區區豈盡高賢意？獨守千秋紙上塵。

讀詔書 慶曆七年。

去秋東出汴河梁，已見中州旱勢强。日射地穿千里赤，風吹沙度滿城黄。近聞急詔收羣策，頗説新年又亢陽。賤術縱工難自獻，❸心憂天下獨君王。

每見王太丞邑事甚冗而剸劇之暇能過訪山館兼出佳篇爲贈仰嘆才力因成小詩❹

我看繁訟頻搔首，君富才明見亦常。尚有閑襟尋水石，更留佳句似池塘。松苗地合分高下，皃鶴天教有短長。徐上青雲猶未晚，可無音問及滄浪？

❶「詩」，原作「空」，據龍舒本、李注本改。
❷「黮闇」，李注本作「黯黮」。
❸「工」，李注本作「上」。
❹「能」上，龍舒本、李注本有「猶」字。

王浮梁太丞之聽訟軒有水禽三巢于竹林之上恬而自得邑人作詩以美之因次元韻

水邊舟動多驚散，何事林間近絶疑？野意肯從威令至，❶舊巢猶有主人知。見王太丞詩。不關飲啄春江暖，自在飛鳴夏日遲。覽德豈無丹穴鳳？到時應讓向南枝。

寄虞氏兄弟

一身兼抱百憂虞，忽忽如狂久廢書。疇昔心期俱喪勇，此來腰疾更乘虚。久聞陽羨安家好，❷自度淵明與世疎。亦有未歸溝壑日，會應相近置田廬。

除夜寄舍弟

一尊聊有天涯憶，百感翻然醉裏眠。酒醒燈前猶是客，夢回江北已經年。佳時流落真何得？❸勝事蹉跎只可憐。唯有到家寒食在，春風因泛潁溪船。❹

答熊本推官金陵寄酒

鬱金香是蘭陵酒，枉入詩人賦詠來。庭下北風吹急雪，坐間南客送寒醅。❺淵明

❶「威」，李注本作「賢」。
❷「陽」，原作「楊」，據李注本改。
❸「何得」，李注本作「堪惜」，有小注：「一作何得。」
❹「因」，李注本作「同」。
❺「坐間」，李注本作「間坐」。

未得歸三徑，金陵有舊廬。叔夜猶同把一盃。吟罷想君醒醉處，鍾山相向白崔嵬。

和錢學士喜雪

手把詩翁憶雪詩，坐愁窮海瘴煙霏。誰令天上蒼茫合，忽見空中散漫飛。❶閶闔與風生氣勢，姮娥交月借光輝。山鴉瑟縮相依立，邑犬跳梁未肯歸。點綴丘園榮樹木，埋藏溝壍亂封圻。高歌業已傳都市，逸興何當叩隱扉？頗欲攜樽邀使騎，幾忘温席薦親闈。公今早晚班春去，强勸滂田補歲饑。

送江寧彭給事赴闕

西江望士衆長兼，卓犖傳家在一男。壯志異時開史牒，妙齡終日對書龕。桂堂發策收科選，櫻苑頒詩豫宴酣。大邑援琴聊試可，小州懷紱果才堪。分臺拜職榮先入，抗疏辭恩恥横覃。勁操比松寒不撓，忠言如藥苦非甘。龍鱗直爲當官觸，虎穴寧關射利探。朱轂獸頭終協夢，粉闈雞舌更須含。均輸北轉荆門鷁，勸課西臨蜀市蠶。期信有兒迎郭伋，食貧無地乞羊曇。橐垂鈴棧駝鳴圂，節擁棠郊虎視眈。歸見廣墀瞻斧藻，對揚初服改朱藍。進班華省財方阜，出按窮邊虜稍戡。帝命賈琮當冀北，民歌姬奭次《周南》。投壺饗客魚無乙，伐鼓蒐兵馬有驔。鯨鬛掀紅旗沓沓，虬髯吒黑纛髿髿。威加諸部風霜肅，惠浸連營雨露涵。大斗時時能劇飲，輕裘往往秪清談。

❶「見」，李注本作「作」，有小注：「一作見。」

乾龍已應天飛五，晉馬徐觀晝接三。道在君臣方自合，德侔卿長亦誰慚。便蕃肯較平生寵，放曠皆知雅性𡛊。委佩去辭廷殖殖，揚舲來得府潭潭。❶一尊客語從容盡，千里人情委曲諳。豈但搢紳稱召杜，故多扶杖祝彭聃。幕中俊乂閑刀筆，帳下驍雄冷劍鐔。楚地怪須留汲黯，蕭規疑欲付曹參。從來貴勢公何慕，自是賢名上所貪。未信逸身今以老，❷且當憂國每如惔。論心邂逅膠投漆，搔首低佪雪滿簪。鎮撫未驚移歲月，追攀曾許賞煙嵐。餘歡遽隔新亭餞，宿惠難忘舊館驂。卷曲尚誰知散櫟，峥嶸空此詠枯楠。

臨川先生文集卷第二十五

❶「舲」，龍舒本作「艪」。
❷「以」，光啓堂本作「已」。

臨川先生文集卷第二十六

律　詩 五言絶句　回紋　六言詩附

聊　行❶

聊行弄芳草，獨坐隱團蒲。問客茅簷日，君家有此無？

染　雲❷

染雲爲柳葉，剪水作梨花。不是春風巧，何緣有歲華？

溝　港❸

溝港重重柳，山坡處處梅。小輿穿麥過，狹徑礙桑回。

霹靂溝

霹靂溝西路，柴荆四五家。憶曾騎款段，隨意入桃花。

❶ 此首爲龍舒本卷七十五《絶句九首》之第二首，另無篇題。

❷ 此首爲龍舒本卷七十五《絶句九首》之第六首，另無篇題。

❸ 此首爲龍舒本卷七十五《絶句九首》之第七首，另無篇題。

午睡

簷日陰陰轉，牀風細細吹。倏然殘午夢，何許一黃鸝。

題齊安壁

日净山如染，風暄草欲薰。梅殘數點雪，麥漲一溪雲。

昭文齋米黻題余定林所居，因作。

我自中山客，❶何緣有此名。當緣琴不鼓，人不見虧成。❷

臺上示吴顧

細書妨老讀，長簟愜昏眠。❸取簟且一息，抛書還少年。

示道原

久不在城市，少留心悵然。幽芳可攬結，佇子飲雲泉。

❶「中山」，龍舒本、李注本、光啓堂本作「山中」。
❷「不見」，李注本作「見有」。
❸「愜」，龍舒本、宋元遞修本作「怯」。

傳神自讚❶

此物非他物，今吾即故吾。今吾如可狀，此物若爲摹。❷

題何氏宅園亭

荷葉參差卷，榴花次第開。但令心有賞，歲月任渠催。

草堂一上人❸

一公持一鉢，想復度遥岑。地瘦無黄犢，❹春來草更深。

題黄司理園

爲憶去年梅，凌寒特地來。閏前空臈盡，渾未有花開。

北山洊亭❺

西崦水泠泠，沿岡有洊亭。自從春草長，遥見秪青青。

❶ 此首爲龍舒本卷六十七《真贊二首》之第二首，另無篇題。
❷「摹」，原作「墓」，據龍舒本、李注本、宋元遞修本、光啓堂本改。
❸「上人」，龍舒本、李注本作「山主」。
❹「犢」，李注本作「獨」，有小注：「一作犢。」
❺「北山」，龍舒本、李注本無此二字。

題永昭陵❶

神闕澹朝暉，蒼蒼露未晞。龍車不可望，投老涕霑衣。

詠　穀

可憐臺上穀，轉目已陰繁。不解詩人意，何爲樂彼園？

池上看金沙花數枝過酴醾架盛開❷

故作酴醾架，金沙秪謾栽。似矜顔色好，飛度雪前開。

五　柳

五柳柴桑宅，三楊白下亭。往來無一事，長得見青青。

移松皆死❸

李白今何在，桃紅已索然。君看赤松子，猶自不長年。

❶「題」，龍舒本無此字。

❷此首爲龍舒本卷七十七《薔薇四首》之第四首，另無篇題。

❸此首龍舒本重出，見卷七十七；又見卷七十三，題作「李白」。

山中

隨月出山去，尋雲相伴歸。春晨花上露，芳氣著人衣。

送王補之行風忽作因題四句於舟中

淮口西風急，君行定幾時。故應今夜月，未便照相思。❶

被召作❷

榮禄嗟何及，明恩愧未酬。欲尋西掖路，更上北山頭。

再題南澗樓

北山雲漠漠，南澗水悠悠。去此非吾願，臨分更上樓。

南浦

南浦隨花去，迴舟路已迷。暗香無覓處，日落畫橋西。

❶「便」，李注本作「使」。
❷此首龍舒本重出，見卷六十四《游鍾山四首》之第四首；又見卷七十一，題作「北山」。李注本有小注：「一本北山」。

題定林壁懷李叔時

雲與淵明出，風隨禦寇還。燎爐無伏火，蕙帳冷空山。

離蔣山

出谷頻回首，逢人更斷腸。桐鄉豈愛我，我自愛桐鄉。

江上❶

江水漾西風，江花脱晚紅。離情被橫笛，吹過亂山東。

春雨❷

苦霧藏春色，愁霖病物華。幽奇無可奈，强醻一杯霞。

歸燕❸

馬上逢歸燕，知從何處來。貪尋舊巢去，不帶錦書迴。

❶ 此首爲龍舒本卷七十一《江上五首》之第三首。
❷ 此首爲龍舒本卷七十二《春雨二首》之第二首。
❸ 此題下，李注本有小注：「或云此乃鄭毅夫之作。」

和惠思波上鷗

翩翩白鳧鷗，汎汎水中游。西來久不見，夢想在滄洲。

秣陵道中口占二首

經世才難就，田園路欲迷。慇懃將白髮，下馬照青溪。❶

二

歲熟田家樂，秋風客自悲。茫茫曲城路，歸馬日斜時。

次青陽

十載九華邊，歸期尚眇然。秋風一乘傳，更覺負林泉。

代陳景元書于太一宮道院壁❷

官身有吏責，觸事遇嫌猜。野性豈堪此，廬山歸去來。

❶「青」，龍舒本、李注本作「清」。

❷「元」，龍舒本作「文」，李注本作「初」，有小注：「一作元。」「于太一宮道院壁」，龍舒本無此七字。

山雞❶

山雞照淥水，自愛一何愚。文采爲世用，適足累形軀。

雜詠四首❷

故畦抛汝水，新壟寄鍾山。爲問揚州月，何時照我還？

二

已作湖陰客，如何更遠遊？章江昨夜月，送我到揚州。

三

證聖南朝寺，三年到百回。不知牆下路，今日幾荷開。

四

桃李石城塢，❸餉田三月時。柴荊常自閉，花發少人知。

---

❶此首爲龍舒本卷六十四《金陵絶句四首》之第四首。

❷此四首爲龍舒本卷七十五《雜詠絶句十五首》之第十一、十二、十三、十四首。

❸「石」，李注本作「白」，有小注：「一作石。」

卧聞

卧聞黄栗留，起見白符鳩。坐引魚兒戲，行將鹿女遊。

秋興有感

宿雨清畿甸，朝陽麗帝城。豐年人樂業，隴上踏歌聲。

題八功德水

欲尋阿練若，曳屧出東岡。澗谷芳菲少，春風著野桑。

口占❶

去歲別南嶽，前年返潙潭。臨機一句子，今日遇同參。

偶書❷

雄也營身足，聃兮悮汝多。捐書知聖已，絕學奈禽何。

❶ 此題，龍舒本、李注本作「口占示禪師」。

❷ 此題，龍舒本作「雄聃」。李注本有小注：「一作雄聃。」

送陳景初金陵持服舉族貧病煩君藥石之功❶

舉族貧兼病，煩君藥石功。長安何日到？一一問歸鴻。

泊姚江❷

軋軋櫓聲急，蒼蒼江日低。吾行有定止，潮汐自東西。

樓上

蕩漾舟中客，徘徊樓上人。滄波浩無主，兩槳邈難親。

春晴

新春十日雨，雨晴門始開。静看蒼苔紋，莫上人衣來。

净相寺

净相前朝寺，荒涼二十秋。曾遭滅劫壞，今遇勝緣修。

❶ 此題，李注本作「送陳景初」。「之功」下，龍舒本有「小詩二首」四字，此首爲其第一首。

❷ 此首爲龍舒本卷七十《泊姚江二首》之第二首。

將母❶

將母邗溝上，留家白紵陰。月明聞杜宇，南北總關心。

朱朝議移法雲蘭

幽蘭有佳氣，千載閟山阿。不出阿蘭若，豈遭乾闥婆。

晚歸

岸迥重重柳，川低渺渺河。不愁南浦暗，歸伴有姮娥。

題舫子❷

愛此江邊好，留連至日斜。眠分黃犢草，坐占白鷗沙。

惠崇畫

斷取滄州趣，移來六月天。道人三昧力，變化只和鉛。

❶ 此首爲龍舒本卷七十五《雜詠絶句十五首》之第十五首，另無篇題。

❷ 此首龍舒本重出，分别見卷六十八、七十六，篇題、詩文皆同。

蒲葉

蒲葉清淺水，杏花和暖風。地偏緣底緑，人老爲誰紅？

芳草

芳草知誰種，緣堦已數叢。無心與時競，何苦緑悤悤。❶

與徐仲元自讀書臺上定林❷

横絶潺湲度，深尋犖确行。百年同逆旅，一鑿我平生。

病中睡起折杏花數枝二首❸

獨卧南牕榻，翛然五六旬。已聞鄰杏好，故挽一枝春。

二

獨卧無心起，❹春風閉寂寥。鳥聲誰喚汝，屋角故相撩。

❶「悤悤」，龍舒本作「葱葱」。
❷「上」下，李注本有「過」字。
❸此題，龍舒本作「庵中睡起二首」。第一首龍舒本重出，見卷六十五；又見卷七十七，題作「折花病中」。
❹「起」，李注本作「處」，有小注：「一作起。」

送望之赴臨江

黄雀有頭顱，長行萬里餘。想因君出守，暫得免包苴。

送丁廓秀才歸汝陰❶

風駛柳條乾，❷駝裘未勝寒。慇懃陌上日，爲客暖征鞍。

送王彦魯

北客憐同姓，南流感似人。相分豈相忘，臨路更情親。

送呂望之

池散田田碧，臺敷灼灼紅。年華豈有盡，心賞亦無窮。

别方劭祕校

迢迢建業水，中有武昌魚。别後應相憶，能忘數寄書？

梅花

牆角數枝梅，凌寒獨自開。遥知不是

❶ 此首爲龍舒本卷五十八《送丁廓秀才三首》之第三首。「陰」，李注本作「陽」。
❷ 「駛」，龍舒本作「駃」。

雪，爲有暗香來。

紅　梅

春半花纔發，多應不奈寒。北人初未識，渾作杏花看。

病起過寶覺

執手乍欣悵，霜毛應更新。依然舊童子，卻想夢前身。

書定林院牕❶ 問遠大師，師云：夜來夢與説十波羅蜜。

道人今輟講，卷衲寄松蘿。夢説波羅蜜，當如習氣何。

題徐浩書《法華經》❷

一切法無差，水牛生象牙。莫將無量義，欲覓妙蓮華。

碧　蕪 回紋❸

碧蕪平野曠，黄菊晚村深。客倦留甘飲，身閑累苦吟。

❶ 此首爲龍舒本卷六十三《書定林院窗二首》之第二首。
❷ 此題，龍舒本作「示無著上人」。
❸ 此下三首龍舒本卷七十五總題《回文三首》，另無篇題。此首龍舒本卷七十九重出，題作「回紋」。

夢長

夢長隨永漏，吟苦雜疎鍾。動蓋荷風勁，沾裳菊露濃。

迸月

迸月川魚躍，開雲嶺鳥翻。徑斜荒草惡，臺廢冶花繁。

泊鴈❶

泊鴈鳴深渚，收霞落晚川。柝隨風斂陣，樓映月低弦。

漠漠汀帆轉，幽幽岸火然。壑危通細路，溝曲繞平田。

題西太一宮壁二首六言❷

草色浮雲漠漠，樹陰落日潭潭。❸一作「柳葉鳴蜩緑暗，荷花落日紅酣」。三十六陂流一作宮煙。水，❹白頭想見江南。

二

三十年前此路，❺一作地。父兄持我東

❶此首與前三首，李注本卷四十總題《回文四首》，另無篇題。

❷「六言」，龍舒本、李注本無此二字。

❸「草色浮雲漠漠，樹陰落日潭潭」，龍舒本、李注本作「柳葉鳴蜩緑暗，荷花落日紅酣」，與小注「一作」同。

❹「陂流」，龍舒本作「宮煙」，李注本作「陂春」，有小注：「春一作煙。」

❺「路」，龍舒本、李注本作「地」。李注本有小注：「一作路。」

西。今日重來白首，欲尋陳迹都迷。

西太一宫樓

草際芙蕖零落，水邊楊柳欹斜。日暮炊煙孤起，不知魚網誰家。

臨川先生文集卷第二十六

臨川先生文集卷第二十七

律　詩七言絶句

歌元豐五首❶

水滿陂塘穀滿篝，漫移蔬果亦多收。
神林處處傳簫鼓，共賽元豐第二秋。❷

二

露積成山百種收，❸漁梁亦自富鰕鰌。
無羊説夢非真事，豈見元豐第二秋。

三

湖海元豐歲又登，稆生猶足暗溝塍。
家家露積如山壠，黄髮咨嗟見未曾。

四

放歌扶杖出前林，遥和豐年擊壤音。
曾侍土階知帝力，❹曲中時有譽堯心。

❶ 此五首爲龍舒本卷七十五《半山即事十首》之第四、七、八、五、九首。

❷ 「二」，龍舒本、李注本作「一」。

❸ 「成山」，龍舒本、李注本作「山禾」。李注本有小注：「一作成山。」

❹ 「土」，龍舒本、李注本作「玉」。

五

豚柵雞塒晻靄間，暮林搖落獻南山。豐年處處人家好，隨意飄然得往還。

棊

莫將戲事擾真情，且可隨緣道我贏。戰罷兩奩分一作收。白黑，❶一枰何處有虧成。

題畫扇❷

玉斧修成寶月團，月邊仍有女乘鸞。青冥風露非人世，鬢亂釵斜特地寒。❸

夢

黃粱欲熟且留連，漫道春歸莫悵然。蝴蝶豈能知夢事，蘧蘧飛墮晚花前。

清明❹

東城酒散夕陽遲，南陌鞦韆寂寞垂。人與長鉼卧芳草，風將急管度青枝。❺

❶「分」，龍舒本、李注本作「收」。「白黑」，龍舒本、李注本作「黑白」。
❷「畫」，龍舒本、李注本無此字。
❸「斜」，龍舒本、李注本作「橫」。
❹此題，龍舒本作「東城」。
❺「枝」，李注本作「陂」。

東岡

東岡歲晚一登臨，共望長河映遠林。萬竅怒號風喪我，千波競湧水無心。

春郊

青秧漫漫出初齊，雞犬遥聞路却迷。但見山花流出水，那知不是武陵溪。

元日❶

爆竹聲中一歲除，東風送暖入屠蘇。❷千門萬户曈曈日，争插一作總把。新桃换舊符。❸

九日

九日無歡可得追，飄然隨意歷山陂。蔣陵西曲一作面。風煙慘，❹一作澹。也有黄花一兩枝。

初晴

幅巾慵整露蒼華，❺度隴深尋一徑斜。小雨初晴好天氣，晚花殘照野人家。

❶「元日」，龍舒本作「除日」。
❷「東」，龍舒本、李注本作「春」。
❸「争插」，龍舒本、李注本作「總把」。
❹「慘」，李注本作「澹」。
❺「蒼」，光啓堂本作「光」。

南蕩❶

南蕩東陂水漸多，陌頭車馬斷經過。鍾山未放朝雲散，奈此黄梅細雨何？❷

芙蕖❸

芙蕖耐夏復宜秋，❹一種今年便滿溝。❺南蕩東陂無此物，但隨深淺見游鯈。

溝西❻

溝西直下看芙蕖，葉底三三兩兩魚。若比濠梁應更樂，近人渾不畏舂鋤。❼

東皋❽

東皋攬結知新歲，西崦攀翻憶去年。❾肘上柳生渾不管，眼前花發即欣然。

❶ 此首爲龍舒本卷七十五《即事十五首》之第一首，另無篇題。

❷「此」，龍舒本、李注本作「爾」。

❸ 此首爲龍舒本卷七十五《即事十五首》之第二首，另無篇題。

❹「耐」，龍舒本作「奈」。

❺「便」，龍舒本、李注本作「已」。李注本有小注：「一作便。」

❻ 此首爲龍舒本卷七十五《即事十五首》之第三首，另無篇題。

❼「舂」，原作「春」，據李注本改。

❽ 此首爲龍舒本卷七十五《即事十五首》之第四首，另無篇題。

❾「攀翻」，龍舒本作「翻攀」。

一陂❶

一陂一作段。餤水蔣陵西，含風却轉與城齊。周遭碧銅磨作港，逼塞綠錦剪成畦。

園蔬❷

園蔬小摘嫩還抽，畦稻新春滑欲流。枕簟不移隨處有，飽餐甘寢更無求。

翛然❸

翛然三月閉柴荆，❹綠葉陰陰忽滿城。自是老年遊興少，❺春風何處不堪行。

杖藜❻

杖藜隨水轉東岡，興罷還來赴一牀。堯桀是非時入夢，❼固知餘習未全忘。❽

❶此首爲龍舒本卷七十五《即事十五首》之第五首，另無篇題。

❷此首爲龍舒本卷七十五《即事十五首》之第六首，另無篇題。

❸此首爲龍舒本卷七十五《即事十五首》之第八首，另無篇題。李注本題作「蕭然」。

❹「翛然」，龍舒本、李注本作「蕭蕭」。

❺「老年」，龍舒本作「往來」，李注本作「老來」。

❻此首爲龍舒本卷七十五《即事十五首》之第九首，另無篇題。

❼「時」，龍舒本、李注本作「猶」。李注本有小注：「一作時。」

❽「固」，龍舒本、李注本作「因」。李注本有小注：「一作固。」

圖　書❶

圖書老矣尚紛披，神劓天黥以有知。
茅竹結蟠聊一惕，却尋三界外愚癡。

老　嫌❷

老嫌智巧累形軀，欲就田翁學破除。
百歲用癡能幾許，救吾黥劓可無餘。

移　柳❸

移柳當門何啻五，穿松作徑適成三。
臨流遇興還能賦，自比淵明或未慚。❹

誰　將❺

誰將石黛染春潮，復撚黄金作柳條。
西崦東溝從此好，筍輿追我莫辭遥。

❶此首爲龍舒本卷七十五《即事十五首》之第十首，另無篇題。
❷此首爲龍舒本卷七十五《即事十五首》之第十一首，另無篇題。
❸此首爲龍舒本卷七十五《即事十五首》之第十五首，另無篇題。
❹「臨流」至「未慚」，龍舒本作「能令心與身無累，未覺公於長者慚」，與李注本小注所引「一作」云云同。
❺此首爲龍舒本卷七十五《半山即事十首》之第一首，另無篇題。

雪乾❶

雪乾雲浄見遥岑，南陌芳菲復可尋。換得千鞿爲一笑，春風吹柳萬黄金。

南浦❷

南浦東岡二月時，物華撩我有新詩。含風鴨緑粼粼起，弄日鵞黄裊裊垂。

竹裏

竹裏編茅倚石根，❸竹莖踈處見前村。閑眠盡日無人到，自有春風爲掃門。

隨意❹

隨意柴荆手自開，沿岡度塹復登臺。小橋風露扁舟月，迷鳥羈雌竟往來。❺

❶ 此首爲龍舒本卷七十五《半山即事十首》之第二首，另無篇題。

❷ 此首爲龍舒本卷七十五《半山即事十首》之第三首，另無篇題。

❸「根」，李注本作「門」，有小注：「一作根。」

❹ 此首爲龍舒本卷七十五《半山即事十首》之第六首，另無篇題。

❺「竟」，李注本作「競」，有小注：「真本作覺字。」

秋雲❶

秋雲放雨静山林，萬壑崩湍共一音。欲記荒寒無善畫，❷賴傳悲壯有能琴。

春風❸

春風過柳緑如繰，晴日烝紅出小桃。池暖水香魚出處，一環清浪湧亭臯。

陂麥❹

陂麥連雲慘淡黄，緑陰門巷不多涼。更無一片桃花在，借問春歸有底忙。

木末❺

木末北山煙冉冉，草根南澗水泠泠。繰成白雪桑重緑，割盡黄雲稻正青。

❶ 此首爲龍舒本卷七十五《半山即事十首》之第十首，另無篇題。

❷「畫」，光啓堂本作「處」。

❸ 此首爲龍舒本卷七十五《雜詠絶句十五首》之第一首，另無篇題。

❹ 此首爲龍舒本卷七十五《絶句九首》之第一首，另無篇題。

❺ 此首爲龍舒本卷七十五《絶句九首》之第九首，另無篇題。

進字説二首❶

正名百物自軒轅，野老何知强討論。
但可與人漫醬瓿，豈能令鬼哭黄昏。

二

鼎湖龍去字書存，開闢神機有聖孫。
湖海老臣無四目，謾將糟粕汙脩門。

窺　園❷

杖策窺園日數巡，攀花弄草興常新。
董生只被《公羊》惑，肯信捐書一語真。

嘲　白　髮

久應飄轉作蓬飛，眷惜冠巾未忍違。
種種春風吹不長，星星明月照還稀。

代白髮答

從衰得白自天機，未怪長青與願違。
看取春條隨日長，會須秋葉向人稀。

❶ 此二首龍舒本、李注本分題爲《進字説》與《成字説後》。
❷ 此題，龍舒本作「杖策」。

外厨遺火二首[1]

竈鬼何爲便赫然，似嫌刀机苦無羶。圖書得免同煨燼，却賴厨人清不眠。[2]

二

青煙散入夜雲流，赤焰侵尋上瓦溝。門户便疑能炙手，比鄰何苦却焦頭。

初夏即事

石梁茅屋有彎碕，流水濺濺度兩陂。晴日暖風生麥氣，緑陰幽草勝花時。

千　蹊[3]

千蹊百隧散林丘，圖畫風煙一色秋。但有興來隨處好，楊朱何苦涕横流。

和陳輔秀才金陵書事

南郭先生比鷦鵵，年年過我未愆期。休論王謝當時事，大抵烏衣秖舊時。

[1] 「首」，龍舒本、李注本作「絶」。
[2] 「清」，光啓堂本作「凊」。
[3] 此題，龍舒本作「秋興」。

和耿天騭以竹冠見贈四首

竹根殊勝竹皮冠，欲著先須短髮乾。
要使山林人共見，不持方帽禦風寒。

二

無物堪持比此冠，竹皮柔脆穀皮乾。
故人戀戀綈袍意，豈爲哀憐范叔寒。

三

玉潤金明信好冠，❶錯刀剜出蘚紋乾。
不忘君惠常加首，要使懽盟未可寒。

四

冠工新意斲檀欒，霧卷雲烝久未乾。❷
遺我山林真自稱，何須貂暖配金寒。

和郭公甫❸

且欲相邀卧看山，扁舟自可送君還。
留連山郭今如此，❹知復何時伴我閒。

❶「玉」，原作「王」，據龍舒本、宋元遞修本、李注本改。

❷「霧卷」，龍舒本、宋元遞修本作「卷會」。「久」，李注本作「色」，有小注：「一作久。」

❸「公」，龍舒本、李注本作「功」。

❹「山」，龍舒本、李注本作「城」。

葉致遠置洲田以詩言志次其韻二首❶

吟歎君詩久掉頭，知君興不負滄洲。
土山欲爲羊曇賭，且可專心學奕秋。

二

若將有限計無涯，自困真同算海沙。
隨順世緣聊戲劇，莫言河渚是吾家。

又次葉致遠韻二首❷

庵成有興亦尋春，風暖荒萊步始勻。
若遇好花須一笑，豈妨迦葉杜多身。

二

明時君尚富春秋，豈比衰翁遠自投。
智略未應施畎畝，上前他日望吾丘。

次昌叔韻❸

寄公無國寄鍾山，垣屋青松晻靄間。
長以聲音爲佛事，野風蕭颯水潺湲。

---

❶ 此二首爲龍舒本卷五十四《次韻葉致遠五首》之第二、三首。李注本作「次韻葉致遠置洲田以詩言志」，凡四首，此二首爲第一、二首。

❷ 此二首爲龍舒本卷五十四《次韻葉致遠五首》之第四、五首，爲李注本四首之第三、四首。

❸ 此首爲龍舒本卷五十四《次韻酬朱昌叔六首》之第六首，李注本題作「次韻朱昌叔」。

次張唐公韻

憶昨同追八馬蹄，約公投老此山棲。公乘白鳳今何處，我適新年值白鷄。

次俞秀老韻

解我葱珩脱孟勞，暮年甘與子同袍。新詩比舊增奇峭，若許追攀莫太高。

酬宋廷評請序經解

未曾相識已相憐，❶香火靈山亦有緣。❷訓釋雖工君尚少，不應怱務世人傳。❸

送耿天騭至渡口

雪雲江上語依依，不比尋常恨有違。四十餘年心莫逆，故人如我與君稀。

永慶院送道原還儀真作詩要之❹

歲暮青條已見梅，餘花次第相争開。❺淮南無此山林勝，作意春風更一來。

❶「已」，龍舒本、李注本作「每」。李注本有小注：「一作已。」

❷「亦」，龍舒本、李注本作「或」。李注本有小注：「一作亦。」

❸「怱」，李注本作「急」，有小注：「一作怱。」

❹「永」，原作「承」，據原總目改。此題，龍舒本作「送道原至永慶院」，李注本無「承慶院」三字。

❺「相」，龍舒本、李注本作「想」。

送方劭秘校

南浦柔條拂地垂，❶攀翻聊寄我西悲。
武昌官柳年年好，他日春風憶此時。

芙蓉堂二首❷

投老歸來一幅巾，尚私榮禄備藩臣。❸
芙蓉堂下疏秋水，且與龜魚作主人。

二

乞得膠膠擾擾身，五湖煙水替風塵。
秖將凫鴈同爲侣，不與龜魚作主人。

長干釋普濟坐化❹

投老唯公最故人，相尋長恨隔城闉。
百年俯仰隨薪盡，畫手空傳浄戒身。

臨川先生文集卷第二十七

❶「地」，龍舒本、李注本作「面」。

❷此二首龍舒本分爲兩題，第一首題「答韓持國芙蓉堂」，見卷六十八，第二首爲卷七十《初到金陵二首》之第二首。

❸「尚私榮禄」，李注本有小注：「一作君恩猶許。」

❹此題，龍舒本作「哭慈照大師」，入「挽辭」類。

臨川先生文集卷第二十八

律　詩七言絶句

送黄吉甫入京題清涼寺壁

薫風洲渚薺花繁，看上征鞍立寺門。投老難堪與君別，❶倚江從此望還轅。❷

與道原自何氏宅步至景德寺❸元豐七年三月十九日。❹

前時偶見花如夢，紅紫紛披競淺深。今日重來如夢覺，静無餘馥可追尋。

過法雲寺❺

路過潮溝八九盤，招提雪脊隱雲端。金鈿一一花總老，翠被重重山更寒。

光宅寺梁武帝宅也。其北齊安，❻隔淮，齊武帝宅也。宋興又在其北。❼

齊安孤起宋興前，光宅相仍一水邊。

❶「君」，龍舒本、李注本作「公」。

❷「江」，原作「汪」，據宋元遞修本、應刻本改。龍舒本、李注本作「崗」。李注本有小注：「一作江。」「還」，龍舒本、李注本作「回」。李注本有小注：「一作還。」

❸「自何氏宅」，龍舒本、李注本無此四字。

❹此題下小注，龍舒本無。

❺「寺」，原無，據龍舒本、李注本補。

❻「齊安」下，李注本有「寺」字。

❼此題下小注，龍舒本無。

蜂分蟻爭今不見，故窠遺堙尚依然。

題勇老退居院❶

道人投老寄山林，偶坐翛然洗我心。
夢境此身能且在，明年寒食更相尋。

與寶覺宿龍華院三絶句❷

舊有詩云：「京口瓜洲一水間，鍾山只隔數重山。春風自緑江南岸，明月何時照我還？」❸

老於陳迹倦追攀，但見幽人數往還。
憶我小詩成悵望，鍾山只隔數重山。❹

二

世間投老斷攀緣，忽憶東遊已十年。
但有當時京口月，與公隨我故依然。

三

與公京口水雲閒，問月何時照我還？
邂逅我還還問月，何時照我宿金山？

清涼寺白雲庵❺

庵雲作頂峭無鄰，衣月爲衿静稱身。❻
木落岡巒因自獻，水歸洲渚得横陳。

❶「院」下，龍舒本、李注本有小注：「今鐵索。」
❷「句」，龍舒本、李注本無此字。
❸此題下小注，龍舒本無。
❹「鍾」，龍舒本、李注本作「金」。
❺「寺」，原無，據龍舒本、李注本補。
❻「衣」，李注本作「水」。

自定林過西菴

午雞聲不到禪林，栢子煙中静擁衾。
忽憶西巖道人語，杖藜乘興得幽尋。

歸　庵

稻畦藏水緑秧齊，松鬣初乾尚有泥。
縱蹇尋岡歸獨卧，東庵殘夢午時雞。

雪中遊北山呈廣州使君和叔同年

南州歲晚亦花開，❶有底堪隨驛使來？
看取鍾山如許雪，何須持寄嶺頭梅？

謝安墩二首❷

我名公字偶相同，我屋公墩在眼中。
公去我來墩屬我，不應墩姓尚隨公。

二

謝公陳迹自難追，山月淮雲秪往時。
一去可憐終不返，暮年垂涙對桓伊。

❶「州」，龍舒本、李注本作「枝」。
❷「安」，李注本作「公」。

東陂二首

東陂風雨卧黄雲，塍水翻溝隔壠分。❶
春玉取新知不晚，腰鎌今日已紛紛。

二❷

荷葉初開筍漸抽，東陂南蕩正堪游。
無端壠上翛翛麥，横起寒風占作秋。

山陂

山陂院落今挼種，城郭樓臺已放燈。
白髮逢春唯有睡，睡間啼鳥亦生憎。

欲往北山以雨止❸

北山朝氣澹高秋，欲往愁霖獨少留。❹
散策緣岡初見日，興隨雲盡復中休。

耿天騭惠梨次韻奉詶三首❺

故人家果獨難忘，秋實初成便得嘗。
直使紫花形味勝，豈能終日望咸陽？

❶「塍」，龍舒本、李注本作「塍」。
❷此首龍舒本重出，見卷七十一；又見卷七十七，題作「隴麥」，惟「寒風」作「風寒」。
❸「北」，龍舒本、李注本作「鍾」。
❹「霖」，原作「霑」，據龍舒本、李注本改。
❺「三首」，原無，據原總目補。

二

淮圃新陰百畝涼，分甘每得助秋嘗。
張公大谷雖云美，誰肯苞苴出晉陽？

三

甘滋南北共傳誇，栽接還如老圃家。
誰謂交梨非外獎？因君澆灌已萌芽。

北山有懷

香火因緣寄此山，❶主恩投老更人間。
傷心躑躅岡頭路，明日春風自往還。

定林院❷

窮谷經春不識花，新松老栢自欹斜。
慇懃更上山頭望，白下城中有幾家？

封舒國公三首❸

陳迹難尋天柱源，疏封投老誤明恩。
國人欲識公歸處，楊柳蕭蕭白下門。

❶「此」，李注本、光啓堂本作「北」。
❷「院」，原無，據龍舒本、李注本及原總目補。此首爲龍舒本卷六十三《定林院三首》之第一首。
❸此題，龍舒本無「三首」二字，僅第一首。

二

桐鄉山遠復川長，紫翠連城碧滿隍。
今日桐鄉誰愛我？當時我自愛桐鄉。

三

開國桐鄉已白頭，國人誰復記前遊？
故情但有吴塘水，轉入東江向我流。

北陂杏花❶

一陂春水繞花身，花影妖饒各占春。
縱被春風吹作雪，絶勝南陌碾成塵。

五更

青燈隔幔映悠悠，小雨含煙凝不流。
秖聽蛩聲已無夢，五更桐葉强知秋。

與薛肇明奕棊賭梅花詩輸一首❷

華髪尋春喜見梅，一株臨路雪培堆。
鳳城南陌他年憶，杳杳難隨驛使來。

❶ 此題，龍舒本作「水花」。
❷ 「肇明」，龍舒本作「秀才」。

又代薛肇明一首❶

野水荒山寂寞濱，芳條弄色最關春。❷故將明艷凌霜雪，未怕青腰玉女嗔。

溝上梅花欲發❸

亭亭背暖臨溝處，脉脉含芳映雪時。莫恨夜來無伴侣，月明還見影參差。

江　梅❹

江南歲盡多風雪，也有紅梅漏洩春。顏色凌寒終慘澹，不應摇落始愁人。

耿天騭許浪山千葉梅見寄

聞有名花即謾栽，慇懃準擬故人來。故人歲歲相逢晚，一作「能相見」。知復同看幾度開？

與天騭宿清涼廣惠僧舍❺

故人不惜馬虺隤，許我年年一度來。

❶ 「肇明」，龍舒本、李注本作「秀才」。
❷ 「芳」，李注本作「攀」。
❸ 「欲發」，龍舒本、李注本無此二字。
❹ 「江」，李注本作「紅」。
❺ 此題，龍舒本、李注本作「與天隲宿清涼寺」。

野館蕭條無準擬，與君封殖浪山梅。❶

池上看金沙花數枝過酴醾架盛開二首❷

午陰寬占一方苔，映水前年坐看栽。
紅蘂似嫌塵染污，青條飛上別枝開。

二

酴醾一架最先來，夾水金沙次第栽。
濃緑扶疎雲對起，醉紅撩亂雪争開。

北山❸

北山輸緑漲横陂，直塹回塘灧灧時。
細數落花因坐久，緩尋芳草得歸遲。

詠菊二首

補落迦山傳得種，閻浮檀水染成花。
光明一室真金色，復似毗耶長者家。

二

院落秋深數菊叢，❹緣花錯莫兩三蜂。❺
蜜房歲晚能多少，❻酒盞重陽自

❶「封」，龍舒本、李注本作「對」。李注本有小注：「一作封。」
❷此二首爲龍舒本卷七十七《薔薇四首》之第一、二首。
❸此首爲龍舒本卷七十七《薔薇四首》之第三首。
❹「數菊」，李注本作「菊數」。
❺「緣」，光啓堂本作「緑」。
❻「少」，光啓堂本作「數」。

不供。❶

楊柳

楊柳杏花何處好？石梁茅屋雨初乾。
緑垂静路要深駐，紅寫清陂得細看。

北山道人栽松❷

陽坡風暖雪初融，度谷遥看積翠重。❸
磊砢拂天吾所愛，他生來此聽樓鐘。

山櫻

山櫻抱石蔭松枝，比並餘花發最遲。❹
賴有春風嫌寂寞，吹香渡水報人知。

償薛肇明秀才榿木❺

濯錦江邊木有榿，小園封植佇華滋。
地偏或免桓魋伐，歲晚聊同庾信移。

馬斃❻

恩寬一老寄松筠，晏卧東窗度幾春？
天廐賜駒龍化去，謾容小蹇載閑身。

❶「盞」，光啓堂本作「盡」。
❷此題，龍舒本作「文師種松」。
❸「度」，李注本作「遶」。
❹「發最」，龍舒本作「最發」。
❺「肇明」，龍舒本無此二字。
❻「斃」，龍舒本、李注本作「死」。

出郊

川原一片緑交加，深樹冥冥不見花。
風日有情無處著，初迴光景到桑麻。

懷府園

槐陰過雨盡新秋，盆底看雲映水流。
忽憶小金山下路，緑蘋稀處看游鯈。

江寧夾口二首❶

鍾山咫尺被雲埋，何況南樓與北齋？
昨夜月明江上夢，逆隨潮水到秦淮。

二

日西江口落征帆，却望城樓淚滿衫。
從此夢歸無别路，破頭山北北山南。

蔣山手種松

青青石上歲寒枝，一寸巖前手自移。
聞道近來高數尺，此身蒲柳故應衰。

中年

中年許國邯鄲夢，晚歲還家壙埌遊。

❶ 此二首爲龍舒本卷七十一《江寧夾口五首》之第三、四首。

南望青山知不遠，五湖春草入扁舟。

寄四姪旊二首❶

數篇持往助歡咍，想見封題手自開。
春草已生無好句，阿連空復夢中來。

二

一日東岡上幾迴？❷百重雲水隔蘇臺。❸一作「一日東岡望百迴，迢迢雲水隔蘇臺」。遥知別後詩無數，❹黄犬歸時總寄來。

寄吴氏女子

夢想平生在一丘，暮年方此得優游。❺
江湖相忘真魚樂，怪汝長謡特地愁。

寄蔡天啓

杖藜緣塹復穿橋，誰與高秋共寂寥？
佇立東岡一搔首，冷雲衰草暮迢迢。

❶「二首」，原無，據原總目補。此二首龍舒本僅第二首。

❷「上幾迴」，龍舒本、李注本作「望百迴」。李注本有小注：「一作上幾回。」

❸「百重」，龍舒本、李注本作「迢迢」。

❹「詩無數」，龍舒本、李注本作「多新句」。李注本有小注：「一作詩無數。」

❺「此得」，李注本作「得此」。

呈陳和叔二首❶

數椽生草覆莓苔，❷一作「數掾牢落長莓苔」。一徑牆陰斸雪開。王吉囊衣新徙舍，❸杖藜從此爲君來。❹

二

數椽庳屋茨生草，❺三畝荒園種晚蔬。永日終無一杯酒，❻可能留得故人車。

招葉致遠

白下長干一水間，竹雲新筍已斑斑。❼明朝若有扁舟興，落日潮生尚可還。❽

招楊德逢

山林投老倦紛紛，獨卧看雲卻憶君。雲尚無心能出岫，不應君更懶於雲。

❶「二首」，原無，據原總目補。此題，龍舒本、李注本作「絶句呈陳和叔二首」。
❷「生草覆」，龍舒本、李注本作「牢落長」。李注本有小注：「一作生草覆。」
❸「王吉」，光啓堂本作「玉匣」。
❹「君」，龍舒本、李注本作「公」。李注本有小注：「一作君。」
❺「茨生草」，龍舒本、李注本作「生茨草」。
❻「杯」，龍舒本、李注本作「樽」。李注本有小注：「一作杯。」
❼「雲」，龍舒本作「匀」。
❽「落日」，龍舒本、李注本作「日落」。

和叔招不往

門前秋水可揚舲，有意西尋白下亭。只欲往來相邂逅，卻嫌招喚苦丁寧。

和叔雪中見過❶

捐書去寄老山林，無復追緣緣一作尋。往事心。忽值故人乘雪興，玉堂前話得重尋。

俞秀老忽然不見❷

忽去飄然遊冶盤，共疑枝策在梁端。❸禪心暫起何妨寂？道骨雖清不畏寒。

與耿天騭會話

邯鄲四十餘年夢，相對黄粱欲熟時。萬事秖如空鳥迹，❹怪君强記尚能追。

臨川先生文集卷第二十八

❶「過」，李注本作「遇」。
❷此題，龍舒本作「陳俞二君忽然不見用前日韻作口號用過法雲寺韻」，李注本作「陳俞二君忽然不見」。
❸「枝策」，龍舒本作「策枝」。「梁」，李注本有小注：「一作雲。」
❹「秖」，龍舒本、李注本作「盡」。

臨川先生文集卷第二十九

律　詩　七言絶句

與道原過西莊遂遊寶乘❶

周顒宅作阿蘭若，婁約身歸窣堵坡。今日隱侯孫亦老，偶尋陳迹到煙蘿。❷一作「蕙帳銅屏皆舊事，飄然陳迹在松蘿」。

庚申正月遊齊安❸

水南水北重重柳，山後山前處處梅。未即此身隨物化，年年長趁此時來。

庚申正月遊齊安有詩云「水南水北重重柳」壬戌正月再遊❹

招提詩壁漫黃埃，忽忽籠紗兩過梅。❺老值白雞能不死，復隨春色破寒來。

❶ 此題，龍舒本作「草堂懷古」，李注本作「與道原游西莊過寶乘」。

❷ 「今日」至「煙蘿」，龍舒本、李注本作「蕙帳銅瓶皆夢事，翛然陳迹翳松蘿」。「夢事」、「翛然」字與小注「一作」文字稍異。

❸ 此題，龍舒本、李注本作「庚申遊齊安院」。

❹ 此題，龍舒本「詩」作「語」，「水南水北」作「港南港北」，無「壬戌正月再遊」六字。李注本「齊安」下有「院」字。

❺ 「兩」，李注本作「雨」。

壬戌正月晦與仲元自淮上復至齊安❶

風暖柴荊處處開，雪乾沙净水洄洄。
意行却得前年路，看盡梅花看竹來。

壬戌五月與和叔同遊齊安❷

繰成白雪桑重緑，割盡黄雲稻正青。
它日玉堂揮翰手，芳時同此賦林坰。

成《字説》後與曲江譚君丹陽蔡君同遊齊安❸

據梧枝策事如毛，❹久苦諸君共此勞。
遥望南山堪散釋，故尋西路一登高。

元豐二年十月政公改路故作此詩❺

獨龍東路得平岡，❻始免遊人屐齒妨。
更有主林身半現，與公隨轉作陰涼。

❶ 此題，龍舒本作「壬戌正月再遊齊安次韻」。

❷ 此題，龍舒本、李注本作「同陳和叔遊齊安院」，李注本有小注「壬戌五月」。

❸ 「譚君」、「蔡君」，龍舒本、李注本分別作「譚掞」、「蔡肇」。「齊安」下，龍舒本有「寺」字，李注本有「院」字。

❹ 「枝」，龍舒本作「杖」。

❺ 此題，龍舒本作「僧修定林路成」，李注本作「元豐二年僧修定林路成」，有小注：「一作政公改路。」

❻ 「東」，龍舒本、李注本作「新」。

書定林院牕❶與安太師同宿。既曉，問昨夜有何夢。師云：「有數夢，皆忘記。」❷

竹雞呼我出華胥，起滅篝燈擁燎鑪。
試問道人何所夢？但言渾忘不言無。

同熊伯通自定林過悟真二首

與客東來欲試茶，倦投松石坐欹斜。
暗香一陣連風起，知有薔薇澗底花。

二

城郭紛紛老倦尋，幅巾來寄北山岑。
長遭客子留連我，未快穿雲涉水心。

悟真院

野水從横漱屋除，午牕殘夢鳥相呼。
春風日日吹香草，山北山南路欲無。

傳神自讚❸

我與丹青兩幻身，世間流轉會成塵。
但知此物非他物，莫問今人猶昔人。

---

❶ 此首爲龍舒本卷六十三《書定林院窗二首》之第一首。

❷ 此題下小注，龍舒本作「問安大師昨夜有何夢，師云有數夢，皆忘記」。

❸ 此首爲龍舒本卷六十七《真讚二首》之第一首，李注本題作「真讚」。

定林院昭文齋

定林齋後鳴禽散，只有提壺守屋簷。❶
苦勸道人沽美酒，不應無意引陶潛。

經局感言 罷相出守江寧，仍領經局。❷

自古能全已不才，豈論騏驥與駑駘？
放歸自食情雖適，絡首猶存亦可哀。

鍾山晚步

小雨輕風落楝花，細紅如雪點平沙。
槿籬竹屋江村路，時見宜城賣酒家。

散策❸

散策東岡亦已勞，横塘西轉有亭皐。❹
絮飛度屋何許柳？花落填溝無數桃。

書静照師塔❺

簡老已歸黄土陌，淵師今作白頭翁。
百憂三十餘年事，陳迹山林草野中。

---

❶「守」，龍舒本、李注本作「遶」。
❷ 此題下小注，龍舒本、李注本無。
❸ 此首爲龍舒本卷七十二《晚春》二首之第二首，另無篇題。龍舒本總題下有小注：「或云盧秉詩。」
❹「塘」，龍舒本作「堂」。
❺「師」上，龍舒本、李注本有「禪」字。

記夢

辛酉九月二十二夜，夢高郵土山道人赴蔣山北集雲峯爲長老。❶已而坐化。復出山南興國寺，❷與余同卧一榻。探懷出片竹數寸，❸上繞生絲，❹屬余藏之。余棄弗取，作詩與之。❺

月入千江體不分，道人非復世間人。鍾山南北安禪地，香火他時共一作供。兩身。❻

勘會賀蘭溪主

賀蘭溪，洛京地名，陳繹買地築居，於鄆中問之。❼

賀蘭溪上幾株松？南北東西有幾峯？買得住來今幾日？尋常誰與坐從容？

書湖陰先生壁二首

茆簷長掃静無苔，花木成畦手自栽。一水護田將緑遶，兩山排闥送青來。

二

桑條索漠楝花繁，❽風斂餘香暗度垣。

❶「赴」，李注本作「越」。

❷「山」，光啓堂本無此字。

❸「探」，原作「禪」，據龍舒本、李注本改。「出」，原作「山」，據龍舒本、李注本、光啓堂本改。

❹「繞」，李注本作「纔」。

❺「之」下，龍舒本有「曰」字。

❻「共」，龍舒本、李注本作「供」。

❼此題下小注，龍舒本無。

❽「楝」，龍舒本、宋元遞修本、李注本作「柳」。

黄鳥數聲殘午夢，尚疑身屬半山園。❶

過劉全美所居

西崦晴天得强扶，出林知有故人居。
數能過我論奇字，當復令公見異書。

書何氏宅壁

有興提魚就公炙，此言雖在已三年。
皖灊終負幽人約，空對湖山坐惘然。

題永慶壁有雱遺墨數行❷

永慶招提墨數行，歲時風露每悽傷。
殘骸豈久人間世？故有情鍾未可忘。

江寧府園示元度❸

畫船南北水遥通，日暮幅巾篁竹中。
行到月臺逢翠碧，背人飛過子城東。

金陵郡齋

談經投老捹悠悠，爲吏文書了即休。
深炷鑪煙一作香。閉齋閤，❹卧聽簷雨瀉高秋。

❶ 「屬」，龍舒本、李注本作「在」。李注本有小注：「一作屬。」

❷ 「有雱」，龍舒本作「元澤」。

❸ 此題，龍舒本作「示元度秘校」。

❹ 「煙」，龍舒本、李注本作「香」。李注本有小注：「一作煙。」

戲示蔣穎叔

扶衰南陌望長楸，燈火如星滿地流。
但怪傳呼殺風景，豈知禪客夜相投？

遊城東示深之德逢❶

欲牽淮舸共尋源，且踏青青繞杏園。
憶我舊時光宅路，依然桑柳映花繁。

麗澤門❷

麗澤門西日未俄，水明沙净卷纖羅。
緑瓊洲渚青瑶嶂，付與詩工敢琢磨。

示公佐

殘生傷性老躭書，年少東來復起予。
各據槁梧同不寐，偶然聞雨落堦除。

示俞秀老二首❸

不見故人天際舟，小亭殘日更回頭。
繰成白雪三千丈，細草孤雲一片愁。

❶「德逢」下，李注本有「二首」二字，此首爲第一首。
❷此首爲龍舒本卷六十九「示耿天騭二首」之第二首。李注本爲「游城東示深之德逢二首」之第二首，有小注：「一作麗澤門詩。」
❸此二首爲龍舒本卷六十九《示俞秀老三首》之第二、第三首。李注本無「二首」二字。

二

君詩何以解人愁？初日紅蕖碧水流。
未怕元劉妨獨步，每思陶謝與同遊。

示李時叔二首

知子鳴絃意在山，一官聊復戲人間。
能爲白下東南尉，藜杖緇巾得往還。

二

千山訪我幾摧輈？清坐來看十日留。
勢利白頭何足道？古人傾蓋有綢繆。

示寶覺二首❶

火暖窗明粥一盂，晨興相對寂無魚。
超然聖寺山林外，❷別有禪天好净居。

二

重將壞色染衣裙，共卧鍾山一塢雲。
客舍黄粱今始熟，鳥殘紅柿昔曾分。

❶ 此二首爲龍舒本卷六十九《示寶覺三首》之第一、三首。

❷ 「超然聖寺」，龍舒本、李注本作「翛然迥出」。

仲元女孫

雙鬟嬉戲我庭除，争挽新花比繡襦。親結香纓知不久，汝翁那更鑷髭鬚。

示永慶院秀老

禪房借枕得重欹，陳迹倏然尚有詩。嗟我與公皆老矣，拂天松栢見栽時。

示王鐸主簿

君正忙時我正閑，如何同得到鍾山？夷門二十年前事，回首黄塵一夢間。

戲城中故人❶

城郭山林路半分，君家塵土我家雲。莫吹塵土來污我，我自有雲持寄君。

戲贈段約之❷

竹栢相望數十楹，藕花多處復開亭。如何更欲通南埭，割我鍾山一半青。

示俞處士

魯山眉宇人不見，只有歌辭來向東。

❶ 此首爲龍舒本卷六十九《戲贈約之二首》之第一首。
❷ 此首爲龍舒本卷六十九《戲贈約之二首》之第二首。

借問樓前踏《于蔿》，何如雲卧唱松風？

懷張唐公

直諒多爲世所排，有懷長向我前開。暮年惆悵誰知此？南陌東阡獨往來。

憶金陵三首

覆舟山下龍光寺，玄武湖畔五龍堂。想見舊時遊歷處，煙雲渺渺水茫茫。

二

煙雲渺渺水茫茫，繚繞蕪城一帶長。蒿目黄塵憂世事，追思陳迹故難忘。❶

三

追思陳迹故難忘，❷翠木蒼藤水一方。❸聞説精廬今更好，好隨殘汴理歸艎。

離昇州作❹

殘菊冥冥風更吹，雨如梅子欲黄時。相看握手總無語，愁滿眼前心自知。

❶「陳」，龍舒本作「塵」。

❷「思」，應刻本作「尋」。「陳」，龍舒本、李注本作「塵」。

❸「水一方」，宋元遞修本作「一水方」。

❹此首爲龍舒本卷七十《離昇州作二首》之第二首。

望淮口

白煙瀰漫接天涯，黯黯長空一道斜。有似錢塘江上望，晚潮初落見平沙。

入瓜步望揚州

落日平林一水邊，❶蕪城掩映秖蒼然。白頭追想當時事，幕府青衫最少年。

泊船瓜洲

京口瓜洲一水間，鍾山秖隔數重山。春風自緑江南岸，明月何時照我還？

重過余婆岡市

憶我東遊未有鬚，扶衰重此駐肩輿。市中年少今誰在？魯叟當街六十餘。

秦淮泛舟

强扶衰病牽淮舸，尚怯春風泝午潮。花與新吾如有意，山於何處不相招？

中書即事

投老黐爲世網嬰，低徊終恐負平生。❷

❶「林」，龍舒本、李注本作「村」。
❷「負」，龍舒本作「誤」。李注本有小注：「一作誤。」

何時白土岡頭路？❶渡水穿雲取次行。

萬　事❷

萬事黃粱欲熟時，世間談笑漫追隨。雞蟲得失何須算？鵬鷃逍遥各自知。

寄金陵傳神者李士雲

衰容一見便疑真，李子揮毫故有神。❸欲去鍾山終不忍，謝渠分我死前身。

贈外孫

南山新長鳳凰雛，眉目分明畫不如。年小從他愛梨栗，長成須讀五車書。

東流頓令罷官阻風示文有「按風伯奏天閽」之語答以四句

令尹犀舟失去期，憮然凭几占文移。勸君慎莫讒風伯，會有開帆破浪時。

楊德逢送米與法雲二老作此詩

盧仝不出憎流俗，我卜郊居避俗憎。仝有鄰僧來乞米，我今送米乞鄰僧。

❶「土」，龍舒本、李注本作「石」。

❷此首爲龍舒本卷七十五《絶句九首》之第五首。

❸「子」，龍舒本作「氏」。「故有神」，龍舒本、李注本作「妙入神」。李注本有小注：「一作故有神。」

送黄吉父將赴南康官歸金谿三首❶

柘岡西路白雲深，想子東歸得重尋。
亦見舊時紅躑躅，爲言春至每傷心。

二

還家一笑即芳辰，好與名山作主人。
邂逅五湖乘興往，相邀錦繡谷中春。

三

歲晚相逢喜且悲，莫占風日恨歸遲。
我如逆旅當去客，❷復會有無那得知？❸

臨川先生文集卷第二十九

❶ 此題，龍舒本、李注本作「黄吉父三首」，龍舒本有小注：「將赴南康官。」

❷ 「去」，龍舒本、李注本作「還」。

❸ 「復」，龍舒本、宋元遞修本、李注本作「後」。

臨川先生文集卷第三十

律　詩七言絶句

金陵即事三首❶

水際柴門一半開，小橋分路入青苔。❷背人照影無窮柳，隔屋吹香併是梅。

二

結綺臨春歌舞地，荒蹊狹巷兩三家。❸東風漫漫吹桃李，非復當時仗外花。

三

昏黑投林曉更驚，❹背人相喚百般鳴。柴門長閉春風暖，事外還能見鳥情。

烏　塘❺

烏塘渺渺緑平隄，❻隄上行人各有攜。

❶ 此三首爲龍舒本卷六十四《金陵絶句四首》之第一、二、三首，又皆重出，前二首又見龍舒本卷七十五《即事十五首》之第十三、十四首，第三首又見卷七十五《雜詠絶句十五首》之第八首。

❷ 「青」，李注本作「蒼」，有小注：「一作青。」

❸ 「荒蹊狹巷」下，龍舒本卷六十四有小注：「一云頹城斷壍。」

❹ 「曉」，龍舒本兩處、李注本作「晚」。

❺ 此首爲龍舒本卷七十一《烏塘二首》之第二首。

❻ 「緑」，龍舒本、李注本作「渌」。

試問春風何處好？辛夷如雪柘岡西。

柘岡

萬事紛紛秪偶然，老來容易得新年。
柘岡西路花如雪，迴首春風最可憐。

城北❶

青青千里亂春袍，宿雨催紅出小桃。❷
迴首北城無限思，日酣川浄野雲高。

金陵❸

金陵陳迹老莓苔，南北遊人自往來。
最憶春風石城塢，家家桃杏過牆開。

午枕❹

午枕花前簟欲流，日催紅影上簾鈎。
窺人鳥唤悠颺夢，隔水山供宛轉愁。

州橋❺

州橋蹋月想山椒，❻迴首哀湍未覺

❶ 此首龍舒本重出，見卷六十五，題作「開元上方」；又見卷七十一，題作「北城」。李注本題作「北城」。

❷ 「宿」，李注本作「暮」。

❸ 此首爲龍舒本卷七十五《即事十五首》之第十二首，另無篇題。

❹ 此首爲龍舒本卷七十六《獨卧三首》之第三首，另無篇題。

❺ 此首爲龍舒本卷七十五《絶句九首》之第四首，另無篇題。

❻ 「想」，李注本作「愁」。

遥。❶今夜重聞舊嗚咽，❷却看山月話州橋。

觀明州圖❸

明州城郭畫中傳，❹尚記西亭一艤船。❺投老心情非復昔，❻當時山水故依然。❼

九日賜宴瓊林苑作

金明馳道柳參天，❽投老重來聽管絃。
飽食太官還惜日，夕陽臨水意茫然。

壬子偶題❾熙寧五年，東府庭下作盆池，故作。❿

黃塵投老倦怱怱，故遶盆池種水紅。
落日欹眠何所憶？江湖秋夢艣聲中。

和張仲通憶鍾陵二首⓫

一夢章江已十年，故人重見想皤然。

---

❶「未覺遥」，龍舒本、李注本作「故未遥」。
❷「舊」，李注本作「事」。
❸此首龍舒本重出，見卷七十六；又見卷七十，題作「憶鄞」。
❹「中」，龍舒本《憶鄞》作「圖」。
❺「記」，龍舒本《憶鄞》、李注本作「憶」。
❻「心情」，龍舒本《憶鄞》作「光陰」。李注本有小注：「一作光陰。」
❼「山水」，龍舒本《憶鄞》、李注本作「風月」。
❽「馳」，龍舒本、李注本作「池」。李注本有小注：「一作馳。」
❾此題，龍舒本作「懷舊」。
❿此題下小注，龍舒本無。
⓫此二首爲龍舒本卷五十二《和張仲通憶鍾陵絶句四首》之第一、二首。「鍾陵」下，李注本有「絶句」二字。

秖應兩岸當時柳，能到春來尚可憐。

二

逸少池邊有一丘，西山南浦慣曾遊。
殘年歸去終無樂，聞説章江即淚流。

送和甫至龍安暮歸

隱隱西南月一鈎，春風落日澹如秋。❶
房櫳半掩無人語，鼓角聲中始欲愁。

鍾山即事❷

澗水無聲繞竹流，竹西花草弄春柔。
茅簷相對坐終日，❸一鳥不鳴山更幽。❹

南澗樓❺在江寧尉司。❻

撲撲烟嵐遶四阿，物華終恨未能多。
故應陡起三千丈，❼始奈重山複嶺何。

❶「日」，宋元遞修本、應刻本作「晚」。
❷此首爲龍舒本卷六十四《鍾山絶句二首》之第一首。
❸「坐」，宋元遞修本作「無」。
❹「山更幽」，李注本有小注：「舊本注減二字再成一首：澗水遶竹流，花草弄春柔。相對坐終日，鳥鳴山更幽。」
❺此首龍舒本重出，見卷六十六；又見卷七十一，題作「南澗橋」。
❻此題下小注，龍舒本卷六十六無，卷七十一作「重」。
❼「陡」，龍舒本、宋元遞修本、李注本作「斗」。

京城

三年衣上禁城塵，撫事怊然愧古人。❶明月滄波秋萬頃，扁舟長寄夢中身。

隴東西二首❷

隴東流水向東流，不肯相隨過隴頭。秪有月明西海上，❸伴人征戍替人愁。

二

隴西流水向西流，自古相傳到此愁。添却征人無限淚，怪來嗚咽已千秋。

斜徑

斜徑偶通南埭路，❹數家遥對北山岑。草頭蛺蝶黄花晚，菱角蜻蜓翠蔓深。

暮春❺

北山吹雨送殘春，❻南澗朝來緑映人。❼昨日杏花渾不見，❽故應隨水到

❶「怊」，龍舒本、宋元遞修本、李注本作「茫」。
❷「首」，龍舒本作「絶句」。
❸「海」，宋元遞修本作「河」。
❹「通」，李注本作「穿」。
❺此首爲龍舒本卷七十二《暮春三首》之第一首。
❻「山」，龍舒本、李注本作「風」。
❼「緑」，龍舒本作「渌」。
❽「渾」，龍舒本作「都」。

江濱。

雨晴

晴明山鳥百般催，不待桃花一半開。
雨後緑陰空繞舍，總將春色付莓苔。

日西

日西階影轉梧桐，簾卷青山簟半空。
金鴨火銷沈水冷，悠悠殘夢鳥聲中。

禁直

翠木交陰覆兩簷，❶夜天如水碧湉湉。
帝城風月看常好，人世悲哀老自添。

御柳❷

御柳新黄已迸條，宫溝薄凍未全消。
人間今日春多少，❸秖看東方北斗杓。❹一作：「習習春風拂柳條，御溝春水已冰消。欲知四海春多少，先向天邊問斗杓。」

祥雲

冰入春風漲御溝，上林花氣欲飛浮。
未央屋瓦猶殘雪，却爲祥雲映日流。

❶「兩」，光啓堂本作「雨」。
❷此題，龍舒本作「作翰林時」，詩句即小注之「一作」。
❸「人間今日」，李注本作「不知人世」。
❹「秖看東方北斗杓」，李注本作「先向天邊問斗杓」。

題中書壁

夜開金鑰詔辭臣，對御抽毫草帝綸。須信朝家重儒術，一時同榜用三人。

禁中春寒

青一作浮。煙漠漠雨紛紛，水殿西廊北苑門。已著單衣猶禁火，海棠花下怯黄昏。

試院中❶

少時操筆坐中庭，子墨文章頗自輕。聖世選材終用賦，白頭來此試諸生。

學士院燕侍郎畫圖❷

六幅生綃四五峯，暮雲樓閣有無中。去年今日長干里，遥望鍾山與此同。

道旁大松人取以爲明❸

龍甲虬髯不可攀，❹亭亭千丈蔭南山。應嗟無地逃斤斧，❺豈願争明爝火間？

❶ 此首爲龍舒本卷七十六《試院中五絶句》之第一首，爲李注本《試院五絶句》第一首。

❷ 此題，龍舒本作「學士院畫屏」，李注本「圖」作「屏」。

❸ 「以」，龍舒本、李注本無此字。

❹ 「龍甲虬髯」，龍舒本、李注本作「虬甲龍髯」。「可」，龍舒本作「易」。

❺ 「無地逃」，龍舒本作「此地無」。

見鸜鵒戲作四句❶

雲木何時兩翅翻，玉籠金鎖秖煩冤。
真須强學人間語，❷舉世無人解鳥言。

池　鴈

羽毛摧落向人愁，當食哀鳴似有求。
萬里衡陽冬欲暖，失身元爲稻粱謀。

六　年❸

六年湖海老侵尋，千里歸來一寸心。
西望國門搔短髮，九天宫闕五雲深。

世　故❹

世故紛紛漫白頭，欲尋歸路更遲留。
鍾山北繞無窮水，散髮何時一釣舟？

邵　平

天下紛紛未一家，販繒屠狗尚雄夸。
東陵豈是無能者，獨傍青門手種瓜。

❶「四句」，龍舒本、李注本無此二字。
❷「真」，龍舒本、李注本作「直」。
❸此首爲龍舒本卷七十五《雜詠絶句十五首》之第十首。
❹此題，龍舒本卷七十六作「省中絶句」。

中牟

潁城百雉擁高秋，驅馬臨風想聖丘。此道門人多未悟，爾來千載判悠悠。

王章

壯一作志。❶士軒昂非自謀，近臣當爲國深憂。區區女子無高意，追念牛衣暖即休。

神物❷

神物登天擾可騎，如何孔甲但能羈？當時若更無劉累，龍意茫然豈得知？

文成❸

文成五利老紛紛，方丈蓬萊但可聞。萬里出師求寶馬，飄然空有意淩雲。

讀漢書

京房劉向各稱忠，詔獄當時跡自窮。畢竟論心異恭顯，不妨迷國略相同。

❶「壯」，龍舒本、李注本作「志」。「志」，原作「忘」，據宋元遞修本、應刻本改。

❷此首爲龍舒本卷七十五《雜詠絶句十五首》之第四首，另無篇題。

❸此首爲龍舒本卷七十五《雜詠絶句十五首》之第五首，另無篇題。

賜也❶

賜也能言未識真，誤將心許漢陰人。
桔槔俯仰妨何事？抱甕區區老此身。

重將❷

重將白髮旁牆陰，陳迹茫然不可尋。
花鳥總知春爛熳，人間獨自有傷心。

載酒❸

載酒欲尋江上舟，出門無路水交流。
黄昏獨倚春風立，看却花開觸地愁。❹

楚天❺

楚天如夢水悠悠，花底殘紅漫不收。
獨繞去年揮淚處，❻還將牢落對滄洲。

❶ 此首爲龍舒本卷七十五《絶句九首》之第八首，另無篇題。
❷ 此首爲龍舒本卷七十四《有感五首》之第二首，另無篇題。
❸ 此首爲龍舒本卷七十四《有感五首》之第三首，另無篇題。
❹ 「開」，龍舒本、李注本作「飛」。
❺ 此首爲龍舒本卷七十四《有感五首》之第五首，另無篇題。
❻ 「揮」，龍舒本、李注本作「垂」。

江上❶

江北秋陰一半開，晚雲含雨却低回。
青山繚繞疑無路，忽見千帆隱映來。

春江❷

春江渺渺抱牆流，煙草茸茸一片愁。
吹盡柳花人不見，❸青旗催日下城頭。

春雨❹

城雲如夢柳僛僛，❺野水横來强滿池。
九十日春渾得雨，故應留潤作花時。

初到金陵❻

江湖歸不及花時，空遶扶疎緑玉枝。
夜直去年看蓓蕾，晝眠今日對紛披。

送和甫至龍安微雨因寄吴氏女子

荒煙涼雨助人悲，淚染衣巾不自知。❼
除却春風沙際緑，一如看汝過江時。

❶ 此首爲龍舒本卷七十一《江上五首》之第二首。
❷ 此題下，李注本有小注：「或言此方子通詩，荆公愛之，書於册，後人誤謂公作。」
❸ 「柳」，龍舒本作「楊」。
❹ 此首爲龍舒本卷七十二《春雨二首》之第一首。
❺ 「夢」，龍舒本、李注本作「雪」。
❻ 此首爲龍舒本卷七十《初到金陵二首》之第一首。
❼ 「巾」，李注本作「襟」。

與北山道人❶

蒔果疏泉帶淺山，柴門雖設要常關。
別開小徑連松路，祇與隣僧約往還。

過外弟飲

一自君家把酒杯，❷六年波浪與塵埃。
不知烏石岡邊路，至老相尋得幾回？

若耶溪歸興

若耶溪上踏莓苔，興罷張帆載酒回。
汀草岸花渾不見，青山無數逐人來。

烏石❸

烏石岡邊繚繞山，柴荊細路一作徑。水雲間。❹吹一作拈。花嚼蘂長來往，❺秪有春風似我閑。

❶此題，龍舒本作「與北山僧」。
❷「自」，龍舒本、李注本作「日」。
❸此題，龍舒本作「遊草堂寺」。李注本題下有小注：「一作游草堂。」
❹「路」，龍舒本、李注本作「徑」。李注本有小注：「一作路。」
❺「吹」，龍舒本、李注本作「拈」。李注本有小注：「一作吹。」「蘂」，龍舒本、宋元遞修本、李注本作「蕊」。

定　林❶

定林青一作修，又作喬。木老參天，❷橫貫東南一道泉。六月杖藜尋石路，❸午陰多處弄潺湲。

定林所居

屋繞灣溪竹繞山，溪山却在白雲間。臨溪放艇依山坐，❹溪鳥山花共我閑。

臺城寺側獨行

春山撩亂水縱橫，籬落荒畦草自生。獨往獨來山下路，❺筍輿看得緑陰成。

遊鍾山❻

終日看山不厭山，買山終待老山間。山花落盡山長在，山水空流山自閑。

松　間❼被召將行作。

偶向松間覓舊題，野人休誦《北山移》。

❶ 此首爲龍舒本卷六十三《定林院三首》之第二首。
❷ 「青」，龍舒本、李注本作「修」。
❸ 「六」，龍舒本作「五」。
❹ 「艇」，李注本作「杖」。
❺ 「山」，李注本作「花」。
❻ 此首爲龍舒本卷六十四《遊鍾山四首》之第一首，另無篇題。
❼ 此首爲龍舒本卷六十四《遊鍾山四首》之第三首，另無篇題。

丈夫出處非無意，猿鶴從來不自知。❶

雨未止正臣欲行以詩留之

紛紛應接使人愁，與子從容喜問訓。
他日故將泥自庇，今朝欲以雨相留。

臨川先生文集卷第三十

❶ 「不自」，龍舒本、李注本作「自不」。

臨川先生文集卷第三十一

律　詩七言絶句

題張司業詩

蘇州司業詩名老，樂府皆言妙入神。
看似尋常最奇崛，成如容易却艱辛。

同陳和叔遊北山

春風蕩屋雨填溝，東閣翛然擁罽裘。
鄰壁黄糧炊未熟，❶唤迴殘夢有鳴騶。

次吴氏女子韻❷

吴氏詩云：「西風不入小窗紗，秋氣應憐我憶家。極目江南千里恨，依前和淚看黄花。」❸南朝九日臺在孫陵曲街旁，去吾園只數百步。

孫陵西曲岸烏紗，知汝淒涼正憶家。
人世豈能無聚散？亦逢佳節且吹花。

再次前韻

秋燈一點映籠紗，好讀《楞嚴》莫念家。
能了諸緣如夢事，世間唯有妙蓮花。

❶「糧」，李注本作「粱」。
❷此首與下一首，原總目及龍舒本題作《次吴氏女子韻二首》。
❸「前」，宋元遞修本、李注本作「然」。「吴氏」至「黄花」，龍舒本無此段小注。

即席❶

曲沼融融泮盡澌，❷暖煙籠瓦碧參差。
人情共恨春猶淺，不問寒梅有幾枝。

遊城南即事二首

神姦變化久難知，禹鼎由來更不疑。
螭魅合謀非一日，太丘真復社亡遲。

二

泰壇東路遶重營，獨背朝陽信馬行。
漫道城南天尺五，荒林時見一柴荊。

寄沈道原

城郭千家一彈丸，蜀岡擁腫作蛇蟠。
眼前不道無蒼翠，偷得鍾山隔水看。

哭張唐公

堂一作棠。邑山林久寂寥，屬車前日駐雞翹。冥冥獨鳳隨雲霧，一作「知何處」。南陌空聞引葬簫。❸

❶ 此首爲龍舒本卷六十二《春日席上二首》之第二首。李注本有小注：「或云此平甫詩。」
❷ 「融融」，龍舒本、李注本作「溶溶」。
❸ 「引葬」，光啓堂本作「自引」。

生日次韻南郭子二首

救䴢醫劓世無方，斷簡陳編付藥房。
祝我壽齡君好語，毗耶一夜滿城香。

二

寒逼清枝故有梅，草堂先對白頭開。
殘骸已若雞年夢，猶見騷人幾度來。

八公山

淮山但有八公名，《鴻寶》燒金竟不成。
身與仙人守都厠，可能雞犬得長生？

過徐城

七年五過徐城縣，自笑皇皇此世間。
安得身如倉庾氏，一官能到子孫閑？

送丁廓秀才歸汝陰二首❶

好去翩然丁令威，昔人且在不應非。
淮雲豈與遼天闊？想復留情故一歸。

二

西州行路日蕭條，執手傷懷不自聊。

❶ 此二首爲龍舒本卷五十八《送丁廓秀才三首》之第一、二首。

遊子故鄉終念返，豈能無意治城潮？

和惠思韻二首

醴泉觀❶

邂逅相隨一日閑，❷或緣香火共靈山。❸
夕陽興罷黄塵陌，❹直似蓬萊墮世間。

蟬❺

白下長干何可見？風塵愁殺庾蘭成。
去年今日青松路，亦自聞蟬第一聲。❻

送王石甫學士知湖州❼

吴興太守美如何？❽柳惲詩才未足多。遥想郡人迎下檐，白蘋洲渚正滄波。

懷鍾山

投老歸來供奉班，塵埃無復見鍾山。
何須更待黄粱熟，始覺人間是夢間？

❶此題，龍舒本、李注本作「和僧惠岑遊醴泉觀」，無「和惠思韻二首」之總題。
❷「隨」，李注本作「逢」。
❸「共」，龍舒本、李注本作「住」。李注本有小注：「一作共。」
❹「塵」，李注本作「埃」。
❺此題，龍舒本、李注本作「和惠思聞蟬」。龍舒本此首重出，見卷五十二；又見卷七十七，題作「蟬」。
❻「亦自」，龍舒本、李注本作「憶似」，有小注：「一作一似。」
❼此題，龍舒本、李注本作「送王介學士赴湖州」。
❽「吴興」，龍舒本、李注本作「東吴」。

江寧夾口三首❶

茅屋滄洲一酒旗，午煙孤起隔林炊。江清日暖蘆花轉，秖一作恰。似春風柳絮時。❷

二

月墮浮雲水捲空，滄洲夜泝五更風。❸北山草木何由見？夢盡青燈展轉中。

三

落帆江口月黄昏，小店無燈欲閉門。側出岸沙楓半死，❹繫船應有去年痕。❺

寄碧巖道光法師

去馬來車擾擾塵，自難長寄水雲身。碧巖後主今爲客，何況開山説法人。

省中二首❻

萬事悠悠心自知，强顔於世轉參差。

❶ 此三首爲龍舒本卷七十一《江寧夾口五首》之第一、二、五首。

❷「秖」，龍舒本、李注本作「恰」。

❸「夜泝」，原作「店圻」，據龍舒本、李注本改。

❹「側」、「半」，龍舒本、李注本作「半」、「欲」。李注本有小注：「真跡作『側出岸沙楓半死』，尤佳。」

❺「應」，龍舒本、李注本作「猶」。

❻「二首」，原無，據原總目補。此首龍舒本卷六十八題作「金陵郡齊偶作」。

移牀獨卧秋風裏，❶静看蜘蛛結網絲。❷

二❸

大梁春雪滿城泥，一馬常瞻落日歸。
身世自知還自笑，悠悠三十九年非。

崇政殿後春晴即事

悠悠獨夢水西軒，百舌枝頭語更繁。
山鳥不應知地禁，亦逢春暖即啾喧。

省中沈文通廳事

竹上秋風吹網絲，角門常閉吏人稀。
蕭蕭一榻卷書坐，直到日斜騎馬歸。

吴任道説應舉時事

縣瓠城南陂水深，春泥滿眼路嶇嶔。
獨騎瘦馬衝殘雨，前伴茫茫不可尋。

送河中通判朱郎中迎母東歸

綵衣東笑上歸船，萊氏歡娛在晚年。
嗟我白頭生意盡，看君今日更悽然。

---

❶「卧」，龍舒本、李注本作「向」。

❷「静」，龍舒本、李注本作「卧」。「蛛」，原作「珠」，據龍舒本、宋元遞修本改。

❸此首龍舒本卷七十六題作「省中」。

寄題杭州明慶院修廣師明碧軒❶

明碧軒南竹數叢，別來江外幾秋風。
道人無復人間世，嗟我今爲白髮翁。

夜直

金爐香盡漏聲殘，翦翦輕風陣陣寒。
春色惱人眠不得，月移花影上欄干。

試院中四首❷

白髮無聊病更侵，移床卧竹向秋陰。❸
朝來鴈背西風急，吹折江湖萬里心。

二

咫尺淹留可奈何，東西虛共一姮娥。
堦前棗樹應搖落，此夜清光得幾多？

三

青燈照我夢城西，坐上傳觴把菊枝。
忽忽覺來頭更白，隔牆聞語趁朝時。

---

❶ 此題，龍舒本、李注本作「寄題修廣明碧軒」。

❷ 「四首」，原無，據原總目補。此四首爲龍舒本卷七十六《試院中五絕句》之第二、三、四、五首。李注本題作「試院五絕句」。

❸ 「卧竹向秋陰」，李注本作「向竹卧秋陰」。

四

蕭蕭踈雨吹簷角，噎噎暝蛩啼草根。
閑却荒庭歸未得，❶一燈明滅照黃昏。

人間

人間投老事紛紛，才薄何能强致君？
一馬黃塵南陌路，眼中唯見北山雲。

後殿牡丹未開

紅襆未開如婉娩，❷紫囊猶結想芳菲。
此花似欲留人住，山鳥無端勸我歸。

春日❸

柴門照水見青苔，春遶花枝漫漫開。
路遠遊人行不到，日長啼鳥去還來。

寄韓持國

渌遶宫城漫漫流，❹鵝黃小蝶弄春柔。
問知公子朝陵去，歸得花時却自愁。

---

❶「閑」，龍舒本、李注本作「閉」。

❷「如」，龍舒本、李注本作「知」。

❸此首爲龍舒本卷七十二《春日二首》之第二首。

❹「渌遶宫城」，龍舒本、李注本作「渌水環宫」。李注本有小注：「一作渌遶宫城。」龍舒本詩末有小注：「一本作浸遶宫城漫漫流。」

答韓持國

知公尚憶洛城中，醉裏穿花滿袖風。花亦有知還有恨，今爲紅藥主人翁。

出城

慣作野人多野興，欲爲時用少時材。出城偶與沙塵背，轉覺谿山入眼來。

涿州❶

涿州沙上望桑乾，鞍馬春風特地寒。萬里如今持漢節，却尋此路使呼韓。❷

出塞

涿州沙上飲盤桓，看舞春風小契丹。塞雨巧催燕淚落，濛濛吹濕漢衣冠。

入塞❸

荒雲涼雨水悠悠，鞍馬東西鼓吹休。尚有燕人數行淚，回身却望塞南流。❹

❶ 此首爲龍舒本卷七十《入塞二首》之第二首，有小注：「此一首誤在《題試院壁》，觀其文乃是出塞辭，《奉使詩録》不載，恐脱，不敢補次之，輒收附於《入塞》之後。」

❷ 「此」，李注本作「北」。

❸ 此首爲龍舒本卷七十《入塞二首》之第一首。

❹ 「身」，龍舒本作「頭」。

書汜水關寺壁

汜水鴻溝楚漢間，跳兵走馬百重山。
如何咫尺商於地，便有園公綺季閑？

題北山隱居王閑叟壁

荒村日午未開門，雨後餘花滿地存。
舉世但知旌隱逸，❶誰人知道是王孫？

和惠思歲二日二絶

懶讀書來已數年，從人嘲我腹便便。
爲嫌歸舍兒童聒，故就僧房借榻眠。

二

沙礫藏春未放來，荒庭終日守陳荄。
遥憐草色裙腰緑，湖寺西南一徑開。

赴召道中

海氣冥冥漲楚氛，汀洲回薄水横分。
青松十里鍾山路，秖隔西南一片雲。

江東召歸

昨日君恩悞賜環，歸腸一夜繞鍾山。
雖然眷戀明時禄，羞見琅邪有邴丹。

❶「但知」，原作「位能」，據李注本改。

平甫如通州寄之

北山摇落水峥嶸，想見揚帆出廣陵。
平世自無憂國事，求田應不忤陳登。

寄　顯　道

舟約刀頭止歲前，❶故人專使手書傳。
出門江口問消息，❷極目寒沙空渺然。❸

和平父寄道光法師❹

欲見道人非一朝，杖藜無路到青霄。
千巖萬壑排風雨，想對銅鑪栢子燒。

三　品　石❺

草没苔侵棄道周，誤恩三品竟何酬？
國亡今日頑無耻，似爲當年不與謀。

和崔公度家風琴八首

屋山終日信飄飄，似與幽人破寂寥。
爲有機心須强聒，直教懸解始聲消。

❶「舟」，龍舒本作「前」。
❷「口」，龍舒本、李注本作「上」。
❸「空渺」，龍舒本作「已渺」。
❹此題，龍舒本、李注本作「寄北山詳大師」。李注本有小注：「一作和平父寄道光法師。」
❺此首爲龍舒本卷六十三《與伯懿至臺城三首》之第二首，小題同此。

二

簾幕無風起泬寥，誰悲精鐵任飄飄。
隨商應角知無意，不待歌成韻已消。

三

萬物能鳴爲不平，世間歌哭兩營營。
君知此物心何欲？自信天機自有聲。

四

風鐵相敲固可鳴，❶朔兵行夜響行營。
如何清世容高卧，飜作幽窗枕上聲？

五

南風屋角響蕭蕭，白日簾垂坐寂寥。
愛此宫商有真意，與君傾耳盡今朝。

六

風來風去豈嘗要，隨分鏗鏘與寂寥。
不似人間古鍾磬，從來文飾到今朝。

七

繫身高處本無心，萬竅鳴時有玉音。
欲作鏌耶爲物使，知君能笑不祥金。

❶「鳴」，李注本作「驚」。

八

疏鐵簷間挂作琴，清風纔到遽成音。
伊人欲問無真意，向道從來不博金。

送陳靖中舍歸武陵

知君欲上武陵溪，水自東流人自西。
到日桃花應已謝，想君應不爲花迷。

北　山

刳木爲舟數丈餘，卧看風月映芙蕖。
清香一陣渾無暑，時有驚根躍出魚。❶

適　意

一燈相伴十餘年，舊事陳言知幾編。
到了不如無累後，困來顛倒枕書眠。

辱　井❷

結綺臨春草一丘，尚殘宫井戒千秋。
奢淫自是前王恥，不到龍沈亦可羞。

❶「根」，原作「根」，據宋元遞修本、李注本改。
❷ 此首爲龍舒本《與伯懿至臺城三首》之第三首，小題同此。

題金沙

海棠開後數金沙，高架層層吐絳葩。
咫尺西城無力到，不知誰賞魏家花？

夜聞流水

千丈崩奔落石碕，秋聲散入夜雲悲。
州橋月下聞流水，不忘鍾山獨宿時。

詠月三首

寒光乍洗山川瑩，清影遥分草樹纖。
萬里更無雲物動，中天只有兔隨蟾。

二

江海清明上下兼，碧天遥見一毫纖。
此時只欲浮雲盡，窟穴何妨有兔蟾？

三

一片清光萬里兼，幾回圓極又纖纖？
君看出没非無意，豈爲辛懃養玉蟾？

臨川先生文集卷第三十一

臨川先生文集卷第三十二

律　詩七言絶句

次韻杏花三首

只愁風雨劫春回，怕見枝頭爛熳開。
野鳥不知人意緒，啄教零亂點蒼苔。

二

心憐紅蘂與移栽，不惜年年糞壤培。
風雨無時誰會得？欲教零亂强催開。

三

看時高艷先驚眼，折處幽香易滿懷。
野女强簪看亦醜，少教憔悴逐荆釵。

杏園即事

蟠桃移種杏園初，紅抹燕脂嫩臉蘇。
聞道飄零落人世，清香得似舊時無？

宋城道中

都城花木久知春，北路餘寒尚中人。
宿草連雲青未得，東風無賴只驚塵。

對客

窗壁風回午枕涼，清談相對一胡牀。心知帝力同天地，能使人間白日長。

愍儒坑

智力區區不爲身，欲將何力助强秦？❶只應埋没千秋後，更足《詩》《書》發冢人。

遇雪

定知花發是歸期，不奈歸心日日歸。風雪豈知行客恨，向人更作落花飛。

殊勝淵師八十餘因見訪問之近來如何答曰隨緣而已至示寂作是詩❷

寄託荒山鬼與鄰，一生黄卷不離身。百年薪盡隨緣去，莫學緇郎更誤人。

懷舊

吹破春冰水放光，❸山花澗草百般香。身閑處處堪行樂，何事低佪兩鬢霜？

❶「力」，李注本作「物」。
❷此題，龍舒本、李注本作「淵師示寂」，皆入「挽辭」類。
❸「冰」，光啓堂本作「風」。

訪隱者

童子穿雲晚未歸，誰收松下著殘碁？
先生醉卧落花裏，春去人間總不知。

海棠花

緑嬌隱約眉輕掃，❶紅嫩妖饒臉薄粧。
巧筆寫傳功未盡，清才吟詠興何長！

證聖寺杏接梅花未開❷

紅蘂曾遊此地來，青青今見數枝梅。
只應尚有嬌春意，不肯淩寒取次開。

雜詠五首❸

勳業無成照水羞，黄塵入眼見山愁。
煙中漠漠江南岸，更與家人一少留。

二

白頭重到太寧宫，玉珮瓊琚在眼中。
歌舞可憐人暗換，花開花落幾春風？

❶「嬌」，原作「驕」，據龍舒本、李注本改。

❷此首爲龍舒本卷六十三《與伯懿至臺城三首》之第一首，小題同此。

❸此五首，前四首爲龍舒本卷七十五《雜詠絶句十五首》之第二、三、六、七首，第五首龍舒本無。「五首」，李注本作「六首」，第六首爲龍舒本第九首，底本不載。

三

朝陽映屋擁書眠，夢想鍾山一慨然。投老安能長忍垢？會當歸此濯寒泉。

四

烏石岡頭躑躅紅，東江柳色漲春風。物華人意曾相值，永日留連草莽中。

五

小雨蕭蕭潤水亭，花風颭颭破浮萍。看花聽竹心無事，風竹聲中作醉醒。

書陳祈兄弟屋壁

千里歸來倦宦身，欲尋田宅豫求鄰。能將孝友傳家世，鄉邑如君更幾人？

郊行

柔桑採盡綠陰稀，蘆箔蠶成密繭肥。聊向村家問風俗，如何勤苦尚凶飢？

破冢二首

埋没殘碑草自春，❶旋風時出地中塵。墦間夜半分珠玉，猶是當時乞祭人。

❶ 「碑草」，李注本作「草碑」。

二

殘桲穿來欲幾春？蕭蕭長草没騏驎。墦間或有樵蘇客，未必他年醉飽人。

題景德寺試院壁至和三年八月十日。

屋東瓜蔓已扶踈，小石藍花破萼初。從此到寒能幾日？風沙還見一年除。

金陵報恩大師西堂方丈二首

簷花映日午風薰，時有黄鸝隔竹聞。香灺一鑪春睡足，上方車馬正紛紛。

二

蕭蕭出屋千竿玉，靄靄當牕一炷雲。心力長年人事外，種花移石尚殷勤。

題正覺院籦龍軒二首

北軒名字經平子，愛此吾能爲賦詩。山雨江風一披拂，籦龍還自有吟時。

二

仙事茫茫不可知，籦龍空此見孫枝。壺中若有閑天地，何苦歸來問葛陂？

相州古瓦硯

吹盡西陵歌舞塵，當時屋瓦始稱珍。❶甄陶往往成今手，尚託聲名動世人。

望夫石

雲鬟煙鬢與誰期，一去天邊更不歸。還似九疑山下女，❷千秋長望舜裳衣。

山前

山前溪水漲潺潺，山後雲埋不見山。不趁雨來耕水際，即穿雲去卧山間。

江雨

冥冥江雨濕黄昏，天入滄洲漫不分。北澗欲通南澗水，南山正遶北山雲。

揚子二首❸

儒者陵夷此道窮，千秋止有一揚雄。當時薦口終虚語，賦擬相如却未工。

❶「屋瓦」，光啓堂本作「瓦硯」。

❷「下」，龍舒本、李注本作「上」。

❸此二首，龍舒本、李注本作《揚子三首》，其第三首底本不載。

二

道真沉溺九流渾，❶獨泝頽波討得源。
歲晚强顏天禄閣，秖將奇字與人言。

獨卧二首❷

誰有耡耰不自操，可憐園地滿蓬蒿。
欲尋春物無蹊徑，獨卧南牀白日高。一作「日自高」。

二

茅簷午影轉悠悠，門閉青苔水亂流。
百囀黄鸝看不見，海棠無數出牆頭。

孟子

沉魄浮魂不可招，遺編一讀想風標。
何妨舉世嫌迂濶，故有斯人慰寂寥。

商鞅

自古驅民在信誠，一言爲重百金輕。
今人未可非商鞅，商鞅能令政必行。

蘇秦

已分將身死勢權，惡名磨滅幾何年？

❶「道真沉溺九流渾」，龍舒本、李注本作「九流沈溺道真渾」，皆有小注：「一本作道真沈溺九流渾。」

❷此二首爲龍舒本卷七十六《獨卧三首》之第一、二首。

想君魂魄千秋後，却悔初無二頃田。

范睢

范睢相秦傾九州，一言立斷魏齊頭。世間禍故不可忽，簀中死屍能報讎。

張良

漢業存亡俯仰中，留侯當一作於。此每從容。固陵始議韓彭地，複道方圖雍齒封。

曹參

束髮河山百戰功，白頭富貴亦成空。華堂不著新歌舞，却要區區一老翁。

韓信

貧賤侵凌富貴驕，功名無復在芻蕘。將軍北面師降虜，此事人間久寂寥。

伯牙

千載朱弦無此悲，欲彈孤絶鬼神疑。故人捨我閉黄壤，❶流水高山心自知。❷

❶「閉」，龍舒本、李注本作「歸」。李注本有小注：「歸一作閉。」

❷「心」，龍舒本作「深」。

范增二首

中原秦鹿待新羈，力戰紛紛此一時。有道弔民天即助，不知何用牧羊兒？

二

鄛人七十漫多奇，爲漢敺民了不知。誰合軍中稱亞父，直須推讓外黄兒。

賈生❶

一時謀議略施行，誰道君王薄賈生？爵位自高言盡廢，古來何啻萬公卿？

兩生

兩生才器亦超羣，黑白何勞强自分。好與騎奴同一處，此時俱事衛將軍。

謝安

謝公才業自超羣，誤長清談助世紛。秦晉區區等亡國，可能王衍勝商君？

世上

范蠡五湖收遠迹，管寧滄海寄餘生。可憐世上風波惡，最有仁賢不敢行。

❶ 此首爲龍舒本卷七十三《賈生二首》之第二首。

讀後漢書

錮黨紛紛果是非，❶當時高士見精微。
可憐竇武、陳蕃輩，欲與天爭漢鼎歸。

讀蜀志

千載紛争共一毛，可憐身世兩徒勞。
無人語與劉玄德，問舍求田意最高。

讀唐書

志士無時亦少成，中才隨世就功名。
并汾諸子何爲者？坐與文皇立太平。

讀開成事

姦罔紛紛不爲明，有心天下共無成。
空令執筆螭頭者，日記君臣口舌争。

别和甫赴南徐❷

都城落日馬蕭蕭，雨壓春風暗柳條。
天際歸艎那可望，只將心寄海門潮。

寄茶與和甫

綵絳縫囊海上舟，月團蒼潤紫煙浮。

❶「錮黨」，李注本作「黨錮」。
❷「赴南徐」，龍舒本無此三字。

集英殿裏春風晚，分到并門想麥秋。

寄茶與平甫

碧月團團墮九天，封題寄與洛中仙。石樓試水宜頻啜，❶金谷看花莫漫煎。

戲長安嶺石

附巘憑崖豈易躋，無心應合與雲齊。橫身勢欲填滄海，肯爲行人惜馬蹄？

代　答

破車傷馬亦天成，所託雖高豈自營。四海不無容足地，行人何事此中行？

促　織

金屏翠幔與秋宜，得此年年醉不知。秖向貧家促機杼，幾家能有一絇絲？

臘　享

明星慘澹月參差，萬竅含風各自悲。人散廟門燈火盡，却尋殘夢獨多時。

臨川先生文集卷第三十二

❶ 「樓」，龍舒本、李注本作「城」。

臨川先生文集卷第三十三

律詩七言絶句

杏花

垂楊一徑紫苔封，人語蕭蕭院落中。
獨有杏花如喚客，倚牆斜日數枝紅。

城東寺菊

黄花漠漠弄秋暉，無數蜜蜂花上飛。
不忍獨醒孤爾去，慇懃爲折一枝歸。

拒霜花

落盡羣花獨自芳，紅英渾欲拒嚴霜。
開元天子千秋節，戚里人家承露囊。

燕

處處定知秋後别，年年長向社前逢。❶
行藏自欲追時節，❷豈是人間不見容？

❶「長」，李注本作「常」，有小注：「一作長。」

❷「自」，龍舒本、李注本作「似」。李注本有小注：「一作自。」

吐綬雞

樊籠寄食老低摧，組麗深藏肯自媒。天日清明聊一吐，兒童初見互驚猜。

黄鸝

野花吹盡竹娟娟，尚有黄鸝最可憐。婭姹不知緣底事，背人飛過北山前。

蝶❶

翅輕於粉薄於繒，長被花牽不自勝。若信莊周尚非我，❷豈能投死爲韓憑？

暮春❸

無限殘紅著地飛，谿頭煙樹翠相圍。楊花獨得東風意，❹相逐晴空去不歸。

真州東園作

十年歷遍人間事，❺却遶新花認故叢。南北此身知幾日，山川長在淚痕中。

❶ 此首龍舒本入卷七十九「集句」類。
❷ 「我」，龍舒本作「夢」。
❸ 此首爲龍舒本卷七十二《暮春三首》之第二首。
❹ 「東」，龍舒本作「春」。
❺ 「歷遍」，龍舒本作「遍歷」。

過皖口

皖城西去百重山，陳迹今埋杳靄間。白髮行藏空自感，春風江水照衰顔。

發粟至石陂寺

鬵水穿山近更賒，❶三更燃火飯僧家。乘田有秩難逃責，從事雖勤敢嘆嗟？

別皖口

浮煙漠漠細沙平，飛雨濺濺嫩水生。異日不知來照影，更添華髮幾千莖？

別灊皖二山

鄉壘新恩借舊朱，欲辭灊皖更躊躕。攢峰列岫應譏我，❷飽食窮年報禮虛。❸

舒州被召試不赴偶書

戴盆難與望天兼，自怪虛名亦自嫌。❹槁壤太牢俱有味，可能蚯蚓獨清廉。

❶「更」，光啓堂本作「水」。

❷「岫」，龍舒本作「秀」。

❸「窮」，龍舒本作「虛」，李注本作「頻」，有小注：「一作窮。」「報」，龍舒本作「執」。

❹「怪」，龍舒本、李注本作「笑」。

舟過長蘆

木落草摇洲渚昏，泊船深閉雨中門。回燈只欲尋歸夢，兒女紛紛强笑言。

金山三首❶

北檝南檣泊四垂，共憐金碧爛參差。孤根萬丈滄波底，除却蛟龍世不知。

二

波瀾蕩沃乾坤大，氣象包藏水石間。❷秪有此中宜曠望，誰令天作海門山？

三

天日蒼茫海氣深，一船西去此登臨。❸丹樓碧閣皆時事，只有江山古到今。

泊姚江❹

山如碧浪翻江去，水似青天照眼明。唤取仙人來住此，莫教辛苦上層城。

❶ 此三首爲龍舒本卷六十四《金山寺五首》之第二、四、五首。李注本題作「金山寺」。

❷ 「間」，龍舒本、宋元遞修本、應刻本、李注本作「閑」。

❸ 「一船西去此登臨」，龍舒本作「空來高處此登臨」，李注本作「每來高處一登臨」。

❹ 此首爲龍舒本卷七十《泊姚江二首》之第一首。

遊鍾山❶

兩山松櫟暗朱藤，❷一水中間勝武陵。午梵隔雲知有寺，夕陽歸去不逢僧。

龍泉寺石井二首

山腰石有千年潤，海一作石。眼泉無一日乾。天下蒼生待霖雨，不知龍向此中蟠。❸

二

人傳湫水未嘗枯，❹滿底蒼苔亂髮麤。四海旱多霖雨少，此中端有臥龍無？

興國樓上作

松篁不動翠相重，日射流塵四散紅。地上行人愁暍死，那知高處有清風？

別灊閣

一溪清瀉百山重，風物能留邴曼容。後夜肯思幽興極，月明孤影伴寒松。

---

❶ 此首爲龍舒本卷六十四《遊鍾山四首》之第二首。

❷ 「藤」，原作「滕」，據龍舒本、宋元遞修本、應刻本、李注本改。

❸ 「蟠」，原闕，據龍舒本、宋元遞修本、應刻本、李注本補，光啓堂本作「看」。

❹ 「湫水」，龍舒本、李注本作「此井」。

杭州望湖樓回馬上作呈玉汝樂道❶

水光山氣碧浮浮，落日將歸又少留。
從此秪應長入夢，夢中還與故人遊。

奉和景純十四丈三絶❷

身先諸老斡樞機，再見王門闔左扉。
但恨東歸相値晚，豈知臨别更心違？

二

幾年相約在林丘，眼見京江更阻遊。
遺我珠璣何以報，恨無瑶玉與公舟。

三

藏春花木望中迷，水複山長道阻躋。
怊悵老年塵世累，❸無因重到武陵溪。

臨津❹

臨津豔豔花千樹，夾徑斜斜柳數行。
却憶金明池上路，紅裙争看緑衣郎。

❶「杭州」，龍舒本無此二字。
❷「奉」，龍舒本、李注本無此字。
❸「怊」，龍舒本、李注本作「惆」。
❹此首爲龍舒本卷六十六《次韻和甫春日金陵登臺二首》之第二首。李注本詩末有小注：「此平父詩，誤刊於公集。」

汀沙❶

汀沙雪漫水溶溶，睡鴨殘蘆晻靄中。歸去北人多憶此，每家圖畫有屏風。❷

西山❸

西山映水碧潭潭，楚老長謡淚滿衫。但道使君留不得，那知肯更憶江南？

和文淑張氏女弟。❹

天梯雲棧蜀山岑，下視嘉陵水萬尋。我得一舟江上去，恐君東望亦傷心。

春入❺

春入園林百草香，池塘冰散水生光。身閑是處堪攜手，何事低佪兩鬢霜？

暮春❻

芙蕖的歷抽新葉，苜蓿闌干放晚花。白下門東春已老，莫嗔楊柳可藏鵶。

❶ 此首爲龍舒本卷五十二《和張仲通憶鍾陵絶句四首》之第三首，另無篇題。
❷「每家」，龍舒本、李注本作「家家」。
❸ 此首爲龍舒本卷五十二《和張仲通憶鍾陵絶句四首》之第四首，另無篇題。
❹「張氏女弟」，龍舒本無此題下小注。
❺ 此首爲龍舒本卷七十四《有感五首》之第四首。
❻ 此首爲龍舒本卷七十二《暮春三首》之第三首。

烏江亭

百戰疲勞壯士哀，中原一敗勢難迴。
江東子弟今雖在，肯與君王卷土來？❶

漢武

壯士悲歌出塞頻，中原蕭瑟半無人。
君王不負長陵約，直欲功成賞漢臣。

諸葛武侯

慟哭楊顒爲一言，❷餘風今日更誰傳？
區區庸蜀支吴魏，❸不是虚心豈得賢？

望越亭

亂山千頃翠相圍，衮衮滄江去復歸。
安得病身生羽翼，長隨沙鳥自由飛？

春日席上❹

十年流落負歸期，臨水登山各有思。
今日樽前千萬恨，不堪頻唱鷓鴣辭。

❶「與」，李注本作「爲」。
❷「楊」，原作「何」，據龍舒本、李注本改。
❸「吴」，龍舒本作「全」。
❹此首爲龍舒本卷六十二《春日席上二首》之第一首。

句容道中

荒煙寒雨暮山重，草木冥冥但有風。

二十四年三往返，一身多在百憂中。❶

晏望驛釋舟走信州

病起行山山更險，下窮溪谷上通天。

乘高欲作東南望，青壁松杉滿我前。❷

祈澤寺見許堅題詩

藹藹春風入水村，森森喬木映朱門。

高人遺蹟空佳句，誰識旌陽後世孫？

送陳景初❸陳善醫。

慘淡淮山水墨秋，行人不飲奈離愁。

藥囊直入長安市，誰識柴車載伯休？

巫　峽

神女音容詎可求？青山回抱楚宮樓。

朝朝暮暮空雲雨，不盡襄王萬古愁。

❶「多」，龍舒本、李注本作「長」。

❷「松杉」，宋元遞修本作「杉杉」。「我」，龍舒本、李注本作「眼」。

❸此首爲龍舒本卷五十八《送陳景初金陵持服舉族貧病煩君藥石之功小詩二首》之第二首。

徐秀才園亭

茂松脩竹翠紛紛，正得山阿與水濆。
笑傲一生雖自樂，有司還欲選方聞。

中茅峯石上徐鍇篆字題名

百年風雨草苔昏，尚有當年墨法存。
秖恐終隨嶧碑盡，西風吹燒滿秋原。

欲　雪

天上雲驕未肯同，晚來雪意已填空。
欲開新酒邀嘉客，❶更待天花落坐中。

上元夜戲作❷

馬頭乘興尚誰先？❸曲巷橫街一一穿。
盡道滿城無國豔，不知朱户鎖嬋娟。

石　竹　花❹

春歸幽谷始成叢，地面芬敷淺淺紅。
車馬不臨誰見賞？可憐亦解度春風。

❶「新」，李注本作「旨」。
❷此題下，李注本有小注：「疑此平甫作。」
❸「先」，光啓堂本作「見」。
❹此首爲龍舒本卷七十七《石竹花二首》之第二首。

黄花

四月揚州芍藥多，先時爲別苦風波。
還家忽忽驚秋色，獨見黄花出短莎。

木芙蓉

水邊無數木芙蓉，露染燕脂色未濃。
正似美人初醉着，强擡青鏡欲糚慵。

精衛

帝子銜冤久未平，區區微意欲何成？
情知木石無云補，待見桑田幾變更？❶

戲贈育王虛白長老

白雲山頂病禪師，昔日公卿各贈詩。
行盡四方年八十，却歸荒寺有誰知？

黄河

派出崑崙五色流，一支黄濁貫中州。
吹沙走浪幾千里，轉側尾閭無處求。❷

東江

東江木落水分洪，伐盡黄蘆洲渚空。

❶「幾」，龍舒本作「我」。
❷「尾」，原作「屋」，據李注本改。

南澗夕陽煙自起，西山漠漠有無中。

北望

欲望淮南更白頭，杖藜蕭颯倚滄洲。
可憐新月爲誰好，無數晚山相對愁。

驪山

六籍燃除士不磨，❶驪山如此盜兵何！
五陵珠玉歸人世，却爲《詩》《書》發冢多。

縣舍西亭二首❷

山根移竹水邊栽，已見新篁破嫩苔。❸
可惜主人官便滿，無因長向此徘徊。

二

主人將去菊初栽，落盡黄花去却迴。
到得明年官又滿，不知誰見此花開？

鐵幢浦

憶昨初爲海上行，日斜來往看潮生。
如今身是西歸客，❹迴首山川覺有情。

❶「士」，原作「七」，據龍舒本、宋元遞修本、應刻本、李注本改。
❷此二首爲龍舒本卷六十七《起縣舍西亭三首》之第一、二首。
❸「見」，李注本作「覺」。
❹「身」，李注本作「舟」。「客」，原作「去」，據李注本改。

臨吴亭作❶

補穿葺漏僅區區，志義殊嗟士大夫。
欲致太平非一日，謾勞使者報新書。

蘇州道中順風

北風一夕阻東舟，清早飛帆落虎丘。❷
運數本來無得喪，人生萬事不須謀。

臨川先生文集卷第三十三

---

❶ 「作」，龍舒本、李注本無此字。李注本題下有小注：「臨恐是勾字。」

❷ 「早」，龍舒本、李注本作「曉」。

臨川先生文集卷第三十四

律　詩七言絶句

送僧惠思歸錢塘

淥净堂前湖水淥，歸時正復有荷花。
花前亦見餘杭姥，爲道仙人憶酒家。

松　江❶

來時還似去時天，欲道來時已悃然。
秖有松江橋下水，無情長送去來船。

秋　日

莫言草木未知秋❷，今日風雲已自愁。
獨傍黄塵騎一馬，行看蕭索聽颼颼。❸

中秋夕寄平甫諸弟

浮雲吹盡數秋毫，爚爚金波滿滿醪。
千里得君詩挑戰，夜壇誰敢將風騷？

❶ 此首爲龍舒本卷七十一《松江》二首之第二首。
❷ 「草木」，龍舒本作「秋草」，李注本作「秋早」，有小注：「一作草木。」
❸ 「颼颼」，龍舒本、李注本作「颼飀」。

靈　山

靈山寧與世爲仇？斤斧侵凌自不休。
水玉比來聞長價，市人無數起相讎。

荷　花

亭亭風露擁川坻，天放嬌嬈豈自知？
一舸超然他日事，故應將爾當西施。

殘　菊

黄昏風雨打園林，殘菊飄零滿地金。
攟得一枝猶好在，❶可憐公子惜花心。

竹　窗❷

竹窗紅莧兩三根，山色遥供水際門。
只我近知牆下路，能將屐齒記苔痕。

出定力院作

江上悠悠不見人，十年塵垢夢中身。
慇懃爲解丁香結，❸放出枝間自在春。

❶「攟」，龍舒本、李注本作「折」。「猶」，龍舒本、李注本作「還」。李注本有小注：「一作猶。」

❷此首爲龍舒本卷六十四《鍾山絶句二首》之第二首，另無篇題。

❸「爲」，李注本作「未」，有小注：「一作爲。」

寄育王大覺禪師❶

山木悲鳴水怒流，百蟲專夜思高秋。
道人方丈應無夢，想復長吟擬慧休。

送僧遊天台

天台一萬八千丈，❷歲晏老僧携錫歸。
前程好景解吟否？密雪亂雲緘翠微。

次韻張仲通水軒

池雨含煙暝不收，草根長見水交流。
愛君古錦囊中句，解道今秋似去秋。

送陳令

長谿流水碧潺潺，古木蒼藤暗兩山。❸
把臂道人今在否？長官白首尚人間。

無錫寄正之❹

健席高檣送病身，亂山荒隴障歸津。
應須一曲千回首，西去論心更幾人？

❶ 此首爲龍舒本卷六十《寄大覺禪師二首》之第一首。
❷ 「八」，原作「六」，據龍舒本、宋元遞修本、應刻本、李注本改。
❸ 「兩」，宋元遞修本、應刻本作「雨」。
❹ 「寄」下，李注本有「孫」字。

謾成

清時無路取封侯，病卧牛衣已數秋。
日月不膠時易失，感今懷昔使人愁。

初晴❶

一抹明霞黯淡紅，瓦溝已見雪花融。
前山未放曉寒散，猶鎖白雲三兩峯。

釣者

釣國平生豈有心？解甘身與世浮沈。
應知渭水車中老，自是君王著意深。

將次鎮南

豫章江面朔風驚，浩蕩帆船破浪行。
目送家山無幾許？千年空想蟪蛄聲。

出金陵

白石岡頭草木深，春風相與散衣襟。
浮雲映郭留佳氣，飛鳥隨人作好音。

酬王微之

一雨迴飇助蓐收，炎曦不復畏金流。

❶ 此首不見於龍舒本，宋鄭獬《鄖溪集》卷二八收載此詩，題作「雪晴」。

君家咫尺堪乘興，想岸烏紗對奕秋。❶

題玉光亭

傳聞天下此埋瘞，❷千古誰分僞與真？
每向小庭風月夜，却疑山水有精神。

贈僧

紛紛擾擾十年間，世事何嘗不强顔？
亦欲心如秋水静，應須身似嶺雲閑。

嘲叔孫通

馬上功成不喜文，叔孫緜蕝共經綸。
諸君可笑貪君賜，便許當時作聖人。❸

和净因有作

朝紅一片墮牕塵，禪客翛然感此辰。
更覺城中芳意少，不如山野早知春。

張工部廟

使節紛紛下禁中，幾人曾到此城東？
獨君遺像今如在，廟食真須德與功。

❶「紗」，龍舒本、宋元遞修本、應刻本、李注本作「巾」。
❷「下」，龍舒本、李注本作「玉」。
❸「許」，李注本作「計」。「當時」，李注本有小注：「别本作先生。」

次韻和張仲通見寄三絶句❶

高山流水意無窮，三尺空絃膝上桐。
默默此時誰會得？坐凭江閣看飛鴻。

二

收拾乾坤付一壺，世間無物直錙銖。
醉鄉舊業拋來久，更欲因君稍問塗。

三

欹枕狂歌擊唾壺，直將軒冕等錙銖。
醉鄉岐路君知否？不似人間足畏塗。

宣州府君喪過金陵

百年難盡此身悲，眼入春風秪涕洟。
花發鳥啼皆有思，忍尋棠棣鶺鴒詩。

觀王氏雪圖

崔嵬相映雪重重，茅屋柴門在半峯。
想有幽人遺世事，獨臨青峭倚長松。

韓　子

紛紛易盡百年身，舉世何人識道真？

❶「次韻」，龍舒本、李注本無此二字。

力去陳言夸末俗，❶可憐無補費精神。一本作「默默誰令識道真」。

宰嚭

謀臣本自繫安危，賤妾何能作禍基？
但願君王誅宰嚭，不愁宮裏有西施。

郭解

藉交唯有不貲恩，❷漢法歸成棄市論。
平日五陵多任俠，可能推刃報王孫？

古寺

寥寥蕭寺半遺基，遊客經年斷履綦。
猶有齊梁舊時殿，塵昏金像雨昏碑。

越人以幕養花因遊其下二首❸

幕天無日地無塵，百紫千紅占得春。
野草自花還自落，落時還有惜花人。

二

尚有殘紅已可悲，更憂回首秖空枝。❹
莫嗟身世渾無事，睡過春風作惡時。

❶「末」，光啓堂本作「事」。
❷「唯」，龍舒本、李注本作「雖」。
❸「因」，李注本無此字。
❹「憂」，李注本作「憐」。

魚　兒

遶岸車鳴水欲乾，魚兒相逐尚相歡。無人挈入滄江去，汝死那知世界寬？

離鄞至菁江東望

村落蕭條夜氣生，側身東望一傷情。丹樓碧閣無處所，秖有谿山相照明。

信州迴車館中作二首

太白山根秋夜静，亂泉深水遶牀鳴。病來空館聞風雨，恰似當年枕上聲。

二

山木漂摇卧弋陽，因思太白夜淋浪。西窗一榻芭蕉雨，❶一作「芭蕉一枕西窗雨」。復似當時水遶牀。

天童山溪上

溪水清漣樹老蒼，行穿溪樹踏春陽。溪深樹密無人處，唯有幽花渡水香。

❶「西窗一榻芭蕉雨」，龍舒本、李注本作「芭蕉一枕西窗雨」。李注本有小注：「一作西窗一榻芭蕉雨。」

鄞縣西亭❶

收功無路去無田，竊食窮城度兩年。
更作世間兒女態，亂栽花竹養風煙。

寄和甫

水村悲喜拆書看，聞道并州九月寒。
憶得此時花更好，舉家憐女不同盤。

寄伯兄

身留海上去何時？秖看春鴻北向飛。
安得先生同一飲？❷蕨芽香嫩鱟魚肥。

別鄞女

行年三十已衰翁，❸滿眼憂傷秖自攻。❹今夜扁舟來訣汝，❺死生從此各西東。❻

真州馬上作

身隨飢馬日中行，眼入風沙困欲盲。❼

❶此首爲龍舒本卷六十七《起縣舍西亭三首》之第三首。
❷「飲」，李注本作「飯」，有小注：「一作飽。」
❸「行年」，龍舒本作「年登」。
❹「憂」，龍舒本作「離」。
❺「夜」，龍舒本作「泛」。
❻「死生從此」，龍舒本作「此生蹤跡」。
❼「困」，光啓堂本作「因」。

心氣已勞形亦弊，自憐於世欲何營？

登飛來峯

飛來山上千尋塔，聞說雞鳴見日昇。
不畏浮雲遮望眼，自緣身在最高層。

讀漢功臣表

漢家分土建忠良，鐵券丹書信誓長。
本待山河如帶礪，何緣葅醢賜侯王？

詠月

追隨落日盡還生，點綴浮雲暗又明。
江有蛟龍山虎豹，清光雖在不堪行。

金山❶

怪祕陰靈與護持，重丹複碧煥參差。
滄江見底應無日，萬丈孤根世不知。

疊翠亭

煙籠遠浦迷芳草，日照澄湖浸碧峯。
幸有清樽堪酩酊，忍陪良友不從容。

❶ 此首爲龍舒本卷六十四《金山五首》之第三首。

默默❶

默默長年有所思，世間談笑强追隨。❷蒼髯欲出朱顔謝，❸更覺求田問舍遲。

達本❹

未能達本且歸根，真照無知豈待言。枯木巖前猶失路，❺那堪春入武陵原？❻

寓言二首❼

太虚無實可追尋，葉落松枝謾古今。若見桃花生聖解，不疑還自有疑心。

二

本來無物使人疑，却爲參禪買得癡。聞道無情能説法，面牆終日妄尋思。

---

❶ 此首爲龍舒本卷六十四《無題二首》之第二首，另無篇題。

❷「强」，李注本作「謾」。

❸「出」，李注本作「茁」。「謝」，龍舒本、李注本作「去」。

❹ 此首爲龍舒本、李注本《寓言三首》之第三首，另無篇題。

❺「巖」，龍舒本作「發」。

❻「原」，龍舒本、李注本作「源」。

❼ 此二首爲龍舒本、李注本《寓言三首》之第一、二首。

偶書

穰侯老擅關中事，長恐諸侯客子來。❶我亦暮年專一壑，每逢車馬便驚猜。❷

揚子❸

千古雄文造聖真，眇然幽思入無倫。他年未免投天禄，虚爲新都著《劇秦》。

讀《維摩經》有感

身如泡沫亦如風，刀割香塗共一空。宴坐世間觀此理，維摩雖病有神通。

春日即事

池北池南春水生，桃花深處好閑行。細思擾擾夢中事，何用悠悠身後名？

贈安大師❹

獨龍岡北第三峯，逋客歸來老更慵。敗屋數椽青繚繞，冷雲深處不聞鍾。

❶「長」，宋趙德麟《侯鯖録》卷二引此詩作「嘗」。
❷「逢」，宋趙德麟《侯鯖録》卷二引此詩作「聞」。
❸此首爲龍舒本、李注本《揚子三首》之第三首。
❹「大」，原作「太」，據宋元遞修本、應刻本改。

送李生白華巖修道

白華巖主是金僊，❶假作山僧學道禪。❷珍重此行吾不及，爲傳消息結因緣。

寄道光大師

秋雨漫漫夜復朝，可嗟蔀屋望重霄。遥知宴坐無餘念，萬事都從劫火燒。

示報寧長老

白下亭東鳴一牛，山林陂港净高秋。新營棗棫我檀越，❸曾悟布毛誰比丘？

紅梨❹

紅梨無葉庇花身，黄菊分香委路塵。歲晚蒼官纔自保，日高青女尚横陳。

鵶

依倚秋風氣象豪，似欺黄雀在蓬蒿。不知羽翼青冥上，腐鼠相隨勢亦高。

❶「主」，原作「王」，據龍舒本、宋元遞修本、應刻本、李注本改。
❷「道」，李注本有小注：「一作坐。」
❸「棫」，李注本作「域」，有小注：「域一作棫。」
❹此首爲龍舒本卷七十五《絶句九首》之第三首，另無篇題。

驢二首

力侔龍象或難堪，脣比仙人亦未慚。臨路長鳴有真意，盤山弟子欠同參。❶

二

雖得康莊亦好還，每逢溝壍便知難。由來此物非他物，莫道何曾似仰山？

臨川先生文集卷第三十四

❶「欠」，龍舒本、李注本作「久」。

臨川先生文集卷第三十五

挽　辭

仁宗皇帝挽辭四首

去序三朝聖，行崩萬國天。憂勤無曠古，治洽最長年。仁育齊高厚，哀思罄幅員。欲知千載美，道德冠遺編。

二

馮几微言絶，羣臣涕泗揮。哀號三級陛，縞素九重圍。天上仙遊遠，宫中御座非。最悲帷幄侍，不復未明衣。

三

厭代人間世，收神天上游。遽然虚玉座，不復望珠旒。待旦移巾幘，饔人改膳羞。尋常飛白几，寂寞暗塵浮。

四

同軌羣方至，因山十月催。❶永違天日表，空有肺肝摧。帳殿流蘇卷，鈴歌《薤露》哀。宫中垂曉鞠，西去不更回。

❶「十」，李注本作「七」。

英宗皇帝挽辭二首

御氣方尊極，乘雲已泬寥。❶衣冠萬國會，陵寢百神朝。夏鼎傳歸啓，虞羹想見堯。誰當授椽筆，論德在瓊瑤。

二

玉册上鴻名，猶殘警蹕聲。忽辭千歲祝，虛卜五年征。羽衛悲哀送，山陵指顧成。謳歌歸聖子，世孝在持盈。

神宗皇帝挽辭二首

將聖由天縱，成能與鬼謀。聰明初四達，俊乂盡旁求。一變前無古，三登歲有秋。謳歌歸子啓，欽念禹功修。

二

城闕宫車轉，山林隧路歸。蒼梧雲未遠，姑射露先晞。玉暗蛟龍蟄，金寒鴈鶩飛。老臣他日淚，湖海想遺衣。

慈聖光獻皇后挽辭二首❷

國賴姜任盛，門歸馬鄧高。《關雎》求窈窕，《卷耳》念勤勞。聖淑才難擬，休明運

❶「泬」，李注本作「沈」。

❷「慈聖光獻皇后」，龍舒本作「太皇太后」，李注本作「皇太后」。

繼遭。岡原今獻卜，❶帷扆正攀號。❷

二

塗山女德茂，京室母才難。具美多前志，餘光永後觀。遺衣遷館御，祖載出宮葅。終始神孫孝，長留萬國歡。

正肅吴公挽辭三首❸公嘗舉賢良，終河南守，葬鄭。予舉進士時，公知舉。❹

從容邊塞議，慷慨廟堂争。❺曲突非無驗，方穿有不行。搢紳終倚賴，❻贈襚極哀榮。❼豈慕公孫貴？❽平生學董生。❾

二

應世文章手，宜民政事才。朝多側目忌，士有拊心哀。書蠹平生簡，香寒後夜灰。悠悠國西路，空得葬車回。

❶「獻」，龍舒本作「戲」。
❷「帷」，龍舒本、李注本作「維」。
❸「正肅吴公」，龍舒本、李注本作「吴正肅公」。此三首分別爲龍舒本、李注本第二、三、一首。
❹「公嘗」至「知舉」，龍舒本無此十九字小注。
❺「慷慨」，龍舒本作「抗疏」。
❻「搢紳」，龍舒本、李注本作「朝廷」。李注本有小注：「一作搢紳。」
❼「贈」，龍舒本、李注本作「賻」。
❽「慕」、「貴」，龍舒本、李注本作「愧」、「相」。李注本有小注：「一作慕。」
❾「學」，龍舒本、李注本作「慕」。李注本有小注：「一作學。」

三

昔繼吳公治，今從子產遊。里門無舊客，鄉國有新丘。謀讓裨諶遠，文歸賈誼優。此時辜怨寵，西望涕空流。

文元賈公挽辭二首❶

功名烜赫在三朝，經術從容輔漢條。儒服早紆丞相紱，戎冠再插侍中貂。開倉六塔流人復，❷出甲甘陵叛黨銷。東第秖今空畫像，當時於此識風標。

二

銘旌蕭颯九秋風，《薤露》悲歌落月中。華屋幾人思謝傳，❸佳城今日閉滕公。名垂竹帛書勳在，神寄丹青審象同。天上貂蟬曾夢賜，歸魂應侍紫陽宮。❹

元獻晏公挽辭三首❺

文章晉康樂，經術漢公孫。舊秩疑丞貴，前功保傅尊。傳呼猶在耳，會哭已填門。蕭瑟城南路，嗚笳上九原。

❶「文元賈公」，龍舒本、李注本作「賈魏公」。
❷「人」，龍舒本、李注本作「民」。
❸「謝」，原作「賈」，據龍舒本、李注本改。
❹「侍」，原作「佩」，據龍舒本、李注本改。
❺「元獻晏公」，龍舒本、李注本作「晏元獻公」。

二

終賈年方妙，蕭曹地已親。優游太平日，密勿老成人。抗論辭多祕，賡歌迹已陳。功名千載下，不負漢庭臣。

三

感會真奇遇，飛揚獨妙齡。他年西餞日，此夜上騎星。宿惠留藩屏，餘忠在禁庭。音容無處所，髣髴寄丹青。

忠獻韓公挽辭二首❶

心期自與衆人殊，骨相知非淺丈夫。獨斡斗杓環帝座，親扶日轂上一作繼。天衢。鋤耰萬里山無盜，衮繡三朝國有儒。爽氣忽隨秋露盡，但留陳迹在龜趺。❷

二

兩朝身與國安危，典策哀榮此一時。木稼嘗聞達官怕，❸山頹果見哲人萎。英姿爽氣歸圖畫，茂德元勳在鼎彝。幕府少年今白髮，傷心無路送靈輀。

❶「忠獻韓公」，龍舒本、李注本作「韓忠獻」。

❷「但留」，龍舒本、李注本作「謾憑」。李注本有小注：「一作但留。」

❸「嘗」，龍舒本、李注本作「曾」，宋元遞修本、應刻本作「常」。

正憲吴公挽辭❶

丙魏雖遭漢道昌，豈如公出值虞唐？秀鍾舊國山川氣，榮附中天日月光。更化事功參虎變，贊元時序得金穰。傷心鼓吹城南陌，回首新阡栢一行。

孫威敏公挽辭

功名一世事，興廢豈人謀？重爲蒼生起，終隨逝水流。凄涼歸部曲，零落掩山丘。許國言猶在，姦諛可使羞。

崇禧給事同年馬兄挽辭二首❷

慶曆公偕起，元豐我獨傷。兩楹終昔夢，五鼎繼前喪。薰歇曾攀桂，甘留所憩棠。素風知不墜，能世有諸郎。

二

藏室亡三篋，得之公最多。露晞當晚景，川逝作前波。惠寄輿人誦，悲傳挽者歌。竹西攜手處，清淚遡山河。❸

陳動之祕丞挽辭二首

年高漢賈誼，官過楚荀卿。望古君無

❶「正憲吴公」，龍舒本作「故吴相公」，李注本作「故相吴正憲公」。

❷「同年」，李注本無此二字。

❸「清淚」，龍舒本、李注本作「漬灑」。李注本有小注：「一作清淚。」

憾，論今我未平。有風吹畫翣，無日照佳城。空復文章在，流傳世上名。

二

人間三十六，追逐孔鸞飛。似欲來爲瑞，如何去不歸？琴樽已寂寞，筆墨尚光輝。空復平生友，西華豈易依？

贈工部侍郎鄭公挽辭❶

地蟠江漢久知靈，通德門中見老成。南去伏波推將略，北來光禄擅詩名。密章贈襚連三組，畫翣喪車載一旌。陰德故應多後福，可能生子但升卿？

致仕虞部曲江譚君挽辭

同時獻賦久無人，握手悲歡迹已陳。它日白衣霄漢志，暮年朱紱水雲身。虛容劍几今長夜，小隱山林秪舊春。豈惜埋辭追往事，齒衰才盡獨傷神。

馬玘大夫挽辭

冠蓋青門道，知君自少時。從容他日喜，奄忽暮年悲。江月明丹旐，湖風冷繐帷。音容雖可想，材力竟何施？

❶「贈」下，龍舒本、李注本有「尚書」二字。

宋中道挽辭

文史傳家學，聲名動帝除。蘭堂空作賦，金匱不讎書。勝事悲疇昔，清談想緒餘。吹簫索上去，歸國有魂車。

王中甫學士挽辭

同學金陵最少年，奏書曾用牘三千。盛名非復居人後，壯歲如何棄我先？種橘園林無舊業，採蘋洲渚有新篇。蒜山東路春風緑，埋没誰知太守阡？

王逢原挽辭

蒿里竟何在？❶死生從此分。謾傳仙掌籍，誰見鬼修文？蔡琰能傳業，侯芭爲起墳。傷心北風路，吹淚濕江雲。

葛興祖挽辭

憶隨諸彦附青雲，場屋聲名看出羣。孫寶暮年猶主簿，卜商今日更修文。山川凜凜平生氣，草木蕭蕭數尺墳。欲寫此哀終不盡，但令千載少知君。

河中使君修撰陸公挽辭三首❷

文采機雲後，知名實妙年。銀鈎工壯

❶「竟」，原作「兢」，據李注本改。

❷「河中」上，龍舒本、李注本有「追傷」二字。「挽辭」，龍舒本、李注本無此二字。

麗，金薤富清妍。❶ 批鳳多新貴，凭熊數外遷。空令猗氏監，遺愛有良田。

二

皖城初得故人詩，歎息龍媒踠壯時。太史滯留終不偶，中郎制作遂無施。二千石禄今何有？四十車書昔漫知。海曲冷雲埋拱木，延州空掛暮年悲。

三

前旌一幅粉書銘，❷行路知君亦涕零。遂失詞人空甫里，謾留悲鶴老華亭。主張壽禄無三甲，收拾文章有六丁。歸處仙龕終不遠，❸新墳東見海山青。

王子直挽辭

多才自合至公卿，豈料青衫困一生？太史有書能敘事，子雲於世不徼名。丘墳慘淡箕山緑，門巷蕭條潁水清。握手笑言如昨日，白頭東望一傷情。

孫君挽辭❹名適。❺

喪車上新壟，哀挽轉空山。名與碑長在，魂隨帛暫還。無兒漫黄卷，有母亦朱

❶「妍」，原作「研」，據李注本改。
❷「銘」，原作「名」，據龍舒本、李注本改。
❸「終」，龍舒本、李注本作「應」。
❹「君」，龍舒本、李注本作「適」。
❺「名適」，龍舒本、李注本無此題下小注。

顏。俛仰平生事，相看一夢間。❶

處士葛君挽辭

楚人黄歇地，晉代葛洪家。特擅山川秀，❷相承黻冕華。猗君有清尚，於世不雄夸。❸令子能傳業，流光未可涯。

永壽縣太君周氏挽辭二首 鄧忠臣母。❹

永壽開新邑，❺長沙返舊塋。金葩冷鈿軸，粉字暗銘旌。薤久露難濕，蘭餘風尚清。慶鍾知有在，令子合升卿。

二

子引金閨籍，身開石窌封。靈輴悲吉路，象服儼虛容。楚挽雖多相，萊衣不更縫。誰知逝川底，劍自喜相逢。❻

致仕邵少卿挽辭二首

謝朓城中守，梁鴻基下歸。素車馳吉路，丹旐卷寒輝。撫几虛容在，瞻圖實貌非。無因置一酹，空此嘆長違。

二

杯酒邗溝上，紛紛已十年。音容常想

❶「相看」，宋元遞修本、應刻本作「人生」。
❷「特」，龍舒本、李注本作「獨」。李注本有小注：「一作特。」
❸「雄」，原作「雍」，據龍舒本、李注本改。
❹「鄧忠臣母」，龍舒本無此題下小注。
❺「新」，龍舒本作「封」。
❻「逢」，龍舒本、李注本作「從」。

見，風跡每流傳。老去元卿位，新開太守阡。慶門當更大，子弟固多賢。

葛郎中挽辭二首

卷卷繐帷輕，空堂晝哭聲。衣冠遺故物，❶杯案若平生。白馬有悲送，赤車非古行。低佪九原日，光景在銘旌。

二

鑾荆長往地，湖海獨歸時。旅櫬蛟龍護，銘旌鴈鶩隨。此生要有盡，何物告無期。一片幽堂石，公知我不欺。

悼王致處士❷

處士生涯水一瓢，行年七十更蕭條。老妻稻下分遺秉，❸弱子松間拾墮樵。❹豈有聲名高後世？❺遂無饘粥永今朝。窮魂散漫知何處？甬水東西不可招。

蘇才翁挽辭二首❻

空餘一丹旐，無復兩朱轓。寂寞蒜山

❶「遺」，李注本作「餘」。
❷此題，龍舒本、李注本作「吊王先生致」。
❸「分」，龍舒本、李注本作「收」。
❹「弱」，龍舒本、李注本作「稚」。
❺「豈」，龍舒本、李注本作「雖」。
❻「辭」，李注本作「詩」。「二首」，龍舒本無此二字，且無第二首。

渡，陂陀京口原。音容歸繪畫，才業付兒孫。尚有故人淚，滄江相與翻。

二

翰墨隨談嘯，❶風流在弟兄。浮名同逆旅，壯志負平生。使節何年去？喪車故老迎。悠悠京口外，落日照銘旌。

悼慧休

休公遂不起，難料復難忘。玉骨隨薪盡，空留一分香。

臨川先生文集卷第三十五

❶「嘯」，李注本作「笑」。

臨川先生文集卷第三十六

集句古律詩

送吴顯道五首

五湖大浪如銀山，問君西遊何當還？以手撫膺坐長歎，空手無金行路難。丈夫意有在，❶吾徒且加餐。屏風九疊雲錦張，❷千峰如連環。上有横河斷海之浮雲，可望不可攀。飛空結樓臺，動影褭窕冲融間。❸沛然乘天遊，下看塵世悲人寰。❹泊舟潯陽郭，去去翔寥廓。❺君今幸未成老翁，衰老不復如今樂。

二

滕王高閣臨江渚，東邊日出西邊雨。十五年前此會同，天際張帷列樽俎。公今此去何時歸？❻我今停杯一問之。春風兩岸水楊柳，昔日青青今在否？❼偶向東湖更向東，杏花兩株能白紅。落拓舊遊應記得，插花走馬月明中。❽荏苒荏苒瞻西

❶「意」，龍舒本作「志」。
❷「張」，龍舒本作「帳」。
❸「動影褭窕」，龍舒本作「影動杳裊」。
❹「看」，龍舒本作「視」。「世」，龍舒本作「土」。
❺「寥」，龍舒本作「虚」。
❻「公」，龍舒本作「君」。「何時歸」，龍舒本作「歸何時」。
❼「昔日」，龍舒本作「顔色」。
❽「月明」，龍舒本作「明月」。

海，❶明年花開復誰在？杏花楊柳年年好，南去北來人自老。少壯幾時奈老何，與君把箸擊盤歌。歌罷仰天歎，六龍忽蹉跎。眼中了了見鄉國，自是不歸歸便得。欲往城南望城北，此心炯炯君應識。

三

臨川樓上柅園中，羅幃繡幕圍香風。❷觥船一棹百分空，看朱成碧顏始紅。杏花楊柳年年好，南去北來人自老。舊事無人可共論，❸惟君與我同懷抱。

四❹

忽憶舊鄉頭已白，牙齒欲落真可惜。臨江把臂難再得，江水江花豈終極？

五❺

百年多病獨登臺，❻知有歸日眉放開。❼功名富貴何足道？且賦淵明《歸去來》。

送吴顯道南歸

君不見蔡澤栖遲世看醜，豪氣英風亦何有？忽然變軒昂，盛事傳不朽。君今幸未成老翁，二十八宿羅心胸。何不上書自

❶「荏苒荏苒」，龍舒本作「流光荏苒」。
❷「香」，龍舒本作「春」。
❸「無人可」，龍舒本作「何人與」。
❹此首龍舒本與第三首相連，合爲一首。
❺此首龍舒本爲第四首。
❻「多」，龍舒本作「衰」。
❼「放」，龍舒本作「方」。

薦達，封侯起第一日中。秋月春風等閑度，山中舊宅無人住。宅中青桑葉宛宛，❶澗水流過田中路。遥知楊柳是門處，萬里蒼蒼煙水暮。我欲尋之不憚遠，君又暫來還徑去。紅亭驛路掛城頭，❷憶君秪欲苦死留。天際張帷列罇俎，君歌聲酸辭且苦。人生憔悴生理難，使人聽此凋朱顔。勸君更盡一杯酒，明日路長山復山。

送劉貢甫謫官衡陽

劉郎劉郎莫先起，遇酒當歌且歡喜。船頭朝轉暮千里，眼中之人吾老矣。九疑聯緜皆相似，❸負雪崔嵬插花裏。萬里衡陽鴈，❹尋常到此迴。行逢二三月，❺好與鴈同來。鴈來人不來，如何不飲令心哀？莫厭瀟湘少人處，謫官罇俎定常開。

贈寶覺 并序。

予始與寶覺相識於京師，因與俱東。後以翰林學士召，會宿金山一昔。今復見之，聞化城閣甚壯麗，可登眺，思往遊焉。故賦是詩。

大師京國舊，興趣江湖迥。❻往與惠詢輩，一宿金山頂。懷哉若留戀，❼王事有朝請。別來能幾時？浮念劇含梗。❽今朝忽

❶「宅」，龍舒本作「園」。
❷「紅」，龍舒本作「江」。
❸「疑聯緜皆」，龍舒本作「嶷連天荒」。
❹「萬里」，龍舒本作「聞道」。
❺「二三」，龍舒本作「三二」。
❻「興」，龍舒本作「志」。
❼「若」，龍舒本作「苦」。
❽「劇」，龍舒本作「極」。

相見，眸子清炯炯。夜闌接軟語，令人發深省。化城出天半，遠色有諸嶺。白首對汀州，❶猶思理煙艇。

金山寺

招提憑高岡，四面斷行旅。勝地猶在險，浮梁裹相拄。❷大江當我前，颭灩翠綃舞。通流與廚會，甘美勝牛乳。扣欄出黿鼉，幽姿可時覩。夜深殿突兀，太微凝帝宇。壁立兩崖對，迢迢隔雲雨。天多牖得月，月落聞津鼓。夜風一何喧，大舶夾雙艣。顛沉在須臾，我自檝迎汝。始知像教力，但度無所苦。憶昨狼狽初，只見石與土。榮華一朝盡，土梗空俯僂。人事隨轉燭，❸蒼茫竟誰主？咄嗟檀施開，繡楹盤萬礎。高閣切星辰，新秋照牛女。湯休起我病，轉上青天去。攝身凌蒼霞，同凭朱欄語。我歌爾其聆，幽憤得一吐。誰言張處士，雄筆映千古？

化城閣

曾宮憑風回，兩岸聞鐘聲。百里見秋毫，❹一作「鑿翠開户牖」。構雲有高營。化城若化出，仰攀日月行。俛視大江奔，衆山遙相迎。❺一作「茫茫與天平」。大江蟠嵌根，旋流一作「回波」。自成浪。❻却略羅翠屏，秀色各異

❶「汀」，龍舒本作「滄」。
❷「拄」，龍舒本作「柱」。
❸「燭」，龍舒本作「軸」，詩末有小注：「轉軸，一作轉燭。」
❹「百里見秋毫」，龍舒本作「鑿翠開户牖」。
❺「衆山遥相迎」，龍舒本作「茫茫與天平」。
❻「旋流」，龍舒本作「回波」。

狀。楞伽海中山，迴一作「杳」。出霄漢上。❶中有不死庭，天龍盡回向。惜哉不得往，側坐渺難望。❷擁掩難恕宥，❸一作「登茲飜百憂」。意欲鏟疊嶂。登臨獨無語，一望一惆悵。❹一本無此二句。忽憶少年時，❺孤嶼坐題詩。空懷焉能果？唯有故人知。

明妃曲

我本漢家子，❻早入深宮裏。遠嫁單于國，憔悴無復理。穹廬爲室旃爲牆，❼胡塵暗天道路長。去住彼此無消息，明明漢月空相識。死生難有却回身，不忍回看舊寫真。❽玉顏不是黃金少，愛把丹青錯畫人。朝爲漢宮妃，暮作胡地妾。一作「今日漢宮妃，明朝胡地妾」。獨留青塚向黃昏，❾顏色如花命如葉。

懷元度四首❿

秋水纔深四五尺，⓫扁舟斗轉疾於飛。⓬可憐物色阻攜手，正是歸時君不歸。

❶「迴」，龍舒本作「杳」。
❷「渺」，龍舒本作「杳」。
❸「擁掩難恕宥」，龍舒本作「登茲翻百憂」。
❹「登臨獨無語，一望一惆悵」，龍舒本無此兩句。
❺「少年」，龍舒本作「年少」。
❻「我」，龍舒本作「妾」。
❼「室旃」，龍舒本作「屋氈」。
❽「回看舊寫真」，龍舒本作「重看寫舊真」。
❾「獨」，龍舒本作「猶」。
❿此題，龍舒本作「懷元度三首」，即第一、二、四三首。
⓫「四五」，龍舒本作「八九」。
⓬「斗」，龍舒本作「陡」。「於」，龍舒本作「如」。

二

舍南舍北皆春水，恰似蒲萄初醱醅。❶不見祕書心若失，百年多病獨登臺。❷

三❸

思君攜手安能得？上盡重城更上樓。時獨看雲淚橫臆，長安不見使人愁。

四

自君之出矣，何其挂懷抱！孤坐屢窮辰，❹山林跡如掃。數枝石榴發，豈無一時好？不可持寄君，思君令人老。

招元度❺

早知皆一作身。是自拘囚，❻年少因何一作何因。有旅愁？自是不歸歸便得，陸乘肩輿一作籃轝。水乘舟。❼

示黄吉甫❽

三山半落青天外，勢比凌歊宋武臺。❾

❶「初醱」，龍舒本作「新撥」。
❷「多」，龍舒本作「衰」。
❸此首龍舒本題作「示元度」，單爲一篇。
❹「孤」，龍舒本作「隱」。
❺此題，龍舒本作「寄昌叔」。
❻「皆」，龍舒本作「身」。
❼「肩輿」，龍舒本作「籃轝」。
❽此題，龍舒本作「寄元度」。
❾「勢」，龍舒本作「遠」。

塵世難逢開口笑，❶生前相遇且銜杯。

送張明甫

舥船一棹百分空，十五年前此會同。南去北來人自老，桃花依舊笑春風。

贈張軒民贊善

潮打空城寂寞迴，百年多病獨登臺。❷誰人得似張公子，❸有底忙時不肯來？

望之將行

江涵秋景鴈初飛，沙尾長檣發漸稀。❹悃悵無因見范蠡，夕陽長送釣船歸。

招葉致遠

山桃野杏兩三栽，❺嫩葉一作蘂。❻商量細細開。最是一年春好處，明朝有意抱琴來。

獨行❼

朱顏日夜一作漸。不如故，深感杏花相

❶「塵」，龍舒本作「人」。
❷「多」，龍舒本作「衰」。
❸「人」，龍舒本作「能」。
❹「長」，龍舒本作「帆」。
❺「野」，龍舒本作「溪」。
❻「葉」，龍舒本作「蘂」。
❼此題，龍舒本作「贈吴顯道」。

映紅。盡日獨行春色裏，醉吟誰肯伴衰翁？

江　口❶

六朝文物草連空，❷今古無端入望中。❸江上晚來堪畫處，參差煙樹五湖東。

戲贈湛源❹

恰有三百青銅錢，憑君爲算小行年。❺坐中亦有江南客，自斷此生休問天。

與北山道人❻

可惜昂藏一丈夫，生來不讀半行書。子雲識字終投閣，幸是元無免破除。

梅　花❼

白玉堂前一樹梅，爲誰零落爲誰開？唯有春風最相惜，❽一年一度一歸來。

❶ 此題，龍舒本作「江口送道源」。
❷ 「文」，龍舒本作「人」。
❸ 「古」，龍舒本作「日」。
❹ 此首爲龍舒本卷七十九《戲僧湛源二首》之第一首，另無篇題。
❺ 「算」，龍舒本作「看」。
❻ 此首爲龍舒本卷七十九《戲僧湛源二首》之第二首，另無篇題。
❼ 此首爲龍舒本卷七十九《送吴顯道五首》之第五首，另無篇題。
❽ 「最相」，龍舒本作「應最」。

即事五首❶

漸老逢春能幾回？蓬門今始爲君開。❷莫嫌野外無供給，更向花前把一杯。

二

一樹籠鬆玉刻成，❸遊蜂多思正經營。攀枝弄雪時回顧，❹還繞櫻桃樹下行。

三

幽棲地僻經過少，鍾梵聲中掩竹門。唯有多情枝上雪，暗香浮動月黄昏。

四❺

遮莫鄰雞下五更，願爲閑客此閑行。欲知前面花多少，❻顛倒青苔落絳英。

五

春光冉冉歸何處？細雨斜風作夜寒。猶有數葩紅好處，❼老年花似霧中看。

❶ 此五首之前二首爲龍舒本卷七十九《即事三首》之第一、二首。
❷「蓬」，龍舒本作「柴」。
❸「籠鬆」，龍舒本作「籠璁」。
❹「攀枝弄雪」，龍舒本作「攀條弄蕊」。
❺ 此首龍舒本題作「閑行」，單爲一篇。
❻「少」，龍舒本作「處」。
❼「處」，原爲墨丁，據光啓堂本補。

春風❶

春風吹園雜花開，青天露坐始此迴。一杯一杯復一杯，笑言溢口何歡咍！古人白骨生青苔，❷我獨不飲何爲哉？何時出得禁酒國，❸壘麴便築糟丘臺。❹

春雪

春雪墮如篩，渾家醉不知。泥留虎鬭跡，❺愁殺路傍兒。

花下

花下一壺酒，定將誰舉杯？雪英飛落近，❻疑是故人來。

春山

春山春水流，曲折方屢渡。荒乘不知疲，行到水窮處。依然舊童子，要予竹西去。歸時始覺遠，草蔓已多露。

金陵懷古

六代豪華空處所，金陵王氣漠然收。❼

❶ 此首爲龍舒本卷七十九《即事三首》之第三首。
❷ 「青」，龍舒本作「莓」。
❸ 「何」，龍舒本作「幾」。「出得」，龍舒本作「得出」。
❹ 「壘」，龍舒本作「累」。
❺ 「泥留虎鬭跡」，龍舒本作「樵歸説逢虎」。
❻ 「落」，龍舒本作「舞」。
❼ 「漠」，龍舒本作「黯」。

煙濃草遠望不盡，物換星移度幾秋？至竟江山誰是主？❶卻因歌舞破除休。我來不見當時事，上盡重城更上樓。

沈坦之將歸溧陽值雨留吾廬久之三首

天雨蕭蕭滯茅屋，冷猿秋鴈不勝悲。牀牀屋漏無乾處，獨立蒼茫自詠詩。

二

簷雨亂淋幔，風悲蘭杜秋。相看更促膝，人老自多愁。

三

片雲頭上黑，淅淅野風秋。室婦歎鳴鸛，分爲兩地愁。

示蔡天啓三首❷

蔡子勇成癖，能騎生馬駒。銛鋒瑩鸊鵜，❸價重百硨磲。脱身事幽討，禪龕只晏如。❹劃然變軒昂，❺愼勿學哥舒。

二

蔡子勇成癖，劍可萬人敵。讀書百紙

❶「至」，龍舒本作「畢」。
❷此三首，龍舒本僅兩首，一題「示蔡天啓」，爲此三首之第一首，一題「贈蔡肇秘校」，爲此三首之第三首。
❸「銛鋒瑩鸊鵜」，龍舒本作「霜刀瑩碧蹄」。
❹「龕」，龍舒本作「榻」。「只」，龍舒本作「亦」。
❺「劃」，龍舒本作「忽」。

過，穎鋭物不隔。開口取將相，志氣方自得。偪仄何偪仄，未見有一獲。蕭條兩翅蓬蒿下，未能生彼升天翼。焉能學堂上燕，絢練新羽翮？

三

身着青衫騎惡馬，❶日馳三百尚嫌遲。心源落落堪爲將，卻是君王未備知。

烝然來思 并序。❷

《烝然來思》，送程公也。公來，以蕘麋饋我，我飲餞之，率西水滸，❸故作是詩。

念我獨兮，亦莫我顧。烝然來思，❹程伯休父。我有旨酒，爾殽伊脯。酌言醻之，❺式歌且舞。不留不處，適彼樂土。言秣其馬，率西水滸。有客宿宿，于時語語。山有喬松江有渚，❻式遄其歸不我與。作此好歌，倡予和女。

示楊德逢❼

我行其野，春日遲遲。有菀者柳，在水之湄。❽有鳴倉庚，豈曰不時？求其友聲，

❶「惡」，《皇朝文鑑》作「白」。
❷此題，龍舒本作「蕢然來思送程公也公來以蕘麋饋我我飲餞之率西水滸故作是詩」，無序。
❸「率」，原作「宿」，據龍舒本、《皇朝文鑑》改。
❹「烝」，龍舒本作「蕢」。
❺「酌」，龍舒本作「醻」。
❻「喬」，原作「橋」，據龍舒本改。
❼「楊」，龍舒本無此字。
❽「水」，龍舒本作「河」。

顗之頎之。嗟我懷人，何日忘之？六日不詹，❶方何爲期？❷期逝不至，我心西悲。跂予望之，其室則邇。一者之來，我心則喜。我之懷矣，升彼虚矣。愛而不見，云何吁矣？

示道光及安大師

春日載陽，陟彼高岡。樂彼之園，維水泱泱。❸維筍及蒲，既生既育。拚飛維鳥，❹集于灌木。嚶其鳴矣，亂我心曲。有懷二人，在彼空谷。❺既往既來，獨寐寤宿。❻陟則在巘，或降于阿。瞻望弗及，傷如之何！

老人行❼

老人低心逐年少，年少還爲老人調。兩家挾詐自相欺，四海傷真誰復誚？翻手作雲覆手雨，當面論心背面笑。古來人事已如此，今日何須論久要？

離昇州作❽

相看不忍發，慘澹暮潮平。語罷更攜手，月明洲渚生。

❶「不詹」，光啓堂本作「詹詹」。
❷「期」，龍舒本作「其」。
❸「維」，龍舒本作「淮」。
❹「飛維」，龍舒本作「彼飛」。
❺「彼」，宋元遞修本、應刻本作「往」。
❻「寐寤」，龍舒本作「寐寐」。
❼此首，龍舒本入卷三十七「古詩」類。
❽此首爲龍舒本卷七十《離昇州作二首》之第一首，入「律詩」類。

倉 頡❶

倉頡造書，不詁自明。於乎多言，秖誤後生。

臨川先生文集卷第三十六

❶ 此題，龍舒本作「不詁自明」。

臨川先生文集卷第三十七

集　句

胡笳十八拍十八首❶

中郎有女能傳業，顔色如花命如葉。命如葉薄將奈何？一生抱恨常咨嗟。❷良人持戟明光裏，❸所慕靈妃媲蕭史。空房寂寞施繐帷，棄我不待白頭時。

二

天不仁兮降亂離，嗟余去此其從誰？❹自胡之反持干戈，翠蕤雲旓相蕩摩。流星白羽腰間插，疊鼓遥翻瀚海波。一門骨肉散百草，安得無淚如黄河？我生之初尚無爲，嗚呼吾意其蹉跎！❺

三

身執略兮入西關，❻關山阻脩兮行路難。水頭宿兮草頭坐，在野只教心膽破。更鞴彫鞍教走馬，玉骨瘦來無一把。幾迴抛鞚抱鞍橋，往往驚墮馬蹄下。

---

❶「十八首」，龍舒本無此三字。
❷「常」，龍舒本作「長」。
❸「持」，龍舒本作「執」。
❹「天不」至「從誰」，龍舒本無此十四字。
❺「我生」至「蹉跎」十四字，原無，據龍舒本補。
❻「入西」，龍舒本作「西入」。

四

漢家公主出和親，御厨絡繹送八珍。明妃初嫁與胡時，❶一生衣服盡隨身。眼長看地不稱意，同是天涯淪落人。我今一食日還併，短衣數挽不掩脛。乃知貧賤別更苦，安得康强保天性？

五

十三學得琵琶成，繡幕重重卷畫屏。一見郎來雙眼明，勸我酤酒花前傾。齊言此夕樂未央，豈知此聲能斷腸？❷如今正南看北斗，言語傳情不如手。低眉信手續續彈，彈看飛鴻勸胡酒。

六

青天漫漫覆長路，一紙短書無寄處。月下長吟久不歸，當時還見鴈南飛。彎弓射飛無遠近，青塚路邊南鴈盡。兩處音塵從此絶，唯向東西望明月。❸

七

明明漢月空相識，道路只今多擁隔。❹去住彼此無消息，時獨看雲淚横臆。豺狼喜怒難姑息，自倚紅顔能騎射。千言萬語

❶「時」，龍舒本作「兒」。
❷「聲」，龍舒本作「曲」。
❸「向」，龍舒本作「看」。
❹「擁」，龍舒本作「壅」。

無人會，漫倚文章真末策。

八

死生難有却回身，不忍重看舊寫真。暮去朝來顏色改，❶四時天氣總愁人。東風漫漫吹桃李，盡日獨行春色裏。自經喪亂少睡眠，鶯飛燕語長悄然。❷

九

柳絮已將春去遠，攀條弄芳畏晼晚。❸憂患衆兮歡樂鮮，一去可憐終不返。日夕思歸不得歸，山川滿目淚沾衣。蓽圭苑裏西風起，歎息人間萬事非。

十

寒聲一夜傳刁斗，雲雪埋山蒼兕吼。詩成吟詠轉凄涼，不如獨坐空搔首。漫漫胡天叫不聞，胡人高鼻動成羣。寒盡春生洛陽殿，回首何時復來見？

十一

晚來幽獨恐傷神，唯見沙蓬水柳春。破除萬事無過酒，虜酒千盃不醉人。含情欲說更無語，一生長恨奈何許？飢對酪肉

❶「改」，宋元遞修本作「故」。
❷「飛」，龍舒本作「啼」。
❸「晼晚」，龍舒本作「婉娩」。

兮不能餐，强來前帳臨歌舞。

十二

歸來展轉到五更，起看北斗天未明。秦人（一作家。）築城備胡處，擾擾唯有牛羊聲。萬里飛蓬映天過，❶風吹漢地衣裳破。欲往城南望城北，三步回頭五步坐。

十三

自斷此生休問天，生得胡兒擬棄捐。一始扶牀一初坐，❷抱攜撫視皆可憐。寧（一作誰。）知遠使問名姓，❸引袖拭淚悲且慶。悲莫悲于（一作兮。）生別離，悲在君家留二（一作兩。）兒。

十四

鞠之育之不羞恥，恩情亦各言其子。天寒日暮山谷裏，腸斷非關隴頭水。❹兒呼母兮啼失聲，依然離別難爲情。灑血仰頭兮訴蒼蒼，❺知我如此兮不如無生。

十五

當時悔來歸又恨，❻洛陽宮殿焚燒盡。

❶「天」，龍舒本作「水」。
❷「初」，龍舒本作「始」。
❸「寧」，龍舒本作「那」。
❹「腸斷」，龍舒本作「斷腸」。
❺「頭」，龍舒本作「面」。「蒼蒼」，龍舒本作「蒼天」。
❻「悔」，龍舒本作「愁」。

紛紛黎庶逐黃巾，心折此時無一寸。慟哭秋原何處村，千家今有百家存。爭持酒食來相饋，舊事無人可共論。

十六

此身飲罷無歸處，心懷百憂復千慮。天翻地覆誰得知，魏公垂淚嫁文姬。天涯憔悴身，託命於新人。念我出腹子，使我歎恨勞精神。新人新人聽我語，我所思兮在何所？母子分離兮意難任，死生不相知兮何處尋？

十七

燕山雪花大如席，與兒洗面作光澤。恍然天地半夜白，❶閨中秪是空相憶。點注桃花舒小紅，與兒洗面作華容。欲問平安無使來，桃花依舊笑春風。

十八

春風似舊花仍笑，人生豈得長年少？我與兒兮各一方，憔悴看成兩鬢霜。如今豈無腰裹與騂騮，安得送我置汝傍？胡塵暗天道路長，遂令再往之計墮眇芒。胡笳本出自胡中，此曲哀怨何時終？笳一會兮琴一拍，此心炯炯君應識。

❶「天地半夜白」，龍舒本作「半夜天地白」。中華校排本引繆氏校謂「半夜白」當作「半欲白」。

虞美人❶

虞美人，態濃意遠淑且真。同輦隨君侍君側，❷六宮粉黛無顏色。楚歌四面起，形勢返蒼黃。夜聞馬嘶曉無迹，蛾眉蕭颯如秋霜。漢家離宮三十六，緩歌慢舞凝絲竹。人間舉眼盡堪悲，獨在陰崖結茅屋。❸美人爲黃土，草木皆含愁。紅房紫萼處處有，❹聽曲低昂如有求。青天漫漫覆長路，今人犁田昔人墓。虞兮虞兮奈若何，不見玉顏空死處。

甘露歌

折得一枝香在手，人間應未有。疑是經春雪未消，今日是何朝？盡日含毫難比興，都無色可並。萬里晴天何處來？真是屑瓊瑰。天寒日暮山谷裏，的皪愁成水。地上漸多枝上稀，唯有故人知。

歌曲❺

桂枝香歌曲❻

登臨送目，正故國晚秋，天氣初肅。千里澄江似練，翠峯如簇。歸帆去棹殘陽裏，背西風、酒旗斜矗。綵舟雲淡，星河鷺起，

❶ 此首龍舒本入卷七十九「集句詩」類。
❷ 「侍」，龍舒本作「待」。
❸ 「在陰」，龍舒本作「背蒼」。
❹ 「紅房紫萼」，龍舒本作「紅芳紫苔」。
❺ 「歌曲」，原無，據原總目補。
❻ 「歌曲」，龍舒本無此題下小注。

畫圖難足。念往昔繁華競逐，歎門外樓頭，悲恨相續。千古憑高，對此謾嗟榮辱。六朝舊事隨流水，但寒煙芳草凝綠。至今商女，時時猶歌，《後庭》遺曲。

菩薩蠻

數家茅屋閑臨水，單衫短帽垂楊裏。❶今日是何朝？看予度石橋。　梢梢新月偃，午醉醒來晚。何物最關情？黄鸝一兩聲。

漁家傲二首

燈火已收正月半，山南山北花撩亂。聞説洊亭新水漫，騎款段，穿雲入鳥尋遊伴。❷　却拂僧牀褰素幔，千巖萬壑春風暖。❸一弄松聲悲急管，❹吹夢斷，❺西看牕日猶嫌短。

二

平岸小橋千嶂抱，柔藍一水縈花草。茅屋數間窗窈窕。塵不到，時時自有春風掃。　午枕覺來聞語鳥，欹眠似聽朝雞早。忽憶故人今總老，貪夢好，茫然忘却邯鄲道。❻

❶「單」，龍舒本作「輕」。
❷「鳥」、「遊」，龍舒本作「島」、「幽」。
❸「暖」，龍舒本作「滿」。
❹「一」，光啓堂本作「播」。
❺「吹」，龍舒本作「驚」。
❻「却」，龍舒本作「了」。

清平樂

雲垂平野，掩映竹籬茅舍。闃寂幽居實瀟灑，是處緑嬌紅冶。　丈夫運用堂堂，且莫五角六張。若有一巵芳酒，逍遥自在無妨。

浣溪沙

百畝中庭半是苔，門前白道水縈迴。愛閑能有幾人來？　小院回廊春寂寂，山桃溪杏兩三栽。爲誰零落爲誰開？

浪淘沙令

伊吕兩衰翁，歷遍窮通，一爲釣叟一耕傭。若使當時身不遇，老了英雄。　湯武偶相逢，風虎雲龍，興王秖在笑談中。直至如今千載後，誰與争功？

南鄉子二首

嗟見世間人，但有纖毫即是塵。不住舊時無相皃，沉淪，秖爲從來認識神。　作麽有踈親？我自降魔轉法輪。不是攝心除妄想，求真，幻化空身即法身。

二

自古帝王州，鬱鬱葱葱佳氣浮。四百年來成一夢，堪愁，晉代衣冠成古丘。　繞水恣行遊，上盡層城更上樓。往事悠悠君莫問，回頭，檻外長江空自流。

訴衷情五首 和俞秀老鶴詞。❶

常時黃色見眉間，松桂我同攀。每言天上辛苦，不肯餌金丹。　憐水靜，愛雲閑，便忘還。高歌一曲，巖谷迤邐，宛似商山。

二

練巾藜杖白雲間，有興即躋攀。追思往昔如夢，華轂也曾丹。　塵自擾，性長閑，更無還。達如周召，窮似丘軻，秖箇山山。

三

芒然不肯住林間，❷有處即追攀。將他死語圖度，怎得離真丹？❸　漿水價，匹如閑，也須還。何如直截，❹踢倒軍持，贏取潙山？

四

營巢燕子逞翱翔，微志在雕梁。碧雲舉翮千里，其奈有鸞皇！　臨濟處，德

❶「和俞秀老鶴詞」六字，龍舒本爲前四首總小題。
❷「住」，原空一字，據龍舒本、宋元遞修本、應刻本、光啓堂本補。
❸「真」，龍舒本作「金」。
❹「截」，龍舒本作「下」。

山行，果承當。自時降在，一切天魔，掃地焚香。

五❶

莫言普化秖顛狂，真解作津梁。驀然打箇筋斗，直跳過羲皇。臨濟處，德山行，果承當。將他建立，認作心誠，也是尋香。

望江南・歸依三寶贊

歸依衆，梵行四威儀。願我遍遊諸佛土，十方賢聖不相離，永滅世間癡。

歸依法，法法不思議。願我六根常寂靜，心如寶月映琉璃，了法更無疑。

歸依佛，彈指越三祇。願我速登無上覺，還如佛坐道場時，能智又能悲。

三界裏，有取總災危。普願衆生同我願，能於空有善思惟，三寶共住持。

臨川先生文集卷第三十七

❶ 此首龍舒本有小題「又和秀老」。

臨川先生文集卷第三十八

四言詩

潭州新學詩并序。❶

治平元年，天章閣待制、興國吴公治潭州之明年正月，改築廟學于城東南。越五月，告成。孔子用幣。潭人曰：「公爲善政以德我，又不勦我，而爲此學以嘉我。士子誰能詩乎？以誦我公於無窮！」皆辭不敢，乃使來請。詩曰：

有嘉新學，潭守所作。守者誰歟？仲庶氏吴。振養矜寡，衣之褰襦。黔首鼓歌，吏静不求。乃相廟序，生師所廬。上漏旁穿，燥濕不除。曰：「嘻遷哉，迫阨卑污。」當其壞時，適可以謀。營地慮工，伐梗楠櫧。撤故就新，❷爲此渠渠。潭人來止，相語而喜。我知視成，無豫經始。公升在堂，從者如水。公曰：「誨汝，潭之士子。古之讀書，凡以爲己，躬行孝悌，由義而仕。神聽汝助，況於閭里。無實而荂，❸非聖自是。雖大得意，吾猶汝耻。」士下其手，公言無尤。請詩我歌，以遠公休。

❶ 此首見龍舒本卷四十八，題「潭州新學并序」，入「古詩」類。
❷ 「撤」，龍舒本作「徹」。
❸ 「荂」，龍舒本作「夸」。

新田詩并序。❶

唐治四縣，田之入於草莽者十九。民如寄客，雖簡其賦，緩其徭，而不可以必留。尚書比部郎中趙君尚寬之來，問敝於民，❷而知其故。乃委推官張君恂，❸以兵士興大渠之廢者一、大陂之廢者四，諸小渠陂，教民自爲者數十。一年，流民作而相告以歸。二年，而淮之南、湖之北，操囊耜以率其妻子者，其來如雨。三年，而唐之土不可賤取。昔之菽粟者，多化而爲稌。環唐皆水矣，唐獨得歲焉。船漕車輓負擔出于四境，一日之間，不可爲數。唐之私廩固有餘。❹循吏之無稱於世久矣，予聞趙君如此，故爲作詩。詩曰：

離離新田，其下流水。孰知其初，灌莽千里。其南背江，其北逾淮。父抱子扶，十百其來。其來僕僕，鏝我新屋。❺趙侯劬之，作者不飢。歲仍大熟，飽及雞鶩。儆船與車，四鄙出穀。今游者處，昔止者流。❻維昔牧我，不如今侯。侯來適野，不有觀者。稅于水濱，問我鰥寡。侯其歸矣，三歲于兹。誰能止侯？我往求之。❼

❶ 此首見龍舒本卷三十六，題作「新田詩序並詩」，入「序」類。
❷ 「敝」，龍舒本作「弊」。
❸ 「委」，龍舒本作「使」。
❹ 「唐」上，龍舒本有「而」字。
❺ 「新」，龍舒本作「雜」。
❻ 「止」，原作「正」，據龍舒本、宋元遞修本、應刻本改。
❼ 「求」，龍舒本作「來」。

獵較詩❶并序。

獵較，刺時也。昔孔子仕於魯，魯人獵較，孔子亦獵較。或問乎孟軻曰：「孔子之仕，非事道歟？」曰：「事道也。」「事道，奚獵較也？」曰：「孔子先簿正祭器，不以四方之食供簿正。」不獵較，則若無以祭然。蓋孔子所以小同於俗，猶有義也，義固在於可爲之域。而後之人習於隨者，一不權義以之可否，❷汙身貶道，豫然以和衆自得。甚者傷人倫、敗風俗，至於無號，則諉曰：「孔子亦嘗獵較矣。」悲夫！作是詩以刺焉。

獵較獵較，誰禽我有？國人之惏，君子所醜。獵較獵較，祭占其祥。國人之序，君子何傷？

雲之祁祁答董傳❸

雲之祁祁，或雨于淵。苗之翹翹，或槁于田。雲之祁祁，或雨于野。有槁于田，豈不自我？朁兮其隮，其在西郊。匪我爲之，我歌且謡。蔚兮其復，南山之側。我歌且謡，維以育德。

---

❶ 此首見龍舒本卷三十二，題作「獵校」，入「雜著」類。

❷ 「以」，龍舒本無此字。

❸ 此首見龍舒本卷四十一，入「古詩」類。

古賦

龍賦❶

龍之爲物，能合能散，能潛能見，能弱能强，能微能章。惟不可見，所以莫知其鄉；惟不可畜，所以異於牛羊。變而不可測，動而不可馴。則常出乎害人而未始出乎害人，夫此所以爲仁。爲仁無止，❷則常至乎喪己而未始至乎喪己，❸夫此所以爲智。止則身安，曰惟知幾；動則物利，曰惟知時。然則龍終不可見乎？曰：與爲類者常見之。

歷山賦并序。❹

餘姚縣人有與季父争田于縣、于州、于轉運使，❺不直。提點刑獄令余來直之。將歸閔然，望歷山而賦之。歷山在縣西上虞縣界中，或曰舜所耕云。

歷山之峩峩兮予汝耕之，孰汝彊之？此匪予私云然兮誰汝使子？人之子兮余師，歷山之峩峩兮則維其常。人之子兮云曷而亡？云曷而亡兮我之思。今孰繼兮我之悲？嗚呼已矣兮來者爲誰？

❶ 此篇見龍舒本卷三十二，題作「龍説」，入「雜著」類。
❷ 「爲」，龍舒本無此字。
❸ 下「至乎」，龍舒本作「出乎」。
❹ 此下兩篇見龍舒本卷三十三，入「雜著」類。
❺ 「姚」，原作「杭」，據龍舒本改。

思歸賦

蹇吾南兮安之，莽吾北兮親之。❶思朝吾舟兮水波，暮吾馬兮山阿。亡濟兮維夷，夫孰驅兮亡巘？❷風倏倏兮來去，日翳翳兮溟濛之雨。萬物紛披蕭索兮，歲逶迤其今暮。吾感不知夫塗兮，徘徊傍徨以反顧。盍歸兮，盍去兮，獨何爲乎此旅？

釋謀賦

雲冥冥兮蔽日，風浩浩兮吹沙。出予馳兮不得塊，獨處兮咨嗟。嗟天地兮無窮，暑與寒兮相客。以短褐兮憂親，孰知予兮孔棘？維抱關兮擊柝，乃予仕兮所宜。祿可辭兮尚冒，養孰割兮方虧？豈吾事兮固拙，寧我辱兮獨悖？信物默兮有制，尚可侔兮內外。

樂章

明堂樂章二首❸

歆安之曲❹

穆穆在堂，肅肅在庭。於顯辟公，來相思成。神既歆止，有聞惟馨。錫我休嘉，燕及群生。

❶「北」，原無，據《皇朝文鑒》補。
❷「巘」，原作「⿰女獻」，據《皇朝文鑒》改。
❸此題，龍舒本作「樂章二首奉勑撰」，入卷三十七「古詩」類。
❹「曲」下，龍舒本有「樂章」二字。

皇帝還大次憩安之曲[1]

有奕明堂，萬方時會。宗子聖考，[2]作帝之配。樂酌虞典，禮從周制。釐事既成，於皇來塈。

上梁文

景靈宮修蓋英宗皇帝神御殿上梁文[3]

兒郎偉。[4]天都左界，帝室中經。誕惟僊聖之祠，夙有神靈之宅。嗣開宏構，追奉睟容。方將廣舜孝於無窮，豈特尚漢儀之有舊。先皇帝道該五泰，德貫二儀。文摛雲漢之章，武布風霆之號。華夏歸仁而砥屬，蠻夷馳義以駿奔。清蹕甫傳，靈輿忽往。超然姑射山，無一物之疵；邈矣壽丘臺，有萬人之畏。已葬鼎湖之弓劍，將游高廟之衣冠。今皇帝孝奉神明，恩涵動植。纂禹之服，期成萬世之功；見堯於羹，未改三年之政。乃眷熏修之吉壤，載營館御之新宮。考協前彝，述追先志。孝嚴列峙，寢門可象於平居；廣拓旁開，輦路故存於陳迹。官師肅給，斤築隆施。揆吉日以庀徒，舉修梁而考室。敢申善頌，以相歡謠。

兒郎偉，抛梁東，聖主迎陽坐禁中。明似九天昇曉日，恩如萬國轉春風。

[1]「之曲」下，龍舒本有「樂章」二字。

[2]「子」，原作「予」，據《皇朝文鑒》改。

[3]此題，龍舒本作「英德殿上梁文」，入卷三十三「雜著」類。

[4]「兒郎偉」，龍舒本無此三字。

兒郎偉，抛梁西，瀚海兵銷太白低。王母玉環方自獻，❶大宛金馬不須齎。

兒郎偉，抛梁南，丙地星高每歲占。千障滅烽開嶺徼，❷萬艘輸賮引江潭。

兒郎偉，抛梁北，邊城自此無鳴鏑。即看呼韓渭上朝，休誇竇憲燕然勒。

兒郎偉，抛梁上，彷彿神遊今可想。風馬雲車世世來，金輿玉斝年年享。❸

兒郎偉，抛梁下，萬靈隤祉扶宗社。天垂嘉種已豐年，地産珍符方極化。

伏願上梁之後，聖躬樂豫，寶命靈長。松茂獻兩宮之壽，椒繁占六寢之祥。宗室蕃維之彦，朝廷表幹之良。家傳慶譽，代襲龍光。肩一心而顯相，保饋祀之無疆。皇帝萬歲！❹

銘

蔣山鐘銘❺

於皇正覺，訓用音聞。肆作大鐘，以警沉昏。

明州新修刻漏銘❻

戊子王公，始治于明。丁亥孟冬，刻漏

❶「獻」，龍舒本作「執」。
❷「城」，龍舒本作「頭」。
❸「享」，龍舒本作「住」。
❹「皇帝萬歲」，龍舒本無此四字。
❺此篇見龍舒本卷三十七，入「古詩」類。
❻此篇見龍舒本卷三十四，入「記」類。「修」，原無，據龍舒本補。

具成。追謂屬人，嗟汝予銘。自古在昔，挈壺有職。匪器則弊，人亡政息。其政謂何？弗棘弗遲。君子小人，興息維時。東方未明，自公召之。彼寧不勤？得罪于時。厥荒懈廢，乃政之疵。嗚呼有州，謹哉維茲！茲惟其中，❶俾我後思。

伍子胥廟銘❷

予觀子胥，出死亡逋竄之中，以客寄之一身，卒以説吴，折不測之楚，仇執恥雪，名震天下，豈不壯哉？及其危疑之際，能自慊慨，不顧萬死，畢諫於所事。此其志與夫自恕以偷一時之利者異也。孔子論古之士大夫，若管夷吾、臧武仲之屬，苟志於善而有補於當世者，咸不廢也。然則子胥之義，又曷可少耶？康定二年，予過所謂胥山者，周行廟庭，嘆吴亡千有餘年，事之興壞廢革者，不可勝數，獨子胥之祠不徙不絶，何其盛也！豈獨神之事吴之所興，蓋亦子胥之節有以動後世，而愛尤在於吴也。後九年，樂安蔣公爲杭，使其州人力而新之，余與爲銘也。

烈烈子胥，發節窮逋。遂爲册臣，奮不圖軀。諫合謀行，隆隆之吴。厥廢不遂，邑都俄墟。以智死昏，忠則有餘。胥山之顔，❸殿屋渠渠。千載之祠，如祠之初。孰作新之，民勸而趨。維忠肆懷，維孝肆乎。我銘祠庭，示後不誣。

❶「茲惟」，龍舒本作「維茲」。
❷「銘」，龍舒本作「記」。
❸「顔」，龍舒本作「巔」。

璨公信心銘❶

沔彼有流，載浮載沈。爲可以濟，一壺千金。法譬則水，窮之彌深。璨公所傳，等觀初心。

讚

蔣山覺海元公真讚

賢哉人也，行厲而容寂，知言而能默。譽榮弗喜，辱毁弗戚。弗矜弗克，人自稱德。有緇有白，自南自北。弗句弗逆，弗抗弗抑。弗觀汝華，惟食已寔。孰其嗣之？我有遺則。

梵天畫讚❷

梵天尚實，厥乘孔雀。雞知時語，鈴戒沈濁。皜身黄衣，於净無著。乃持赤幡，歸趣正覺。

維摩像讚

是身是像，無有二相。三世諸佛，亦如是像。若取真實，還成虚妄。應持香花，如是供養。

❶ 此題，龍舒本作「讚璨公信心銘」，入卷三十七「古詩」類。

❷ 此下三篇見龍舒本卷三十七，入「古詩」類。

空覺義示周彦真

覺不偏空而迷，故曰覺迷；空不偏覺而頑，故曰空頑。空本無頑，以色故頑；覺本無迷，以見故迷。

臨川先生文集卷第三十八

臨川先生文集卷第三十九

書疏

上仁宗皇帝言事書❶

臣愚不肖，蒙恩備使一路，今又蒙恩召還闕廷，有所任屬，而當以使事歸報陛下。不自知其無以稱職，而敢緣使事之所及，冒言天下之事，伏惟陛下詳思而擇其中，幸甚！

臣竊觀陛下有恭儉之德，有聰明睿智之才，夙興夜寐，無一日之懈；聲色狗馬觀游玩好之事，無纖介之蔽；而仁民愛物之意，孚於天下；而又公選天下之所願以爲輔相者，屬之以事，而不貳於讒邪傾巧之臣，此雖二帝三王之用心，不過如此而已。宜其家給人足，天下大治。而效不至於此，顧内則不能無以社稷爲憂，外則不能無懼於夷狄。天下之財力日以困窮，而風俗日以衰壞，四方有志之士，諰諰然常恐天下之久不安，此其故何也？患在不知法度故也。

今朝廷法嚴令具，無所不有，而臣以謂無法度者，何哉？方今之法度，多不合乎先王之政故也。孟子曰：「有仁心仁聞，而澤不加於百姓者，爲政不法於先王之道故也。」以孟子之説觀方今之失，正在於此而已。夫以今之世去先王之世遠，所遭之

❶「仁宗」，龍舒本無。「言事」，龍舒本作「萬言」。

變、所遇之勢不一，而欲一二修先王之政，雖甚愚者猶知其難也。然臣以謂今之失患在不法先王之政者，以謂當法其意而已。夫二帝三王，相去蓋千有餘載，一治一亂，其盛衰之時具矣。其所遭之變、所遇之勢亦各不同，其施設之方亦皆殊，而其爲天下國家之意，本末先後，未嘗不同也。臣故曰：當法其意而已。法其意，則吾所改易更革，不至乎傾駭天下之耳目，囂天下之口，而固已合乎先王之政矣。雖然，以方今之勢揆之，陛下雖欲改易更革天下之事，合於先王之意，其勢必不能也。陛下有恭儉之德，有聰明睿智之才，有仁民愛物之意，誠加之意，則何爲而不成？何欲而不得？然而臣顧以謂陛下雖欲改易更革天下之事，合於先王之意，其勢必不能者，何也？以方今天下之人才不足故也。

臣嘗試竊觀天下在位之人，未有乏於此時者也。夫人才乏於上，則有沈廢伏匿在下而不爲當時所知者矣。臣又求之於閭巷草野之間，而亦未見其多焉。豈非陶冶而成之者非其道而然乎！臣以謂方今在位之人才不足者，以臣使事之所及，則可知矣。今以一路數千里之間，能推行朝廷之法令，知其所緩急，而一切能使民以修其職事者甚少，而不才苟簡貪鄙之人至不可勝數。其能講先王之意以合當時之變者，蓋闔郡之間往往而絶也。朝廷每一令下，其意雖善，在位者猶不能推行，使膏澤加於民，而吏輒緣之爲姦，以擾百姓。臣故曰：在位之人才不足，而草野閭巷之間亦未見其多也。夫人才不足，則陛下雖欲改易更革天下之事，以合先王之意，大臣雖有能當陛下之意而欲領此者，❶九州之大，四海之遠，孰能稱陛下之指，以一二推行此而人人蒙其施者乎？臣故曰：其勢必未能也。孟子曰「徒法不能以自行」，非此之謂乎？然則方今之急，在於人才而已。誠能使天下之才衆多，❷然後在位之才可以擇其人而取足焉。在位者得其才矣，然後稍視時勢之可否，而因人情之患苦，變更天下之弊法，以趨先王之意，甚易也。今之天下，亦先王之天下。先王之時，人才嘗衆矣，何至於今而獨不足乎？故曰：陶冶而成之者非其道故也。

商之時，天下嘗大亂矣，在位貪毒禍敗，皆非其人。及文王之起，而天下之才嘗少矣。當是時，文王能陶冶天下之士，而使之皆有士君子之才，然後隨其才之所有而官使之。《詩》曰「豈弟君子，遐不作人」，此之謂也。及其成也，微賤兔罝之人，猶莫不好德，《兔罝》之詩是也，又況於在位之人乎？夫文王惟能如此，故以征則服，以守則治。《詩》曰「奉璋峨峨，髦士攸宜」，又曰「周王于邁，六師及之」，言文王所用文武各得其才，而無廢事也。及至夷、厲之亂，天下之才又嘗少矣。至宣王之起，所與圖天下之事者，仲山甫而已。故詩人歎之曰：「德輶如毛，維仲山甫舉之，愛莫助之。」蓋閔人才之少而山甫之無助也。❸宣王能用仲山甫，推其類，以新美天下之士，而後人才復衆，於是內脩政事，外討不庭，而復有文武之境土。故詩人美之曰：「薄言采芑，

❶「能」下，宋元遞修本有「欲」字。
❷「之」，龍舒本作「人」。
❸「才」，原作「士」，據龍舒本改。

于彼新田，于此菑畝。」言宣王能新美天下之士，使之有可用之才，如農夫新美其田，而使之有可采之芑也。由此觀之，人之才未嘗不自人主陶冶而成之者也。

所謂陶冶而成之者，何也？亦教之、養之、取之、任之有其道而已。所謂教之之道何也？古者天子諸侯，自國至於鄉黨，皆有學，博置教導之官而嚴其選。朝廷禮樂刑政之事，皆在於學，士所觀而習者，❶皆先王之法言德行治天下之意，其材亦可以爲天下國家之用。苟不可以爲天下國家之用，則不教也；苟可以爲天下國家之用者，則無不在於學，此教之之道也。

所謂養之之道何也？饒之以財，約之以禮，裁之以法也。何謂饒之以財？人之情，不足於財，則貪鄙苟得，無所不至。先王知其如此，故其制禄，自庶人之在官者，其禄已足以代其耕矣。由此等而上之，每有加焉，使其足以養廉耻而離於貪鄙之行。猶以爲未也，又推其禄以及其子孫，謂之世禄。使其生也既於父子兄弟妻子之養、昏姻朋友之接，皆無憾矣，其死也又於子孫無不足之憂焉。何謂約之以禮？人情足於財，而無禮以節之，則又放僻邪侈，無所不至。先王知其如此，故爲之制度。婚喪、祭養、燕享之事，服食、器用之物，皆以命數爲之節，而齊之以律度量衡之法。其命可以爲之，而財不足以具，則弗具也；其財可以具，而命不得爲之者，不使有銖兩分寸之加焉。何謂裁之以法？先王於天下之士，教之以道藝矣，不帥教，則待之以屏棄遠方、終身不齒之

❶「士」上，龍舒本有「學」字。

法；約之以禮矣，不循禮，則待之以流、殺之法。《王制》曰：「變衣服者，其君流。」《酒誥》曰：「厥或誥曰：❶『羣飲，汝勿佚。盡執拘以歸于周，予其殺。』」夫羣飲、變衣服，小罪也；流、殺，大刑也。加小罪以大刑，先王所以忍而不疑者，以爲不如是不足以一天下之俗而成吾治。夫約之以禮，裁之以法，天下所以服從無抵冒者，又非獨其禁嚴而治察之所能致也。蓋亦以吾至誠懇惻之心，力行而爲之倡。凡在左右通貴之人，皆順上之欲而服行之，有一不帥者，法之加必自此始。夫上以至誠行之，而貴者知避上之所惡矣，則天下之不罰而止者衆矣。故曰：此養之之道也。

所謂取之之道者何也？先王之取人也，必於鄉黨，必於庠序，使衆人推其所謂賢能，書之以告于上而察之。❷誠賢能也，然後隨其德之大小、才之高下而官使之。所謂察之者，非專用耳目之聰明而聽私於一人之口也。❸欲審知其德，問以行；欲審知其才，問以言。得其言行，則試之以事。所謂察之者，試之以事是也。雖堯之用舜，亦不過如此而已，又況其下乎！若夫九州之大，四海之遠，萬官億醜之賤，❹所須士大夫之才則衆矣。有天下者，又不可以一二自察之也，又不可以偏屬於一人而使之於一日三日之間考試其行能而進退之也。❺蓋吾已能察其才行之大者以爲大官矣，因

❶「或」，原作「成」，據龍舒本、宋元遞修本、光啓堂本及《尚書・酒誥》改。
❷「書」，龍舒本作「出」。
❸「聽私」，龍舒本作「私聽」。
❹「萬」，龍舒本作「百」。
❺「三」，龍舒本、宋元遞修本、應刻本作「二」。

使之取其類，以持久試之，而考其能者以告于上，而後以爵命禄秩予之而已。此取之之道也。

所謂任之之道者何也？人之才德，高下厚薄不同，其所任有宜有不宜。先王知其如此，故知農者以爲后稷，知工者以爲共工，其德厚而才高者以爲之長，德薄而才下者以爲之佐屬。又以久於其職，則上狃習而知其事，下服馴而安其教，賢者則其功可以至於成，不肖者則其罪可以至於著。故久其任，而待之以考績之法。夫如此，故智能才力之士則得盡其智以赴功，而不患其事之不終、其功之不就也。偷惰苟且之人雖欲取容於一時，而顧僇辱在其後，安敢不勉乎？若夫無能之人，固知辭避而去矣。居職任事之日久，不勝任之罪不可以幸而免故也。彼且不敢冒而知辭避矣，尚何有比周、讒諂、争進之人乎？取之既已詳，使之既已當，處之既已久，至其任之也又專焉，而不一二以法束縛之，而使之得行其意，堯舜之所以理百官而熙衆工者，以此而已。《書》曰：「三載考績，三考黜陟幽明。」此之謂也。然堯舜之時，其所黜者，則聞之矣，蓋四凶是也。其所陟者則皋陶、稷、契，皆終身一官而不徙。蓋其所謂陟者，特加之爵命禄賜而已耳。此任之之道也。

夫教之、養之、取之、任之之道如此，而當時人君又能與其大臣悉其耳目心力，至誠惻怛，思念而行之，此其人臣之所以無疑，而於天下國家之事無所欲爲而不得也。

方今州縣雖有學，取牆壁具而已，非有教導之官長育人才之事也。唯太學有教導之官，而亦未嘗嚴其選。朝廷禮樂刑政之事，未嘗在於學。學者亦漠然，自以禮樂刑政爲有司之事，而非己所當知也。學者之所教，講説章句而已。講説章句，固非古者教人之道也。近歲乃始教之以課試之文章。❶夫課試之文章，非博誦强學，窮日之力，則不能。及其能工也，大則不足以用天下國家，小則不足以爲天下國家之用。故雖白首於庠序，窮日之力以帥上之教，及使之從政，則茫然不知其方者，皆是也。蓋今之教者，非特不能成人之才而已，又從而困苦毁壞之，使不得成才者，何也？夫人之才成於專而毁於雜，故先王之處民才，處工於官府，處農於畎畝，處商賈於肆，而處士於庠序，使各專其業，而不見異物，懼異物之足以害其業也。所謂士者，❷又非特使之不得見異物而已，一示之以先王之道，而百家諸子之異説皆屏之而莫敢習者焉。今士之所宜學者，天下國家之用也，今悉使置之不教，而教之以課試之文章，使其耗精疲神窮日之力以從事於此。及其任之以官也，則又悉使置之，而責之以天下國家之事。夫古之人以朝夕專其業於天下國家之事，而猶才有能有不能。今乃移其精神，奪其日力，以朝夕從事於無補之學。及其任之以事，❸然後卒然責之以爲天下國家之用，宜其才之足以有爲者少矣。臣故曰：非特不能成人之才，又從而困苦毁壞之，使不得成才也。

又有甚害者。先王之時，士之所學者，文武之道也。士之才，有可以爲公卿大夫，

❶「近」上，龍舒本有「而」字。
❷「士」，龍舒本作「此」。
❸「事」，宋元遞修本作「用」。

有可以爲士，其才之大小、宜不宜則有矣。至於武事，則隨其才之大小，未有不學者也。故其大者，居則爲六官之卿，出則爲六軍之將也，其次則比、閭、族、黨之師，亦皆卒、兩、師、旅之帥也。故邊疆宿衛，皆得士大夫爲之，而小人不得奸其任。今之學者，以爲文武異事，吾知治文事而已，至於邊疆宿衛之任，則推而屬之於卒伍，往往天下姦悍無賴之人。苟其才行足自託於鄉里者，❶亦未有肯去親戚而從召募者也。❷邊疆宿衛，此乃天下之重任，而人主之所當慎重者也。故古者教士，以射、御爲急，其他技能則視其人才之所宜而後教之，其才之所不能，則不强也。至於射，則爲男子之事，人之生有疾則已，❸苟無疾，未有去射而不學者也。在庠序之間，固當從事於射也。有賓客之事則以射，有祭祀之事則以射，别士之行同能偶則以射，於禮樂之事未嘗不寓以射，而射亦未嘗不在於禮樂祭祀之間也。《易》曰：「弧矢之利，以威天下。」先王豈以射爲可以習揖讓之儀而已乎？固以爲射者，武事之尤大，而威天下、守國家之具也。居則以是習禮樂，出則以是從戰伐。士既朝夕從事於此，而能者衆，則邊疆宿衛之任，皆可以擇而取也。夫士嘗學先王之道，其行義嘗見推於鄉黨矣，然後因其才而託之以邊疆宿衛之事，此古之人君所以推干戈以屬之人，而無内外之虞也。今乃以夫天下之重任，人主所當至慎之選，推而屬之姦悍無賴、才行不足自託於鄉里之人。此

❶「足」下，龍舒本有「以」字。
❷「亦」，龍舒本無此字。
❸「人」上，龍舒本有「苟」字。

方今所以諰諰然常抱邊疆之憂，而虞宿衛之不足恃以爲安也。今孰不知邊疆宿衛之士不足恃以爲安哉？顧以爲天下學士以執兵爲恥，而亦未有能騎射行陣之事者，❶則非召募之卒伍，孰能任其事者乎？夫不嚴其教，高其選，則士之以執兵爲恥，而未嘗有能騎射行陣之事，固其理也。凡此皆教之非其道故也。❷

方今制禄，大抵皆薄，自非朝廷侍從之列，食口稍衆，未有不兼農商之利而能充其養者也。其下州縣之吏，一月所得，多者錢八九千，少者四五千。以守選、待除、守闕通之，蓋六七年而後，得三年之禄，計一月所得，乃實不能四五千，少者乃實不能及三四千而已。雖厮養之給，不窘於此矣。❸而其養生、喪死、婚姻、葬送之事，皆當於此。❹夫出中人之上者，雖窮而不失爲君子，出中人之下者，❺雖泰而不失爲小人。唯中人不然，窮則爲小人，泰則爲君子。計天下之士，出中人之上下者，千百而無十一，窮而爲小人、泰而爲君子者，則天下皆是也。先王以爲衆不可以力勝也，故制行不以己，而以中人爲制，所以因其欲而利道之。以爲中人之所能守，則其志可以行乎天下，而推之後世。以今之制禄，而欲士之無毁廉恥，蓋中人之所不能也。故今官大者，往往交賂遺，營貲産，以負貪汙之毁；官小者，販鬻乞丐，無所不爲。夫士已嘗毁廉恥以負累於世矣，則其偷惰取容之意起，而矜奮自

❶「者」下，宋元遞修本有「也」字。
❷「故」，龍舒本無此字。
❸「不」，原作「亦」，據龍舒本、宋元遞修本改。
❹「當」下，龍舒本有「出」字。
❺「之」，龍舒本作「以」。

强之心息，則職業安得而不弛，治道何從而興乎？又况委法受賂，侵牟百姓者，往往而是也。此所謂不能饒之以財也。

婚喪、奉養、服食、器用之物，皆無制度以爲之節，而天下以奢爲榮，以儉爲恥。苟其財之可以具，則無所爲而不得，有司既不禁，而人又以此爲榮；苟其財不足，而不能自稱於流俗，則其婚喪之際，往往得罪於族人、親姻，而人以爲恥矣。故富者貪而不知止，貧者則强勉其不足以追之，此士之所以重困而廉恥之心毁也。凡此所謂不能約之以禮也。

方今陛下躬行儉約以率天下，此左右通貴之臣所親見。然而其閨門之内，奢靡無節，犯上之所惡，以傷天下之教者，有已甚者矣。未聞朝廷有所放絀，以示天下。昔周之人，❶拘羣飲而被之以殺刑者，以爲酒之末流生害，有至於死者衆矣，故重禁其禍之所自生。重禁禍之所自生，故其施刑極省，而人之抵於禍敗者少矣。今朝廷之法所尤重者，獨貪吏耳。重禁貪吏而輕奢靡之法，此所謂禁其末而弛其本。然而世之識者，以爲方今官冗，而縣官財用已不足以供之，其亦蔽於理矣。今之入官誠冗矣，然而前世置員蓋甚少，而賦禄又如此之薄，則財用之所不足，蓋亦有説矣，吏禄豈足計哉？臣於財利固未嘗學，然竊觀前世治財之大略矣。蓋因天下之力以生天下之財，取天下之財以供天下之費。自古治世未嘗以不足爲天下之公患也，患在治財無其道耳。今天下不見兵革之具，而元元安土樂

❶「周之人」，光啓堂本作「周人之」。

業，人致己力，❶以生天下之財。然而公私常以困窮爲患者，殆以理財未得其道，❷而有司不能度世之宜而通其變耳。誠能理財以其道而通其變，臣雖愚，固知增吏禄不足以傷經費也。方今法嚴令具，所以羅天下之士，可謂密矣。然而亦嘗教之以道藝，而有不帥教之刑以待之乎？亦嘗約之以制度，而有不循理之刑以待之乎？亦嘗任之以職事，而有不任事之刑以待之乎？夫不先教之以道藝，誠不可以誅其不帥教；不先約之以制度，誠不可以誅其不循理；不先任之以職事，誠不可以誅其不任事。此三者，先王之法所尤急也，❸今皆不可得誅。而薄物細故，非害治之急者，爲之法禁，月異而歲不同，爲吏者至於不可勝記，又況能一二避之而無犯者乎？此法令所以玩而不行，❹小人有幸而免者，君子有不幸而及者焉。此所謂不能裁之以刑也。凡此皆治之非其道也。

方今取士，强記博誦，而畧通於文辭，謂之茂才異等、賢良方正。茂才異等、賢良方正者，公卿之選也。記不必强，誦不必博，畧通於文辭，而又嘗學詩賦，則謂之進士。進士之高者，亦公卿之選也。夫此二科所得之技能，不足以爲公卿，不待論而後可知。而世之議者，乃以爲吾常以此取天下之士，而才之可以爲公卿者常出於此，不必法古之取人而後得士也。其亦蔽於理矣。先王之時，盡所以取人之道，猶懼賢者之難進，而不肖者之雜於其間也。今悉廢

❶「人」，光啓堂本作「各」。「己」，龍舒本作「其」。
❷「以」，龍舒本作「亦」。
❸「尤」，龍舒本作「先」。
❹「玩」，龍舒本作「滋」。

先王所以取士之道，而敺天下之才士，悉使爲賢良、進士，則士之才可以爲公卿者，固宜爲賢良、進士，而賢良、進士亦固宜有時而得才之可以爲公卿者也。然而不肖者苟能雕蟲篆刻之學，以此進至乎公卿，才之可以爲公卿者，困於無補之學，而以此絀死於嵓野，蓋十八九矣。夫古之人有天下者，其所以慎擇者，❶公卿而已。公卿既得其人，因使推其類以聚於朝廷，則百司庶物，❷無不得其人也。今使不肖之人幸而至乎公卿，因得推其類聚之朝廷，此朝廷所以多不肖之人，而雖有賢智，往往困於無助，不得行其意也。且公卿之不肖既推其類以聚於朝廷，朝廷之不肖又推其類以備四方之任使，四方之任使者又各推其不肖以布於州郡，則雖有同罪舉官之科，豈足恃哉？適足以爲不肖者之資而已。其次九經、五經、學究、明法之科，朝廷固已嘗患其無用於世，而稍責之以大義矣。然大義之所得，未有以賢於故也。今朝廷又開明經之選，以進經術之士。然明經之所取，亦記誦而略通於文辭者則得之矣。彼通先王之意而可以施於天下國家之用者，顧未必得與於此選也。其次則恩澤子弟，庠序不教之以道藝，官司不考問其才能，父兄不保任其行義，而朝廷輒以官予之，而任之以事。武王數紂之罪，則曰「官人以世」。夫「官人以世」，而不計其才行，此乃紂之所以亂亡之道，而治世之所無也。❸又其次曰流外。朝廷固已擠之於廉恥之外，而限其進取之

❶「以」，龍舒本無此字。
❷「物」，龍舒本作「府」。
❸「世」，龍舒本、宋元遞修本作「古」。

路矣。顧屬之以州縣之事，使之臨士民之上，豈所謂以賢治不肖者乎？以臣使事之所及，一路數千里之間，州縣之吏出於流外者，往往而有，可屬任以事者，殆無二三，而當防閑其姦者，皆是也。蓋古者有賢不肖之分，而無流品之別。故孔子之聖而嘗爲季氏吏，蓋雖爲吏，而亦不害其爲公卿。及後世有流品之別，則凡在流外者，其所成立，固嘗自置於廉恥之外，而無高人之意矣。夫以近世風俗之流靡，自雖士大夫之才，勢足以進取，而朝廷嘗獎之以禮義者，晚節末路，往往怵而爲姦，況又其素所成立，無高人之意，而朝廷固已擠之於廉恥之外，限其進取者乎？其臨人親職，放僻邪侈，固其理也。至於邊疆宿衞之選，則臣固已言其失矣。凡此皆取之非其道也。

方今取之既不以其道，至於任之，❶又不問其德之所宜，而問其出身之後先；不論其才之稱否，而論其歷任之多少。以文學進者，且使之治財。已使之治財矣，又轉而使之典獄。已使之典獄矣，又轉而使之治禮。是則一人之身，而責之以百官之所能備，宜其人才之難爲也。夫責人以其所難爲，則人之能爲者少矣。人之能爲者少，則相率而不爲。故使之典禮，未嘗以不知禮爲憂，以今之典禮者未嘗學禮故也。❷使之典獄，未嘗以不知獄爲恥，以今之典獄者未嘗學獄故也。天下之人，亦已漸漬於失教，被服於成俗。見朝廷有所任使非其資序，則相議而訕之；至於任使之不當其才，

❶「之」，龍舒本作「人」。

❷「者」，龍舒本作「皆」，則當屬下讀。

未嘗有非之者也。且在位者數徙，則不得久於其官，故上不能狃習而知其事，下不肯服馴而安其教。賢者則其功不可以及於成，不肖者則其罪不可以至於著。若夫迎新將故之勞，緣絶簿書之弊，固其害之小者，不足悉數也。設官大抵皆當久於其任，而至於所部者遠，所任者重，則尤宜久於其官，而後可以責其有爲。而方今尤不得久於其官，往往數日輒遷之矣。

取之既已不詳，使之既已不當，處之既已不久，至於任之則又不專，而又一二以法束縛之，❶不得行其意，❷臣故知當今在位，❸多非其人。稍假借之權，而不一二以法束縛之，則放恣而無不爲。雖然，在位非其人，而恃法以爲治，自古及今，未有能治者也。即使在位皆得其人矣，而一二以法束縛之，不使之得行其意，亦自古及今未有能治者也。夫取之既已不詳，使之既已不當，處之既已不久，任之又不專，而一二以法束縛之，❹故雖賢者在位，能者在職，與不肖而無能者殆無以異。夫如此，故朝廷明知其賢能足以任事，苟非其資序，則不以任事而輒進之。雖進之，士猶不服也。明知其無能而不肖，苟非有罪爲在事者所劾，❺不敢以其不勝任而輒退之。雖退之，士猶不服也。彼誠不肖無能，❻然而士不服者，何也？以所謂賢能者任其事，與不肖而無能者亦無以異故也。臣前以謂不能任人以

❶「法」下，龍舒本有「約」字。
❷「不」上，龍舒本有「使」字。
❸「故」，龍舒本作「固」。
❹「而」下，光啓堂本有「又」字。「二」下，原衍「之」字，據上文及龍舒本、光啓堂本刪。
❺「事」，龍舒本作「上」。
❻「肖」下，龍舒本有「而」字。

職事而無不任事之刑以待之者，蓋謂此也。

夫教之、養之、取之、任之，有一非其道，則足以敗天下之人才，❶又況兼此四者而有之，則在位不才苟簡貪鄙之人，至於不可勝數；而草野閭巷之間，亦少可任之才，固不足怪。《詩》曰：「國雖靡止，或聖或否。民雖靡膴，或哲或謀，或肅或艾。如彼泉流，無淪胥以敗。」此之謂也。

夫在位之人才不足矣，而閭巷草野之間亦少可用之才，則豈特行先王之政而不得也，社稷之託，封疆之守，陛下其能久以天幸爲常，而無一旦之憂乎？蓋漢之張角三十六萬同日而起，❷所在郡國莫能發其謀；❸唐之黄巢橫行天下，而所至將吏無敢與之抗者。漢唐之所以亡，禍自此始。唐既亡矣，陵夷以至五代，而武夫用事，賢者伏匿消沮而不見，在位無復有知君臣之義、上下之禮者也。當是之時，變置社稷，蓋甚於奕碁之易，而元元肝腦塗地，幸而不轉死於溝壑者無幾耳。夫人才不足，其患蓋如此。❹而方今公卿大夫，莫肯爲陛下長慮後顧，爲宗廟萬世計，臣竊惑之。昔晉武帝趣過目前，而不爲子孫長遠之謀。當時在位，亦皆偷合苟容，而風俗蕩然，棄禮義，捐法制，上下同失，莫以爲非。有識固知其將必亂矣。而其後果海内大擾，中國列於夷狄者二百餘年。伏惟三廟祖宗神靈所以付屬陛下，固將爲萬世血食，而大庇元元於無窮也。臣願陛下鑒漢、唐、五代之所以亂亡，懲晉武苟且因循之禍，明詔大臣，思所以陶

❶「敗」下，龍舒本有「亂」字。
❷「萬」，中華排印本據沈注改作「方」。
❸「所」上，龍舒本有「而」字。
❹「其」，龍舒本無此字。

成天下之才，慮之以謀，計之以數，爲之以漸，期爲合於當世之變，而無負於先王之意，則天下之人才，不勝用矣。人才不勝用，則陛下何求而不得，何欲而不成哉？夫慮之以謀，計之以數，爲之以漸，則成天下之才甚易也。

臣始讀《孟子》，見孟子言王政之易行，心則以爲誠然。及見與慎子論齊、魯之地，以爲先王之制國，大抵不過百里者，以爲今有王者起，則凡諸侯之地，或千里，或五百里，皆將損之，至於數十百里而後止。於是疑孟子雖賢，其仁智足以一天下，亦安能毋劫之以兵革，而使數百千里之强國，一旦肯損其地之十八九，比於先王之諸侯？❶至其後，觀漢武帝用主父偃之策，令諸侯王地悉得推恩封其子弟，❷而漢親臨定其號名，輒別屬漢。於是諸侯王之子弟各有分土，而勢强地大者卒以分析弱小，然後知慮之以謀，計之以數，爲之以漸，則大者固可使小，强者固可使弱，而不至乎傾駭變亂敗傷之釁，孟子之言不爲過。又況今欲改易更革，其勢非若孟子所爲之難也。臣故曰：慮之以謀，計之以數，爲之以漸，則其爲甚易也。

然先王之爲天下，不患人之不爲，而患人之不能；不患人之不能，而患己之不勉。何謂不患人之不爲，而患人之不能？人之情，所願得者，善行、美名、尊爵、厚利也，而先王能操之以臨天下之士，天下之士有能遵之以治者，則悉以其所願得者以與之。士不能則已矣，苟能，則孰肯舍其所願得

❶「比」上，龍舒本有「而」字。
❷「封」，龍舒本作「分」。

而不自勉以爲才？故曰不患人之不爲，患人之不能。何謂不患人之不能，而患己之不勉？先王之法，所以待人者盡矣。自非下愚不可移之才，未有不能赴者也。然而不謀之以至誠惻怛之心，力行而先之，❶未有能以至誠惻怛之心力行而應之者也。❷故曰不患人之不能，而患己之不勉。陛下誠有意乎成天下之才，則臣願陛下勉之而已。

臣又觀朝廷異時欲有所施爲變革，其始計利害未嘗熟也，顧有一流俗僥倖之人不悅而非之，❸則遂止而不敢爲。❹夫法度立，則人無獨蒙其幸者。故先王之政，雖足以利天下，而當其承弊壞之後、僥倖之時，其創法立制，未嘗不艱難也。以其創法立制，而天下僥倖之人亦順說以趨之，無有齟齬，則先王之法，至今存而不廢矣。惟其創法立制之艱難，而僥倖之人不肯順悅而趨之，故古之人欲有所爲，未嘗不先之以征誅，而後得其意。《詩》曰：「是伐是肆，是絶是忽，四方以無拂。」此言文王先征誅而後得意於天下也。夫先王欲立法度以變衰壞之俗而成人之才，雖有征誅之難，猶忍而爲之，以爲不若是不可以有爲也。及至孔子，以匹夫遊諸侯，所至則使其君臣捐所習，逆所順，强所劣，憧憧如也，卒困於排逐。然孔子亦終不爲之變，以爲不如是不可以有爲。此其所守，蓋與文王同意。夫在上之聖人莫如文王，在下之聖人

❶「力行而先之」，龍舒本無此五字。
❷「未」上，龍舒本有「亦」字。「以至誠惻怛之心」，龍舒本無此七字。
❸「有一」，龍舒本作「一有」。
❹「爲」，原無，據龍舒本補。

莫如孔子，而欲有所施爲變革，則其事蓋如此矣。今有天下之勢，居先王之位，創立法制，非有征誅之難也。雖有僥倖之人不悦而非之，固不勝天下順悦之人衆也。然而一有流俗僥倖不悦之言，則遂止而不敢爲者，惑也。陛下誠有意乎成天下之才，則臣又願斷之而已。夫慮之以謀，計之以數，爲之以漸，而又勉之以成，斷之以果，然而猶不能成天下之才，則以臣所聞，蓋未有也。

然臣之所稱，流俗之所不講，而今之議者以謂迂闊而熟爛者也。竊觀近世士大夫所欲悉心力耳目以補助朝廷者有矣，彼其意非一切利害，則以爲當世所能行者。❶士大夫既以此希世，而朝廷所取於天下之士亦不過如此，至於大倫大法，禮義之際，先王之所力學而守者，蓋不及也。一有及此，則羣聚而笑之，以爲迂闊。今朝廷悉心於一切之利害，有司法令於刀筆之間，非一日也，然其效可觀矣。則夫所謂迂闊而熟爛者，惟陛下亦可以少留神而察之矣。昔唐太宗正觀之初，人人異論，如封德彝之徒，皆以爲非雜用秦漢之政，不足以爲天下。能思先王之事、開太宗者，魏文正公一人爾。❷其所施設雖未能盡當先王之意，抑其大略可謂合矣。故能以數年之間，而天下幾致刑措，中國安寧，蠻夷順服，❸自三王以來未有如此盛時也。唐太宗之初，天下之俗猶今之世也；魏文正公之言，固當時所

❶「能」上，龍舒本有「不」字。

❷「文正」，當爲「文貞」，宋人因避仁宗諱改；龍舒本作「鄭」。下一「文正」同。「一」，原作「二」，據龍舒本、宋元遞修本、應刻本改。

❸「蠻夷」，龍舒本作「夷蠻」。

謂迂闊而熟爛者也，然其效如此。賈誼曰：「今或言德教之不如法令，胡不引商、周、秦、漢以觀之？」然則唐太宗之事亦足以觀矣。

臣幸以職事歸報陛下，不自知其駑下，無以稱職，而敢及國家之大體者，以臣蒙陛下任使，❶而當歸報。竊謂在位之人才不足而無以稱朝廷任使之意，而朝廷所以任使天下之士者或非其理，而士不得盡其才，此亦臣使事之所及，而陛下之所宜先聞者也。釋此一言，而毛舉利害之一二，以汙陛下之聰明，而終無補於世，則非臣所以事陛下惓惓之義也。伏惟陛下詳思而擇其中，天下幸甚！

上時政疏❷

年月日，具位臣某昧死再拜上疏尊號皇帝陛下。臣竊觀自古人主享國日久，無至誠惻怛憂天下之心，雖無暴政虐刑加於百姓，而天下未嘗不亂。自秦已下，享國日久者，有晉之武帝、梁之武帝、唐之明皇。此三帝者，皆聰明智略有功之主也。❸享國日久，內外無患，因循苟且，無至誠惻怛憂天下之心，趨過目前而不爲久遠之計，自以禍災可以無及其身，往往身遇災禍，❹而悔

❶「以」上，龍舒本有「誠」字。
❷「疏」，龍舒本作「書」。
❸「主」，原作「下」，據龍舒本、宋元遞修本、應刻本、光啓堂本改。
❹「災禍」，龍舒本作「禍災」。

無所及。雖或僅得身免，而宗廟固已毁辱，而妻子固以困窮，❶天下之民固以膏血塗草野，而生者不能自脱於困餓刧束之患矣。夫爲人子孫，使其宗廟毁辱；爲人父母，使其比屋死亡，此豈仁孝之主所宜忍者乎！然而晉、梁、唐之三帝，以晏然致此者，自以爲其禍災可以不至於此，而不自知忽然已至也。蓋夫天下，至大器也。非大明法度不足以維持，非衆建賢才不足以保守。苟無至誠惻怛憂天下之心，❷則不能詢考賢才，講求法度。賢才不用，法度不脩，偷假歲月則幸或可以無他，曠日持久則未嘗不終於大亂。

伏惟皇帝陛下，有恭儉之德，有聰明睿智之才，有仁民愛物之意，然享國日久矣，此誠當惻怛憂天下，而以晉、梁、唐三帝爲戒之時。以臣所見，方今朝廷之位未可謂能得賢才，政事所施未可謂能合法度。官亂於上，民貧於下，風俗日以薄，才力日以困窮，而陛下高居深拱，未嘗有詢考講求之意。此臣所以竊爲陛下計而不能無慨然者也。夫因循苟且，逸豫而無爲，可以徼倖一時，而不可以曠日持久。晉、梁、唐三帝者，不知慮此，故災稔禍變生於一時。則雖欲復詢考講求以自救，而已無所及矣。以古準今，則天下安危治亂尚可以有爲，有爲之時莫急於今日。過今日，則臣恐亦有無所及之悔矣。然則以至誠詢考而衆建賢才，以至誠講求而大明法度，陛下今日其可以不汲汲乎？《書》曰：「若藥不瞑眩，厥疾弗瘳。」臣願陛下以終身之狼疾爲憂，而不

❶「困」，原作「固」，據龍舒本、宋元遞修本、應刻本改。

❷「至」，龍舒本作「志」。

以一日之暝眩爲苦。

臣既蒙陛下採擢，使備從官，朝廷治亂安危，臣實預其榮辱，此臣所以不敢避進越之罪，而忘盡規之義。伏惟陛下深思臣言，以自警戒，則天下幸甚！

進戒疏

熙寧二年五月十一日，朝散大夫、右諫議大夫、參知政事、護軍、賜紫金魚袋臣某，昧死再拜，上疏皇帝陛下。臣竊以爲陛下既終亮陰，考之於經，則羣臣進戒之時。而臣待罪近司，職當先事有言者也。竊聞孔子論爲邦，先放鄭聲，而後曰遠佞人。仲虺稱湯之德，先不邇聲色，不殖貨利，而後曰用人惟己。蓋以謂不淫耳目於聲色玩好之物，然後能精於用志。能精於用志，然後能明於見理。能明於見理，然後能知人。能知人，然後佞人可得而遠，忠臣良士與有道之君子類進於時，有以自竭，則法度之行，風俗之成，甚易也。若夫人主雖有過人之材，而不能早自戒於耳目之欲，至於過差以亂其心之所思，則用志不精。用志不精，則見理不明。見理不明，則邪説詖行必窺間乘殆而作，則其至於危亂也豈難哉？

伏惟陛下即位以來，未有聲色玩好之過聞於外。然孔子，聖人之盛，尚自以爲七十而後敢縱心所欲也。今陛下以鼎盛之春秋，而享天下之大奉，所以惑移耳目者，❶爲不少矣。則臣之所豫慮，而陛下之所深戒，宜在於此。天之生聖人之材甚吝，而人之值聖人之時甚難。天既以聖人之材付陛

❶「移」，光啓堂本作「於」。

下，則人亦將望聖人之澤於此時。伏惟陛下自愛以成德，而自强以赴功，使後世不失聖人之名，而天下皆蒙陛下之澤，則豈非可願之事哉？ 臣愚不勝惓惓，唯陛下恕其狂妄，而幸賜省察。

臨川先生文集卷第三十九

臨川先生文集卷第四十

奏狀

乞免就試狀❶

準中書劄子，奉聖旨：依前降指揮，發來赴闕就試者。伏念臣祖母年老，先臣未葬，弟妹當嫁，家貧口衆，難住京師。比嘗以此自陳，乞不就試，慢廢朝命，尚宜有辠。幸蒙寛赦，即賜聽許。不圖逐事之臣，更以臣爲恬退。令臣無葬嫁奉養之急，❷而逡巡辭避，不敢當清要之選，雖曰恬退可也。今特以營私家之急，擇利害而行，謂之恬退，非臣本意。兼臣罷縣守闕，及今二年有餘。老幼未嘗寧宇，方欲就任，即令赴闕，實於私計有妨。伏望聖慈察臣本意止是營私，特寢召試指揮，且令終滿外任，一面發赴本任去訖。

辭集賢校理狀四❸

右臣今月二十二日，準中書差人賫到勑牒一道，除臣集賢校理。聞命震怖，不知所以。伏念臣頃者再蒙聖恩召試。臣以先臣未葬，二妹當嫁，家貧口衆，難住京師，乞且終滿外任。比蒙矜允，獲畢所圖。而門

❶「狀」，龍舒本作「劄子」。
❷「令」，原作「今」，據龍舒本改。
❸「四」，龍舒本無此字。

衰祚薄，祖母、二兄、一嫂相繼喪亡，奉養昏嫁葬送之窘，比於向時爲甚。所以今兹纔至闕下，即乞除一在外差遣，不願就試。以臣疵賤，謬蒙拔擢，至於館閣之選，豈非素願所榮？然而不願就試，正以舊制入館則當供職一年。臣方甚貧，❶勢不可處，此臣所以不敢避干紊朝廷之辠，❷而苟欲就其營養之私。不圖朝廷不加考試，有此除授，臣若避犯命之罰，受而不能自列，則是臣前所乞爲以私養要君，而誤陛下以無名加寵也。又聞朝廷特與推恩，不候一年即與在外差遣。且一年供職，乃是朝廷舊制，臣以何名敢當此恩，而累朝廷隳廢久行公共之法？又見新制，近臣薦舉官吏，非條詔指揮，不得用例施行。今出已來，未能十日。今臣有此除授，乃因近臣薦舉，不加考試，又非條詔指揮，臣雖不肖，獨何敢冒過分之寵，而以身爲廢法之首乎？伏望聖慈察臣本意，從臣私欲，追還所授，特與除一在外合入差遣，則使公義不虧於上，私行不失於下，臣不任激切祈恩待報之至！所有勑牒，臣不敢受。謹具狀奏聞。

二❸

右臣三月二十二日，準中書差人賫到勑牒一道，除臣集賢校理。臣以分不當得，已具狀陳列，乞追還所授。今月五日，又準中書差人賫到勑牒，令臣受職，不得辭免。臣以微賤，誤蒙采拔，非臣隕首足以報稱。

❶「甚」，原作「其」，據龍舒本、宋元遞修本、應刻本改。
❷「紊」，原作「譽」，據龍舒本、宋元遞修本改。
❸「二」，龍舒本作「第二狀」。

然分有所不敢受，名有所不敢居，寧以恩上得辠，終不敢冒恩苟止。何則？臣以擇利辭試，而朝廷因與免試推恩，是臣以辭試上要朝廷，而朝廷果以恩澤副之也。不獨傷臣私義，固以上累國體，此臣所以惓惓至於再三而終不敢止。且勸沮之方，失不在大，如臣心實擇利，而迹有辭讓之嫌。以故朝廷特有優假，臣恐進趨之士有以窺度聖世，將或立小異以近名，託虛名以邀利，浸成弊俗，非復法令所能禁止。此亦朝廷所宜慎惜，不當遂已成之命，而難於追改也。竊見近臣比有辭讓官職，皆義所當得，而特以禮辭讓，朝廷固宜必使受之而不聽。如臣卑賤，今所陳列，直以分不當得，非敢以爲讓也。伏望聖慈聽臣所守，特與追還所授。所有勑牒，臣不敢受。

三❶

右臣三月二十二日，準中書差人賫到勑牒一道，除臣集賢校理。臣以分不當得，已再具狀奏聞，乞追還所授。今月九日，又準中書差人賫到勑牒，令臣不得辭免。是臣區區之意，終未蒙朝廷省察。臣於他官苟可以得，則或悉力以求之，唯恐利之不多，而勢之不便，非能有所辭讓也。至於私養之不給，則苟求冒取，亦無所不至。今朝廷特除以爲校理，❷則再三干紊朝廷，終不敢受者，❸誠以要君罔上之罪大，故寧以他得

❶「三」，龍舒本作「第三狀」。
❷「除」，龍舒本無此字。
❸「終」上，龍舒本有「而」字。

罪，而於此不敢順命苟止也。所謂要君者，臣前狀已言之矣。所謂罔上者，朝廷除校理必先考試，今獨推恩，異於尋常。朝廷不以臣爲小有異能，則必以臣爲小有異行。臣無其實而敢冒此恩，此乃所謂罔上也。且臣蒙恩與試久矣，臣非敢終辭也，特以勢未便爾。若朝廷且從臣欲，使臣他日之力足以供職京師，而無乏養之憂，則臣自當援恩求試，豈敢上煩朝廷敦迫，何必遽加特恩，使朝廷爲苟舉，而臣爲苟得者乎？臣聞之古人曰「明主可以理奪」，又曰「匹夫不可奪志」，臣敢守此語，以至於再三。伏乞聖慈特賜矜允。煩冒天威，臣無任祈恩待報惶恐迫切之至！

四❶

右臣蒙恩除集賢校理，以分不當得，已累曾具狀奏聞，乞追還所授。今月二十四日，準中書劄子，奉聖旨更不許辭讓。臣以小官，非敢以禮爲讓也，直以分不當得，理當自言。蓋聞當得而讓，則上有所不得聽；不當得而授，則下有所不敢承。不聽不爲迫下，不承不爲慢上，以其義也。❷臣誠不肖，然區區之私，具狀四奏者，竊以爲匹夫之志，有近於義。是以仰迫恩威，至於再三，終不敢受。伏望聖慈俯察臣愚，特與追還所授。臣無任！

辭同修起居注狀七❸

臣蒙恩差臣同修起居注者。聖恩深

❶「四」，龍舒本作「第四狀」。
❷「義」上，龍舒本有「有」字。
❸「七」，龍舒本無此字。

厚，非臣隕首所能報稱。然臣去年始蒙恩特除直集賢院，當是時，臣黽勉不敢久違恩指。❶至今就職纔及數月，又蒙恩有此除授。臣竊觀朝廷用人，皆以資序。臣入館最爲日淺，而材何以異人？終不敢貪冒寵榮，以干朝廷公論。伏望聖慈察臣誠心，非敢飾讓，特賜追還所授。

二❷

臣昨進狀，乞追還所授同修起居注勑。準中書劄子，奉聖旨不許辭讓，便令受勑供職。伏念臣前奏所陳，實繫朝廷用人之體，非特於臣私義有所不安。❸伏望聖慈檢會臣前奏，特賜追還所授。

三❹

臣昨進狀，乞追還所授同修起居注勑。準中書劄子，奉聖旨不許辭讓，便令受勑供職。疏遠小臣，上煩朝廷敦奬如此，而區區所陳，終不敢止者，誠以謂進在臣先，而才行當蒙選擢而與之，❺則與之宜有先後。臣入館資序最爲在後，而獨先被選，竊以爲非朝廷用人之體，此臣所以不敢受也。❻念臣異時得以叙進，❼臣雖不肖，豈敢復辭？且

❶「臣」下，龍舒本有「已」字。
❷「二」，龍舒本作「第二狀」。
❸「非」，原作「今」，據龍舒本改。
❹「三」，龍舒本作「第三狀」。
❺「而與之」，原無，據龍舒本補。
❻「受」，原無，據龍舒本補。
❼「念」，龍舒本無此字。

臣已緣辭避職事，❶而不爲朝廷所察。今若又迫於敦喻黽勉供職，則是臣每飾辭讓之虚文以玩黷朝廷。人雖不以爲言，臣亦何顔以立於世？蓋以臣事君，❷苟心知其甚不可，則寧得辠而有不從。況臣幸在聖人至仁隆寬盡下之時，謹分守以辭其所不當得之寵榮，必無方命之罰。則朝廷之命雖欲必行而不改，臣之愚心亦將固守而不移。伏望聖慈察臣如此，早賜追還所授。

四❸

臣累進狀，乞免同修起居注，又準中書劄子，奉聖旨不許辭讓，便令受敕供職。卑賤之臣，屢煩聖恩敦喻，誠惶誠恐，不知所措。然臣聞人無信不立，臣事君以忠。忠者不飾行以徼榮，信者不食言以從利。臣固嘗曰：朝廷之命雖欲必行而不改，臣之愚心亦將固守而不移。若臣既有此言，而終於託不得已以饕寵授，則是臣飾行食言，❹而實無自守之義，非所以稱朝廷獎遇之意，而明區區避讓之本心。寧以違命受譴，終不敢身爲浮僞之首，以傷聖時忠實之化。伏望聖慈早賜追還所授。

五❺

臣進狀乞免同修起居注，準中書劄子，奉聖旨依累降指揮，更不得辭讓，便令受敕

❶「緣」，龍舒本作「嘗」。
❷「以」，龍舒本作「人」。
❸「四」，龍舒本作「第四狀」。
❹「行」，龍舒本作「僞」。
❺「五」，龍舒本作「第五狀」。

供職。聖恩所以加臣者如此，非臣陷胸隕首所能報稱。然臣愚不肖，不知朝廷必欲度越衆人而加臣以此者何也？爲其賢於人也，固有廉讓忠信之實也。度越衆人而貪其所不當得，非所以爲廉讓；知其不當得而辭於上，以爲朝廷之命雖欲必行而不改，臣之愚心亦將固守而不移，然終於託不得已以私其寵利，❶非所以爲忠信。無廉讓，無忠信，然而朝廷必欲度越衆人而加之以其所不當得之職事，臣恐執政大臣必受比周朋黨之嫌，陛下必獲不察蔽欺之謗，臣亦不得自託於忠廉之行。而居下姦利之人，窺朝廷之間争飾僞讓，以徼一時之幸，而有傷忠厚之俗。其事如此，在朝廷不可以不深思而聽臣之辭，❷臣亦不可以不固守而違朝廷之命。誠願陛下日月之明，察臣今日之請。辭窮理極，非如向時避讓職事，猶在可冒之地。雖由此得辠，必不敢以身爲亂俗之首。伏乞斷自聖心，無牽於左右大臣之過論，特賜追還所授。

六❸

臣累進狀，乞免同修起居注，奉聖旨不許進狀辭讓者。聖恩深厚，一至于此。臣誠惶誠恐，震怖不知所出。竊觀朝廷近日辭讓職事，未嘗有蒙聽許者。而臣又嘗辭讓職事，而不爲朝廷聽許矣。今復守辭讓之説，以請於朝廷，固宜聖恩不即聽許。然臣已習見朝廷未嘗許人辭讓職事，而猶惓

❶「託」，原作「許」，據龍舒本、宋元遞修本、應刻本改。
❷「在」，龍舒本作「矧」。
❸「六」，龍舒本作「第六狀」。

惓自陳所守，不避僞讓之嫌，誠以螻蟻微誠，自誓終不敢受。冀蒙天聰，終初省察而已。今若迫於恩指，遂叨寵利，則人雖不以爲言，臣實無顔以處。使臣負僞讓之謗，則朝廷豈免濫恩之譏？臣雖不肖，義實不敢安此。且方今之所患而務絶者，方在於進取，而不在於辭讓；方在於欺罔，而不在於忠信。臣若託不得已，終叨寵利，不顧其已出之言，則是去辭讓而引進取，毁忠信而爲姦罔。朝廷本欲拔取人才，而所得者乃有去辭讓、毁忠信之嫌，恐非所以示天下而厲士大夫之操也。此臣所以不敢避方命之罰，而守其區區之説，誠不敢以身累國，非特欲全其私義而已也。伏望聖慈即賜聽許，令朝廷不失所授之宜，臣亦不失所守之信。臣不任！❶

七❷

臣昨進狀，乞免同修起居注，準中書劄子，奉聖旨：朝廷已行擢用，依累降指揮，不得違避者。孤賤之臣，行能淺薄，當朝廷清明收用賢俊之時，幸得著位外庭，豈非榮顯？況又蒙拔擢備任清要，丁寧奬勵，使必就官。此雖隕首刳心，自知無以報稱。然臣所以不敢受命，而猶守其區區之説者，誠以資在臣前尚有未蒙選者。臣若苟見寵利之可得而忘避讓之義，苟知避讓而不能固其所守，非朝廷所以拔擢臣之意，又非臣所以報稱朝廷之心。且詘已行之命，以伸

❶「臣不任」，原無，據龍舒本補。
❷「七」，龍舒本作「第七狀」。

自守之志者，朝廷之令名；食言喪志，以順命爲悦饕寵利者，❶臣之醜行。今朝廷重得令名，而使臣輕爲醜行，此臣之所不諭也。臣幸蒙任使，備官三司，列職儒館，若朝廷以爲可任，異時以次升擢，於分不爲進越，則臣雖不肖，其亦何説之敢辭？誠望聖慈哀臣懇迫，檢會臣前後所奏，察其理有可言，特賜追還所授。

再辭同修起居注狀五❷

右臣今月二十六日準敕差臣同修起居注。伏念臣行能無異衆人，入館最爲日淺，向叨選擢，嘗已固辭。幸蒙聖恩，方賜聽許。今同館之士，才能資序出臣右者尚多，而又蒙誤恩，有此除授。在臣理分，固不敢當。兼臣久住京師，親老口衆，而自春至今，疾病相仍，醫藥百端，未得平愈。近已進狀，乞一知州軍差遣。伏望聖慈察臣誠懇，特賜追還所授，除一知州軍差遣，使臣無進越冒榮之辜，而得紓私養之急。所有同修起居注敕牒，臣不敢受。謹具狀奏聞，伏候敕旨。

二❸

右臣進狀，乞免同修起居注，準中書劄子，奉聖旨不許辭讓，便令受敕。臣愚不肖，幸當朝廷拔擢賢雋之時，獨蒙不次之選，豈不榮哉？然臣入館最爲日淺，而行

❶「悦」下，龍舒本有「而」字。
❷「五」，龍舒本無此字。
❸「二」，龍舒本作「第二狀」。

能無異衆人，故不敢度越衆人，以饕寵利。向時守此説以辭朝廷之命，至於八九。而聖恩不以臣言爲不信，幸賜聽許。今纔數月，同館之士資序在臣右而行能足充此選者尚多，遽蒙聖恩，有此除授。令臣今而可受，則向之辭命至於八九者，果何心也？昔鄭以伯石爲卿，❶則辭，太史退則又使之命己，命己則又辭焉。三辭而後受策，❷於是子産始惡其爲人。夫子産所以惡之者，不以其飾辭讓而無忠實之志乎？臣之蒙恩，雖出於無求，然始則託辭讓之名以煩恩朝廷，終則徼一日之利以忘前言之信。推事考情，亦何以異於伯石？臣誠固陋，終不敢奸子産之所惡，以上昭聖時任人之失。且朝廷必以臣粗習文藝，而忠信可使，則臣固嘗曰：異時循次選用，則臣不敢辭。伏望聖恩察臣誠懇，特賜追還所授，除臣一知州軍差遣，使臣得遂前言之信，而又有以紓親養之急。臣不任祈恩待報之至！

三❸

右臣近進狀乞免同修起居注，準中書劄子，奉聖旨，令依前後指揮，不許辭免，便令受勑者。聖恩加臣無窮，臣愚固守無已，臣誠惶恐震怖不知所爲。然臣義有所不敢爲，故不敢冒恩而苟止。伏念臣以資序在臣右而行能宜蒙此選者尚多，故嘗自列至於八九。幸蒙聖恩聽察，而所除始祖無擇一人。若臣今遂冒居，則是謂在臣右者已

❶「伯石」，龍舒本作「子石」。下「伯石」同。
❷「策」，龍舒本作「册」。
❸「三」，龍舒本作「第三狀」。

無可選。臣以應舉入仕，磨勘遷官，本圖宦達，非敢苟爲高抗。至於恩踰理分，度越衆人，官謗所歸，臣亦不敢苟得，以忘前言之信。兼臣自春至今，疾病相仍，加以氣衰，舊學幾廢，親老口衆，久住京師，近嘗進狀，乞一閑慢州軍差遣。伏見近例，見任修起居注，以便親求罷出補外官，嘗蒙朝廷聽許。蓋當聖時，務以仁恕優容臣下，則以便親而求外補，朝廷之所宜從。❶伏望聖慈哀臣懇迫，特賜追還所授，除臣一知州軍差遣，以便私養，且令臣無進越冒榮之辠。所有同修起居注勑牒，臣不敢受。臣不任祈恩待報激切之至！

四❷

右臣近進狀乞免同修起居注，準中書劄子，奉聖旨：令依累降指揮，便受勑，更不得辭免者。臣之懇懇，已具前奏。螻蟻微誠，未能上動聖聽。臣誠惶怖不知所爲。然臣愚不肖，以謂朝廷革因循之弊，以不次官人，當得異能之士，然後允衆人之望，而因循之弊可以遂除。臣治身則行能不備，居官則職業無稱，雖知好學，而所得未可以施於實用。故嚮蒙選擢，即自以行能無異衆人，而不敢度越衆人受職。幸蒙聽許，纔及數月，即欲度越衆人，言行本末不相顧如此，豈稱朝廷選擢之意？雖令言者不以是爲臣辠，臣實無顔以處。伏望聖慈察臣累奏，情理備盡，特賜追還所授。臣不任祈恩待報激切之至！

❶「朝」上，龍舒本有「意」字。
❷「四」，龍舒本作「第四狀」。

五❶

右臣近進狀乞免同修起居注，準中書劄子，奉聖旨：依前降指揮，便受敕供職。臣之區區，辭說已窮，然不敢避逋慢之辠而苟止者，非特欲守前言之信，亦不敢上累朝廷。蓋臣有冒榮失守之罪，則朝廷亦有選授失人之謗。因啓天下好利之士僞讓以要君，則甚傷聖時風俗，此臣之所大懼也。若聖恩幸聽臣言，使臣得安理分，則臣爲不失所守。臣能不失所守，則朝廷不失所選矣。朝廷不失所選，而又隆寬廣裕，以曲盡臣志，謂宜無傷，而適足以感厲天下之士。且朝廷以臣粗涉藝文，忠信可使，不復責其行能之備，必欲擢置從官，則臣固嘗曰：臣已備官三司，❷列職儒館，若終免於辠戾，則循次受選，自不爲遲。當朝廷清明，拔用賢儁有志之士，孰不幸願寵榮？如臣之愚，豈獨異於衆人？誠以不敢度越衆人，故嘗自列至於八九。朝廷隆寬盡下，已嘗幸聽臣言。曾未數月，臣即不復自顧前言之信。若令言者謂臣要君以僞，臣誠無辭可以自明。伏望聖慈察臣所守如此，臣誓堅死節，上報聖知。臣不任祈恩待報之至！

辭赴闕狀三❸

治平二年七月二十七日。

右臣準中書劄子，伏奉聖恩，以臣喪服

❶「五」，龍舒本作「第五狀」。
❷「已」，龍舒本作「以」。
❸「三」，龍舒本無此字。

既除，特授故官，召令赴闕。臯逆餘生，尚蒙齒録，非臣隕首所能報稱，理當即日奔走就塗。而臣抱病日久，未任跋涉，見服藥調理，乞候稍瘳，即時赴闕。謹具狀奏聞。

二❶

右臣伏準中書劄子，奉聖旨：令體認朝廷累降指揮，疾速發來赴闕。臣愚無狀，屢蒙聖恩逮及。自非抱疢不任職事，豈敢故爲逋慢？臣近已奏陳，乞一分司官於江寧府居住。伏望聖慈特賜矜許，所冀便於將理，終獲有瘳。則臣雖自知無補於聖時，猶當乞備官使，仰副朝廷眷録之意。

三❷

右臣伏準中書劄子，奉聖旨：合依累降指揮，❸發來赴闕。螻蟻微誠，不能感動，至煩朝廷恩旨屢降，臣實惶怖不知所爲。伏念臣本以孤生，實無才用，誤蒙仁宗拔擢，備數從官。當大行皇帝亮陰之際，始以親喪解職，久尸榮禄，無補聖時。今陛下以仁孝之資，紹承聖緒，❹臣於私養既無所及，唯當追先帝之遇，致身於陛下之時。若自度力用堪任職事，何敢逋慢朝廷詔令，至於經涉歲時？緣臣自春以來，抱疢有加，心

❶「二」，龍舒本作「第二狀」。
❷「三」，龍舒本作「第三狀」。
❸「合」，龍舒本作「令」。
❹「紹」，龍舒本作「纘」。

力稍有所營，即所苦滋劇。❶所以昧冒奏陳，乞且分司，實冀稍可支持，即乞復備官使。天聽高邈，未蒙矜允，雖欲扶伏奔走闕庭，而力與願違，不能自强。伏望聖慈察臣懇迫，令檢會臣累奏，特賜指揮。臣無任瞻天屏營激切之至！

辭知江寧府狀

右臣今月十九日進奏院遞到勑牒，❷蒙恩差知江寧軍府事。犬馬之疢，自隔清光，天地之恩，曲垂眷恤。以臣丘墓所在，就付兵民之權，非臣肝膽塗地所能報稱萬一。然臣所抱疾病，迄今無損，若輒冒恩黽勉典領當路大藩，❸恐力用無以上副朝廷寄任。伏望陛下察臣如此，儻以臣逮侍先帝，未許分司，則乞除臣一留臺宫觀差遣，冀便將理，終獲有瘳。誓當捐軀，少報聖德。所有勑牒，臣未敢祇受，已送江寧府收管，謹具狀奏聞。

舉陳樞充錢穀職司狀

前件官，明敏方直，有政事之材。臣奉使江東時，樞爲旌德縣令，聽訟鞫獄，尤爲精明；隨所施設，皆有方略。

❶「即」，龍舒本作「則」。

❷「十」，龍舒本、宋元遞修本作「初」。「牒」，宋元遞修本、應刻本作「下」。

❸「領當」，原作「當領」，據龍舒本、宋元遞修本、應刻本改。

舉錢公輔自代狀❶

伏覩尚書兵部員外郎、知制誥錢公輔，忠信篤實，富於文學；職事所及，不爲苟且。以臣鄙薄，實爲不如。置之禁林，必有補助。今舉自代。

舉吕公著自代狀

具某官吕公著，沖深而能謀，寬博而有制。其器可以大受，而退然似不能言，故衆人知之有所不盡。如蒙選用，得試其才，必有績効，不孤聖世。臣實不如，今舉自代。

舉謝卿材充升擢任使狀

前件官，公廉自守，曉達民事。嘗知撫州臨川縣，縣人至今稱説，以爲良吏。督率百姓，修復陂防，所溉頃畝甚多，水旱皆蒙其利。若朝廷興修功利，或選人才典領劇郡，皆可任使。

舉屯田員外郎劉彝狀

屯田員外郎、温州通判劉彝，聰明敏達，有濟務之材，堪充升擢繁難任使。

❶ 此篇與下篇原總目合擬爲一題，曰「舉錢公輔吕公著自代狀二」。

勑舉兵官未有人堪充狀

具位臣某，準今年六月二十三日宣，令臣同皐保舉大使臣堪充主兵官二員，限一月内具姓名聞奏。即不得舉見任兩府親戚并已係路分都監及知軍州已上人數，右具如前。伏緣臣所職不係路分都監及知州軍大使臣，即不見有堪充主兵官者。謹具狀奏聞，伏候勑旨。

舉渭州兵馬都監蓋傳等充邊上任使狀

具位臣某，準宣同皐保舉不拘路分有武勇謀略三班使臣二員，❶不得舉見任兩府親戚者。始謹具如前。❷臣伏覩東頭供奉官、權渭州兵馬都監兼在城巡檢蓋傳，有智略，能訓治軍旅；東頭供奉官、江寧府龍安鎮巡檢王崇稷，有武勇，能擒捕盜賊。臣今保舉堪充邊上任使，如蒙朝廷擢用後，犯正入己贓，不如舉狀，臣甘當同皐。其人並不是臣親戚，亦無親戚見任兩府。謹具狀奏聞，伏候勑旨。

舉古渭寨都監段充充兵官任使狀

具位臣某，準宣節文同皐保舉大使臣堪充主兵官二員姓名聞奏，即不得舉見任兩府親戚并已係路分都監及知州軍已上人數者。右謹具如前。臣伏覩内殿崇班、閤門祗候、秦州古渭寨都監段充，武勇才略可

❶「使」，原作「度」，據宋元遞修本改。
❷「始」，中華校排本引繆氏校謂當作「右」。

用，嘗以戰鬭有功，堪充主兵官任使。如蒙朝廷擢用後，不如所奏，及犯正入己贓，臣甘當同皋。其人與臣不是親戚，亦無親戚見任兩府，不係路分都監及知州軍已上人資敘。所準宣命令舉兩人，今且保舉到段充一員，尚闕一員，見訪求，別狀舉次。謹具狀奏聞，伏候勑旨。

臨川先生文集卷第四十

臨川先生文集卷第四十一

劄　子

擬上殿劄子❶

臣蒙恩奉使歸報陛下，敢因邊事之所及，冒言天下之事。伏惟陛下詳思而擇其中，天下幸甚！

臣竊見陛下有恭儉之德，有聰明睿智之才，有仁民愛物之意，顧內不能無以社稷爲憂，外則不能無患於夷狄。❷天下之才力日以窮困，而風俗日以衰壞，四方有智之士悁悁然常恐天下之不久安。此其故何也？患在無法度故也。今朝廷法嚴令具，無所不有，而臣以謂無法度者，方今之法度多不合於先王之法度故也。孟子曰：「有仁心仁聞，而人不被其澤者，爲政不法先王之道故也。」非此之謂乎？

以今之時方先王之時，遠矣。所遭之時、所遇之變不同，而欲一二修先王之政，雖甚愚者猶知其難也。而臣以謂當今之失，患在不法先王之政者，以謂當法其意而已。夫五帝三王相去蓋千有餘歲，一治一亂，盛衰之時具矣。其所遭之變、所遇之勢不同，其施設之方亦皆殊，而其爲國家之意，本末先後，未嘗不同也。臣故曰：當法其意而已。法其意，則吾所改易更革，不至

❶「劄」上，龍舒本有「進」字。
❷「外則」，龍舒本作「則外」。

乎傾駭天下之耳目，囂天下之口，而固已合乎先王之政矣。雖然，以方今之勢揆之，陛下雖欲改易更革天下之事，合於先王之意，其勢未必能也。陛下有恭儉之德，有聰明睿知之才，有仁民愛物之意，則何爲而不成？何欲而不得？而臣固以謂雖欲改易更革天下之事，合於先王之意，其勢未必能者，何也？方今天下之吏才少故也。朝廷之人才，固嘗簡在陛下之聰明。以臣使事之所及，則一路數千里之間，能推行朝廷之法，知其所緩急而一切能修其職事者甚少，而不才苟簡貪鄙之人至不可勝數。其能講先王之意，以合當世之變者，蓋闔郡之間，往往而絶也。夫人才不足，則陛下雖欲改易更革天下之事，以合先王之意，大臣雖有能當陛下之意而領此者，九州之大，四海之遠，萬官之衆，孰能一二推行之，使人人蒙其施者乎？臣故曰：其勢未必能也。❶

然則方今之急，在乎人才而已。今之天下，亦先王之天下。先王之時，人材嘗衆矣。蓋其所以陶冶而成之者有道。所謂陶冶以成之者，《詩》《書》傳記之所載，其大略可見矣。陛下嘗試詳延大臣左右及天下智能才諝之士，使其論先王所以成天下之才者，其設施之方如何；❷今之所以異於先王而人才不足者，其咎安在；其欲變而通之，以合於先王之意而成天下之才，宜何施爲而可。陛下因擇其言之近於理者，使之相與上下反覆爲論焉。因取其宜於時者施焉，則人才宜衆矣。

夫成人之才甚不難。人所願得者尊爵

❶「能」，龍舒本作「然」。
❷「設施」，龍舒本作「施設」。

厚禄，而所榮者善行，所耻者惡名也。今操利勢以臨天下之士，勸之以其所榮，而予之以其所願，則孰肯背而不爲者？特患不能爾。而吾所以責之者，又中人之所能爲，則不能者又少矣。夫成人之才甚不難，而自古往往不能成人之才，何也？以人主之才不足故也。蓋人主無恭儉之德，無聰明睿智之才，無仁民愛物之意，則嬖倖諂諛、姦罔蔽欺、殘賊放恣之人皆得志於時，而推其類以亂天下。雖有良法，不能成天下之才矣。

今陛下有恭儉之德，有聰明睿智之才，有仁民愛物之意，而又因天下之所願，以爲輔相者，公聽並觀，以進退天下之士，則所以成天下之才，特患無良法。而陛下推至誠惻怛之心以行之，則臣雖愚，固知人之才不難成也。人才既衆，則陛下何爲而不成？何欲而不得？夫然後改易更革天下之事，以合乎先王之意，甚易也。陛下不能如此，苟於積敝之末流，因不足任之才，而修不足爲之法，臣恐在軍者日以勞，而士民愈以窮困汙濫，而於天下國家愈其無補也。❶

臣幸以使事歸報，徒舉利害之一二，而無補於世，非臣之所以事陛下惓惓之義也。輒不自知其駑下，而敢言國家之大體。伏惟陛下詳擇其中，天下幸甚也！

上五事劄子❷

陛下即位五年，❸更張改造者數千百

❶「其」，光啓堂本作「甚」。

❷此題，龍舒本作「上五事書」，入卷一「書」類。中華校排本引沈欽韓注謂此篇爲蔡卞所作。

❸「陛下」上，龍舒本有「今」字。

事，而爲書具，爲法立，而爲利者何其多也！就其多而求其法最大、其效最晚、其議論最多者，五事也。一曰和戎，二曰青苗，三曰免役，四曰保甲，五曰市易。

今青唐、洮、河，幅員三千餘里，舉戎羌之衆二十萬獻其地，因爲熟户，則和戎之策已効矣。昔之貧者舉息之於豪民，今之貧者舉息之於官。官薄其息而民救其乏，則青苗之令已行矣。惟免役也，保甲也，市易也，此三者有大利害焉。得其人而行之則爲大利，非其人而行之則爲大害；緩而圖之則爲大利，急而成之則爲大害。《傳》曰：「事不師古，以克永世，匪説攸聞。」若三法者，可謂師古矣。然而知古之道，然後能行古之法，此臣所謂大利害者也。

蓋免役之法出於《周官》所謂府史、胥徒，《王制》所謂庶人在官者也。然而九州之民，貧富不均，風俗不齊，版籍之高下不足據。今一旦變之，則使之家至户到，均平如一。舉天下之役，人人用募，釋天下之農，歸於畎畝。苟不得其人而行，則五等必不平，而募役必不均矣。保甲之法，起於三代丘甲，管仲用之齊，子産用之鄭，商君用之秦，仲長統言之漢，而非今日之立異也。然而天下之人，鳧居鴈聚，散而之四方，而無禁也者，數千百年矣。今一旦變之，使行什伍相維，鄰里相屬，察姦而顯諸仁，宿兵而藏諸用，苟不得其人而行之，則搔之以追呼，駭之以調發，而民心摇矣。市易之法，起於周之司市，漢之平準，今以百萬緡之錢，權物價之輕重，以通商而貰之，令民以歲入數萬緡息，然甚知天下之貨賄未甚行，竊恐希功幸賞之人，速求成效於年歲之間，則吾法隳矣。

臣故曰：三法者，得其人，緩而謀之，則爲大利；非其人，急而成之，則爲大害。故免役之法成，則農時不奪，而民力均矣；保甲之法成，則寇亂息而威勢彊矣；市易之法成，則貨賄通流，❶而國用饒矣。

議入廟劄子

臣今日曾公亮傳聖旨，以臣寮上言郊祀不當入廟，令臣詳議。臣愚以爲制天下之事，當令本末終始相稱。今既奉先帝遺詔，外行以日易月之禮，又諸所以崇事祖宗，皆循本朝制度。獨於入廟，則欲變先帝故事，而遠從三代之禮，臣恐於事之本末終始不爲相稱。必欲盡除近世之制度，一以三代爲法，則今陛下尚在諒陰之中，非可以制禮之時。且言者以爲喪三年不祭於廟，禮也。而今乃欲令公卿代告，此何禮也？臣竊以爲今之禮不合於三代者多矣，言者不以爲非，而專疑不當入廟者，蓋於所習見則安，於所罕見則怪，恐不足留聖聽也。臣學術淺陋，誤蒙訪逮，敢不盡愚！取進止。

言尊號劄子 庚戌六月七日。

臣伏以陛下緝熙光明，如日之方升；布利施澤，如川之方至。號名於實，豈能有所增加？輒復卷卷妄有陳請，徒以祖宗故事，適在此時，臣子之心，懷不能已。陛下受而不拒，足以俯順人心。臣獨不能無疑者，陛下以西垂之勞，方以過爲在己，遽膺

❶「賄」，龍舒本作「賂」。

徽册，似或未安。臣等以歸美爲忠，陛下以撝謙爲德，布之海内，誰曰不然？伏惟聖心更賜詳酌。

論罷春燕劄子

臣竊以邊夷外畔，士卒内潰，吏民騷動，死傷接踵，恐非燕而用樂之時。且此月休假已多，又加兩日，即恐急奏或致留滯。臣愚謂宜罷燕，以副聖心仁惻，且又不妨應接機速公事。如蒙省察，乞賜中旨施行。

論館職劄子二

臣伏見今館職一除，乃至十人，❶此本所以儲公卿之材也。然陛下試求以爲講官，則必不知其誰可；試求以爲諫官，則必不知其誰可；試求以爲監司，則必不知其誰可。此患在於不親考試以實故也。

孟子曰：「國人皆曰賢，然後察之。見賢焉，然後用之。」今所除館職，特一二大臣以爲賢而已，❷非「國人皆曰賢」。「國人皆曰賢」，尚未可信用，必躬察見其可賢而後用，況於一二大臣以爲賢而已，何可遽信而用也？臣願陛下察舉衆人所謂材良而行美可以爲公卿者，召令三館祗候，雖已帶館職，亦可令兼祗候。事有當論議者，召至中書，或召至禁中，令具條奏是非利害及所當施設之方。及察其才可以備任使者，有四方之事則令往相視問察，而又或令參覆其

❶「乃」，宋元遞修本、應刻本作「方」。
❷「特」，宋元遞修本、應刻本作「將」。

所言是非利害。❶其所言是非利害雖不盡中義理可施用，然其於相視問察能詳盡而不爲蔽欺者，即皆可以備任使之才也。其有經術者，又令講説。如此至於數四，則材否略見，然後罷其否者，而召其材者，更親訪問以事。訪問以事，非一事而後可以知其人之實也，必至於期年，所訪一二十事，則其人之賢不肖審矣。然後隨其材之所宜任使。其尤材良行美可與謀者，雖嘗令備訪問可也。此與用一二大臣薦舉，不考試以實，而加以職，固萬萬不侔。然此説在他時或難行，今陛下有堯舜之明，洞見天下之理，臣度無實之人不能蔽也，則推行此事甚易。既因考試可以出材實，又因訪問可以知事情，所謂「敷納以言」、「明試以功」、「用人惟己」、「闢四門，明四目，達四聰」者，蓋如此而已。

以今在位乏人，上下壅隔之時，恐行此不宜在衆事之後也。然巧言令色孔壬之人，能伺人主意所在而爲傾邪者，此堯舜之所畏，而孔子之所欲遠也。如此人，當知而遠之，使不得親近，然如此人亦有數。陛下博訪於忠臣良士，知其人如此，則遠而弗見。誤而見之，以陛下之仁聖，以道揆之，以人參之，亦必知其如此。知其如此，則宜有所懲。如此則巧言令色孔壬之徒消，而正論不蔽於上。今欲廣聞見而使巧言令色孔壬之徒得志，乃所以自蔽。畏巧言令色孔壬之徒爲害，而一切疏遠群臣，亦所以自蔽。蓋人主之患在不窮理，不窮理則不足以知言，不知言則不足以知人，不知人則不能官人，不能官人則治道何從而興乎？陛

❶「參覆」，宋元遞修本作「各陳」。

下堯舜之主也，其所明見，秦漢以來欲治之主未有能彷彿者，固非羣臣所能窺望。然自堯舜文武，皆好問以窮理，擇人而官之以自助。其意以爲王者之職，在於論道，而不在於任事；在於擇人而官之，而不在於自用。願陛下以堯舜文武爲法，則聖人之功必見於天下。至於有司叢脞之務，恐不足以棄日力、勞聖慮也。以方今所急爲在如此，敢不盡愚！

臣愚才薄，然蒙拔擢，使豫聞天下之事，聖旨宣諭富弼等，欲於講筵召對輔臣，討論時事。顧如臣者，材薄不足以望陛下之清光，然陛下及此言也，實天下幸甚！自備位政府，每得進見，所論皆有司叢脞之事，至於大體粗有所及，則迫於日晷，已復旅退。而方今之事，非博論詳說，令所改更施設、本末先後、小大詳略之方已熟於聖心，然後以次奉行，則治道終無由興起。然則如臣者，非蒙陛下賜之從容，則所懷何能自竭？蓋自古大有爲之君，未有不始於憂勤而終於逸樂。今陛下仁聖之質，秦漢以來人主未有企及者也。於天下事，又非不憂勤。然所操或非其要，所施或未得其方，則恐未能終於逸樂無爲而治也。則於博論詳說，豈宜緩？然陛下欲賜之從容，使兩府並進，則論議者衆而不一，有所懷者或不得自竭，謂宜使中書、密院迭進，則人各得盡其所懷，而陛下聽覽亦不至於煩。陛下即以臣言爲可，乞明喻大臣，使各舉所知，無限人數，皆實封以聞。然後陛下推擇，召置以爲三館祗候。其不足取者，旋即罷去。則所置雖多，亦無所害也。

二

臣伏見某人云云，皆衆人所謂材良行美，宜蒙陛下訪問任使者。凡此九人，臣或熟聞而未識，或熟識而未敢任，或敢任其可以爲公卿。❶ 臣雖未識，然衆人之所謂賢，❷臣不敢蔽也。臣雖敢任其可以爲公卿，然陛下不親見其可賢，亦難遽信而用。若陛下以臣前所論奏爲合於義理，即乞悉置此九人者以爲三館祗候，親考試其材行。若不可用，旋即罷去。若其可用，然後留備訪問任使。如此，則所置雖多，未有濫得官職者。然此但臣一人所聞所知，恐執政大臣各有所聞所知，陛下若令各舉所聞所知，而如此考試，庶幾人材無所遺逸。經曰：「舉逸民，天下之民歸心焉。」善人君子者，天下之民心所願舉，欲其延問，視其所在而從之者也。陛下自即位已來，以在事之人或乏材能，故所拔用者多士之有小材而無行義者。此等人得志則風俗壞，風俗壞則朝夕左右者皆懷利以事陛下，而不足以質朝廷之是非；使於四方者皆懷利以事陛下，而不可以知天下之利害。其弊已効見於前矣，恐不宜不察也。欲救此弊，亦在親近忠良而已。伏惟陛下仁聖，已深察此理，臣愚猶敢及此者，❸忠臣惓惓之義也。

本朝百年無事劄子

臣前蒙陛下問及本朝所以享國百年天

❶ 「公」，宋元遞修本無此字。
❷ 「然衆」，宋元遞修本無此二字。
❸ 「敢」，宋元遞修本作「欲」。

下無事之故，臣以淺陋，誤承聖問，迫於日晷，不敢久留，語不及悉，遂辭而退。竊惟念聖問及此，天下之福，而臣遂無一言之獻，非近臣所以事君之義，故敢昧冒而粗有所陳。

伏惟太祖躬上智獨見之明，而周知人物之情僞，指揮付託必盡其材，變置施設必當其務，故能駕馭將帥，訓齊士卒，外以扞夷狄，内以平中國。於是除苛賦，止虐刑，廢强横之藩鎮，誅貪殘之官吏，躬以簡儉爲天下先。其於出政發令之間，一以安利元元爲事。太宗承之以聰武，真宗守之以謙仁，以至仁宗、英宗，無有逸德，此所以享國百年而天下無事也。

仁宗在位，歷年最久。臣於時實備從官，施爲本末，臣所親見。嘗試爲陛下陳其一二，而陛下詳擇其可，亦足以申鑒於方今。

伏惟仁宗之爲君也，仰畏天，俯畏人，寬仁恭儉，出於自然，而忠恕誠慤，終始如一。未嘗妄興一役，未嘗妄殺一人，斷獄務在生之，而特惡吏之殘擾，寧屈己棄財於夷狄，而終不忍加兵。刑平而公，賞重而信。納用諫官御史，公聽並觀，而不蔽於偏至之讒。因任衆人耳目，拔舉疏遠，而隨之以相坐之法。蓋監司之吏，以至州縣，無敢暴虐殘酷，擅有調發，以傷百姓。自夏人順服，蠻夷遂無大變，邊人父子夫婦得免於兵死，而中國之人安逸蕃息。以至今日者，未嘗妄興一役，未嘗妄殺一人，斷獄務在生之，而特惡吏之殘擾，寧屈己棄財於夷狄，而不忍加兵之効也。大臣貴戚，左右近習，莫敢强横犯法，其自重慎，或甚於閭巷之人，此刑平而公之効也。募天下驍雄横猾以爲兵，幾至百萬，非有良將以御之，而謀變者輒敗；聚天下財物，雖有文籍委之府史，非有能吏以鉤考，而斷盜者輒發；凶年饑歲，流者填道，死者相枕，而寇攘者輒得。此賞重而信之効也。大臣貴戚、左右近習，莫能大擅威福，廣私貨賂，一有姦慝，隨輒上聞。貪邪橫猾，雖間或見用，未嘗得久。此納用諫官御史、公聽並觀而不蔽於偏至之讒之効也。自縣令京官以至監司臺閣，陞擢之任，雖不皆得人，然一時之所謂才士，亦罕蔽塞而不見收舉者，此因任衆人之耳目，拔舉踈遠，而隨之以相坐之法之効也。升遐之日，天下號慟，如喪考妣，此寬仁恭儉，出於自然，忠恕誠慤，終始如一之効也。

然本朝累世因循末俗之弊，而無親友群臣之議。人君朝夕與處，不過宦官女子；出而視事，又不過有司之細故，未嘗如古大有爲之君，與學士大夫討論先王之法，以措之天下也。一切因任自然之理勢，而精神之運有所不加，名實之間有所不察。君子非不見貴，然小人亦得厠其間；正論非不見容，然邪説亦有時而用。以詩賦記誦求天下之士，而無學校養成之法；以科名資歷叙朝廷之位，而無官司課試之方。監司無檢察之人，守將非選擇之吏，轉徙之亟既難於考績，而游談之衆因得以亂真。交私養望者多得顯官，獨立營職者或見排沮。故上下偷惰，取容而已。雖有能者在職，亦無以異於庸人。農民壞於繇役，而未嘗特見救恤。又不爲之設官，以修其水土之利。兵士雜於疲老，而未嘗申勑訓練，又不爲之擇將，而久其疆埸之權。❶宿衞則聚

❶「埸」，宋元遞修本、應刻本作「場」。

卒伍無賴之人，而未有以變五代姑息羈縻之俗；宗室則無教訓選舉之實，而未有以合先王親疏隆殺之宜。其於理財，大抵無法，故雖儉約而民不富，雖憂勤而國不强。賴非夷狄昌熾之時，又無堯湯水旱之變，故天下無事，過於百年。雖曰人事，亦天助也。蓋累聖相繼，仰畏天，俯畏人，寬仁恭儉，忠恕誠慤，此其所以獲天助也。伏惟陛下躬上聖之質，承無窮之緒，知天助之不可常恃，知人事之不可怠終，則大有爲之時，正在今日。臣不敢輒廢將明之義，而苟逃諱忌之誅。伏惟陛下幸赦而留神，則天下之福也。取進止。

臨川先生文集卷第四十一

臨川先生文集卷第四十二

劄　子

相度牧馬所舉薛向劄子

臣等竊觀，自古國馬盛衰，皆以所任得人失人而已。汧渭之間，未嘗無牧，而非子獨能蕃息於周；河隴之間，未嘗無牧，而張萬歲獨能蕃息於唐，此前世得人之明效也。使得人而不久其官，久其官而不使得專其事，使得專其事而不臨之以賞罰，亦不可以成功。今臣等相度陝西一路買馬監牧，利害大綱，已具奏聞。伏見權陝西轉運副使薛向，精力强果，達於政事。河北便糴，陝西榷鹽，皆有已試之效。今來相度陝西馬事，尤爲詳悉。臣等前奏，已乞就委薛向提舉陝西買馬及監牧公事，今欲乞降指揮，許令久任。緣今來馬價，多出於解池鹽利，三司所支銀紬絹等，又許令於陝西轉運司兑换見錢。今薛向既掌解鹽，又領陝西財賦，則通融變轉，於事爲便。兼臣等訪問得薛向，陝西係官空地，可以興置監牧處甚多，若將來稍成次第，即可以漸興置。蓋得西戎之馬，牧之於西方，不失其土性，一利也。因未嘗耕墾之地，無傷於民，二利也。因向之材而就令經始，三利也。又河北有河防塘泊之患，而土多舄鹵不毛，戎馬所屯，地利不足。諸監牧多在此路，所占草地，多是肥饒，而馬又不堪，未嘗大段孳息。若陝西興置監牧，漸成次第，即河北諸監有可存者，❶悉以陝西良馬易其惡種；有可廢者，悉以肥饒之地賦民。於地不足而馬所不宜之處，❷以肥饒之地賦民而收其課租，以助戎馬之費。於地有餘而馬所宜之處，以未嘗耕墾之地牧馬，而無傷於民。此又利之大者也。如允臣等所奏，即乞薛向所奏舉官員及論改舊弊，朝廷一切應副，成功則無愛賞，敗事則無憚罰，如此則臣等保任薛向，必能上副朝廷改法之意。如將來敗事，臣等各甘同辠。取進止。

論許舉留守令敕劄子

臣伏奉今月二十九日中書降到敕語：「諸州知州、知軍、知縣、縣令內，有清白不擾，而政迹尤異，實惠及民，有如係三周年或三十箇月替；到任已及成資，係二周年替；到任已及一年已上，其知州、軍，許本路安撫轉運使、副、判官、提點刑獄、知縣、縣令即更與本處知州軍、通判，並連署同辠保舉再任，仍須於奏狀內將本官到任以來政迹可紀實狀一一條列，奏委中書門下更加察訪。如不是妄舉，即進呈取旨，當議量所述政迹及合入資序，推恩許令再任。」令臣撰敕辭者。

臣竊以謂朝廷欲使守令之宜民者久於其官，誠亦方今政務之先急。然敕意有於方今事變尚未合者。今審官除知州、軍皆待一年八月闕，知縣、縣令亦大抵待闕一年以上。今若使係三年及三十月替者，須候

❶「存」，宋元遞修本作「有」。
❷「處」，原作「費」，中華排印本據繆氏本改，今從。

成資，方得舉留再任，比及朝廷報許，即其人係三十月替者已及替期，係三年替者亦已去替期不遠，待闕之人亦已赴任，雖未赴任，亦多已待闕一年，方復使之還就審官，別求差遣，即於人情有所未安。兼朝廷欲使守令久於其官，爲其自知勢可以久，則果於有爲，而又上下相安，莫有苟且之意，則必候成資，然後許之再任。孰若一年以上，即皆許之舉留，如此則已除待闕之人免往返之勞弊，而被留之守令又早自知其當久，而於興利除害敢有所爲。所有勑詞，臣雖已具草，如以臣議爲允，只乞於所降勑語内，除去「如係三周年或三十箇月替，到任已及成資，係二周年替」二十二字。取進止。

乞朝陵劄子

臣當仁宗皇帝、英宗皇帝遷坐之時，方以遭喪疾病在外。今蒙召還，復備從官。伏見朝廷將命官朝拜諸陵，臣欲備使，冀得少紓螻蟻區區感慕之情。伏望聖慈特賜矜許。取進止。

乞免修實録劄子

臣准閤門報勑，差臣與吴充同修《英宗皇帝實録》。竊緣臣於吴充爲正親家，慮有共事之嫌。今來實録院止闕吕公著一人，臣於討論綴緝，不如吴充精密。若止差吴充一人以代公著，自足辦事。伏望聖恩詳酌指揮，所有勑牒，臣未敢受。取進止。

乞改科條制劄子❶

伏以古之取士，皆本於學校。故道德一於上，而習俗成於下，其人材皆足以有爲於世。自先王之澤竭，教養之法無所本，士雖有美材，而無學校師友以成就之，議者之所患也。今欲追復古制，以革其弊，則患於無漸。❷宜先除去聲病對偶之文，使學者得以專意經義，以俟朝廷興建學校，然後講求三代所以教育選舉之法，施於天下，庶幾可復古矣。所對明經科欲行廢罷，并諸科元額内解明經人數，添解進士，及更俟一次科場，不許新應諸科人投下文字，❸漸令改習進士。仍於京東、陝西、河東、河北、京西五路先置學官，使之教導。於南省所添進士奏名，仍具別作一項，止取上件京東等五路應舉人并府監諸路曾應諸科改應進士人數。所貴合格者多，可以誘進諸科嚮習進士科業。如允所奏，乞降勑命施行。

廟議劄子❹

準中書門下奏：準治平四年閏三月八日勑，遷僖祖廟主藏之夾室。臣等聞萬物本乎天，人本乎祖。故先王廟祀之制，有疏而無絶，有遠而無遺。商周之王，斷自稷、契以下者，非絶嚳以上遺之，以其自有本統承之故也。若夫尊卑之位，先後之序，則子孫雖齊聖有功，不得以加其祖考，天下萬世

❶「劄子」，龍舒本無此二字。
❷「無」下，龍舒本有「其」字。
❸「人」，龍舒本無此字。
❹「劄子」，龍舒本無此二字。

之通道也。竊以本朝自僖祖以上世次不可得而知，則僖祖有廟，與稷、契疑無以異。今毁其廟而藏其主夾室，替祖考之尊而下附於子孫，殆非所以順祖宗孝心、事亡如事存之義。求之前載，雖或有然，考合於經，乃無成憲。因情制禮，實在聖時。伏惟皇帝陛下仁孝聰明，紹天稽古，動容周旋，惟道之從。宗祀重事，所宜博考。乞以臣等所奏，❶付之兩制詳議而擇取其當。

議服劄子❷

先王制服也，順性命之理，而爲之節。恩之深淺，義之遠近，禮之所與奪，刑之所生殺，皆於此乎權之。《傳》曰：「三年之喪，未有知其所從來者也。」蓋朞年及緦麻，緣是以爲衰，而其輕重遲速之制，非得與時變易，唯貴之於賤，或降或絶或否。蓋在先王之時，諸侯大夫各君其父兄，欲尊尊之義有所伸，則宜親親之恩有所屈，此其所以降絶之意也。自封建之法廢，諸侯大夫降絶之禮無所復施，士大夫無宗，其適孫傳重之屬，不可純用周制。臣愚以謂方今惟諸侯大夫降絶之禮可廢，而適子死，非傳爵者，無衆子，乃可於適孫承重。自餘喪服，當用周制而已。何則？先王制服，三年之喪以爲差，非得與時變易故也。然自秦漢以來，言禮者或失經旨，而歷代承用，傳守至今，與夫近世改制，亦皆有説，非以義折衷則不明。故臣於所欲定則爲議以辯之。末學寡

❶「臣等」，龍舒本無此二字。

❷「劄子」，龍舒本無此二字。

陋，獨用己見決千歲以來之所惑，❶恐不能盡。伏乞以付學士大夫博議，令臣得與反復。

議南郊三聖並侑劄子❷

臣等聞推尊尊以享帝，義之至；推親親以享親，仁之極。尊尊不可以瀆，故郊無二主；親親不可以僭，故廟止其先。今三后並配，欲以致孝也，而適所以瀆乎享帝；後宮有廟，欲以廣恩也，而適所以僭乎享親。推存事亡，則非所以寧親也。臣等今詳議，欲乞各如禮官所議。

議郊祀壇制劄子❸

先王所以交於神明，壇坎、牲幣、器服、時日、形色、度數，莫不依其象類。《易》曰：「一陰一陽之謂道。」乾，陽物也；坤，陰物也。冬日至，祀天於地上之圓丘。所謂爲高必因丘陵，而因天事天也。夏日至，祭地於澤中之方丘。所謂爲下必因川澤，而因地事地也。蓋陽以圓爲形，其性動；陰以方爲體，其性靜。天陽而動，故祀於地上之圓丘，而禮神以蒼璧，璧亦圓也。❹地陰而靜，故祭於澤中之方丘，而禮神以黃琮，琮亦方也。合祀天地，❺爲圓壇，❻而於國陽之地上，豈聖人以類求神之意哉？熙寧

❶「見」，龍舒本無此字。
❷「劄子」，龍舒本無此二字。
❸「議」、「劄子」，龍舒本無此三字。
❹「故祀於地上」至「璧亦圓也」，龍舒本無此十八字。
❺「合祀天地」，龍舒本作「今祀地」。
❻「爲」上，龍舒本有「以」字。

郊儀：祭皇地示，壇八角；祭神州地示，壇廣四十八步，高五尺。今則變方爲圓壇，神州築方壇，而復無坎，皆不應禮。伏請皇地示、神州地示爲方壇，壇之外爲坎，庶協古制。右奉聖旨：改圓壇爲方丘，餘不行。❶

議郊廟太牢劄子❷

謹按：《禮記·王制》，祭宗廟之牛角握。❸《周禮·小司徒》，凡小祭祀，奉牛牲。又古者諸侯五廟，❹礿祠烝嘗，❺每廟一太牢。大夫三廟，有天子之大夫，故曰「大夫用索牛」。謂之索者，求得而用之，但不在滌而已。❻諸侯之祔祭，用太牢，吉祭則少牢。自諸侯與天子之大夫，時祭用牲如此。然則天子之祭用牛者，可知矣。❼唐郊祀并宗廟社稷等祭，❽悉用太牢，其後稍易舊制。九廟時享，有攝事，共用一犢。國朝開寶初，冬至親郊，詔有司，宗廟共用犢一，郊壇用犢三。又詔其常祀，惟昊天上帝用犢，❾自餘大祀悉以羊、豕代之。❿嘉祐中，仁宗親祫，即每室用太牢，自餘三年親祀，八室共用一犢。有司攝事，惟以羊豕。《記》曰：「先王之制禮也，不可多也，不可寡也，

---

❶「右奉聖旨改圓壇爲方丘餘不行」十三字，原無，據龍舒本補。
❷「劄子」，龍舒本無此二字。
❸「宗」，龍舒本無此字。「握」，龍舒本無此字。
❹「又」，原作「入」，據龍舒本改。
❺「礿」，原作「初」，據宋元遞修本、應刻本改。
❻「滌」，龍舒本作「時」。
❼「可知矣」，龍舒本無此三字。
❽「唐郊祀并」，龍舒本作「唐郊廟羊」。
❾「冬至親郊」至「昊天上帝」，龍舒本作「詔親祠太廟共用一犢又詔常祀惟天地」十六字。
❿「餘」下，龍舒本有「宫」字。「悉」，龍舒本無此字。

唯其稱也。是故君子大牢而祭，謂之禮。」曰君子，❶謂大夫以上也。夫以天下奉其祖禰，而廟享牲牢用過乎儉，不可謂稱。今三年親祠，而八室共用一犢，及祫享盛祭，❷有司攝事，而少牢則非稱。❸欲乞三年親祠并時饗，❹有司攝事，伏請太廟每室並用太牢一。

貼黃：竊恐朝廷以牛數多，或乞時饗，且仍舊制。

右奉聖旨：唯親祠并祫享，每室用太牢。

議皇地示神州地示不合燎燔事劄子❺

伏爲北郊所祭皇地示并神州地示，秪合坎瘞，自來卻如祭天升煙之義，别建一壇，燔祝版。臣昨累次具狀奏聞，乞行改正。雖蒙聖旨下有司詳定，又緣所定壇壝儀注條件不少，考求典故，未能遽革。伏覩今月二十一日，神州地示，亦依襲故常，泥飾壇燎，依舊行事。臣昨亦備述自古以來祭祀皆爲瘞坎，蓋取就下求陰之義。及考先儒，所祭地示即無檦燎之文。❻伏覩國朝祀儀所載祀辭，❼亦曰「瘞儀」，却行燔燎之禮，顯是從來差錯，恐瀆于神。欲乞不候議定諸壇壝等制度，❽先次考正。今來瘞埋之義，更不於壇上燔燎祝版，以别天神地示之

❶「是故君子大牢而祭謂之禮曰」，龍舒本無此十二字。
❷「祭」，龍舒本作「禮」。
❸「而」下，龍舒本有「用」字。
❹「時」，原作「食」，中華校排本據繆氏本改，今從。
❺「議」、「劄子」，龍舒本無此三字。
❻「檦」、「文」，龍舒本作「燔」、「禮」。
❼「伏」，龍舒本作「顯」。
❽「議」，龍舒本作「詳」。

異，上副陛下修誠致孝肅恭祠享之意。奏聞，候勅旨。

狀前批：送太常禮院。

本所謹案：古者祀天神燔柴登煙，❶祭皇地示埋瘞，蓋燔柴則升煙于上，瘞埋則達氣于下，求神必以其類故也。王涇《唐郊祀録》：「凡祭祀地示，則爲瘞埳於神壇之壬地，方深取足容物，祭訖，置牲幣祝饌於其中而埋之。」《熙寧祀儀》：「皇地示、神州地示皆爲燎壇，方一丈，高一丈有二尺。開上南出，方六尺，在壇南二十步丙地。祭大社大稷，又設燎柴於西神門外道北。」以地示而同之天神之祀，殊悖於禮。所有今來王某起請，實合禮制。伏請自今祭皇地示、神州地示、大社大稷，其祝版與牲幣饌物並瘞於埳，更不設燎。所有皇地示、神州地示燎壇，並乞除去。

進鄴侯遺事劄子

臣前日伏奉聖旨，許進《鄴侯遺事》。今繕録已具，然無別本參校，恐不能無脱誤。竊以宇文黑獺之中材，遇傾側窮困之時，而輔之以區區之蘇綽，然其爲法，尚有可取。伏惟陛下天縱上智卓然之材，全有百年無事萬里之中國，欲創業垂統，追堯舜三代，在明道制衆，運之而已。如李泌所稱，豈足道哉！顧求多聞，以考古今得失之數，則此書亦或可備省覽。謹隨劄子上進。

臨川先生文集卷第四十二

❶「登煙」，龍舒本無此二字。

臨川先生文集卷第四十三

劄　子

辭男雱説書劄子

臣今日伏奉聖旨：除男雱太子中允、崇政殿説書。臣雖已奏論非宜，尚未蒙恩開允。事有關於國體，豈敢冒昧不言？臣竊觀陛下即位已來，慎惜名器，一介之任，必欲因能。講藝之臣，尤爲遴選。如雱學問荒淺，加以未更事任，試之筦庫，尚懼不勝，論經之地，實非所據。陛下必欲誤加奬擢，實恐上累知人任使之明。伏乞聖慈察臣懇款，追還成命，以合衆論之公。取進止。

辭男雱授龍圖劄子三

臣伏承聖恩，以修撰《經義》罷局，除臣男雱龍圖閣直學士。❶臣雖已懇辭，未蒙昭察。伏念臣男雱誤蒙陛下知奬，❷特以粗知承學。比奉聖旨撰進經義，尚未了畢，遂自太子中允、崇政殿説書擢授右正言，充天章閣待制兼侍講。當是時，所叨恩命，已駭衆人觀聽；在臣父子，已所難安。伏蒙宣喻，令臣更勿辭免。臣亦以謂聖恩録進書微効，遂不敢辭。自爾以來，雱以疾病隨臣，不復

❶「雱」，龍舒本作「某」。
❷「雱」，龍舒本作「某」。

與聞《經義》職事。❶今茲罷局，在雱更無尺寸可紀之勞，不知何名更受褒賞？非特於臣父子私義所不敢安，竊恐朝廷賞罰之公如此極爲有累。伏望聖慈察臣懇悃，追寢誤恩。非特臣父子曲蒙保全，亦免衆人於聖政有所譏議。

二❷

臣伏奉詔書，以臣乞免臣男雱恩命，❸未賜允命。臣之懇款，已備前陳，螻蟻微誠，未能昭徹。然國家之賞典，務在報功，施之非宜，實累國體，非特在臣父子私義所不敢安。伏惟大明無所不燭，察臣非敢妄干聖聽，早賜追寢誤恩。謹再具劄子，陳免以聞。

三❹

臣近累具劄子，辭免臣男雱恩命。❺伏蒙聖慈特降詔書不允者。臣之懇誠，已具前奏。聖恩深厚，未即矜從。在臣區區，實不寧處。如臣叨昧，尚所難勝，況又賤息何名享此？賞而無勸，累國實多！伏望聖慈察臣懇款，早賜追還成命，使臣父子皆荷陛下全度之至恩，❻所以上報，生當隕首，❼死當結草而已。謹三具劄子，陳免以聞。

---

❶「復」，龍舒本作「敢」。
❷「二」，龍舒本作「第二劄子」。
❸「雱」，龍舒本作「某」。
❹「三」，龍舒本作「第三劄子」。
❺「雱」，龍舒本作「某」。
❻「懇款早賜追還成命使臣」十字，原無，據龍舒本補。
❼「首」，龍舒本作「身」。

進字説劄子❶

臣在先帝時，得許慎《説文》古字，妄嘗覃思，究釋其意。冀因自竭，得見崖略。若曚視天，終以罔然。念非所能，因畫而止。❷頃蒙聖問俯及，退復黽勉討論。賴恩寬養，外假歲月。而桑榆憊眊，久不見功。甘師顔至，奉被訓勅，許録臣愚妄謂然者，繕寫投進。伏惟大明旁燭無疆，❸豈臣熒爝所敢銜冒？❹承命違迫，置慙無所。❺如蒙垂收，得御宴閒，千百有一，儻符神恉。愚所逮及。繼今復上。干汙宸扆。臣無任！

乞改三經義誤字劄子二道❻

元豐三年八月二十八日，奉聖旨：宜令國子監依所奏，照會改正。❼

臣頃奉勅提舉修撰《經義》，而臣聞識不該，思索不精，校視不審，無以稱陛下發揮道術、啓訓天下後世之意。上孤眷屬，❽没有餘責。幸蒙大恩，休息田里，坐竊榮禄，免於事累。因得以疾病之閒，❾考正誤

❶此題，龍舒本作「進説文劄子」。
❷「止」，龍舒本作「已」。
❸「大」，龍舒本作「天」。「旁」，龍舒本作「包」。
❹「熒」，光啓堂本作「螢」。
❺「置」，龍舒本作「競」。
❻此題，龍舒本作「乞改三經義劄子」。
❼「元豐」至「改正」，龍舒本無此二十五字小注。
❽「孤」，龍舒本作「辜」。
❾「以」，龍舒本無此字。

失。謹録如右，❶伏望清燕之閒，垂賜省觀。儻合聖心，謂當刊革，即乞付外施行。臣干冒天威，無任云云！❷取進止。❸

尚書義

《皋陶謨》：「按見其惡。」當作「按其見惡」。

《益稷》：「故懋使之化。」當作「則懋使之化」。

《微子》：「純而不雜故謂之犧。」「犧」當作「牷」。「完而無傷故謂之牷。」「牷」當作「犧」。

《洪範》：「有器也然後有法。此《書》所以謂之範者，以五行爲宗故也。五行猶未離于形，而器出焉者也。擴而大謂之弘，積而大謂之丕，合而大謂之洪。此《書》合五行以成天下之大法，故謂之『洪範』也。」已上七十一字，今欲删去。

又云：「陶復陶穴，尚矣。後世易之棟宇，而其官猶曰司空，因其故不忘始也。」已上二十六字，今亦欲删去。

周禮義

《周官》「唐虞稽古」字上，漏「曰」字。

「小宰」「其財用」，上「其」字當作「共」。

「大府」：「受藏之府，則若職内掌邦之賦入是也。受用之府，則若職歲掌邦之賦出是也。」已上三十字，今欲删去。

---

❶「右」，龍舒本作「後」。

❷「云云」，龍舒本無此二字。

❸「取進止」，龍舒本無此三字。

「黨正」：「歲屬其民者四。」「四」當作「五」。

「誦訓」：「以詔王觀事。」當去「王」字。

「典瑞」：「手足腹背。」「手」當作「首」。

「冢人」：「山林之尸則以山虞。」已上八字，今欲刪去。

「御僕」：「掌萬民之復。」「復」當作「逆」。

「大馭」：「有軓也。」「軓」當作「軌」。❶

「大行人」：「三公八命，出封加一命，則謂之上公。」已上十四字，今欲刪去。

詩義

《北風》：「北風以言其威，❷雨雪以言其虐。涼者，氣也。喈者，聲也。雱蓋言聚，霏蓋言散。氣之所被者近，聲之所加者遠。聚則一方而已，散則無所不加。此言其爲威虐，後甚於前也。」已上六十三字，今欲刪去，改云：「北風之寒也而以爲涼，北風之厲也而以爲喈，此以言其爲威。雨雪之散也而以爲雱，雨雪之集也而以爲霏，此以言其爲虐。」

《君子偕老》：「『玼兮玼兮，其之翟也』者，服之盛也。」「服之盛」字下，今欲添「質宜之」三字。又云：「『瑳兮瑳兮，其之展也。蒙彼縐絺，是泄袢也』者，亦服之盛也。」「亦服之盛」字上，欲減「亦」字。「服之盛」字下，欲添「文宜之」三字。

《定之方中》：「說于桑田者。」「者」當作「則」。

❶「有軓也軓當作軌」，龍舒本作「有軌也軌當作軏」。

❷「風」，原無，據龍舒本補。

《干旄》：「州里之士所建。」今欲改爲「鄉黨之官所建」。

《有女同車》：「公子五争。」「争」當作「諍」。❶

《駟鐵》：「駟馬既閑。」「駟」當作「四」。

《墓門》：「食椹而甘。」「椹」當作「葚」。

《七月》：「去其女桑而猗之，然後柔桑可得而求也。」已上十六字，今欲删去，改云：「承其女桑而猗之，然後遠揚可得而伐也。」

又「蠶月者，非一月，故不指言某月也」下，添云：「蠶，女事也，故稱月焉。」

又云：「猗，薪之也。言猗女桑，則遠揚可知矣；言伐遠揚，則女桑可知矣。皆伐而猗之也。」已上三十字，今欲删去。

《車攻》：「言其連絡布散衆多，若奕棋然。」已上十二字，今欲删去。

《小旻》：「發言盈廷。」「廷」當作「庭」。

《桑扈》：「受福不𨚗」，「𨚗」當作「那」。

《生民》：「麻麦幪幪。」「麦」當作「麥」。

《公劉》：「篤之字，从竹从馬。馬行地無疆，以竹策之，則力行而有所至。篤之爲言力行而有所至也。」已上三十四字，今欲删去。

《卷阿》：「藹藹然盛多。」「然」當作「其」。又云：「故次以既醉太平也。」多「太平」二字，今合删去。

《召旻》「昬非所以爲哲」字上，漏「明」字，今合添。

《時邁》：「政之所加，孰敢不動懼？」今欲改云：「政之所加，孰敢不震動疊息？」

❶「諍」，原作「争」，據龍舒本改。

《那》：「磬管將將。」「管」當作「筦」。

二❶

臣近具劄子，奏乞改正經義，尚有《七月》詩「剥棗者，剥其皮而進之，養老故也」十三字，謂亦合删去。如合聖心，亦乞付外施行。取進止。

論改詩義劄子

臣子雱奉聖旨撰進《經義》，臣以當備聖覽，故一二經臣手，乃敢奏御。及設官置局，有所改定，臣以文辭義理當與人共，故不敢專守己見爲是。既承詔頒行，學者頗謂所改未安。竊惟陛下欲以經術造成人材，而職業其事。在臣所見，小有未盡，義難自默。所有經置局改定諸篇，謹依聖旨具録新舊本進呈。內雖舊本，今亦小有删改處，并略具所以删復之意。如合聖旨，即乞封降檢討吕升卿所解，《詩義》依舊本頒行。小有删改，即依聖旨指揮。取進止。

答手詔言改經義事劄子 九月十一日。

臣伏奉手詔，依違之辠，臣愚所不敢逃。然陛下既推恩惠卿等，而除其所解，臣愚不敢安此。若以其釋説有甚乖誤者，責臣更加删定，臣敢不祗承聖訓！取進止。

❶「二」，龍舒本作「又劄子」。

改撰詩義序劄子

臣伏奉手詔，❶以臣所進《三經義序》有過情之言，宜速删去。臣雖嘗敷奏，以爲文字所宜。又奉聖訓再三，但令序述解經之意，不須過有稱道。伏惟皇帝陛下盛德至善，孚於四海，❷非臣筆墨所能加損。然因事宣著，人臣之職也，誠以言之不足爲懼，不以近於媚諛爲嫌。而上聖所懷，深仁謙損，臣敢不奉承詔旨，庶以仰稱堯、禹不争不伐之心。所解撰到《詩義》并前進《書》《周禮義序》，❸謹隨劄子投進，昧冒天明。臣無任！

乞以所居園屋爲僧寺并乞賜額劄子

臣幸遭興運，超拔等夷，知奬眷憐，逮兼父子，戴天負地，感涕難勝。顧迫衰殘，糜捐何補？❹不勝螻蟻微願，以臣今所居江寧府上元縣園屋爲僧寺一所，永遠祝延聖壽。如蒙矜許，特賜名額，庶昭希曠，榮與一時。❺仰憑威神，誓報無已。

❶「手」，龍舒本作「三」。
❷「孚」，龍舒本作「敷」。
❸「解」，龍舒本作「改」。「周」，龍舒本無此字。
❹「捐」，龍舒本作「損」。
❺「與」，龍舒本作「遇」，宋元遞修本、應刻本作「輿」。

乞將荒熟田割入蔣山常住劄子❶

臣父子遭值聖恩，所謂千載一時。臣榮禄既不及於養親，雱又不幸嗣息未立，奄先朝露。臣相次用所得禄賜及蒙恩賜雱銀，置到江寧府上元縣荒熟田，元契共納苗三百四十二石七斗七升八合，發一萬七千七百七十二領，❷小麥三十三石五斗二升，❸柴三百二十束，鈔二十四貫一百六十二文省。❹見託蔣山太平興國寺收歲課，爲臣父母及雱營辦功德。欲望聖慈特許施行，❺充本寺常住，令永遠追薦。昧冒天威，無任祈恩屏營之至！取進止。

謝宣醫劄子

食浮掞災，自取危疾，敢籲天聽，上煩愍惻？不圖聞徹，特冒慈憐，亟遣内臣挾醫馳降。臣背瘡餘毒，即得仇鼐敷貼平完。尚以風氣冒悶，言語蹇澁，又賴杜壬診療，尋皆痊愈。臣迫於衰暮，自分捐没聖時，朽骴更生，實叨殊賜。戴天荷地，感涕難言。臣瞻望闕庭，不任屏營汍瀾激切之至！❻

臨川先生文集卷第四十三

❶「荒熟」，原無，據龍舒本補。
❷「發」，龍舒本作「䕺」。
❸「三十三」，龍舒本作「三十二」。
❹「鈔二十四貫」，龍舒本作「錢五十四貫」。
❺「行」，原無，據龍舒本補。
❻「汍」，原作「汎」，據龍舒本改。

臨川先生文集卷第四十四

劄　子

乞解機務劄子❶

臣以羈旅之孤，蒙恩收録，待辠東府，於今四年。方陛下有所變更之初，内外小大紛然，臣實任其辠戾，非賴至明辨察，臣宜誅斥久矣。在臣所當圖報，豈敢復有二心？徒以今年以來，疾病浸加，❷不任勞劇。比嘗粗陳懇款，未蒙陛下矜從，故復黽勉至今，而所苦日甚一日。方陛下勵精衆治，事事皆欲盡理之時，乃以昏疲，久尸宰事，雖聖恩善貸，而辠舋日滋，至於不可復容，則終上累陛下知人之明，非特害臣私義而已。臣所以昧冒有今日之乞也，伏奉宣諭，未賜哀矜，彷徨屏營，不知所措。然臣所乞，固已深慮熟計，而後敢言。與其廢職而至誅，則寧違命而獲譴。且大臣出入，以均勞逸，乃是祖宗成憲。蓋國論所屬，怨惡所歸，自昔久擅其事，❸鮮有不遭辠黜。然則祖宗所以處大臣，不爲無意也。臣備位亦已久矣，幸蒙全度，偶免譴呵，實望陛下深念祖宗所以處大臣之宜，❹使臣獲粗安

❶ 此題下，原總目有「六道」二字。此篇爲龍舒本卷十六《乞退表》第一表後所附之「劄子」。

❷ 「疾病」，龍舒本作「病疾」。

❸ 「久」，原作「以」，據龍舒本改。

❹ 「之」，龍舒本無此字。

便，❶異時復賜驅策，臣愚不敢辭。

二❷

臣某螻蟻微誠，❸屢煩天聽。每蒙訓答，未賜矜從。惶怖征營，❹不知所措。臣今日奏對，近於日旰，不敢久留，以勤聖體。所以依違遂退，即非敢食其言。以道事君，誠爲臣之素守，苟可强勉而免違忤之辠，臣亦何敢必其初心？實以疾病浸加，恐隳陛下所付職事，上累陛下知人之哲，下違臣不能則止之義，此所以彷徨迫切而不能自止也。且臣所乞，特冀暫均勞逸，非敢遂即田里之安。竊謂聖恩不難賜許，謹具劄子陳乞。伏望聖慈特垂開允。

三❺

臣今日得望陛下清光，伏蒙敦喻獎激，可謂備厚矣。臣雖愚戇，豈敢忘陛下至恩盛德？然臣之懇欵，亦已具陳，實望陛下照察哀憐，使臣得休養其疲昏，以免曠職之負，而不累陛下知人之明也。臣干忤天威，無任惶怖之至！

❶「獲粗」，龍舒本作「粗獲」。
❷此篇爲龍舒本卷十六《乞退表》第三表後所附之「劄子」。
❸「臣某」，龍舒本無此二字。
❹「征」，龍舒本作「怔」。
❺「三」，原作「二」，據宋元遞修本、應刻本、光啓堂本改。

四

臣今日伏蒙陛下令吕惠卿宣道聖旨，又令馮宗道隨賜手詔，趣令復位。眷顧之厚，非臣殺身所能上報。然臣不才，無補時事，肝鬲𧾷艮𧾷艮，已具面陳。君臣之義，實均父子，苟尚可以黽勉，豈敢輕爲去就？誠以義不獲已，須至昧冒天威。陛下至仁，常恐一物失所，況臣特蒙獎擢，久備驅策，夙夜之勞，簡在聖心，豈容不思所以全安之，而令終於顛躓也？伏望哀憐匹夫之志有不可奪，早賜處分，臣無任瞻天祈恩激切之至！取進止。

五

臣伏蒙聖恩，特降中使傳宣，封還所上表，不允所乞。臣誠惶誠感，不知所措。竊念臣蒙陛下恩德，至深至厚，方陛下旰食焦思之時，豈宜自求安佚？實以疾疢所嬰，曠廢職事，若不早避賢路，必且仰誤任使。𧾷艮𧾷艮所愬，具如前奏。伏惟陛下天地父母，曲賜矜憐，察臣干祈出於甚不得已。臣生當隕首，死當結草。謹再具劄子陳乞。臣無任惶怖𧾷艮迫祈恩之至！

六

臣伏奉聖恩，特降中使，令臣入見供職。臣之懇誠，略已昧冒。天聽高邈，未蒙垂惻，輒復陳敘，仰冀哀憐。伏念臣孤遠疵賤，衆之所棄。陛下收召拔擢，排天下異議，而付之以事，八年於此矣。方陛下興事造功之初，羣臣未喻聖志。臣當是時，志存將順，而不知高明彊禦之爲可畏也。然聖慮遠大，非愚所及。任事以來，乖失多矣。區區夙夜之勞，曾未足以酬萬一之至恩。今乃以久擅寵利，羣疑並興，衆怨總至，辠惡之釁，將無以免，而天又被之疾疢，使其意氣昏惰，而體力衰疲，雖欲彊勉以從事須臾，勢所不能。然後敢干天威，乞解機務。竊以謂陛下天地父母，宜垂矜憐，論其無功則雖可誅，閔其有志則或宜宥。終始全度，使無後艱。而未蒙天慈顧哀，猶欲彊以重任。使臣黽勉尚能有補聖時，則雖滅身毁宗，無所避憚。顧念終無來效，而方以危辱上累朝廷，此臣所以不敢也。陛下明並日月，何所不燭？願賜容光之地，稍委照焉，則知臣之惓惓，非敢苟忤恩指也。臣乞且於東府聽候朝旨。伏望陛下垂恩，早賜裁處。臣不任昧死干祈激切之至！

謝手詔慰撫劄子

臣昨日伏奉手詔，所以慰撫備厚，非臣疵賤之所宜蒙。伏讀，不任感激屏營之至！今日吕惠卿至臣第，具宣聖旨。臣雖糜軀隕首，豈能上酬奬遇？臣自江南召還，獲侍清光。竊觀天錫陛下聰明睿智，誠不難興堯舜之治。故不量才力之分，時事之宜，敢以不肖之身，任天下怨誹，欲以奉承聖志。自與聞政事以來，遂及期年，未能有所施爲。而内外交搆，合爲沮議，專欲誣民，以惑聖聽。流俗波蕩，一至如此。陛下又若不能無惑，恐臣區區終不足以勝，而久妨衆邪之路，則或誣罔出於不意有甚於今日，以累陛下知人任使之明。故因疢疾，輒求自放。陛下不以臣狂狷，賜之臯戾，而屈至尊之意，反復誨喻，臣豈敢尚有固志，以煩督責？只候開假即入謝。區區所懷，冀得面奏。臣無任感天荷聖激切屏營之至！謹具劄子奏知。

謝手詔訓諭劄子

臣以不才，久曠高位，昧冒求解，屢煩聖聽。曲蒙矜允，實荷至恩。繼奉手詔，俯垂訓喻，非臣隕首所能報稱。伏惟陛下躬堯舜盛德，舉千載一隆之政，以福休斯民。萬邦黎獻，所願致死。況臣踈遠疵賤，首蒙察舉，陛下任之至重，而眷之至優，一旦違離，誠非獲已。苟異時陛下未賜棄絶，而臣犬馬之力，尚足以效，則豈宜背負恩德，長自絶於聖時哉？臣瞻天荷聖，無任激切之至！

答手詔封還乞罷政事表劄子

臣今日具表乞罷政事，方屏營俟命，而吕惠卿至臣第，傳聖旨，趣臣視事。續又奉手詔，還臣所奏，喻以「天下之事盡力固可成就，以卿所學，不宜中輟」。俛聽伏讀，不勝螻蟻區區感慨惻怛之至！臣蒙拔擢，備數大臣，陛下所以視遇不爲不厚矣，豈敢輕爲去就？誠以陛下初訪臣以事，臣即以變風俗、立法度爲先。今待臯期年，而法度未能一有所立，風俗未能一有所變，朝廷内外，誑行邪説乃更多於鄉時。此臣不能啓迪聖心以信所言之明効也。雖無疾疢，尚當自劾以避賢路，況又昏眩難以看讀文字，即於職事當有廢失。雖貪陛下仁聖卓然之資，冀憑日月末光，粗有所成，而自計如此，豈容偷假名位，坐棄時日，以負所學，上孤陛下責任之意？伏望陛下哀憐矜察，許臣所乞，毋令臣得要君之嫌，重爲流俗小人所毀。臣不勝祈天俟聖激切之至！取進止。

答手詔令就職劄子

臣累奏乞解機務，歸田里。伏奉手詔，令臣無復有請，祇服聖訓，便宜就職。然臣所以致身許國，正欲行事君之義而已。若致身於辱殆之地，以累陛下知人之明，而令天下後世譏議及國，則非臣所學事君之義也。昔仲山父「既明且哲，以保其身」，故宣王有「任賢使能」中興之功。臣既不自知，又昧於知人，信己妄行，以至今日，免於大戮，實陛下天地父母之賜也。若猶冒恩，不即自弛，終恐傷陛下保全臣子之仁，是以不敢。伏望陛下哀臣懇至，特賜矜許。臣無任瞻天祈恩激切之至！取進止。

答手詔留居京師劄子

臣伏奉手詔，欲留臣京師，以爲論道官。「宜體朕意，速具承命奏來。」臣才能淺薄，誤蒙陛下拔擢，歷職既久，無以報稱。加以精力衰耗，而咎釁日積，是以冒昧乞解重任。幸蒙聖恩已賜矜允，而繼蒙恩遣呂惠卿傳聖旨，欲臣且留京師，以備顧問。臣竊伏惟念父子荷知遇，誠不忍離左右。既又熟計，論道之官，固非所宜。且以置之閑地，似爲可處。陛下付託，既已得人，推誠委任，足以助成聖治。臣義難以更留京師，以速官謗。若陛下付臣便郡，臣不敢不勉。至於異時，或賜驅策，即臣已嘗面奏，所不敢辭。伏望聖心特賜矜察，臣無任感天荷聖激切征營之至！伏取進止。

辭僕射劄子❶

臣伏奉制恩，以提舉修撰《經義》了畢，特授臣尚書左僕射兼門下侍郎，加食邑實封。承命惶怖，已曾面辭。宣喻稠疊，未垂聽允。伏念臣特蒙陛下知遇任使，實以稍知經術。叨塵非一，每愧無功，更以訓釋微勞，過受褒遷殊禮，格之公論，孰以爲宜？況在私誠，尤難安此。伏望陛下俯昭悃愊，特賜哀憐，追還誤恩，以保危拙。謹具劄子，陳免以聞。❷

二❸

臣近具劄子，辭免恩命，伏蒙聖慈特降詔書不允者。區區所陳，備出肝膈。重煩睿訓，以懼以慙！伏念臣蒙恩自外召還，復得與聞政事，智衰耄及，筋力弗支。仰惟駿德之日躋，深懼薄材之難副。雖未敢以妨賢自弛，顧豈宜以非分妄遷？❹賞浮於勞，實累國體，豈惟私義所不敢安？伏望聖慈深以保全臣子爲念，早賜追還成命，以允中外論議之公。謹再具劄子，陳免以聞。

❶ 此題下，原總目有「三道」二字。
❷ 「謹具劄子陳免以聞」，龍舒本無此八字。
❸ 「二」，龍舒本作「第二劄子」。
❹ 「非」，龍舒本無此字。

三❶

臣近累具劄子，辭免恩命。伏蒙聖慈特降詔書不允者。睿訓丁寧，豈宜逋慢？顧惟悃款，實有可矜。干忤天威，良非獲已。伏念臣出於孤遠，遭值聖時，弱力而重任，薄功而厚享，夙興夜寐，深懼顛隮，豈敢非分更叨殊獎？且方陛下發明經術，啓迪人材，而臣偶以乏人，遂當器使。遺經殘缺，既不易知；聖學高明，又難仰副。雖已强顏應詔，實恐難以頒行。豈意天度包荒藏疾，褒崇獎勵，在所難勝。隆儒尚學，誠陛下盛德；量能知分，亦臣之私義。伏望聖慈俯照誠悃，以其終難昧冒，早賜追寢誤恩。謹三具劄子，陳免以聞。

乞宮觀劄子❷

臣某頃被召還，復忝宰司。行以亢滿易隳，事以衰疾多廢。幸蒙恩釋重寄，尚兼將相之官。自惟憂傷病疢之餘，復當辭劇就閒之日。過叨榮禄，非分所宜。黽勉方州，亦將不逮。故因賜對，輒預奏陳。俟到江寧，須至上煩聖慮，乞以本官外除一宮觀差遣，於江寧養疾。過蒙眷獎，喻以毋然，非臣糜殞所能仰稱。而臣自離闕庭，所苦日侵，目眩頭昏，背寒膈壅，加之喘逆，稍勞輒劇。若非蒙恩許免藩任，且令休養，即恐瘳復無期。輒敢昧冒天威，具陳前日悃愊。

❶「三」，龍舒本作「第三劄子」。

❷此題下，原總目有「五道」二字。

伏望陛下特垂睿聽，俯亮愚誠，早賜矜從，使得寧濟。即異時稍堪驅策，誓復罄竭疲駑。❶臣無任！

二❷

臣某近輸悃愊，仰丐恩憐，干忤天威，方懷憂畏。伏蒙聖慈特遣使人賫賜訓勑，❸諭以至意，撫存顧念，逮及存没。負荷恩德，無以勝任！瞻望闕庭，唯知感涕。然臣之懇懇，實有可言。伏念臣抱疾以來，衰疲浸劇。若黽勉從事，必不能上副憂勤，而應接之勞，適足以自妨休養。又地閑禄厚，非分所宜。聖心雖示優容，臣終難於叨昧。伏望陛下俯垂燭察，早賜矜從。他日苟獲夷瘳，餘年敢辭驅策？臣無任！

三❹

臣某比因馮宗道還闕，已具輸區區螻蟻之情。繼蒙撫存，曲賜訓諭。臣誠惶誠感，已具表稱謝以聞。竊惟天慈終始眷憐，❺故欲賦以厚禄，示以優禮。不然，一州之守，豈憂付屬乏人？臣憂患餘生，加之疾病，喘焉朝夕，難冀久存。陛下所以愛臣，何啻天地父母？令臣多尸廩賜，重貽亢滿之殃，豈若賜以安閑，使有寧瘳之福？伏望深垂簡照，早賜矜從。他日旅力復可

❶「竭」，龍舒本無此字。
❷「二」，龍舒本作「第二劄子」。
❸「聖」，龍舒本作「天」。
❹「三」，龍舒本作「第三劄子」。
❺「眷」，龍舒本作「見」。

驅馳，❶敢不致死以圖報效？臣無任！

四❷

臣某備位七年，初無分毫績効，以病自列，獲解繁機。而誤恩曲加，寵禄并過，豈臣庸朽所可堪任？況自涉春以來，衆病並作，氣滿力憊，殆不可支。其勢如此，以尸厚禄，則有食浮之憂；以任州事，則有官曠之責。計臣之分，無一可爲。故願乞其不肖之身，休養歲月。而璽書繼至，訓勑加嚴。雖陛下示眷奬之意始終不逾，❸而臣竊自度量，終難黽勉以稱萬一。傍徨跼踖，❹不知所言，輒復干冒天威，期於得請而後已。伏望陛下深垂簡照，❺早賜矜從。他日若獲寧瘳，顧雖晚節末路，尚知補報，惟所驅策，豈敢辭免？除已具表，謹具劄子陳乞。臣無任！❻

五❼

臣某近四上表，乞以本官外除一宮觀差遣。伏蒙聖慈特降詔書不允，所乞仍斷來章。螻蟻之微，頻煩寵諭。臣之懇誠，已具累表，愚衷激切，終冀矜從。伏念臣荷國厚恩，未報萬一，若非疾苦不能任事，豈敢數違訓勑，以自取逋慢之誅？但以病勢日增，雖外視形色若無甚苦，而神耗于中，力

❶「旅」，光啓堂本作「膂」。
❷「四」，龍舒本作「第四劄子」。
❸「逾」，龍舒本、應刻本作「渝」。
❹「踖」，龍舒本作「蹐」。
❺「照」，龍舒本作「炤」。
❻「任」下，龍舒本有小字「云云」。
❼「五」，龍舒本作「第五劄子」。

憊于外，一有動作，即不可支，思慮恍然，事多遺忘。以此居官，豈能塞責？且一方之任，非獨簿書獄訟在所省察，至於儆戒盜賊，輯安兵民，責在守臣，事實至重。此豈精神衰耗、體力疲憊之人所可堪任？伏望陛下加惠留聽，❶察其所請，出於誠然。早賜開允，則非獨於臣私分得以自安，亦於陛下任使之際，無曠官廢事之悔。臣愚不勝至願，謹復具劄子陳乞。臣無任！

求退劄子

臣伏奉手詔，令臣二十三日入見。臣明日當入見。然臣之懇款，具如前奏所陳。匹夫之志有不可奪，實望聖慈必賜矜從。

已除觀使乞免使相劄子❷

臣某衰疾疲曳，難於自力，干慁天聽，至于三四，❸逋慢訓奬，皐當誅殛。伏奉勑命，就除觀使，❹俯從燕安之願欲，❺猶假非分之名器。鴻慈覆載，不啻天地，感激涕泗，❻無言以諭。然以將相之禄，養疾於田里，歷選近世勳賢，未有若斯比例。臣愚無狀，績効不昭，欲以何名？敢此叨昧。且臣蒙陛下識拔，序之羣臣之右，當以粗知分

❶「望」，龍舒本作「惟」。
❷此題下，原總目有「四道」二字。此題，龍舒本作「乞免使相充觀察使第一劄子」。
❸「三四」，龍舒本作「四三」。
❹「觀使」，龍舒本作「觀察使」。
❺「願」，龍舒本作「私」。
❻「泗」，宋元遞修本、應刻本作「泣」，光啓堂本作「沔」。

義，爲異庸人。今若以衰殘向盡之年，貪非所據，豈不自隳素守，而仰累陛下知人之明？伏望聖慈察臣累奏，許以本官充使，於江寧府居住，冀蒙瘳復，終誓糜捐。所有勑命，臣未敢祗受。除已具表，謹復具陳乞以聞。干忤天威，臣無任惶懼祈恩之至！❶

二❷

臣某伏奉詔書，❸不允所乞，祗荷聖訓，丁寧備至，非臣庸朽所可堪稱。伏自惟念，❹臣以疾病，不勝從事之勞，而欲自休養，退歸田里，乃分之宜。尚恃眷憐，私竊自恕，而求以本官食宮觀之禄于外，於臣之義，❺媿負已多。而陛下乃欲使之兼將相之重而處於此，雖仰戴恩德爲至厚矣，而臣歷選前代近至本朝所以寵待勳舊之臣，無有斯比。況臣久尸重任，績効不昭，豈可度越前人，有此叨據？是且上虧陛下名器不以假人之道，下傷愚臣知止之義。伏望特垂睿聽，早賜允從，則非獨於臣私分得以自安，亦於天下公論爲協。除已具表，謹復具劄子，❻陳乞以聞。臣無任！

三❼

臣某近以懇誠，上干天聽。伏蒙聖慈特降中使，賚賜詔書，仍斷來章。臣以朴

❶「惶懼祈恩之至」六字，原無，據龍舒本補。
❷「二」，龍舒本作「第二劄子」。
❸「臣某伏奉詔書不允所乞」，龍舒本無此十字。
❹「自惟」，龍舒本無此二字。
❺「義」，龍舒本作「分」。
❻「謹復具劄子」，龍舒本無此五字。
❼「三」，龍舒本作「第四劄子」。

愚，久逋明命，辠譴之及，所不敢辭。而陛下加惠寬矜，慰喻備至。仰荷天地厚恩，非臣殞越所能報稱。然臣之懇懇，亦累具聞。❶分義既所難受，❷臣亦何敢自已？竊惟人君之御臣，以其任隆而責重，故委之高爵重禄而無難。人臣自度其智力足以勝任而塞責，故受其高爵重禄而無媿。❸此上下所以兩得而能治安也。今臣既以疲痡退歸閭里，尚恃陛下眷存，謂其嘗預政事，有夙夜之微勤，故敢求以本官食宫觀之禄于外，已於理分爲所非宜，❹而陛下乃疏誤恩，使兼將相之重。臣愚不肖，病不任事，顧於陛下勵精求治之時，不能自力以裨補萬一，而坐尸名器如此其厚，不知人臣之出力赴功，❺方任隆責重，❻而有勤勞者，陛下將復何以處之？此臣所以不敢當也。❼臣若苟貪，仰副訓勑，而不知慮此，則非獨於臣私義無以自全，亦於國家大體所損非細。故復冒昧，期於得請而後已。伏望陛下始終念察，早賜聽許，則非獨臣爲幸。臣無任！❽

四❾

臣某近再以懇誠，上干睿聽，逋慢明

❶「亦」，龍舒本作「已」。
❷「分」，龍舒本作「奏」。
❸「難人臣自度」至「重禄而無」二十四字，原無，據龍舒本補。
❹「所非」，龍舒本作「非所」。
❺「不知」，原無，據龍舒本補。
❻「方」，龍舒本無此字。
❼「當」，原無，據龍舒本補。
❽「臣無任」，龍舒本作「甚」，屬上。
❾「四」，龍舒本作「第三劄子」。

訓，方虞譴讁，❶伏蒙天慈特差臣弟某賚賜詔書，不允所乞。傳諭德意，撫存備厚。仰荷天地至恩，捐軀隕首，無以上報。伏自惟念臣以衰病無勞之身，得請于外，雖能爲上陳力，任一方之寄，以忝將相，尚爲非分。況今蒙恩寬假，得就燕閒，豈可坐而尸此，以養痾田里之中？此臣所以不敢忘止足之義而自取辱殆也。所懷懇激，已具累奏。雖陛下申加獎勵，恩德有隆，而愚臣竊自揣稱，❷終無可以叨昧之理。伏望陛下俯垂閔察，早賜開允，則非獨臣爲幸甚！除已具表，謹復具劄子，陳乞以聞。臣無任！❸

宣諭蘇子元劄子

臣適已見蘇子元具宣聖旨，然兵事貴速，憂在失時，恐子元往不如期。鄜行之疾，亦恐子元道路偶或有故稽留，則無及事。臣愚謂宜遞中賜郭逵等劄子，更録付子元，令申喻曲折。

臨川先生文集卷第四十四

❶「讁」，龍舒本作「責」。

❷「揣」，原作「端」，據龍舒本、宋元遞修本、應刻本、光啓堂本改。

❸「臣無任」，龍舒本無此三字。

臨川先生文集卷第四十五

内　　制册文　表本　青詞❶

郊祀昊天上帝册文❷

伏以眷命作邦，百年於此。蒙休承福，外内用寧。施及沖人，嗣膺歷服。燎禋有典，稱秩惟時。

郊祀皇地祇册文

伏以大報于郊，有典咸秩。厥作成物，配天同功。合食泰壇，義存一體。猥以沖眇，紹休前人。絜承昭事，不敢不察。

郊祀配帝太祖皇帝册文

伏以命于帝廷，肇造區夏。掃除僭悖，人以永寧。陟配天郊，實存舊典。靈承圭薦，其敢忘初？

朝享景靈宫聖祖大帝册文❸

伏以靈德在天，實基皇命。降依下土，臨況後人。方以眇躬，進承郊廟。神遊所

❶「詞」，原作「試」，據宋元遞修本、應刻本改。

❷此篇與下兩篇原總目合爲一題，曰「郊祀昊天上帝皇地祇太祖皇帝册文三道」。

❸此篇與下兩篇原總目合爲一題，曰「朝享聖祖大帝仁宗英宗皇帝册文三道」。

御，獻享惟時。庶幾顧歆，永有蒙賴。

朝享仁宗皇帝册文

伏以體道邁德，寵綏臣民。休嘉垂延，燕及于後。肆以寡昧，獲承郊宫。祼饋有儀，敢忘用舊？

朝享英宗皇帝册文

伏以靈德美行，實兆初潛。神民所歆，寶命自至。祇紹考服，循而弗改。用謐士宇，以詒沖人。登祔新宫，歷兹嘉月。燎禋有舊，祼享惟時。

皇后册文

維熙寧二年，歲次己酉，四月丁酉朔，二十六日壬戌，皇帝若曰：自昔有天下，必擇建厥配，以承宗廟，以御家邦。肆朕受命，奉循前烈，考慎典册，以祈協于神民。咨爾向氏，懿柔淑恭，舊有顯聞。肇功惟祖，弼亮帝室。流德之澤，覃延後嗣。是産碩媛，比賢姜任。越朕初載，來嬪藩邸。盥饋在中，率禮無違。以至嗣服，祇承内事。齋明夙夜，罔有曠失。宜崇位號，表正宫庭。今遣攝太尉、推忠協謀同德佐理功臣、樞密使、光禄大夫、檢校太傅、行尚書刑部侍郎、上柱國、東平郡開國公、食邑五千户食實封一千户吕公弼，攝司徒、朝散大夫、右諫議大夫、參知政事、護軍、太原郡開國侯、食邑一千一百户、賜紫金魚袋王珪，❶持節册命爾爲皇后。夫惟興王，釐厥士女，咸自内始，達于四海。朕克勤，人用弗怠；朕克儉，人用弗奢；朕克正，人用無敢側頗僻。爾勵朕相，❷乃濟登兹。於戲！匪初惟艱，❸惟慎厥終。爾忱念兹。朕以永享天禄，爾亦豫有無疆之福，❹豈不韙哉！

先天節皇帝謝内中露香表❺

伏以眇躬無似，實膺駿命之休。釐事有初，敢廢靈承之舊？ 冀蒙僊聖，俯監齋精。

天貺節皇帝謝内中露香表

伏以靈命告休，嘉名紀節。用露熏之故事，酬乾施之至恩。仰賴監觀，俯垂歆祐。

降聖節皇帝謝内中露香表

伏以昊天錫命，實佑永圖。良月御時，載臨嘉節。率循故事，升薦至誠。仰冀靈明，溥垂庇貺。

---

❶「一千」，應刻本作「五千」。「王珪」，宋元遞修本作二空格，應刻本作「御史大夫」。中華校排本校稱紹興本(當即宋元遞修本)無「王珪」二字，且引沈欽韓注云：册文或爲王安石自撰，刻者誤爲王珪。

❷「勵」，宋元遞修本、應刻本作「勱」。「朕相」，龍舒本作「相朕」。

❸「匪」，中華校排本據繆氏校云當作「厥」。

❹「有」，光啓堂本作「膺」。

❺此篇與下三篇原總目合爲一題，曰「先天天貺降聖冬至節内中露香表四道」。

冬至節皇帝謝内中露香表

伏以四氣隨旋，一陽來復。仰瞻穹昊，祇薦芬香。所冀含生，並蒙垂福。

南郊青城皇帝問太皇太后皇太后聖體表

臣名言：自宫徂郊，夙夜祗事。方此寒沍，闕於定省。伏惟比日，寢食宜加。

太皇太后回答皇帝問聖體書

太皇太后致書于皇帝：奉祠郊宫，爲國大事。夙興夜寐，固已勤勞。勉慎節宣，以膺禧福。

皇太后回答太廟皇帝問聖體書

太后致書于皇帝：躬率群臣，肇見祖考。孝思之至。何以自勝？尚慎興居，以保休福。

寒食節起居永定陵宣祖諸陵等處表❶

伏以榆火戒時，栢城在望。薦豆籩之新物，弗獲躬親；象几席之平居，實存館御。蠲烝有舊，紆慕無窮。

❶ 此篇與下篇原總目合爲一題，曰「寒食節起居永定諸陵諸后陵表二道」。

寒食節起居諸陵昭憲等諸后表

伏以桐華伊始，火令載嚴。獲嗣慶圖，仰蒙慈芘。追淑靈而莫逮，歷時序以增思。

中元節三陵起居諸后表❶

伏以素秋伊始，華月既盈。物御氣以夷傷，心感時而悽愴。伏惟尊謚皇后，惠風無斁，慈範有詒。猥以眇沖，仰承慶裕，瞻幽靈之所宅，結永慕之至懷。

八月一日永昭陵旦表

伏以暑往御時，宵中應律。載班秋朔，申薦廟嘗。伏惟尊謚皇帝，體道成乾，施仁應物。率土方涵於聖化，賓天遽愴於神遊。追龍駕於空衢，莫知所税；瞻烏耘之新隴，但有至懷。

十月一日永昭陵奏告仁宗皇帝旦表

伏以月乘該閡，時御閉藏。歲回薄以將更，物盛多而可享。恭惟尊謚皇帝，德符穹昊，功濟黎元。方求大隗之居，遂兆成周之葬。光靈在望，感惻交懷。

❶ 此篇與下篇原總目合爲一題，曰「中元節八月一日起居諸后永昭陵表二道」。

十月一日起居永安陵等處諸陵表❶

伏以日星隨旋，歲月從邁。物更收攟之候，人積悽愴之懷。恭惟尊謚皇帝，躬睿廣之材，撫休明之運，協九皇而高世，追三后之在天。方以眇躬，嗣膺神器，想威靈之如在，感氣序以增欷。

十月一日起居永安陵等處諸后陵表

伏以哀恫在疚，未盡通喪。弦晦如流，載更良月。恭惟尊謚皇后，降釐嬀汭，播美河洲。著慈範以如存，流徽音而可想。遡陵永望，感節深追。

冬至節上諸陵表❷

伏以氣復黃宮，晷移北陸。物驗土灰之應，官修雲物之占。恭惟尊號皇帝，睿廣應期，休明作乂。收功既往，垂範方來。感時序之變流，想威靈而慘結。

冬至節上諸皇后陵表

伏以四時交御，一氣潛萌。慶雖屬於履長，悲豈忘於追慕？恭惟尊謚皇后，升儷尊極，協成休明。德範有詒，方美王睢之

❶ 本篇與下篇原總目合爲一題，曰「十月一日起居永安諸陵諸后陵表二道」。

❷ 此篇與下篇原總目合爲一題，曰「冬至節上諸陵諸后陵表二道」。

摯；容衣不閟，尚瞻褕翟之華。永想光靈，詎勝摧感？

寒食節上南京鴻慶宮等處太祖諸帝表

伏以火禁肇修，春祺溥被。維是奉粢之禮，適當濡露之時。恭惟尊謚皇帝，德協上穹，功施後裔。俵神鄉而弗返，廞聖像以如存。紖慕威靈，載懷感怵。

中元節起居外州諸宮觀諸帝神御殿表❶

伏以夷則御辰，商聲甫協。望舒戒節，陰魄既盈。伏惟尊號皇帝，道邁往初，恩涵品庶。❷於屬車之所御，有原廟之舊儀。方此戒寒，豈勝追遠？

中元節起居諸陵表

伏以方秋厥初，既月之望。昊天始肅，繁露未晞。伏惟尊謚皇帝，若昔大猷，受天明命。躬有靈德，燕及後昆。猥以眇躬，紹膺慶緒。垂恩罔極，寧忘駿命之休？❸釐事有初，❹敢廢靈承之舊？冀蒙僊聖，俯鑒齋精。

❶ 此篇與下篇原總目合爲一題，曰「中元節起居諸帝神御殿諸陵表二道」。

❷ 「庶」，原作「彙」，據宋元遞修本、應刻本改。

❸ 「垂恩罔極寧忘」，原闕，據光啓堂本補。

❹ 「垂恩」至「釐事」十二字，宋元遞修本無，應刻本作「駿奔對越敬尊在天之新靡不」。

十月一日起居揚州太祖諸帝神御殿表❶

伏以徂歲如流，甫更良月。遺衣所御，實有經祠。方屬投艱，仰承錫羡。瞻威靈而如在，歷時序以增思。

冬至節上南京鴻慶宫等諸帝表

伏以子位杓回，黄宫氣應。既兆天正之始，方扶陽律之微。恭惟尊號皇帝，體道邁仁，膺時建極。豫游所次，館御如存。撫時序之變更，仰威神而感惻。

先天節奏告仁宗皇帝表❷

伏以金氣御時，商聲應律。仰閲火流之速，俯沾露降之淒。伏惟仁宗皇帝，功協聖謨，❸道侔乾則。垂至仁而丕冒，慶實無窮；感素節以深追，❹悲何有極？

南郊下元節更不於景靈宫朝拜奏告聖祖大帝表

伏以帝繫所元，僊遊如在。載更令節，當款殊庭。以卜禋祠，將陳祼獻。惟祭儀之難瀆，冀神監之具昭。

❶「太祖」，原無，中華校排本據沈氏注補，今從。
❷此題，龍舒本作「永昭陵奏告仁宗皇帝七月一日旦表」。
❸「謨」，原作「謀」，據龍舒本改。
❹「素」，龍舒本作「急」。

南郊禮畢皇帝謝内中功德表

伏以蠲烝廟祧，潔告郊畤。實蒙芘貺，以獲顧歆。惟錫福之無窮，曷歸誠之有已。

南郊禮畢福寧殿奏謝英宗皇帝表

伏以膺命紹休，諏時協吉。告潔粢於廟室，奠嘉玉於郊丘。雖祇奉聖謨，獲無疆之慶賴；而深追神眷，重罔極之哀摧。

真宗皇帝忌辰奏告永定陵景靈宮慈德殿表

伏以慶靈回薄，永芘後昆。時序徂遷，奄更諱日。威神在望，感怵兼懷。

集禧觀開啓爲民祈福祈晴道場默表

伏以雨淫爲菑，民用愁墊。式陳净供，以致誠祈。冀格靈明，遂蒙開霽。惟潔粢之無害，仰休饗之有依。

南京鴻慶宮開啓皇帝本命道場青詞❶

伏以寶命有詒，以自求而致福；至神無體，隨所感而應誠。祇奉靈科，實存故事。冀蒙垂福，俯暨含生。

❶ 此篇與下兩篇原總目合爲一題，曰「鴻慶宮延祥觀崇先觀開啓皇帝太皇太后皇太后本命道場青詞四道」。

延祥觀開啓太皇太后本命道場青詞二道

伏以寶曆有詒，眇躬實嗣。獲承慈範，仰荷神休。方元命之在辰，按舊儀而庀事。庶蒙慶祐，永錫壽祺。

二

伏以聖功輔世，已大濟於艱虞；神道示人，用寵綏於祉福。敢因穀旦，祗奉靈科。冀大錫於壽祺，得永承於慈範。

崇先觀奉元殿開啓皇太后本命靈寶道場青詞

伏以克紹慶基，實蒙慈訓。遘兹元命，若昔宗祈。冀靈鑒之俯昭，垂壽祺之永錫。

靈釐内殿開啓太皇太后生辰道場青詞❶

伏以壇席盛陳，科儀肅設。眷言慈廕，祝此誕辰。永綏壽考之祺，上賴神靈之祐。

靈釐内殿開啓皇太后生辰道場青詞

伏以集黄冠之勝衆，仰紫極之真游。按用科儀，營祈祉福。仰求聰鑒，俯應誠心。

❶ 此篇與下三篇原總目合爲一題，曰「靈釐内殿西太一宫龍圖閣開啓太皇太后皇太后生辰道場青詞四道」。

西太一宮開啓皇太后生辰道場青詞

伏以真聖在天，式序照臨之位；眇沖嗣歷，永惟顧復之恩。敢因誕毓之辰，祇薦熏修之事。仰祈眷祐，俯察傾輸。推純嘏以及親，與羣生而均貺。

龍圖閣開啓皇太后生辰道場青詞

伏以妙善可依，每俯從於誠悃；至恩難報，唯仰祝於壽祺。祇奉靈科，隆施凈供。上賴監歆之力，永綏顧復之慈。

廣聖宮開啓真宗皇帝忌辰道場青詞

伏以深追諱日，❶祇奉靈科。仰求神福之繁，率用邦儀之舊。永惟道廕，昭此誠祈。

福寧殿罷散三長月祝聖壽道場青詞❷

伏以順長嬴之嘉月，按齋祓之靈科。庶用熏修，溥膺眷祐。精衷以薦，釐事既成。仰賴聖真，俯昭誠悃。

福寧殿開啓三長月道場青詞

伏以降年有永，實繇陰騭之功；嗣歷無疆，必謹靈承之志。帥時典故，若昔科

❶「日」，原作「目」，據宋元遞修本、應刻本改。

❷此篇與下四篇原總目合爲一題，曰「福寧殿罷散開啟三長月道場青詞五道」。

儀。仰賴監觀，俯垂庇貺。

福寧殿罷散三長月道場青詞

伏以監觀在上，禳祝有儀。祗率舊章，仰祈況施。茂惟休福，俯逮烝黎。

福寧殿開啓三長月道場青詞

伏以皐月紀時，凱風應律。罄齋精而上禱，冀真聖之俯臨。永賴監觀，普垂庇祐。敢忘寅畏，仰答顧歆。

福寧殿罷散三長月道場青詞

伏以協用靈科，宗祈永命。惟神心之降格，獲釐事之告成。冀與羣元，並膺遐福。

福寧殿開啓南郊道場青詞

伏以欽柴宗祈，爲國大事。前期齋禱，舊典有稽。仰冀靈明，俯垂眷祐。

臨川先生文集卷第四十五

臨川先生文集卷第四十六

内　制　青詞　密詞　祝文　齋文

景靈宮三殿看經堂開啓中元節道場青詞

伏以三元令節，釐事有經。祇薦潔誠，宗祈祉福。仰繄庇貺，覃及庶黎。

景靈宮保寧閣下元節道場青詞

伏以殊廷外建，嘉節俯臨。夙設靈壇，蠲烝順祝。冀蒙真聖，垂祐群黎。

醴泉觀寧聖殿開啓爲民祈福保夏道場青詞❶

伏以聖真丕冒，品庶具依。當蕃啓之盛時，用熏修之故事。仰祈聽直，俯鑒齋精。溥垂庇祐之仁，申錫壽康之福。

醴泉觀寧聖殿開啓年交道場青詞

伏以像圖夙設，壇席載嚴。當此歲陰之交，率時禳祝之舊。仰惟庇貺，俯逮黎元。

❶ 此篇與下篇原總目合爲一題，曰「寧聖殿開啟爲民祈福年交道場青詞二道」。

集禧觀洪福殿開啓謝雨道場青詞

伏以旱暵成災，懼物生之疵癘；祓齋以禱，荷神睠之顧綏。載闢靈場，式陳昭報。尚冀涵濡之施，以終庇祐之仁。

在京諸宮觀景靈宮等處祈雪青詞❶

伏以華歲幾終，同雲未兆。物將疵癘，咎在眇沖。敢罄齋精，上求嘉應。冀蒙貺施，孚佑含生。

謝晴青詞

伏以密雲作雨，暘不時若。蒙神賜祐，菑沴用除。奔走祓齋，以謝靈貺。祀儀有秩，不敢怠忘。

坊州秋祭聖祖大帝青詞

伏以祠城在望，御館如存。敢因揫斂之辰，祗用吉蠲之薦。冀蒙垂祐，俯賜降歆。

滄瀛州地震設醮青詞❷

伏以地德安静，震非其常。陰陽厥愆，以告咎罰。禬禳有典，仰賴監歆。所冀方隅，具膺庇貺。

❶ 此篇與下篇原總目合爲一題，曰「在京諸宮觀景靈宮等處祈雪謝晴青詞二道」。

❷ 「青詞」下，原總目有「二道」二字。

二

伏以自河以北，坤載不寧。敷置浄筵，以祈後福。仰惟皇覺，敷祐羣生。監此齋精，俯垂庇貺。

北嶽廟爲定州地震開啓祭禱道場青詞

恭以地職持載，❶静惟其常。今兹震摇，以警不德。涉河而北，又用驚騷。惟嶽有神，芘綏厥壤。祓除祠館，按用祈儀。請命上靈，冀蒙孚佑。敢忘夤畏？以答眷歆。

集禧觀開啓保夏祝聖壽金籙道場密詞❷

伏以時在炎烝，物方蕃祉。即祠庭之精閟，竭清道之嚴祇。仰冀監觀，俯垂庇祐。具綏福履，申弭疾殃。覃及羣黎，永膺戩穀。

崇先觀開啓保夏祝聖壽金籙道場密詞

伏以眷祐無疆，熏修有舊。當朱明之紀候，祈蒼昊之垂仁。申錫休嘉，外覃品庶。敢怠靈承之志？永膺丕冒之恩。

延福宮開啓皇后生辰道場密詞❸

伏以統洽后宮，協承先廟。誕辰俯及，

❶「持」，原作「特」，據宋元遞修本、應刻本改。

❷此篇與下篇原總目合爲一題，曰「集禧崇先觀開啟祝聖壽金籙道場密詞二道」。

❸此篇與下篇原總目合爲一題，曰「延福宮開啟皇太后皇后生辰道場密詞二道」。

釐事有常。惟萬德之博臨，冀百祥之永錫。

延福宮開啓皇太后生辰道場密詞

伏以協承寶命，恩維拊育之深；俯應羣情，法有總持之妙。齋場夙設，慶事備終。敢祈西竺之威神，永佑東朝之福履。

金明池開啓謝雨道場密詞

伏以蕃啓在時，蘊隆爲虐。罄齋精而上禱，蒙膏潤之旁流。祇報靈休，式陳浄供。尚祈終賜，無使後艱。

興國寺開先殿奏告太祖皇帝孝明皇后祝文

伏以像設有嚴，神游所御。瞻衣冠而如在，懼風雨之弗除。庀事將興，涓辰既吉。永賴靈明之鑒，俯昭怵惕之懷。

西京應天禪院奏告太祖太宗真宗皇帝御容祝文 告還奉安還本殿之意。

伏以殊庭有侐，館御如存。吉日既蠲，繕修惟謹。式陳嘉薦，以妥明靈。

啓聖院永隆殿奏告太宗皇帝元德皇后祝文

伏以威神所感，營繕有期。考禮舊章，宜時潔告。茂惟靈德，俯鑒至懷。

太廟八室奉慈諸廟奏告南郊等處祝文❶

伏以三歲一郊，實昭大報。前期潔告，國有故常。仰冀靈明，俯垂鑒祐。

諸皇后陵奏告謝南郊禮畢祝文

伏以禋饗郊宫，國之重事。唯蒙慈庇，以獲休成。筴祝有經，敢忘用舊？

景靈宫英德殿奉安英宗皇帝御容祝文

伏以先聖舊祠，祖宗所御。嗣興寶搆，追奉靈游。諏日既嘉，具儀以妥。徂惟在上，永保厥寧。

天章閣延昌殿權奉安英宗皇帝御容祝文

伏以相名山於洛宅，既兆寢園；倣原廟於漢儀，將遷館御。潔除秘宇，嚴奉睟容。冀靈躍之少安，副衷情之罔極。

西京應天禪院拆修太祖神御殿祭告祝文

廟刹有嚴，威神所御。將改新於寶搆，永欽奉於睟容。仰冀靈明，俯垂鑒佑。

---

❶「等處」，中華校排本據沈注刪此二字。

景靈宮修蓋英宗皇帝神御殿上梁祭告太歲已下諸神祝文

伏以欽奉僊遊，肇營寶搆。舉修梁而揆日，具蠲餚以寧神。祓此後艱，仰緊大祐。

慈孝寺崇真彰德殿爲經霖雨垂脊脱落奏告祝文

伏以雨淫告災，垣屋或壞。惟神所御，有圮弗支。諏用靈辰，改新厥搆。蠲爲祇薦，於禮有常。

太廟后廟奉慈廟雅飾告祝文

伏以三歲一郊，祖宗成法。靈明所御，繪飾有時。方此孱工，禮當潔告。

西太一宮立秋祝文❶

伏以候火既流，占灰甫應。真游所御，靈時具存。率循舊章，作薦常事。仰祈錫福，大芘含生。

❶ 此篇與下篇原總目合爲一題，曰「西太一中太一宮立秋祝文二道」。

中太一宫立冬祝文

伏以館御國郊，庇貺天物。祠宫筴祝，在禮有初。涓選吉時，作薦常事。敢祈孚祐，施及羣黎。

九宫貴神祝文

伏以卜用靈辰，躬修禋享。清壇所兆，潔告有常。

景靈宫里域真官祝文

伏以宗祈陽郊，祗見神祖。葆兹净域，夙賴真靈。祗率舊章，式陳嘉薦。

天地社稷宫觀等處祈晴青詞祝文❶

積陰爲沴，淫雨弗止。蕩泱漂墊，將爲民菑。懼德不類，以干咎罰。是用齋祓，宗祈明靈。冀蒙垂矜，遂獲開霽。休嘉之錫，實被含生。

五嶽四瀆諸廟祈晴祝文

淫雨弗止，將爲民菑。懼德不孚，以罹咎罰。是用奔走，禱于明神。惟神監觀，惠以時暘。非民獨蒙嘉福，神亦永有休享。

❶ 此篇與下篇原總目合爲一題，曰「天地社稷宫觀五嶽四瀆等處祈晴祝文二道」。

定州北嶽爲地震祭禱祝文

伏以自河以北，陽出鎮陰。人用不寧，咎由菲德。永惟聰直，庇祐一方。祇飭使人，齋精以禱。尚蒙歆鑒，無有後艱。

文德殿告遷御容祝文

伏以綅冠即事，喪紀有終。黼座廞神，哀懷靡極。度新宫而館御，諏吉日以徂遷。式冀靈明，永歆豐潔。

南郊青城綵内畢功大殿上開啓保安祝壽諷孔雀明王經齋文❶

伏以祀兆方嚴，齋場夙設。實延净衆，開誦梵文。既蒙大施之仁，助錫丕平之福。

南郊青城綵内畢功大殿上開啓保安祝壽諷法華經齋文

伏以帷宫既具，❷皇邸將臨。發誦秘文，施其景福。仰惟覺慈之覆，俯綏禋享之成。

五臺開啓南郊禮畢道場齋文

伏以靈承在上，懼休命之難；大報于郊，惟盛儀之獲。祇循故事，恪報厥成。仰

❶ 此篇與下篇原總目合爲一題，曰「南郊青城畢功上開啓保安祝壽齋文二道」。

❷ 「帷」，原作「惟」，據宋元遞修本、應刻本改。

賴顧歆，終垂庇貺。

內中延福宮性智殿開啓太皇太后生辰道場齋文

伏以大陰協兆，良月御時。猥以眇躬，獲承慈範。敢因穀旦，祇集勝緣。實賴等慈，具綏景福。

十月一日永昭陵下宮開啓資薦仁宗皇帝道場齋文

伏以大明光藏，上智之所發揮；妙總持門，羣靈之所歸賴。歲陰逝矣，陵闕超然。憑浄衆以有祈，冀真遊之無礙。

福寧殿開啓資薦英宗皇帝道場齋文❶

伏以憑几之言未遠，滌場之候更新。摧慕安窮，攀號靡及。旁招浄衆，歸誠甘露之門；仰祝靈游，取證法雲之地。

中元節福寧殿水陸道場資薦英宗皇帝道場齋文

伏以正等上緣，含生永賴。薦龍施之浄供，助宿植於神游。仰冀靈明，俯昭哀懇。

❶ 此篇與下篇原總目合爲一篇，曰「福寧殿資薦英宗皇帝道場齋文二道」。

萬壽觀廣愛殿資薦章惠皇太后忌辰道場齋文

伏以諱日俯臨，祠庭外闕。遴柬黄冠之衆，宗祈紫極之神。按用前科，追營後福。庶超升之莫禦，繄庇貺之有加。

天章閣延昌殿開啓權奉安英宗皇帝御容道場齋文

伏以翠旆所御，玉色如存。將改涖於清閒，少即安於秘近。旁招净衆，仰助勝緣。憑妙覺之總持，冀皇靈之升濟。

温成皇后陵獻殿内開啓冬節道場齋文

伏以光靈所宅，崇奉有儀。因令節以熏修，冀貝乘之祈助。仰希錫福，俯逮含生。

金明池上開啓祈雨粉壇道場齋文❶

伏以肅設祠壇，宗祈解澤。膏潤之祥甫兆，赫炎之懼更深。實恃靈明，厚矜黎庶。遂令沾足，用格豐穰。

❶ 此篇與下篇原總目合爲一題，曰「金明池上開啓祈雨謝雨道場齋文二道」。

金明池上開啓謝雨道場齋文

伏以常暘告罰，將害粢盛。夙設靈場，載祈膏澤。神休既格，昭報有儀。尚惟孚佑之仁，終保嘉生之享。

龍圖天章寶文閣接續開啓祈雪道場齋文

伏以歲序就窮，尚愆嘉雪。能仁應世，閔此含生。冀佑上靈，錫之休證。式陳净供，以告齋誠。

泗州塔謝晴齋文

天菑于民，淫雨不止。祓除齋戒，並走以祈。實蒙等慈，俯應誠悃。永惟庇貺，其敢弭忘？

後苑天王殿拆修了畢齋文

伏以擬辰居之奥密，飭祆像之嚴威。繕治告功，祓齋祈福。庶憑至善，永保多盤。

臨川先生文集卷第四十六

臨川先生文集卷第四十七

内　制詔書

勑牓交趾

勑交州管内溪峒軍民官吏等：❶眷惟安南，世受王爵。撫納之厚，實自先朝。含容厥愆，以至今日。而乃攻犯城邑，殺傷吏民。干國之紀，刑茲無赦；致天之討，師則有名。已差吏部員外郎充天章閣待制趙卨充安南道行營馬步軍都總管、經略安撫招討使兼廣南安撫使，昭宣使、嘉州防禦使、入内内侍省都押班李憲充副使，龍衛四廂都總管指揮使、忠州刺史燕達充副都總管，順時興師，水陸兼進。天示助順，已兆布新之祥；人知侮亡，咸懷敵愾之氣。然王師所至，弗迓克奔。咨爾士庶，久淪塗炭，如能諭王内附，率衆自歸，爵禄賞賜，當倍常科，舊惡宿負，一皆原滌。乾德幼稚，政非己出，造廷之日，待遇如初。朕言不渝，衆聽無惑。比聞編户，極困誅求，已戒使人，具宣恩旨。暴征横賦，到即蠲除。冀我一方，永爲樂土。

提轉考課勑詞

先王考績之次序，雖見於經，而其詳不傳於後世。朕若稽古以修衆功，而諸路刺

❶「溪」，龍舒本無此字。

舉之官，未有以考其賢否。比勑有司詳議厥制，條奏來上。詢謀悉同，其使布宣，以勵能者，而擇左右可信之良，使典治之。古人有言：「徒善不足以爲政，徒法不能以自行。」今朕有念功樂善之志焉，而又繼之黜陟幽明之法，以待天下之大吏矣。然非夫任事之臣躬率以正而考慎其實，與士大夫宣力于外者皆安于禮義，❶而不以便文徼幸爲姦，則朕之志豈能獨信於天下，而法亦何恃以行哉？咨爾在位，其各悉力一心，務祗新書，以稱朕至誠惻怛之意。

韓琦加恩制❷

門下：朕祗率舊章，肇稱吉禮。對越天地，具獲靈明之歆；❸相維公卿，並膺休顯之賜。其孚大號，以寵元勳。推誠保德崇仁守正協恭贊治亮節翊戴功臣。❹淮南節度揚州管内觀察處置營田等使、開府儀同三司、守司徒、檢校太師兼侍中、行揚州大都督府長史、上柱國、魏國公、食邑一萬三千七百户食實封五千户韓琦，躬受偉材，出陪熙運。保兹天子，進無浮實之名；正是國人，退有顧言之行。間朝廷之兩社，揉方域之萬邦。辰猷具臧，器寶加重。❺中辭機軸之要，外即蕃屏之安。衡紞紘綖，備三公服飾之盛；櫜兜戟纛，兼大將威儀之多。序績既崇，修方彌謹。協成宗

❶「夫」下，龍舒本有「之」字。
❷此題，龍舒本作「除韓琦制」。
❸「靈明」，龍舒本作「明靈」。
❹「翊戴」上，龍舒本有「佐運」二字。
❺「寶」，龍舒本作「實」。

祈之禮，❶與有顯助之勞。肆衍本封，申加美稱。於戲！恩典徽數，所以旌帝臣；明德茂功，所以奬王室。往惟勵翼，服此褒嘉。可特授依前守司徒、檢校太師兼侍中、行揚州大都督府長史、魏國公、充淮南節度揚州管内觀察處置營田等使，加食邑七百户食實封四百户，仍賜推誠保德崇仁守正協恭贊治亮節佐運翊戴功臣，散官勳如故。❷主者施行。

李璋加恩制❸

門下：朕若昔大猷，紹天明命。必有獻享之禮，作民恭先；必有褒嘉之恩，自國貴始。翊衛功臣、奉寧軍節度、鄭州管内觀察處置河堤等使、光禄大夫、檢校司空、使持節鄭州諸軍事、鄭州刺史兼御史大夫、上柱國、平原郡開國公、食邑四千三百户食實封一千户李璋，世載忠善，躬服儉勤。以后家之洪支，爲帝室之隆棟。入總營衛，則兵師無譁；出乘蕃維，則吏屬不怠。近付京都之籥，外更方鎮之旄。貢職惟修，祀儀獲考。進加功號，申衍邑封。以疇服采之勤，其協勸勞之典。❹於戲！貴富有危溢之可戒，禄位匪侈驕之與期。圖惟慶譽之終，尚協龍光之施。可特授依前檢校司空、使持節鄭州諸軍事、鄭州刺史兼御史大夫、充奉寧軍節度、鄭州管内觀察處置等使，加食邑七百户，仍賜翊衛忠果功臣，散官勳封如故。主者施行。

❶「祈」，龍舒本作「社」。
❷「勳」下，龍舒本有「封」字。
❸此題，龍舒本作「除李璋制」。
❹「其」，龍舒本作「以」。

皇伯祖威德軍節度使榮國公承亮加恩制

門下：朕祼獻廟室，燎禋郊丘。内蒙祖考之居歆，外獲神祇之顧饗。嘉我近屬，與有陪輔之勞；揚於大庭，使膺褒顯之福。具官某德義自表，爵齒兼尊。魁然肅艾之材，尚矣神靈之胄。世承厥慶，有跗萼之芬華；朝賴以寧，若翰蕃之嚴密。乃相肆祀，實綏思成。進加奠食之封，申錫詔功之號。於戲！孝恭可以儀宗室，信厚可以化邦人。匪時親賢，孰朕承翼？往肩寵獎，尚協榮懷。可。

李日尊加恩制

門下：朕紹膺駿命，稽用上儀。祗事郊宮，並受三神之福；推恩方夏，外交四表之歡。告于有司，錫是在服。推誠保節同德守正順化翊戴功臣、静海軍節度觀察處置等使、同中書門下平章事李日尊，躬懷德善，世濟忠勤。奠茲南邦，居有扞城之效；衛我中國，使無疆埸之虞。賜之大將之旄，胙之真王之爵。往踐厥位，知欣戴於寵章；來獻其琛，用協成於熙事。陪敦采邑，褒進文階。載加真食之封，式允懋功之典。於戲！人之所助，惟怙冒於王靈；國以永存，顧循守於侯度。率時新命，保乃舊邦。可。

馮翊郡君連氏等賀皇帝南郊禮畢表

伏以廟饎蠲烝，郊柴昭報。仰格神靈之饗，俯均夷夏之歡。中賀。伏惟皇帝陛下，道協欽明，德兼神武。攬御今之皇策，考嚴上之帝儀。浸威盛容，茂實存乎六世；恩典徽數，賚并及於萬方。妾備數先朝，叨榮中禁。親逢累洽，竊用交欣。妾無任！

德妃苗氏上賀皇帝南郊禮畢表

伏以靈承廟祏，祇載郊丘。既來萬國之歡，遂格三靈之祐。中賀。恭惟皇帝陛下，徇齊成性，睿廣膺期。神罔時恫，方紹休於大業；聖爲能饗，乃獲考於上儀。妾逮侍先朝，親逢盛事，觀瞻有煒，欣賴實多。妾無任！

賜太子太傅致仕梁適太子太師致仕張昪特赴闕南郊陪位詔

朕肇稱圭幣，祇見郊宮。嘉得萬國之歡心，以承配天之大事。永念元老，著勳先朝。當與辟公，序于祠位。冀能顯相，綏我休成。可發來赴闕，南郊陪位。故兹詔示，想宜知悉。

賜允太子太傅致仕梁適陳乞不赴南郊陪位詔

敕梁適：省所上表「遞到詔書一道，令臣赴闕陪位者。臣以久病，不獲奔走前去」事，具悉。朕肅將圭幣，祇見郊丘。嘉與舊臣，協承熙事。乃聞疢疾，旅力尚愆。優老寵賢，義誠難强。

賜允太子太師致仕張昪不赴南郊陪位詔

敕張昪：郊丘大事，群辟具來。舊老

元勳，所宜顯相。乃以疾苦，惻於朕心。尚慎興居，以膺康福。

賜宣徽北院使判大名府王拱辰乞南郊赴闕不允詔

勑拱辰：朕嗣命典神，肇稱吉禮。稽循故事，不敢愆忘。卿既率貢職以來助祭，又求入覲陪侍郊宫。緬彼都畿，方須鎮撫。永惟重寄，難徇至懷。

賜允守司徒兼檢校太師兼侍中韓琦乞相州詔❶

勑韓琦：卿以公師之官，將相之位，統臨四路，屏扞一方。寄重任隆，群臣莫比。雖罹疢疾，冀即有瘳。而章書頻頻，來以病告。宗工元老，視遇有加。恩禮之間，然何敢薄？重違懇惻，姑即便安。

賜守司徒兼檢校太師兼侍中判永興軍韓琦再乞相州詔

卿當國家之多難，任社稷之至憂，實能忠勤，以濟勳績。方均逸豫，適此外虞，煩我元功，良非得已。亦惟體國，義不辭勞。今雖尚謀經武之時，非有蒐兵伐罪之事。坐臨諸帥，固可優游。何必舊邦，乃能休養？勉綏居息，以副倚毗。

❶ 此篇與下兩篇原總目合爲一題，曰「賜允韓琦乞相州詔三道」。

賜守司徒檢校太師兼侍中韓琦詔

便道之鎮，朝廷故常。來朝京師，朕意所欲。使事曲折，既當聞知；忠言嘉謨，又所飢渴。雖知勤勩，可不勉哉！

賜韓琦依所乞詔

敕韓琦：奏「乞由河陰本路赴相州，安泊骨肉行李訖，徑乘遞馬赴闕。朝見奏事訖，還赴本任，稍從私便」事，具悉。舊德元功，久於方面，嘉言讜論，所欲亟聞。其來造朝，然後之鎮，義當黽勉，無或告勞。

賜守司徒檢校太師兼侍中判永興軍韓琦乞相州舊任不允詔三道

敕韓琦：卿明德茂勳，具書帝籍。祖考所付以屏毗朕躬。比辭國均，已會邊隙。故煩元老，屬此憂勤。今羌雖來柔，疆事多弛。經營科治，改命爲難。莫府坐籌，制其大略。雖聞稍憊，冀可少安。義有固然，朕言無戲。

二

敕韓琦：羌夷變態，未易究知。邊塞繕完，所宜申飭。以卿望實，分朕顧憂。當并羣策以有爲，遂措一方於無事。乃來告疾，冀得燕閒。主爾忘身，忠賢之義。勉膺重寄，務體至懷。

三

勑韓琦：卿茂德儁功，朝廷所賴。方解政幾之劇，重分疆事之憂。種落綏和，酋渠嚮順。永惟邊鎮，猶恃老成。所須經武之遠謀，及此暇時而備豫。當思體國，無却告勞。

賜守司徒檢校太師兼侍中判永興軍韓琦乞致仕不允詔

勑韓琦：朕初嗣位，不敢暇逸。惟畏天命，亦惟閔民。蠢兹一方，尚戒羌夷。制變備豫，扞菑禦侮。庶幾元老，克協朕心。若其憚勤，誰與謀此？勉祗厥服，用副至懷。

賜判永興軍韓琦湯藥詔❶

勑韓琦：任隆三事，寄重一方。比聞經制之勞，或爽節宣之序。特馳使傳，往喻朕懷。宜有分頒，以資衛養。

賜允觀文殿學士尚書左僕射新除集禧觀使富弼辭免乞判汝州詔❷

敕富弼：省所上三劄子，❸奏「蒙授臣集禧觀使敕牒，乞早賜追納，且乞赴汝州本

❶「永」，原作「承」，據宋元遞修本、應刻本改。
❷「賜」，龍舒本作「詔」。「辭免」、「詔」，龍舒本無此三字。
❸「上三」，龍舒本作「三上」。

任」事，具悉。❶卿翊朕祖考，功施于時。德善在躬，終始如一。祠庭置使，實近闕門。邦有大疑，庶幾求助。忠賢體國，義乃可留。而引喻再三，便於出守。重違懇惻，姑即所安。故兹詔示，想宜知悉。❷

賜判汝州富弼乞致仕不允詔❸

勑富弼：❹卿忠純亮直，爲國元老。朕所恃賴，急於典刑。優游小邦，足以養疾。冀綏福履，來副詢謀。何必言歸，❺以孤眷矚？

賜判汝州富弼乞假養疾詔

眷我元老，數更悲傷。比飭使人，往宣至意。乃觀來諗，未即康寧。姑順誠懷，勉綏吉禄。

賜判汝州富弼乞赴汝州避災養疾詔❻

比飭使人，具宣至意。就令賜告，冀遂寧瘳。卿嚴祇朕命，不敢遑息。顧念吏卒，閔其滯留。❼觸熱載馳，用忘勤勩。恭以事上，卿實有之。仁及賤微，又能如此，忠誠所惻，豈獨朕心？從容小邦，姑以養福。

❶「勑富弼」至「任事具悉」三十四字，原無，據龍舒本補。
❷「故兹詔示想宜知悉」，龍舒本無此八字。
❸此題，龍舒本作「詔賜觀文殿學士尚書左僕射判汝州富弼上表乞致仕不允」。
❹「勑富弼」，龍舒本無此三字。
❺「言」，龍舒本作「告」。
❻「賜」，龍舒本作「詔允觀文殿學士尚書左僕射」。「汝」，原作「安」，據龍舒本改。「詔」，龍舒本無此字。
❼「滯」，龍舒本作「久」。

勉綏吉禄，毋恤後艱。故兹詔示，想宜知悉。

賜判汝州富弼赴闕詔二道

敕富弼：卿中解政機，外分符守。久於窮僻，衞養或愆。優游京師，可以治疾。謂當趣駕，以副虚懷。

二

敕富弼：久解政機，薦分符守。元功茂德，朕所注心。渴聞嘉猷，以輔不逮。

賜富弼赴闕并茶藥詔

敕富弼：適自州藩，來還朝位。眷馳驅之良苦，懼衞養之或愆。當有寵頒，以昭勤佇。

賜判汝州富弼辭免南郊禮畢支賜詔

敕富弼：省所奏免南郊支賜，受釐于神，賚及蠻貊。卿勳德兼茂，中外具瞻。恩典所加，當先羣辟。區區一賜，何足以辭？當體眷懷，共膺貺施。❶

賜宰相曾公亮已下辭南郊賜賚不允詔❷

敕公亮等：❸朕初嗣服，於祖宗之制，

❶「共」，中華校排本據繆氏校改作「其」。

❷「賜」上，龍舒本有「詔不允」三字。「不允詔」，龍舒本無此三字。

❸「敕公亮等」，龍舒本無此四字。

未有所改也。卿等選於黎獻，位冠百工，或受或辭，人用觀政。朝廷予奪，所以馭臣，貴賤有差，勢如堂陛。惟先王之制國用，視時民數之多寡。方今生齒既蕃，而賦入又爲不少，理財之義，殆有可思。此之不圖，而姑務自損，祗傷國體，未協朕心。方與勳賢慮其大者，區區一賜，何足以言？故兹詔示，想宜知悉。❶

賜觀文殿學士新除刑部尚書知大名府陳升之辭免恩命不允詔

勑升之：設都置守，綏御一方。付得其材，乃能往乂。卿嘉謀美績，簡在朕心。選於羣臣，用有畀屬。申明紀律，臨制事幾，中外踐更，效皆已試。勉祗厥服，於義爲宜。

賜觀文殿學士刑部尚書知大名府陳升之赴闕朝見茶藥詔

勑升之：往司宮鑰，來次郊闉。炎歊之序未徂，跋涉之勤已至。當馳榮賜，以示眷懷。

賜觀文殿學士刑部尚書知亳州歐陽脩上表奏乞致仕不允詔❷

勑脩：❸股肱名臣，與國同體。禮當得謝，朕尚難之。況年非告老之時，而勳在受

❶「故兹」至「知悉」八字，原無，據龍舒本補。
❷「賜」上，龍舒本有「詔」字。「詔」，龍舒本無此字。
❸「勑脩」，龍舒本無此二字。

遺之籍。不留屏輔，人謂斯何？姑體至懷，少安厥位。

賜知亳州歐陽脩陳乞致仕第二表不允詔

敕脩：卿勳德之舊，簡在帝心。從容一州，足以休養。而抗奏至於四五，必以田里爲歸。豈朕視遇故老有不足於禮乎，何其求去之果也？欲喻至意，莫知所言。惟能勉留，實副勤佇。

賜知亳州歐陽脩第三表并劄子陳乞致仕不允詔❶

敕脩：❷省所三上表并劄子奏乞致仕事，具悉。卿翊戴三朝，清明諒直，有言有績，著在朕心。重違勤求，外寄藩屏。邦之儁老，不以遐遺。所冀輸誠，常存帝室。而納禄與職，至于再三。雖潔身之風，可激貪冒；顧許國之義，未協忠嘉。姑體眷懷，勉膺圖任。所請宜不允。❸

賜觀文殿學士兵部尚書歐陽脩辭知青州不允詔二道

敕脩：海岱名都，太公舊履。鎮撫一路，朕難其材。卿實元勳，以忠許國。謂當亟往，卧以治之。冀能優游，寧此東土。

❶「賜」，龍舒本作「詔不允觀文殿學士刑部尚書」十二字，末無「不允詔」三字。
❷「脩」，龍舒本作「歐陽脩」。
❸「所請宜不允」，龍舒本無此五字。

二

勑脩：卿純誠直諒，中外所知。辭祿就閑，志非有激。進官治劇，義乃無嫌。矧兹東州，可以居息。方之守亳，勞逸殆均。朕命惟行，謂當遄往。

賜答曾公亮詔

眚烖變異，以戒人君。推之股肱，朕所不取。元勳舊德，實賴交修。譴告之來，必緣象類。明喻朕志，使當天心。庶幾君臣，並受遐福。不務出此，而果於辭讓。是惟保身，豈曰謀國？

賜張方平免特支請俸詔

勑方平：省所奏劄子陳免特支請俸事，具悉。卿躬肅艾之材，豫辯章之論。致喪無貳，雖非謀國之時；班祿有差，是乃養賢之意。抗言來諗，引義甚明。重盭素懷，姑循近制。

賜樞密副使右諫議大夫邵亢乞郡詔

勑邵亢：卿先帝所命，以翊朕躬。升執事樞，方觀勳效。遽欲辭位，殆非所宜。衛養少愆，何憂不已？勉共厥服，思協朕心。

賜皇伯新除彰化軍節度觀察留後安定郡王從式乞免新命不允詔

敕從式：卿躬雋乂之材，出神明之胄。選於宗室，則屬近而行尊；聞在朝廷，又年高而德卲。膺茲褒顯，人以爲宜。勉服官封，永綏吉禄。

賜涇原路經略使蔡挺茶藥詔

卿方用時材，出分帥路。適茲寒苦，良已勤勞。特推撫賜之恩，以示睠懷之意。

賜天章閣待制知渭州蔡挺獎諭詔

封疆之虞，責在將帥。厥有績效，不忘于心。卿久以才稱，外分方任。乘機踐事，能兆厥謀。板築告功，于疆就募。保彼居圉，可無後憂。倚言若茲，朕所嘉歎。

賜知唐州光禄卿高賦獎諭詔❶

召杜南陽，世稱循吏。其亡久矣，朕尚思之。卿招懷飢流，墾闢荒梗，繕修陂堨，績効具昭。前人之良，何以逮此？❷閱奏歎美，不忘于心。

臨川先生文集卷第四十七

❶ 此題，龍舒本作「詔獎諭知唐州光禄卿高賦」。

❷「逮」，龍舒本作「遠」。

臨川先生文集卷第四十八

内制 詔書　批答　口宣

賜天章閣待制知審刑院齊恢獎諭詔❶

勑齊恢：省所奏「據大理寺日奏司狀，四月一日已前下寺公案並已斷絶，無見在」事，具悉。卿以才被選，典領祥刑，蔽罪讞疑，遂無留獄。圄空之隆，朕庶幾焉。閲奏歎嘉，不忘乃績。

又賜知審刑院齊恢獎諭詔

勑齊恢：犴獄之留，易以爲戒。卿躬有美行，服在近班，典兹祥刑，致用明慎。濟之敏給，廷讞用空。吏稱厥官，朕心所喜。

賜勑獎諭審刑院詳議官大理寺詳斷官等❷

勑趙文昌等：省知審刑院齊恢奏據大理寺日奏司狀，四月一日已前下寺公案並已斷絶，無見在事。朕初嗣服，德化未孚。

❶ 此篇與下篇原總目合爲一題，曰「賜齊恢獎諭詔二道」。

❷ 此篇與下篇原總目合爲一題，曰「賜勑獎諭審刑院詳議官大理寺詳斷官等二道」。「賜勑獎諭」，龍舒本作「勑獎諭賜」。

永念元元，多罹犴獄。汝等並膺選擢，❶任在讞疑。能勵厥官，以無留事。覽奏歎尚，不忘于懷。

又賜獎諭審刑院詳議官大理寺詳斷官等

勑趙文昌等：四方罪獄，常患稽留。豈唯呼嗟？或以瘐死。汝等能勤且敏，論讞用單。閲奏念勞，朕心以喜。

賜勑獎諭權大理寺少卿蔡冠卿❷

勑蔡冠卿：省知審刑院齊恢奏據大理寺日奏司狀，四月一日已前下寺公案並已斷絶，無見在事。❸天下之獄，決於大理。汝能審克，丕蔽厥成。❹來讞之疑，遂無留者。惟明以敏，朕實汝嘉。

賜特放諫議大夫知潭州燕度待罪詔❺

卿受命方隅，助宣德化。姦凶弗率，乃觸大誅。引慝自歸，謂當譴黜。萬方有罪，責在朕躬。雖爾長民，豈專任此？

賜外任臣寮進奉功德疏

卿方以時材，外分邦寄。備修禧事，來會誕辰。廣伽梵之勝緣，協華封之善意。載惟勤至，良用歎嘉。

❶「擢」，光啓堂本作「推」。
❷「寺」，龍舒本無此字。
❸「事」，原無，據龍舒本補。
❹「丕」，龍舒本作「以」。
❺「賜」，龍舒本作「詔」。「詔」，龍舒本無此字。

賜特放知成德軍韓贄待罪詔

夫婦相殘，政之大恥。引慝自劾，於義爲宜。然德化之美，厥成在久。任斯責者，豈特長然？

賜特放懷州傅卞待罪詔

敕傅卞：先王教民，長幼有序。厥或不率，歸之義刑。卿受任方州，罪人既得。閔斯弗迪，引責在躬。美俗之成，蓋非朝夕。一夫抵冒，未足以言。

賜答德妃苗氏賀南郊禮畢詔

敕德妃苗氏：列職内官，逮承先帝。祀儀獲考，慶慰惟均。比覽奏陳，具昭誠意。

賜答修儀楊氏等馮翊郡君連氏等賀南郊禮畢詔

敕修儀楊氏：舊繇德選，列職禁闈。釐事之成，實均慶賴。摛文贊喜，良慰朕心。

賜大遼賀正旦人使茶藥詔❶

敕：卿以膚使之才，將善鄰之禮。川塗悠遠，風氣沍寒。永念馳驅，當加勞賜。

❶ 此篇與下篇原總目合爲一題，曰「賜大遼賀正旦使副茶藥詔二道」。

賜大遼賀正旦副使茶藥詔

敕：卿夙駕使車，遠將信幣。方兹寒凓，固已勤勞。宜申諭於至懷，仍就加於寵錫。

賜大遼皇太后賀正旦人使茶藥詔❶

敕：卿奉將書幣，更涉川途。方兹沍寒，久於勤勩。宜加勞賜，以示眷存。

賜大遼皇太后賀正旦副使茶藥詔

敕：卿將幣造朝，方申舊好。建旟取道，適會祁寒。永惟跋涉之勞，當有匪頒之寵。

皇帝問候大遼皇帝書❷

嘉生備舍，華歲幾終。惟素講於鄰懽，想具膺於時福。彌加葆衛，永御吉康。

皇帝賀大遼皇太后生辰書

玉燭告和，方御閉藏之候；椒庭集慶，載臨誕毓之辰。具飭使車，肅將禮幣。式脩舊好，申祝永年。

❶ 此篇與下篇原總目合爲一題，曰「賜大遼皇太后賀正旦使副茶藥詔二道」。

❷ 此篇與下篇原總目合爲一題，曰「皇帝問候大遼皇帝皇太后書二道」。

賜南平王李日尊加恩告勑書

勑南平王日尊：朕躬執圭幣，禮成郊丘。無有遠邇，並膺休福。卿鎮撫南服，功昭于時。乃眷忠勤，尚加褒顯。永肩臣節，茂對寵章。

賜溪洞知蔣州田元宗等進奉助南郊并賀冬賀正勑書❶

勑田元宗：附綏種落，葆衛疆陲。能來獻琛，以贊釐事。忠勤之意，良有可嘉。

賜占城蕃王楊卜尸利律陁般摩提婆勑書

勑：卿世荷百禄，躬有一邦。雖道阻荒遐，而志存欽順。具書遣使，航海獻琛。載念忠勤，豈忘歎尚？因加褒賜，式示眷懷。

批答文武百寮曾公亮已下上尊號第一表不允❷

朕以薄德，嗣膺基緒。繼天理物，常懼弗任。方賴交修，以熙衆治。群公卿士，外暨庶黎，欲舉鴻名，措之眇質。臣民歸美，爲義則多。揣實揆時，朕猶不取。

❶「蔣」，原作「將」，據宋元遞修本、應刻本改。
❷此篇與下篇原總目合爲一題，曰「批答文武百寮曾公亮已下上尊號不允二道」。

批答文武百寮曾公亮已下上尊號第二表不允

王者奉元以先後天時，憲道以始終人事。以文制禮作樂，以武戢兵豐財。以成萬物之性爲仁，以得四海之心爲孝。惟聖時克，朕無能焉。被之此名，祇有慚德。矧家多難，創鉅未夷。備章而郊，欲止不敢。因自尊顯，良非本懷。

批答宰臣曾公亮已下賀壽星見❶

省表具之。乾象粲然，官占以告。壽祺之應，於傳有稽。卿等寅亮帝工，阜成邦采。摛文告慶，歸福朕躬。書瑞史篇，已循故事。星隆碁德，尚賴交修。

批答樞密使文彦博等賀壽星見

省表具之。穹旻見象，以告壽昌。嘉與臣民，並膺茲福。卿等進繇德選，登翊事樞。敷奏兆祥，請書史策。忠嘉之意，朕所不忘。

批答富弼

卿有憂國愛君之心，而忠以忘乎己；有經邦信時之業，而用未究其能。夫蓄久而積博者，施之無窮；慮深而計熟，則謀無不獲。此朕所以有望於卿也。矧卿正直不

❶ 此篇與下篇原總目合爲一題，曰「批答曾公亮文彦博等賀壽星見二道」。

回，姦邪素忌。小人所異，君子所同。是以在外十年，而左右之譽弗及。處躬一德，而搢紳之望愈隆。朕内度于心，外詢于衆。自謂有得，卿其何辭？

批答不允皇伯祖威德軍節度使榮國公承亮辭免恩命第一表[1]

卿相予祠事，既獲休成。膺國寵章，所宜祇受。苟爲謙避，未協眷懷。

批答不允承亮辭免恩命第二表仍斷來章

卿位重朝廷，望隆宗室。駿奔郊廟，助朕休成。受錫爲宜，可無確避。

批答不允承亮辭免

省表具之。受釐于神，人與有慶。矧惟近屬，德齒兼尊。膺此褒嘉，於事爲稱。往其祇命，以副眷懷。

批答不允承亮辭免

省表具之。古者賑膰之福，與同姓共之。矧兹大賚，外及蠻貊。爲吾近屬，相協休成。恩典所加，豈容固避？

[1] 此篇與下三篇原總目合爲一題，曰「批答不允皇伯祖承亮辭免恩命四道」。

批答樞密副使韓絳邵亢知樞密院事陳升之等辭免恩命仍斷來章❶

省表具之。祭有惠術，賚及庶黎。矧吾政事之臣，當在褒揚之首。膺斯恩典，於體爲宜。毋或終辭，以勤訓告。

批答韓絳邵亢陳升之等辭恩命不允仍斷來章

卿等位爲臣宗，躬相祠事。膺斯褒顯，於體爲宜。往服寵章，可無謙避。

宣答文武百寮稱賀宣德門肆赦❷

有制：朕升煙泰畤，登就吉儀。駐蹕端門，布宣惠澤。臣鄰協豫，黎庶交欣。賴天之休，與卿等内外同慶。

宣答文武百寮稱賀南郊禮畢

有制：朕祼獻清廟，燎禋泰壇。協相祀儀，既嘉勤績。旅陳賀禮，彌見歡誠。賴天之休，與卿等内外同慶。

宣答樞密使以下賀南郊禮畢

有制：朕親稱幣玉，祇見郊宮。能底熙成，實繇顯相。群靈率籲，黎獻交欣。朕

❶ 此篇與下篇原總目合爲一題，曰「批答韓絳邵亢陳升之等辭免恩命仍斷來章二道」。

❷ 此篇與下篇原總目合爲一題，曰「宣答文武百寮稱賀宣德門肆赦南郊禮畢三道」。

賴天之休，與卿等内外同慶。

賜皇伯祖東平郡王允弼生日口宣

有勑：卿齒尊德茂，屬近位崇。惟時獻歲之期，實兆元精之慶。當加好賜，以助燕私。

賜皇伯祖威德軍節度使榮國公承亮加恩口宣

有勑：朕躬率百辟，褒封萬靈。乃眷親賢，實陪大事。當懋寵嘉之數，以昭褒錫之恩。

賜皇弟岐王顥生日禮物口宣

有勑：卿地親魯衛，德茂間平。方誕毓之嘉辰，有匪頒之故事。當馳膚使，往喻隆恩。

賜皇弟高密郡王生日禮物口宣

有勑：卿德名方邵，爵寵兼崇。誕毓之辰，甫當穀旦。匪頒之禮，式示至恩。

賜淮南節度使守司徒兼侍中判相州韓琦加恩口宣

有勑：卿位高朝廷，德茂百辟。相予釐事，厥有成勞。膺國寵章，是爲常典。

賜判永興軍韓琦生日禮物口宣

有勑：卿位重將旄，望隆宰席。方懋蕃官之績，載臨誕毓之辰。當有匪頒，以昭眷遇。

賜樞密使西川節度使守司空兼侍中文彦博生日差内臣賜羊酒米麵等口宣

有勑：卿明謨經國，碩望冠朝。方兹誕育之辰，宜有燕私之禮。當加賜賚，以示眷懷。

賜文彦博生日差男押賜生日禮物口宣

有勑：卿才隆國棟，位極臣宗。惟時盈月之良，實兆元精之慶。載臨穀旦，當致異恩。

賜樞密使吕公弼生日禮物口宣

有勑：卿爲皇世臣，掌國幾命。門弧告慶，是謂嘉時。臺餽致恩，式昭厚遇。

賜觀文殿大學士尚書左僕射富弼赴闕茶藥口宣❶

有勑：卿久辭劇位，外寄方州。惟召節之既嚴，想朝旂之甚邇。宜頒珍劑，以喻至懷。

❶ 此篇與下篇原總目合爲一題，曰「賜富弼赴闕茶藥並賜詔口宣二道」。

賜觀文殿大學士尚書左僕射富弼湯藥并賜詔口宣

有勑：卿屏翰元功，台衡舊德。數更悲釁，有惻朕心。因喻至懷，宜頒珍劑。

賜觀文殿學士刑部尚書知大名府陳升之赴闕朝見并賜茶藥口宣

有勑：卿擁節過都，敂關請覲。方兹炎溽，固已勤勞。當有匪頒，以資輔養。

賜觀文殿大學士尚書左僕射判汝州富弼加恩口宣

有勑：卿望隆時棟，德茂臣宗。方兹釐事之成，爰有命書之賜。往膺褒顯，當體眷懷。

撫問判永興軍韓琦口宣

有勑：卿内辭鼎軸，出撫方垂。載惟莅事之勤，宜饗嗇神之福。特申勞問，以示眷懷。

撫問觀文殿學士陳升之兼賜夏藥口宣

有勑：卿久參台路，方部將符。輯瑞之來，虛懷以竚。宜加勞賜，式示眷存。

撫問鄜延路臣寮口宣❶

有勑：卿等並膺廷選，外寄邊虞。永念撫循，備更勞勩。方兹妍暖，宜各寧安。

撫問延州沿邊臣寮口宣

有勑：卿等並因材選，外寄邊虞。方履盛秋，想膺多福。特申撫喻，當體顧懷。

撫問河北西路臣寮兼賜夏藥口宣

有勑：卿等時方鬱烝，氣或疵癘。永惟黎獻，方寄外憂。當有分頒，以助調養。

撫問并代州路臣寮并將校口宣

有勑：卿等方以材能，外分寄屬。當此冱寒之極，永惟勞勩之多。當飭使人，往宣朕意。

撫問高陽關路倈散諸軍特支銀鞋錢并傳宣撫問臣寮口宣

有勑：卿等各以選掄，外膺寄屬。比更時序，邈在邊防。永懷扞禦之勞，當致拊循之意。

❶ 此篇與下篇原總目合爲一篇，曰「撫問鄜延路延州沿邊臣寮口宣二道」。

撫問送伴大遼賀正旦人使副沿路相逢賀大遼皇太后皇帝生辰使副口宣

有勑：卿等抗旜出聘，擁傳還朝。方春尚寒，涉道良苦。當加撫勞，以示眷懷。

撫問雄州白溝驛賜北朝賀正旦人使御筵口宣

有勑：卿等並膺朝選，實構鄰歡。擁節在疆，方豫稱觴之禮；馳軺喻指，姑推折俎之恩。

賜大遼國賀正旦人使已下生餼口宣

有勑：卿等奉將鄰聘，來會歲元。永懷跋涉之勞，宜有餼牽之禮。式昭勤遇，當體誠懷。

賜大遼國賀正旦人使却迴瀛州御筵口宣

有勑：卿等奉將書幣，既獲驩成。跋涉川途，固更勤勩。❶宜頒燕衎，以示眷懷。

賜大遼國賀正旦人使見訖就驛賜酒果口宣

有勑：卿等奉將鄰聘，夙駕使軺。既造見於闕庭，方即安於舍館。宜加好賜，以致誠懷。

❶「勩」，宋元遞修本作「勤」。

北京賜大遼賀正旦人使却迴御筵口宣

有勑：卿等奉幣造朝，抗旜歸國。紆懷使節，方次都畿。特示燕私，以將勤遇。

雄州賜大遼賀同天節人使却迴御筵兼撫問口宣

有勑：卿等抗旜歸國，總轡在疆。方茲炎歊，亦既勤勩。❶就頒燕衎，式示眷懷。

就驛賜大遼賀同天節人使却迴朝辭訖酒果口宣

有勑：卿等奉將聘禮，來會誕期。惟鄰好之踐脩，嘉使容之飭備。當申頒賚，以侑燕私。

賜真定府路臣寮等初冬衣襖口宣

有勑：卿等水澤將堅，❷風飈載厲。永懷黎獻，方寄外憂。當飭使軺，就頒篋服。

賜召學士馮京入院口宣

有勑：卿文備國華，學該世務。祥琴既御，吉服以朝。宜復禁塗，往供辭職。

❶「勩」，宋元遞修本作「勤」。

❷「等」上，龍舒本有「汝」字。

賜召滕甫入院口宣

有勑：卿夙稱才敏，久擅文華。當解風憲之嚴，以豫論思之密。

臨川先生文集卷第四十八

臨川先生文集卷第四十九

外制

召試三道

節度使加宣徽使制❶

門下：❷推轂授師，擁旄乘塞。擅生殺之柄于外，繫安危之體于中。厥有顯庸，宜膺寵數。誕揚孚號，明示庶工。具官某，學足以通大方，謀足以斷衆事。有經天之業，有扞城之材。比以明揚，屢更煩使。遂躋膴仕，良副訏謨。維塞路之要藩，實兵防之重寄。職爾鎮撫，紓予顧憂。蓋爵賞之加，不遺於近小；豈藩維之任，顧可以弭忘？用是疇其展寀之勞，寵以宣猷之號。繄人謀之衆允，匪朕志之汝私。夫任重者，其憂不可以不深；位高者，其責不可以不厚。號名之美，禮秩之崇，非期假寵以擅榮，玆用論功而取稱。矧夫守國之圉，謀王之師，聯輔相之籍於殿中，居士民之瞻於天下。其思祇慎，以副褒優。可。❸

❶「使制」，龍舒本無此二字。
❷「門下」，龍舒本無此二字。
❸「可」，龍舒本無此字。

翰林學士除三司使制❶

勑：❷三司使，天下之盛選也。自尚書六官名存實去，而三司之職事所總居多。則非夫仁明肅艾足以輔世濟物者，奚宜任此哉？具官某，有疏通之才，有直亮之操。閎言崇議，足以經綸王家；高文典策，足以鼓動當世。遂以人望，揚于禁林。若夫施政之後先，生財之本末，蓋嘗深思而熟講，殫見而洽聞。則居天下之盛選，主朝廷之大計，詢考在位，孰如汝宜？夫聚天下之衆者莫如財，理天下之財者莫如法，❸守天下之法者莫如吏。維予任汝，其聽勿疑。法之不善者，汝得以議而更；吏之不良者，汝得以察而去。則夫調度之不時，費出之無常，邦用之不給，元元困於征求，而愁怨於下者，直汝之恥也。夫行己有恥，而後可以爲士，矧吾左右信任詢謀所同而觀聽之所在者乎？❹往祗厥官，其亡以寵利而爲士恥！可。❺

誡勵諸道轉運使經畫財利寬恤民力制❻

夫閔仁百姓，而無奪其時，無侵其財，無耗其力，使其無憾於衣食，而有以養生喪死，此禮義廉恥之所興，而二帝三王誡勑百工諸侯之所先，後世不可以忽者也。朕夙

❶「制」，龍舒本無此字。
❷「勑」，龍舒本無此字。
❸「理」，龍舒本作「治」。
❹「信任」，龍舒本作「任信」。
❺「可」，龍舒本無此字。
❻「制」，龍舒本無此字。

興夜寐，聽治不怠，囿游宫室之觀，❶無所增飾，而躬以節儉先天下之士。然而不忍人之政，考諸先王，未有以及之也。凶年飢歲，民之父子夫婦猶有不得保其家室而放乎溝壑。意者吏或不良，不知所以賑救省憂之方，而使之至此耶？今吾别諸道置使者，❷使得察吏之良否，而視民之疾苦，輒具以言。而任事者或不惟朕志之所急，❸而以侵牟之爲故，甚非所以遣使者慰安元元之意也。夫轉輸天下之財，以給有司之費，皆有常數，而無横求。誠能御輕重斂散之權，而禁因緣之姦，則何患乎經入之不足？彼前世良吏能紓其民而官事亦不耗廢者，豈有他哉？亦在乎勉之而已。若乃操聚斂之羸以爲功，而不知百姓與足之義，非惟逆於朕志，而有司考績之法亦將不汝容焉。朕言維服，其聽毋怠！可。❹

皇姪右衛大將軍岳州團練使宗實可起復舊官泰州防禦使知宗正寺制❺

敕：先王糾合宗族，而分職以治之，所以嚴宗廟也。宗廟嚴則禮俗成而天下治，其事豈可以輕哉？今朕選於近屬，以修宗正之官，亦先王治親之意也。以爾具官某，惠仁孝恭，忠信純篤，故遷厥位，以稱禦侮之實，而使任事焉。夫士之欲施於政，未有不學而能者。學所以修身也，身修則無不

❶「游」，龍舒本作「苑」。
❷「别」，龍舒本作「於」。
❸「任」，龍舒本作「在」。
❹「可」，龍舒本無此字。
❺「宗實」，龍舒本作小字「英宗舊名」。「制」，龍舒本無此字。

治矣。朕言維服，爾往懋哉！可。

往諧朕志。可。❷

皇姪右衛大將軍泰州防禦使知宗正寺宗實可岳州刺史充本州團練使制

勑：孝子之思慕無窮而送終有既者，先王之禮也。具官某，祗慎克孝，能良於喪。去位家居，三年於此矣。其還位號，復序内朝。朕命維新，往欽無斁。可。

起居舍人直祕閣同修起居注司馬光知制誥制❶

勑：先王誥命之文，何其雅馴而奥美！雖出命非有司之事，而討論潤色，蓋有助焉。以爾具官某，操行修潔，博知經術。庶乎能以所學，施於訓辭。俾掌贊書，

起居舍人直祕閣同修起居注司馬光改天章閣待制制❸

勑：❹楊雄曰：「周之士也貴，秦之士也賤。周之士也肆，秦之士也拘。」蓋言先王以禮讓爲國，❺士之有爲有守，得伸其志，而在上不敢以勢加焉。朕率是道，以君多士。以爾具官某，文學行治，❻有稱于時。故明試以言，使司告命。而乃固執辭讓，至

❶ 下「制」字，龍舒本無。
❷ 「可」，龍舒本無此字。
❸ 下「制」字，龍舒本無。
❹ 「勑」，龍舒本無此字。
❺ 「言」，原無，據龍舒本補。
❻ 「治」，龍舒本作「義」。

于八九。改序厥職，以伸爾志。是亦高選，往其懋哉！可。❶

翰林侍讀學士右正言馮京改翰林學士知制誥權知開封府制❷

敕：學士職親地顯，而開封典治京師，非夫忠厚仁恕而有文學政事之能，孰可以任此？具官某，造行直方，受材博敏，踐更中外，休顯有稱。論思禁林，尹正畿甸。詢謀惟允，其往懋哉！可。❸

范鎮加修撰制❹

敕：❺昔周人藏上古之書，以爲「大訓」。而孔子《春秋》，天子之事也。蓋夫討論一代之善惡，而撰次之以法度之章，❻非夫通儒達才，有識足以知先王，不欺足以信後世，則孰能託《尚書》《春秋》之義，勒成大典，而稱吾屬任之指乎？以爾具官某，有該通之材，有純潔之操，辯論深博，溢於文辭。論思禁林，時議惟允。則夫案善惡見聞之實，斷是非去取之疑，人之所難，宜以命爾。爾其精思熟考，自勉以古之良史，毋襲近世比事屬辭之失，❼使來者無所考

❶「可」，龍舒本無此字。
❷下「制」字，龍舒本無。
❸「可」，龍舒本無此字。
❹「制」，龍舒本無此字。
❺「敕」，龍舒本無此字。
❻上「之」字，原無，據龍舒本、《皇朝文鑒》補。「章」上，原有「文」字，據龍舒本、《皇朝文鑒》删。
❼「毋」上，龍舒本有「而」字。

稽。❶可。❷

右司諫趙抃禮部員外郎兼侍御史知雜事制

敕某：朕置御史以爲耳目，非更事久而能自稱職，則不以知雜事也。以爾嘗任言責，有猷有爲，行義之修，士人所譽。故遷郎位，使在此官。悉其誠心，迪上視聽。義之與比，時乃顯哉。可。

屯田員外郎韓縝改殿中侍御史制❸

敕某：朕使學士五人，舉二人以爲御史。又於二人擇取一人，而以汝爲之。汝名臣之子，世載榮問，愷悌忠信，學知大方，無蔽于憸人，無撓于大吏，無迪上以非先王之典而同乎流俗。時汝稱職，往其勉哉！可。

兵部郎中沈立可依前官充三司户部判官制❹

敕某：❺擅一道之財，而開闔斂散之，以給縣官之費。而又察舉吏士之賢不肖，問民之疾苦，與夫入佐三司，而四方之言利

❶「使來者無所考稽」，龍舒本作「使無以考焉」。
❷「可」，龍舒本無此字。
❸「制」，龍舒本無此字。
❹此題龍舒本作「沈兵部充省判」。此篇與下兩篇原總目合爲一題，曰「沈立李大臨朱壽隆可三司户部度支鹽鐵判官制三道」。
❺「敕某」，龍舒本無此二字。

者必稽焉，❶其職事之責等爾。❷汝以才能屢試，而行義加修，使于東南，歲月久矣。還裨掌計之治，❸所以慰將命之勞。惟爾博學多聞，固嘗知夫「百姓與足」之義。古人有言曰：「尊其所聞則高明矣，❹行其所知則光大矣。」可不勉哉！可。❺

度支員外郎充祕閣校理李大臨三司度支判官制

敕某：天下之食貨皆領於三司，故朕常難於置使，而又考慎其屬以稱之。爾以文學爲官，而政事嘗有所試，清明敏達，可使治煩。往踐厥官，其知所守矣。可。

金部郎中朱壽隆三司鹽鐵判官制

敕某：取於山海之無窮，以助縣官之不給，所以開闔斂散之，不可以無術也。非夫廉辨敏明之吏，孰能任此者乎？爾純行美材，久於煩使。往共厥服，維是勉哉！可。

---

❶「稽」，龍舒本作「稱」。
❷「等爾」，龍舒本作「重」。
❸「治」，龍舒本作「位」。
❹「矣」，原無，據龍舒本補。
❺「可」，龍舒本無此字。

度支員外郎李壽朋開封府推官制❶

勑某：朕布大慶於天下，惟士之有能有爲，而不獲盡者，豈一日而忘哉！爾以政事之材，而濟之文學，無所避憚，以修厥官，陷于吏議，失職久矣。尹正畿甸，四方所瞻。姑往佐之，以永民譽。可。

殿中丞充集賢校理陸經開封府推官制

勑某：天下無事，休養生息百年於此。而京師之人衆矣，獨開封以一尹治之，故朕常慎擇材士，以爲之佐，庶幾乎其不勞而治也。爾材茂質美，久於湮阨，而智能彌劭，行義加修。姑使治煩，往其自勉。可。

太常博士充祕閣校理張洞開封府推官制

勑某：開封任重事叢，故常擇才士以爲之佐。爾以文章學問，列職校讎，出試一州，風績彌劭。膺此遴選，往其勉哉！可。

左司諫王陶皇子伴讀制❷

勑某：自天子至於士，未有不待學而成者。今朕欲進諸子於學，求可與居者，而大臣以爾爲言。爾久在諫工，❸有聞於世。

❶「朋」下，龍舒本有「改」字。「制」，龍舒本無此字。此篇與下兩篇原總目合爲一題，曰「李壽朋陸經張洞開封府推官制三道」。

❷「陶」下，龍舒本有「可」字。「制」，龍舒本無此字。

❸「工」，龍舒本作「垣」。

兹惟慎選，可不勉哉！可。

樞密直學士施昌言知渭州制❶

勅：夫出河祕文，中嚴於禁閣；臨渭分閫，外肅於戎亭。進陪侍從之聯，往膺經略之寄。兹爲異數，授受惟艱。具官施某，才劭兼人，問望映世。早攄素藴，寖階清塗。南榻計庭，裨贊之功可紀；西廂樞府，論思之効尤彰。❷洎出總於藩條，且屢制於邊瑣。事經畢舉，政績用成。宜易餘杭之符，就撫氐羌之塞。爾其坐護諸將，善固吾圉。而今而後，無西顧之憂者，緊爾之力，可不勉哉！可。

知制誥沈遘知杭州制

勅：東南奥區，杭越重鎮。眷惟師帥之選，屬于侍從之良。宜有褒優，式示毗倚。具官某，風姿爽拔，器宇閎深。早登高妙之科，亟躋通顯之列。校文東觀，典學擅乎多聞；演誥西垣，英辭鼓乎群動。比抗章而請郡，期調膳以奉親。曾未朞年，已聞報政。乃就更於淮海，庶益便於庭闈。載念錢塘之邦，方虚銅虎之守。宜共易俗之命，❸仍選應宿之資。服我新恩，寵爾故里，與夫引會稽之紱，又相萬也。爾惟懋

❶ 此篇與下兩篇原總目合爲一題，曰「施昌言知渭州沈遘知杭州李兑知鄧州制三道」。
❷ 「効」，原作「勅」，據宋元遞修本、應刻本改。
❸ 「俗」，原爲墨丁，據光啓堂本補。

哉！可。

龍圖閣直學士知河陽李兑給事中依前龍圖閣直學士知鄧州制

敕：鄧於京西爲一都會，提兵以守，常擇大吏，且有加命，寵榮其行。具官某，寬和静深，方厚篤實。嘗由御史，遂爲諫官。延閣侍從之班，方維帥守之任。焯有績效，見於事爲。序于東省之華，寄以南陽之重。按撫吏士，治軍牧民。敷宣詔條，鎮靖風俗。繄汝能力，往其勉哉！可。

龍圖閣直學士李柬之刑部侍郎充集賢院學士判西京留守司御史臺制

敕：古之仕者，難進易退。陵夷至於後世，而禮義廉耻幾乎息，恬於勢利者鮮矣，而苟得躁進者不乏於朝。教之未孚，朕甚患之。顧吾左右親近之臣，行義合於古之仕者，宜從其志，使在位之貪者有愧而慕焉。具官某，名臣之子，能自修敕。出備蕃維之任，入爲侍從之官。而乃力辭顯榮，退就閑職。別都執憲，地清務簡。特峻秋官之秩，仍通麗正之班。吾惟爾嘉，其往居息。可。

知雜王綽吏部郎中直龍圖閣知徐州制❶

敕某：❷知雜御史於朝廷之士爲高選，

❶「吏」上，龍舒本有「可」字。此篇與下三篇原總目合爲一題，曰「王綽知徐州鞠真卿知壽州何郯知永興軍潘夙知桂州制四道」。

❷「敕某」，龍舒本無此二字。

非精明彊直，不能稱其任也。爾更踐多矣，有聞於時，故從遠方召置此位，乃以病告，至于再三。出臨大州，進直嚴閣，又增郎位，以寵爾行。其亦懋哉！往共厥服。可。❶

集賢校理鞠真卿可光禄寺丞依舊充集賢校理知壽州制❷

勑某：付之千里之地，能禁暴去悍，拊循鰥寡，使良民有以休息，而吏不敢爲侵冤，豈非所謂能者哉？若爾之材，歷選于朝，❸而久試于外，固時之所謂能者，朕所加省而不忘。今夫壽，劇郡也，故徙汝以治之。而稽汝歲功，當得遷位，丞于光禄。其往勉哉！可。❹

何郯知永興軍制❺

勑：朕初即位，慎考俊乂之臣，付之方鎮。具官某，廉清質直，敦大詳敏，藝文之學，政事之材，左右具宜，以有聲績，作國西屏。雍維大都，鎮撫一方，老成是賴。序遷厥位，往牧其人。其勱猷爲，以膺任屬。可。

❶「可」，龍舒本無此字。
❷此題，龍舒本作「鞠學士知壽州」。
❸「選」，龍舒本作「遷」。
❹「可」，龍舒本無此字。
❺此題，龍舒本作「龍圖何剡知永興」。

潘夙轉官知桂州制❶

敕某：❷桂於西南，爲一都會。蠻夷荒忽，鎮撫有宜。故於用人，常慎其選。爾清明敏達，寬博惠和。更事有功，簡在朝論。遷序郎位，❸往其勉哉！可。❹

尚書左丞余靖制❺

敕：❻朕有大賚，雖疏逖微細必加焉，況於位序高任屬重，寵章徽數，其可略乎？具官某，政事之材，藝文之學，踐更中外，光顯有聲。濟登大官，鎮撫荒服。能率厥職，相時休成。衍食序勳，往其祗服。可。❼

天章閣待制司馬光制❽

敕：❾陟降左右，司朕躬之闕者，至親篤信之臣也。邦有大賚，其可以後而忘乎？具官某，政事、藝文、操行之美，有聞於世，簡在朕心。相時明禋，庀事惟謹。進階序爵，其往懋哉！可。❿

❶「制」，龍舒本無此字。
❷「敕某」，龍舒本無此二字。
❸「郎」，原作「即」，據龍舒本改。
❹「可」，龍舒本無此字。
❺「制」，龍舒本無此字。此篇與下三篇原總目合爲一題，曰「余靖司馬光張瓌加恩制四道」。
❻「敕」，龍舒本無此字。
❼「可」，龍舒本無此字。
❽「制」，龍舒本無此字。
❾「敕」，龍舒本無此字。
❿「可」，龍舒本無此字。

尚書户部郎中知制誥張瓌制❶

敇：❷朕宗祀先帝，以配昊天，而均福釐於在位，疏遠微賤無遺者矣，又況於侍從之臣乎？具官某，德厚資深，志方行潔，安於義命，爲世寳臣。考慎樂禮，相時大事。進階序爵，其往懋哉！可。❸

翰林學士知制誥賈黯轉官加勳邑制❹

敇：朕初即位，奉行先帝故事，不敢有廢也。具官某，剛毅篤實，閎深博敏，先帝所遺以論思左右者也。其遷厥位，加賜恩典，其往欽哉！可。

翰林學士知制誥權三司使蔡襄轉官加食邑制

敇：朕祗若先帝之初，大賚以勞天下。職親地禁之臣，皆先帝所遺以助朕者也，其可以後而忘哉？具官某，率德秉義，以綏寵禄，主國大計，功昭于時。班命有章，往欽無斁！可。

❶「制」，龍舒本無此字。
❷「敇」，龍舒本無此字。
❸「可」，龍舒本無此字。
❹此篇與下六篇原總目合爲一題，曰「賈黯蔡襄王珪范鎮馮京余靖李柬之轉官加勳邑食邑制七道」。

翰林學士兼侍讀學士知制誥充史館修撰王珪轉官加食邑制❶

敕：❷先帝投天下之艱以屬朕身，永惟所與濟此者，豈非左右之良哉？具官某，秉哲迪義，士民所望。論思潤色，有補於時。大賚之恩，外通四海，况於親近，豈可以忘？往服寵章，愈其慎毖。可。❸

翰林學士知制誥充史館修撰范鎮轉官加勳邑制❹

敕：朕雖哀恫，永惟付託之重，不敢忘先帝寵綏海内、褒厚羣臣之意。具官某，敦大閎博，清明敏達。職親地密，爲國信臣。遷序位等，申之恩典。惟慎厥服，往膺顯榮。可。❺

翰林學士知制誥權知開封府馮京轉官加勳邑制❻

敕：❼先帝以盛德成功，克終天禄。眇然在疚，永念嗣訓。非左右之良，孰與濟此哉？具官某，秉哲蹈義，士民所望。尹正

❶ 此題，龍舒本作「翰林學士兼侍讀學士禮部郎中知制誥充史館修撰王珪改吏部郎中加食邑五百户實封二百户餘如故」。
❷ 「勑」，原無，據龍舒本補。
❸ 「可」，龍舒本無此字。
❹ 此題，龍舒本作「翰林學士右諫議大夫知制誥充史館脩撰范鎮改給事中加輕車都尉食邑五百户餘如故」。
❺ 「可」，龍舒本無此字。
❻ 此題，龍舒本作「翰林學士右正言知制誥權知開封府馮京改起居舍人加上騎都尉食邑五百户餘如故」。
❼ 「勑」，原無，據龍舒本補。

京邑，善聲流聞。邦有大賚，當由貴始。往膺榮禄，❶無替厥修。可。❷

集賢院學士余靖轉官加勳邑制❸

勑：❹先帝君臨天下餘四十年，功德之所及博矣。非文武之士，協力中外，何以致此哉？在後之侗，纂修成法，敢忘大賚，以勞衆工？具官某，敦大閎深，清明敏達。蕃屏帝室，厥功茂焉。恩典寵章，往其欽服。可。❺

集賢院學士李柬之轉官加勳邑制❻

勑：❼先帝棄天下，不及班命，以勞羣臣。朕繼大統，其承厥志。具官某，廉静忠恕，濟以詳敏。能紹世美，爲時名臣。膺服寵章，往其思勵。可。❽

龍圖閣直學士給事中吕公弼改工部侍郎制❾

勑：褒德序功，制爲禄位，先帝所以熙庶政也。朕雖在疚，所不敢忘。具官某，保

❶「榮」，龍舒本作「寵」。
❷「可」，龍舒本無此字。
❸此題，龍舒本作「尚書左丞充集賢院學士余靖改工部尚書加柱國食邑餘如故」。
❹「勑」，原無，據龍舒本補。
❺「可」，龍舒本無此字。
❻此題，龍舒本作「刑部侍郎充集賢院學士李柬之改兵部侍郎加食邑食實封」。
❼「勑」，原無，據龍舒本補。
❽「可」，龍舒本無此字。
❾「工部侍郎制」，龍舒本作「尚書工部侍郎餘如故」。

身慎行，舊有榮聞。❶陟降左右，是爲世臣。惠綏西南，風績尤顯。冬官之貳，其往欽哉！可。❷

待制司馬光禮部郎中制❸

勑：左右侍從之臣，皆先帝所遺以助興政理者也。有勞可録，朕敢忘哉？具官某，行義信於朝廷，文學稱於天下。比更任使，會課當遷，進位二等，以嘉爾績。爾方以經術入侍，而又兼諫争之官，往其思致厥身，使朕之聰明無所不通。爾亦維有無窮之聞。可。❹

周沆右諫議大夫制❺

勑：❻堯舜黜陟幽明之法，其詳不見於經。蓋其考績之次序，必始於朝廷之貴者。朕率是道，進退百官，故於邇臣，無有私德。以爾具官某，忠厚謹潔，惠和寛博，嘗被方維之重任，久參侍從之要官。内外之勞，皆宜有賞。而以稱士失實，控于吏議。爲郎武部，七歲于兹。著論積功，❼進位西省。夫職在盡規之地，官又以諫爲稱。維是將明，往其思勉。可。❽

❶「聞」，龍舒本作「問」。
❷「可」，龍舒本無此字。
❸「禮」上，龍舒本有「可」字。「制」，龍舒本無此字。
❹「可」，龍舒本無此字。
❺「制」，龍舒本無此字。
❻「勑」，龍舒本無此字。
❼「著」，龍舒本作「其」。
❽「可」，龍舒本無此字。

右正言知制誥知越州沈遘起居舍人制

敕：列名侍從，分職方維，厥有庸勳，朕其甄序。具官某，端良足以有守，精敏足以有謀。爲時寶臣，典掌明命。出撫州部，治聲流聞。内外之勞，進遷惟允。序官二等，以懋厥勤。是謂寵榮，往其祇服。可。

掌禹錫趙良規並祕書監制❶

敕：❷祕書圖籍，藝文之府，而置監在光禄、衛尉諸卿之右。其材實德望，當有以稱之。以爾具官某等，歷官茲多，服采惟謹，序于卿位，簡在朝廷。宣布詔條，討論典故，久於任使，亦各有勞。宜推增秩之恩，以信懋功之法。往從官次，無或不祇。可。❸

王綽祕書少監制❹

敕：朕初嗣位，大賜天下文武，在位各以序遷。具官某，出入踐更，名聞休顯。❺奉常之副，用勞厥勤。乃辭官榮，以避親諱。綏予孝子，改貳祕書。往服寵章，靖共無斁。可。❻

❶「制」，龍舒本無此字。
❷「敕」，龍舒本無此字。
❸「可」，龍舒本無此字。
❹此題，龍舒本作「龍圖王綽可秘書少監」。
❺「聞」，龍舒本作「問」。
❻「可」，龍舒本無此字。

光禄少卿李丕緒少府監制

敕：少府，古官，於朝廷之位尊顯矣。具官某，行義祇飭，材能敏達，外更器使，績用每成。有司以聞，又當增位。往膺秩物，無怠厥修。可。

司封郎中宋任太常少卿制❶

敕：❷士以序遷，至於卿位，亦榮矣。非才智有以任事，行義有以保身，豈能致此？具官某，中外踐更，久於郎選。明習衆事，見稱於時。往即厥官，勉之無斁。可。❸

江南西路轉運使呂公孺太常少卿制

敕某：太常兼夔與伯夷之事，非夫蓺實德望有以過人，孰宜爲之貳也？爾名相之子，以才見稱。出入踐更，休有風績。序遷厥位，其往欽承。可。

職方郎中通判太原府馬從先太常少卿制

敕某：太常禮秩，異於諸卿，非文學入官，則不得爲其貳也。以爾行治之美，才能

❶ 此題，龍舒本作「宋任可太常少卿」。此篇與下三篇原總目合爲一題，曰「宋任呂公孺馬從先解賓王並太常少卿制三道」。按，「三」當作「四」。

❷ 「敕」，龍舒本無此字。

❸ 「可」，龍舒本無此字。

之敏，踐更多矣，皆有可稱。會課于朝，躋登此位。往求自稱，惟既厥心。可。

解賓王太常少卿制❶

敇某：❷今之太常，兼夔與伯夷之官，非夫寅恭清明，博習於禮樂，則孰能爲之貳也？今朕考行序勞，而以爾爲貳於太常。維爾嘗以材稱，而屢更任使。雖身在外，而名位亦云顯矣。所以稱此者，可無勉哉！可。❸

臨川先生文集卷第四十九

❶「制」，龍舒本無此字。
❷「敇某」，龍舒本無此二字。
❸「可」，龍舒本無此字。

臨川先生文集卷第五十

外制

三司鹽鐵副使陳述古衛尉少卿制

勑某：考課黜陟之法，雖踈逖，未嘗不信，又況於近而顯者乎？具官某，以才自奮，能世其家。出入踐更，休有風績。列卿之貳，其往勉哉！可。

郭永可光禄少卿制

勑某：外廷之位，能至於九列者，少矣。具官某，踐更衆職，功善自昭。年除歲遷，以致卿位。進寵一等，往承惟休。可。

林億司封郎中制❶

勑某：❷朕有官禄，慶賞以序功。而其施，始於朝廷之近。爾以藝文被選，而多所踐更。通籍禁中，庀官闕下。序遷郎位，既極左曹。往即寵榮，愈其勵勉！可。❸

薛求司勳郎中制

勑某：朕布大號，在廷文武之士，皆得

❶ 此題，龍舒本作「林億可司封郎中」。此篇與下篇原總目合爲一題，曰「林億司封薛求司勳郎中制二道」。

❷ 「勑某」，龍舒本無此二字。

❸ 「可」，龍舒本無此字。

進官一等，而伐閲當遷者，又各得以序遷。爾中外踐更，以才自顯。膺此恩典，往其勵哉！可。

權提點成都府路刑獄齊恢度支郎中制❶

敕某：朝廷選寘才臣，以使諸路而察庶獄之不辜。厥有庸勳，朕當甄序。爾才能行義，士論所稱。會課有司，實應遷法。往膺休顯，其愈懋哉！可。

淮南轉運副使張景憲金部郎中制❷

敕某：入佐三司，出使諸路，皆朝士大夫之高選。有勞當録，其可忘哉？爾行義之修，才能之邵，❸見稱當世。簡在朝廷。會課進官，往其欽服。可。❹

三司鹽鐵副使陳述古朝奉大夫司封郎中三司度支副使趙抃户部員外郎加上輕車都尉權三司户部副使張燾朝散大夫刑部郎中制

敕某人等：朕初嗣位，奉行先帝故事，不敢有廢也。具官某等，行義稱於世，才能見於朝，佐國大計，爲功多矣。序遷位等，其往欽哉！可。

❶ 此篇與下篇原總目合爲一題，曰「齊恢度支張景憲金部郎中制二道」。

❷ 「金部郎中制」，龍舒本作「可金部郎中」。

❸ 「邵」，龍舒本作「劭」。

❹ 「可」，龍舒本無此字。

朱處約祠部郎中制❶

敕某：爾嘗爲御史，持論不阿。出守方州，稍遷使任。序功增秩，邦法有常。往懋厥修，以須進選。可。

孫抗孫琳祠部郎中制

敕某人等：都水之官廢久矣，朕修之而用爾爲丞。爾維才能，懋建厥事。有司論課，當以時遷。進序名曹，往祇無斁。可。

提點福建路諸州刑獄公事王陶祠部郎中制❷

敕某：朕選置使者，清明于諸路，所以待之非輕也。爾踐更衆矣，才美有稱，備任遠方，❸能修其職。進遷位等，往愈懋哉！可。

權提點廣南西路刑獄杜千能祠部郎中制

敕某：朕初即位，羣臣朝者皆增位一

❶ 此篇與下篇原總目合爲一題，曰「朱處約孫杭孫琳並祠部郎中制三道」。

❷ 此篇與下兩篇原總目合爲一題，曰「王陶杜千能祠部張燾兵部郎中制三道」。

❸ 「任」，原作「在」，中華校排本據繆氏校改，今從。

等。有功當遷，又皆得以序進。爾材諝行治，見稱於衆。奉使于外，治聲流聞。會課進官，往其祇服。可。

三司户部副使張燾兵部郎中制

敕某：考績三歲，進官一等，先帝所以勵羣臣也。具官某，秉哲迪義，有聲于時。能勵厥修，以宜官政。序功增位，其往欽承。可。

苗振職方郎中制❶

敕某：尚書郎中，序列五品。其於朝廷之位，亦已顯矣。爾用選擢，嘗更任使。積功久次，得在此位。所居三歲，宜進一官。至今而後得遷，乃以爾嘗有適，朕於黜陟，豈苟然哉？自爾取之而已。往思自勉，以稱褒升。可。

王舉元刑部郎中制

敕某：薦非其人，而與其罰，古之道也。爾久以才實，外更任使，風績之邵，靡人不稱。而任舉有失，法當坐免。雖更教令，猶褫一官，以懲上報之稽，而塞人言之衆。膺踐厥服，往其勉哉！可。

侍御史知雜事判都水監王綽刑部郎中制

敕某：御史皆吾耳目之官，而折百工

❶ 此篇與下篇原總目合爲一題，曰「苗振職方王舉元刑部郎中制二道」。

以法刑之中者也。考其功狀，在法當遷，則吾豈可以忘哉？以爾具官某，忠厚諒直，有稱於世。踐更衆職，皆以能聞。故寘之臺中，位次執法。名實之善，允于人言。姑疇積功，序進一等。位亦顯矣，往其勉哉！可。

胡況都官郎中制❶

勑某：爾以才行，自昭于時。外分將符，内序郎位。致勤厥職，三歲于兹。稽狀有司，法當增位。進遷一等，其往懋哉！可。

周燮都官郎中制

勑某：褒善録勤，邦有常法。爾以才能行義，登顯朝廷。序正郎位，三年於此矣。進遷一等，以懋厥勤。勵治我民，乃其能稱。可。

宋孝孫比部郎中制

勑某：褒功録善，邦法有常。爾共厥官，服采惟謹。久於郎選，會課當遷。愈其勉哉，以稱新命。可。

監在京都鹽院錢暄比部郎中制❷

勑某：古者官有職而命有數，非有職

❶ 此篇與下兩篇原總目合爲一題，曰「胡況周燮都官宋孝孫比部郎中制三道」。

❷ 此篇與下篇原總目合爲一題，曰「錢暄比部王繹工部郎中制二道」。

不足以序群才，非有數不足以差衆功。今官有品，猶古之命數也。命之數，自一推而上之至于九。官之品，自九推而上之至於一。大略蓋無以異，而其詳如此不同。唯其欲得賢者之在位，則古今一也。爾以才能行治，進序於朝，年除歲授，既得列於五品。久於職事，法又當遷，其亦可謂寵榮光顯矣。其思自勉，以稱吾欲得賢者在位之意哉！可。

三司户部判官充祕閣校理王繹工部郎中制

敕某：三司理財之吏，與館閣校文之官，皆朝廷儁乂之選也。其於進秩，有異數焉。爾以藝文世家，而祇慎謹飭。久在此位，有勞當遷。序于名曹，其往思稱。可。

李章屯田郎中制❶

敕某：褒善録勤，朝廷之政。爾才能行治，比見推稱。會考績之法，當增位序。進遷一等，其往懋哉！可。

周延儁屯田郎中制

敕某：郎中五品，而司田以待藝文之士。爾大臣之子，强學贍辭，出典一州，序功當進。往祇厥位，其克懋哉！可。

❶ 此篇與下五篇原總目合爲一題，曰「李章周延儁竇綱卜紳朱從道晁仲綽鄭隨並屯田郎中制七道」。

職方員外郎竇綱可屯田郎中制

敕某：漢明不以郎官假貴戚，❶以出宰百里爲不可以非其人。今之郎選，其重非漢比也。而郎中序于五品，其授豈可以輕哉？爾以文藝起家，以吏能從政，序遷此位，嘉寵爾勞。往服訓辭，勉求報稱。可。

職方員外郎卜紳可屯田郎中制❷

敕某：郎中序列三等，其品皆爲第五。非積功久次，則不得至焉。爾以文藝入官，而濟之謹潔，久於任使，當得進遷。兹維爾階，其往祗服。可。

職方員外郎朱從道可屯田郎中制

敕某：尚書郎選，於今爲重，而郎中列于五品。爾精敏强果，號爲才臣。積功累勤，以致此位。往共厥服，其愈懋哉！可。

晁仲綽鄭隨可屯田郎中制

敕某：郎中序列五品，非久於任使，有勞而無罰，則罕得至焉。爾以文藝起家，以才能爲吏，稱功累善，當得進遷。往其懋哉，思稱新命。可。

❶「明」，光啓堂本作「朝」。
❷「紳」，宋元遞修本、應刻本作「伸」。

太常博士權御史臺推官杜訢可屯田員外郎制

敕某：尚書郎位，吾所重也。❶爾名臣之子，行義修飭，才能有譽，而職事無過，審官稽狀，當以時遷。新命維休，往其祗服。可。

駕部員外郎薛仲孺可虞部郎中制

敕某：郎中五品，於朝廷爲顯位。爾悉心爲吏，才敏見稱。嘗所踐更，咸有功最。進遷惟允，其往懋哉！可。

提刑楚建中可司封員外郎制❷

敕某：❸朕置使者，以察天下之獄。其選擇甚難，而視遇之甚厚。序功録善，其可忘乎？爾行治才能，有聲於世。服官惟稱，會課當遷。以懋爾勞，往其祗訓。可。❹

侍御史邢夢臣可司封員外郎制

敕某：侍御史於御史之選爲高，而尚

❶「重」，原作「量」，據宋元遞修本、應刻本改。
❷「制」，龍舒本無此字。此篇與下四篇原總目合爲一題，曰「楚建中邢夢臣王異張師顔晏成裕並司封員外郎制五道」。
❸「敕某」，龍舒本無此二字。
❹「可」，龍舒本無此字。

書郎以司封爲前列。爾才能行義，嘗見推稱。於有言職，爲一臺高選。任責未久，序勞當遷。往副司封，愈其自勉。可。

都官員外郎充祕閣校理王異可司封員外郎制

敕某：爾以藝文高第，進仕朝廷。廉靖謹良，有稱於世。校文祕閣，典事方州。甄序歲勞，進遷惟允。往共厥服，其愈懋哉！可。

權梓州路提刑都官員外郎張師顔可司封員外郎制

敕某：爾修潔精敏，達於從政。嘗更任使，皆以才稱。故以一路之庶獄，寄之督察。方行就事，會課當遷。往懋厥修，以求稱職。可。

度支員外郎充崇文院檢討晏成裕可司封員外郎制

敕某：爾以文藝之學，在討論之官。丞于太常，典掌禮樂。有勞可録，其以序遷。於世大家，爾爲能保。往思淑慎，無廢厥勤。可。

祠部員外郎充祕閣校理蔡抗可度支員外郎制

敕某：序功録最，邦法有常。惟敏厥修，乃能自稱。爾以校讎之選，受吾蕃屏之寄。材能行治，見譽於時。而會課有司，當遷厥位。❶官無虚授，往可勉哉！可。

權利州路轉運使度支員外郎蘇宷可兵部員外郎制❷

敕某：朕欲明清于吏民，而擇使以涖之，非特使之轉貨財以贍有司而已也。爾彊敏謹潔，達於從政。往充其選，克有成勞。序進一官，愈祇乃服。可。

三司鹽鐵判官度支員外郎集賢校理王益柔可兵部員外郎制

敕某：任賢使能，而繼之以黜陟，先王之所以治，未有改此者也。爾惟賢，故序于校讎之職；爾惟能，故列于會計之官。稽狀有司，法當增位。其遷一等，以懋爾勞。可。

太常博士充集賢校理同脩起居注判三司度支句院錢公輔可祠部員外郎制❸

敕某：序功黜陟，邦法有常。爾文章博美，行義純潔，施於政事，又以材稱。會課進遷，蓋維常法。往祇厥位，其亦懋哉！可。

❶「當」，原作「番」，中華校排本據繆氏校改，今從。

❷此篇與下篇原總目合爲一題，曰「蘇宷王益柔並兵部員外郎制三道」。按，「三」當作「二」。

❸此篇與下兩篇原總目合爲一題，曰「錢公輔祠部員外郎朱延世虞部鄭紳駕部員外郎制三道」。

國子博士朱延世可虞部員外郎制

敕某：尚書虞部，掌天下之山澤，而脩其時禁。郎官職事雖廢，而官名猶貴於時，非歷試而有勞，即不得以在此位。若爾之潔廉畏慎，蓋知所以自保矣。其愈懋哉！可。

比部員外郎鄭伸可駕部員外郎制

敕某：爾勤敏謹潔，以脩厥官。會課有司，當得遷位。司輿之副，其往懋哉！可。

都官員外郎許遵可職方員外郎制❶

敕某：爾進以藝文，而兼通律令之學。故於爲吏，常以才稱。第課有司，當得進位。祇予新命，厥往懋哉！可。

都官員外郎陳汝羲可職方員外郎制

敕某：審官之法，吏有勞而無罪，至於三歲，則遷位一等，亦所以勸也。爾文學政事，有稱於世，久更任使，會課當遷。往服寵章，愈其思勵。可。

❶ 此篇與下五篇原總目合爲一題，曰「許遵陳汝羲章俞韓繹劉牧王易知並職方員外郎制六道」。

都官員外郎章俞可職方員外郎制

勑某：爾以藝文之學，政事之材，所更滋多，皆有善最。三載考績，法當進遷。往踐厥官，愈其思勉。可。

韓繹可職方員外郎制❶

勑某：❷三歲一遷，審官馭吏之常法也。然非智謀忠力能舉其職事者，亦何以稱此哉？爾纘德善之慶，而以藝文自奮，施於吏政，强敏有聲。膺此寵榮，其知勉矣。可。❸

都官員外郎劉牧可職方員外郎制

勑某：朕置使者，以察諸路，而選才士以佐之。爾行義智能，比見稱述。往其職事，會課當遷。懋勉厥勤，以稱官使。可。

都官員外郎王易知可職方員外郎制

勑某：爾久於試用，常以才稱。出守一州，可有爲矣。而有司會録，當得進官。往既厥心，以祗予訓。可。

❶「制」，龍舒本無此字。
❷「勑某」，龍舒本無此二字。
❸「可」，龍舒本無此字。

屯田員外郎謝景初可都官員外郎制❶

敕某：《周官·司士》：三歲則稽士任，進其爵禄。而方今審官之法用焉。爾名臣之子，操行修潔，文學政事，有稱於時。審官序勞，當以時進。往踐爾位，厥維懋哉！可。

屯田員外郎何世昌可都官員外郎制

敕某：尚書之實多廢矣，❷而郎位尚爲朝廷所重。爾藝文操行，政事之材，推舉進遷，以至於此。出佐州治，論功應條。改序中行，往其祗服。可。

屯田員外郎陳安道可都官員外郎制

敕某：士夫奉法循理，以共厥服。至於三歲，而無咎罰。其可無進遷之法以慰勉之哉？爾藝文起家，而行義脩飭，比更器使，實以才稱。往服寵章，愈其思勉。可。

屯田員外郎晁仲約可都官員外郎制

敕某：褒善録勤，朝廷之政。爾清明敏達，士類所稱。典治一州，風政彌劭。有

❶ 此篇與下五篇原總目合爲一題，曰「謝景初何世昌陳安道晁仲約唐諲林大年並都官員外郎制六道」。

❷ 「實」，宋元遞修本、應刻本作「寶」。

司序績，當得進遷。往服寵章，愈其思勉。可。

屯田員外郎唐謜可都官員外郎制

勑某：爾藝文行治，進有可稱。爲郎尚書，三年於此矣。職事之最，法當進遷。愈其懋功，以對新命。可。

屯田員外郎林大年可都官員外郎制

勑某：士之有爲者，豈必慶賞而後勸哉？然黜陟者，勵世之通法，而爲天下者所不能廢也。爾被文蓄德，從政有聲。會課當遷，序官一列。往其勵勉，膺此寵榮。可。

太常博士胥元衡可屯田員外郎制❶

勑某：仕於朝廷者，有勞而無罪，至於三歲，則遷位一等。所以明有勸也。爾名臣之世，行義脩飭，以才自奮，從政有稱。往服寵章，愈其思勉。可。

太常博士李處厚可屯田員外郎制

勑某：爾政事之材，藝文之學，潔身慎行，皆以有稱。試請利權，是亦煩使。序功録最，當得進遷。列職南宮，往其祗服。可。

❶ 此篇與下篇原總目合爲一題，曰「胥元衡李處厚並屯田員外郎制三道」。按，「三」當作「二」。

比部員外郎吕元規可駕部員外郎制

敕某：褒善録勤，邦有常法。爾護軍覊，將邊漕，悉心營職，才謂見稱。會課序遷，往其祇服。可。

吴充轉官制❶

敕某：❷士之好德樂善而無求，則爵賞有不足以勸焉，而爵賞固不廢乎無求之士。爾文章行義，政事之實，士友之所服，❸朝廷之所稱。然朕方試爾于外，❹以觀爾爲，而審官上爾歲月之勞，法當遷位一等。此雖不足以爲爾勸，而天下至公之法，❺不可以廢者也。往其懋承之哉！可。❻

劉敞轉官制❼

敕某：❽褒善録最，朝廷至公。況吾邇臣，在法當陟。具官某，文章博美，政事詳敏，心通道德之意，躬率仁義之行。久於侍從，實允詢謀。付以方維，又能鎮撫。甄序乃績，進遷厥官。朕命惟休，往其祇

❶ 此題，龍舒本作「吴學士轉官」。此篇與下篇原總目合爲一題，曰「吴充劉敞轉官制二道」。
❷ 「敕某」，龍舒本無此二字。
❸ 「士友」，龍舒本作「僚友」。
❹ 「朕」，原無，據龍舒本補。
❺ 「而」下，龍舒本有「亦」字。
❻ 「可」，龍舒本無此字。
❼ 「制」，龍舒本無此字。
❽ 「敕某」，龍舒本無此二字。

服。可。❶

劉覺等轉員外郎制❷

敕某：❸官所以制禄位之等，❹職所以叙才分之宜。視職之廢舉與行之失得，而下上其官，此吾爲天下立法以廢置賞誅之大體也。爾持其行而無失，❺修其職而無廢，三年於此矣。不可以徒置也，宜有賞焉。序進一官，往欽乃服。可。❻

王伯恭轉官制❼

敕某：❽方今仕於朝廷者，率三歲而一遷。論者患其不足以勸功。然日月久矣，能祇慎不怠，免於罪悔，則亦宜有以褒嘉。此朕所以使爾得遷之意也。士之爲義，蓋有常心。何必利焉，然後知勸？可。❾

王允轉官制❿

敕某：⓫爾能誦先王之言，以得禄位。施於有政，又以才稱。丞于殿中，歲月久

❶「可」，龍舒本無此字。

❷「轉員外郎制」，龍舒本作「轉官」。

❸「敕某」，龍舒本無此二字。

❹「等」，宋元遞修本、應刻本作「事」。

❺「爾」，龍舒本作「汝」，應刻本作「善」。「行」，龍舒本作「法」。

❻「可」，龍舒本無此字。

❼「制」，龍舒本無此字。此篇與下三篇原總目合爲一題，曰「王伯恭王允李正臣劉叔寶轉官制四道」。

❽「敕某」，龍舒本無此二字。

❾「可」，龍舒本無此字。

❿「制」，龍舒本無此字。

⓫「敕某」，龍舒本無此二字。

矣。博士之選，儒者所宜，以爲爾官，其往祗載！❶可。❷

李正臣轉官制❸

敇某：❹《書》曰：「欽哉欽哉！惟刑之恤哉！」此吾所以建審刑之職，而擇取智能之士，以爲詳議之官。爾以藝文起家，又能明習法令，靖共厥位，有伐當遷。❺姑使序于太常，而仍其覆讞之事。往爲審克，以稱欽恤之意。可。❻

劉叔寶轉官制❼

敇某：❽士之修身慎行，宣力四方，豈皆以取爵禄之報哉？蓋其志有以謂義當如此，然而爵禄必稽行治勞烈而加焉。今吾序進爾官，以有積功之實，義不可以無報也。在爾自爲，則欲知夫義當如此，而無志乎寵利，然後可以事君。往其勉哉！尚有終譽。可。❾

臨川先生文集卷第五十

❶「其往」，龍舒本作「往其」。
❷「可」，龍舒本無此字。
❸「制」，龍舒本無此字。
❹「敇某」，龍舒本無此二字。
❺「伐」，龍舒本作「秩」。
❻「可」，龍舒本無此字。
❼「制」，龍舒本無此字。
❽「敇某」，龍舒本無此二字。
❾「可」，龍舒本無此字。